ro
ro
ro

ro
ro
ro

Über die großen gesellschaftlichen Trends in Deutschland gibt es Regale voller wissenschaftlicher Bücher. Aber wer liest die schon? Es ist noch nicht wirklich ins Bewusstsein gedrungen, wie sie unser Leben, unseren Alltag umkrempeln. Die ZEIT-Serie «Leben in Deutschland» zeichnet die Lebensstationen der Menschen von der Wiege bis zur Bahre nach – eine lebendige Momentaufnahme mit historischer Tiefenschärfe, aktuellem Bezug und Ausblick aufs Kommende.

Dr. Theo Sommer war lange Jahre Chefredakteur und Herausgeber der ZEIT, der er seit 2000 als Editor-at-Large verbunden ist.

Theo Sommer (Hg.)

Leben in Deutschland

Eine Entdeckungsreise in das eigene Land

Rowohlt Taschenbuch Verlag

Veröffentlicht im Rowohlt Taschenbuch Verlag,
Reinbek bei Hamburg, Mai 2006

Umschlaggestaltung ZERO Werbeagentur, München
nach einem Entwurf von Rudolf Linn, Köln
(Fotos: Rudolf Linn, Köln)
Satz Minion PostScript, InDesign,
bei Pinkuin Satz und Datentechnik, Berlin
Druck und Bindung Clausen & Bosse, Leck
Printed in Germany
ISBN 13: 978 3 499 62103 1
ISBN 10: 3 499 62103 7

Inhalt

Vorwort

Wer sind wir Deutschen – und was sind wir? Wie wurden wir, was wir heute sind? Und wohin geht es? Die wenigsten Zeitgenossen wissen die Antworten. Auf dumpf-beunruhigende Weise gewahren wir, dass wir im beschleunigten Wandel der Zukunft entgegenwirbeln. Aber wir können weniger Verlässliches über das Kommende sagen als alle früheren Generationen. Selbst unsere Gegenwart erscheint den meisten undurchsichtig – und manch einem unheimlich.

Wer heute in Deutschland 50 Jahre alt ist, der kam 1954 auf eine ganz andere Welt als jene, in der wir inzwischen leben. Es war eine Welt, in der – kaum ein Jahrzehnt nach Kriegsende – die mühsam wiedergewonnenen Unverrückbarkeiten der großväterlichen Lebensumstände wieder selbstverständliche Geltung besaßen.

Der Mensch, so er Mann war, hatte eine vorhersehbare Vollbeschäftigungsbiographie; die Frau sorgte sich um Kinder und Küche, wenn sie nicht gerade Kriegerwitwe war und die Familie ernähren musste. Das Fahrrad war das schnellste Fortbewegungsmittel der meisten, auf deutschen Straßen fuhren erst eine halbe Million Personenwagen (heute sind es fast 100-mal mehr). Das Fernsehen, damals gerade ein Jahr alt, drang noch in kaum ein Wohnzimmer. Nach Krieg und Vertreibung – neun Millionen Flüchtlinge kamen aus dem Osten – war jeder glücklich, Wurzeln schlagen und sein Häuschen bauen zu dürfen. Man heiratete früh, wurde mit 25 Vater oder Mutter; Kinder kamen nach Lust und Laune der Natur, Scheidung blieb ein peinliches Missgeschick. Sonntags war der Kirchgang am Vormittag so selbstverständlich wie der Familienspaziergang am Nachmittag. Die Wirtschaftstheorien von John Maynard Keynes obwalteten im Westen, die von Karl Marx im Osten. Die Microsoft-Kultur des Bill Gates war nicht einmal eine ferne Ahnung; noch klapperte in den Büros die Schreibmaschine.

Diese Welt von 1954 ist dahin. Lebensformen, Lebensführung und Lebensverläufe haben sich seitdem massiv verändert. An die Stelle der Biographien aus einem Guss sind Bastelbiographien getreten, und Patchwork-Verhältnisse an die der übersichtlichen Beziehungsmuster. Die Vita der Menschen zersplittert. Im Beruflichen wie im Privaten wird sie zunehmend aufgespalten in Teilzeit-Etappen, die das Arbeitsleben in eine Abfolge von Durchgangsjobs verwandeln. Lebensgefährten werden zu Lebensabschnittsbegleitern in einem System konsekutiver Polygamie, die alte Haushaltsfamilie wird zum «multilokalen Beziehungsnetzwerk». Die Kirchen haben an Mitgliedern wie an Sinn stiftendem Einfluss verloren, die Philosophen finden wenig Gehör. Die meisten Menschen schalten heutzutage auf Autopilot – ohne ihm wirklich zu trauen.

Sieben Trends haben die Entwicklung unserer Gesellschaft im zurückliegenden halben Jahrhundert bestimmt – ob zum Guten oder zum Bösen, steht noch dahin.

Erstens: Die Menschen werden älter. Dank des medizinischen Fortschritts – sprich: Antibiotika, verfeinerte Operationsmethoden, verbesserte Vor- und Nachsorge – leben wir länger. Männer werden in Deutschland heute im Durchschnitt 75 Jahre alt, Frauen 82 Jahre. Sie leben damit über 30 Jahre länger als vor einem Jahrhundert und rund zehn Jahre länger als vor einem halben Jahrhundert. Dies wirft alle früheren Kalkulationen für die Altersversorgung über den Haufen.

Zweitens: Das Land ergraut. Im Jahre 1950 wurden in Deutschland 1,4 Millionen Kinder geboren, 50 Jahre später nur noch etwas mehr als die Hälfte. Damals standen 15 Millionen Kinder unter 14 Jahren 6,7 Millionen Menschen im Alter von über 65 Jahren gegenüber; heute beträgt das Verhältnis der beiden Altersgruppen 1:1. Hinter diesen Zahlen verbirgt sich eine demographische Revolution, unter anderem eine Folge des Pillenknicks, der Mitte der sechziger Jahre einsetzte. Die Pille hat das Fortpflanzungsverhalten wie die Lebensplanung von Grund auf verändert.

Drittens: Karriere ist für Frauen mehr und mehr zur Alternative für Küche und Kinder geworden, in vielen Fällen zur Ergänzung. Etwa 58 Prozent aller Frauen stehen heute im Berufsleben (31 Prozent 1950). Mehr Frauen, die arbeiten, bedeutet jedoch, dass die Familien gezwungen sind, sich anders zu organisieren. Auch Staat und Wirtschaft müssen auf neue Wege sinnen, Teilzeitbeschäftigung, Kinderbetreuung und Altenpflege so einzurichten, dass Karrieremütter nicht gezwungen sind, zugunsten der Erziehungsarbeit auf die Erwerbsarbeit zu verzichten.

Viertens: Die Arbeitswelt hat sich verändert. Die Einheit des unternehmerischen Tuns – Entwicklung, Produktion, Verkauf – ist weithin aufgelöst. Auslagerung – Outsourcing auf Neudeutsch – ist das Prinzip. Firmen verschwinden, fusionieren, wandern aus oder legen sich andere Markennamen zu. Gerade noch hieß Vodafone Mannesmann, E.on Hanse Hein Gas, Aventis Hoechst; auf einmal heißt die Bank 24 wieder Deutsche Bank. Dies verschärft jene «neue Unübersichtlichkeit», die den Menschen ein Gefühl des Ausgeliefertseins aufzwingt. Sie haben mitbekommen, dass die Bauernschaft auf weniger als drei Prozent der Bevölkerung geschrumpft ist. Nun merken sie, dass auch die Zahl der Industriearbeiter fortdauernd sinkt – von fast der Hälfte der Erwerbstätigen im Jahre 1950 auf 21,6 Prozent zu Beginn des 21. Jahrhunderts. Im Dienstleistungssektor sind heute zwei Drittel aller Erwerbstätigen beschäftigt; 1950 war es nur ein Drittel. Angesichts der jüngsten Entlassungswellen bei den Angestellten stellt sich allerdings die Frage nach der Zukunft der Arbeit überhaupt: Wird der Mensch als Arbeitskraft so überflüssig wie das Pferd nach der Einführung des Traktors?

Fünftens: Die Entkirchlichung unseres Lebens – im Westen weniger deutlich, im Osten sehr stark – ist nicht zu übersehen. Heute gehören noch ganze 74 Prozent im Westen und nur 27,8 Prozent im Osten der evangelischen oder katholischen Kirche an. Regelmäßigen Kirchenbesuchs befleißigt sich nur noch ein Viertel im Westen, weit weniger im Osten. Der Prozentsatz derer, die sich katholisch taufen, trauen oder bestatten lassen, ist seit 1953 auf rund die Hälfte gesunken; bei den Protestanten sieht es ähnlich aus.

Sechstens: Früher lag Hindelang den Menschen näher als der Hindukusch. Das nächste Tal war schon eine Welt entfernt, Urlaub verbrachte man bei der Oma im Garten, bestenfalls in einer Pension an der Ostsee. Allenfalls Offiziere und Beamte zogen um. Heute ist Mobilität die Normalität. Mallorca und Malediven, Gran Canaria und Grand Canyon liegen gleichsam um die Ecke. Im Jahre 2002 reisten 34 Millionen Urlauber in die Ferne.

Jeder Deutsche, meldet der Bundesverband der Möbelspediteure, zieht nun siebenmal im Leben um. Die Kehrseite der neuen Mobilität sind freilich Bindungs- und Orientierungsverlust. Globalisierung bedeutet auch Entlokalisierung. Es fällt dem Menschen schwer zu entscheiden, wo er hingehört, seit die Dorflinde der Schnellstraße weichen musste.

Siebtens: Vor 50 Jahren lebten nur wenige Ausländer in Deutschland. Heute stammt, rechnet man die illegalen zu den 7,9 Millionen legalen Zuwanderern hinzu, jeder zehnte Einwohner aus der Fremde. Assimilation, Integration oder Multikulti? Die Uraltfrage «Was ist des Deutschen Vaterland?» kehrt in moderner Gestalt wieder: Wer gehört dazu, wer nicht? Und welche Eigentümlichkeiten dürfen sich jene bewahren, die Deutsche werden oder werden wollen?

Über diese sieben Trends gibt es ganze Regale voll wissenschaftlicher Literatur. Freilich: Wer liest sie schon? Es ist uns noch nicht wirklich ins Bewusstsein gedrungen, wie die Entwicklung der vergangenen fünfzig Jahre unser Leben, unseren Alltag umgekrempelt hat. Dies darzustellen war das Ziel der ZEIT-Serie *Leben in Deutschland.* In zweieinhalb Dutzend wöchentlichen Folgen hat sie sechs Monate lang die Lebensstationen der Menschen von der Wiege bis zur Bahre nachgezeichnet und ihre Lebensverhältnisse geschildert. Jeder der 29 Texte zeichnete einen Ausschnitt deutschen Lebens, wie er sich in seinem Kopf spiegelt. Gebrochen durch das Prisma der unterschiedlichen Temperamente von 26 Schreibern ist so eine veritable Anatomie Deutschlands am Beginn des 21. Jahrhunderts entstanden – eine Momentaufnahme der Bundesrepublik Deutschland und ihrer Gesellschaft, die sich gleichermaßen durch Geschichtsbewusstsein wie durch Verankerung in der Aktualität auszeichnet. Ein redaktionelles Unterfangen, das in dieser Form ohne Beispiel ist, hat sich zu einer Anatomie Deutschlands am Beginn des 21. Jahrhunderts gefügt: zu einer Momentaufnahme mit historischer Tiefenschärfe, aktuellem Bezug und Ausblick aufs Kommende.

Die Idee für solch eine Anatomie Deutschlands ist mir schon vor zweieinhalb Jahrzehnten gekommen, als ich noch Chefredakteur der ZEIT war. Es haperte aber immer an etwas: entweder am Platz oder an den richtigen Schreibern, oder am Geld. Dass meine alte Idee jetzt verwirklicht werden konnte, ist in erster Linie das Verdienst von Moritz Müller-Wirth, Chef des ZEIT-Ressorts «Leben». Er griff die Anregung auf und gewann die Unterstützung von Andreas Sentker, der das ZEIT-Ressort «Wissen» leitet. Vom 1. Oktober 2003 bis zum 22. April 2004 lief die Serie «Leben in Deutschland» in der Hamburger Wochenzeitung. In diesem Band wird sie nun – ergänzt um ein Schlussgespräch mit Helmut Schmidt – einem breiteren Publikum zugänglich gemacht: als ein Schlüssel zum Verständnis unserer Gesellschaft, aber auch der Häutungen, die sie in dem hinter uns liegenden Halbjahrhundert durchgemacht hat.

Im April 2004 *Theo Sommer*

Wie man in Deutschland …

1

Wie man in Deutschland geboren wird

Nie war die Zahl der Geburten so niedrig – und der Aufwand vor dem Ereignis so hoch. Nichts bleibt bei der «Operation Nachwuchs» dem Zufall überlassen. Trotzdem sind die Eltern unsicherer denn je.

von Martin Spiewak

Jeden Dienstagabend steuert eine kleine Prozession von Paaren das Haus zwölf des Hamburger Heidberg Krankenhauses an. Hand in Hand, Arm in Arm, steigen sie in den ersten Stock hinauf, wo sie mit aufmunterndem Kopfnicken erwartet werden. Männer zücken Stift und Papier, Frauen umfassen ihren Bauch und werfen einen prüfenden Blick auf die umfangreichen Leiber rechts und links. Es ist kurz nach 19 Uhr, der Informationsabend für werdende Eltern beginnt. Die Geburtsabteilung des Heidberg-Krankenhauses präsentiert sich mit ihrer besten Besetzung: Schwestern, Hebammen und Ärzte werben für ihre Klinik. Der oberste Geburtshelfer macht den Anfang. Auf seinem weißen Poloshirt prangt ein Pinguin mit dem Namen Dr. Scheele. Der fehlende weiße Kittel signalisiert: Hier wird fachlich kompetent gearbeitet – aber nicht kalt distanziert. Der Gynäkologe spricht von der «Individualität der Geburt» und den «besonderen Wünschen der Frau». Die Zuhörer erfahren, dass Heidberg bei den Wassergeburten in Hamburg an der Spitze stehe. Auch der Kaiserschnitt auf Wunsch – «Das darf man heute denken» – sei möglich. Der wichtigste Grundsatz sei: «Es wird nichts gemacht, was Sie nicht wollen.»

Das hören die Besucher gern – und viele nicht zum ersten Mal. Denn werdende Eltern haben Zeit, viel Zeit. Anders als Schlaganfall- oder Herzinfarktpatienten, die umgehend ins nächstbeste Krankenhaus eingeliefert werden, können die Kreißsaal-Touristen mehr als ein halbes Jahr lang Info-Abende abklappern, die Fahrtdauer von zu Hause zum Hospital stoppen und Hochglanzbroschüren der Kliniken studieren, in denen ihr Kind zur Welt kommen könnte. In Heidberg bei dem sympathischen Oberarzt? Im Krankenhaus in Hamburg-Mitte, wo die Entbindungsstation einem Wellness-Club ähnelt, aber die Kinderintensivstation fehlt? Oder doch eher im Hospital im Westen der Stadt, das künftige Eltern mit einem angeschlossenen Hotel lockt?

«Verwirklichen Sie Ihren Traum»

Vorausschauende Eltern gehen ins Detail: «Wie sieht es mit dem Parkplatz aus?», will ein Vater wissen, der seine Frau schon auf dem Rücksitz kreißen sieht, während er das Krankenhaus umrundet. «Keine Angst, die sind für Sie reserviert», beruhigt Doktor Scheele. «Und was gibt es gegen Schmerzen?», fragt ein anderer Vater, wohl stellvertretend für seine Frau. Im Angebot stehen Aromatherapie, Homöopathie und Akupunktur und die Rückenmarkspritze, die alle Wehenbeschwerden ausschaltet. Nur ein Problem kann der Geburtshelfer nicht klären: Soll man das Nabelschnurblut mit den Stammzellen darin einfrieren für den Fall, dass das Kind – in 5, 10 oder 20 Jahren – an Krebs erkrankt? Darüber gingen die Meinungen der Experten auseinander, sagt Scheele, «das müssen Sie aus dem Bauch entscheiden».

Noch vor zwei Generationen, bevor es die Pille gab, kam der Nachwuchs als Naturereignis über ein junges Paar. Man gebar zu Hause oder im nächstgelegenen Krankenhaus, und mit Gottes Hilfe und Mutters Rat wurde aus zwei Menschen eine Familie. Heute erfordert das Kinderkriegen Entscheidungsarbeit. Die Paare an diesem Abend haben den folgenreichsten Entschluss ihres Lebens – mit wem und wann und ob überhaupt ein Kind kriegen – nach vielem Wägen und Kalkulieren hinter sich gebracht. Nun sollen auch das Wo und Wie der Menschwerdung nicht dem Zufall überlassen bleiben. Nie war die Zahl der Geburten in Deutschland so niedrig – und der Aufwand vor der Ankunft eines Kindes so hoch. Zu keiner Zeit wurden Paare so spät Eltern – und stimmten sich gleichzeitig derart früh in der Schwangerschaft darauf ein.

Eltern zu werden im Jahr 2003, das ist eine schwere Geburt und so widersprüchlich wie vieles in diesem sehr modernen Land. Eine Geschichte zwischen umfassender Informiertheit und steter Verunsicherung, zwischen Hightech und der Sehnsucht nach Ursprünglichkeit, zwischen gehobenen Ansprüchen und gesunkener Leidenstoleranz.

«Verwirklichen Sie Ihren Traum!», ruft die Hebamme in Heidberg bei der Führung durch die Kreißsäle. Vorbei sei die Zeit, als Frauen auf dem Rücken im Bett gebären mussten. Heute darf jede gebären, wie sie möchte: ob in der Wanne oder auf dem Hocker, hängend am Gebärtuch, rollend auf dem Petziball oder, gemeinsam mit dem Mann, «im Lotterbett» liegend. «Bekommen Sie Ihr Kind ganz nach Ihrem Gefühl!» Doch mit dem Gefühl ist das so eine Sache, es ist oft schwer zu deuten und unberechenbar. Nicht der zuverlässigste Ratgeber also, um das große Projekt Kind zu planen, die Vor- und Nachteile zu vermessen.

Kein Schicksal mehr zu haben ist auch ein Schicksal. Und kein leichtes.

Etwas, das bleibt

Nicola Wolfram wollte Kinder, solange sie denken kann. Familie, sagt sie, das war für sie immer der «favorisierte Lebensentwurf». Bei ihr zu Hause waren sie früher zu fünft, «eine glückliche Familie», sagt sie, der sie viel von dem verdanke, was sie wurde. Bis vor kurzem arbeitete Nicola Wolfram als Geschäftsführerin einer großen Medienfirma. Sie traf Entscheidungen und wichtige Leute, war viel unterwegs, und dass sie gut verdiente, verrät die große Altbauwohnung in Hamburg-Eppendorf, wo die Einrichtung Ton in Ton abgestimmt ist und der Cappuccino aus der Maschine kommt.

Ein Kind als i-Tüpfelchen

Ein Krankenhaus stirbt mit seiner Abteilung für Geburtsmedizin, heißt es. Für eine Gesellschaft gilt im übertragenen Sinn Ähnliches. Seit Anfang der siebziger Jahre leidet Deutschland unter Kinderschwund: Im Schnitt bekommen Frauen hierzulande nur noch 1,35 Kinder. Gleichzeitig steigt das durchschnittliche Alter der Erstgebärenden unaufhaltsam: von 25 Jahren 1961 auf heute über 29 Jahre. Anders als früher nimmt nicht die Familiengröße ab – der Anteil der Zwei-Kind-Familien bleibt seit einigen Jahren relativ stabil. Zurück geht die Zahl der Einzelkinder. Die Verursacher des anhaltenden Bevölkerungsrückgangs sind heute die Kinderlosen: Jede vierte nach 1960 geborene Frau ist kinderlos geblieben. Von den nach 1970 Geborenen könnte es sogar jede dritte sein. Damit nimmt Deutschland im internationalen Vergleich eine Spitzenstellung ein. Die extrem langen Bildungszeiten strafen besonders Akademikerinnen mit Kinderlosigkeit. Die weiblichen Mitglieder des Bundeskabinetts spiegeln diesen Trend: Von sechs Ministerinnen haben vier keine Kinder.

Zeugung in der Petrischale

Unter anderem weil sich viele Paare spät zur Familiengründung entschließen, wird das Kinderkriegen zum Problem. Schon ab 30 Jahren sinkt die Fruchtbarkeit der Frauen. Bis zu 15 Prozent aller Männer und Frauen warten mehr als ein bis zwei Jahre vergeblich auf Nachwuchs. Ungewollte Kinderlosigkeit hat sich zu einem stillen Volksleiden entwickelt, so häufig wie Diabetes oder Rheuma. Jedes achtzigste deutsche Kind wird heute in der Petrischale gezeugt. Die In-vitro-Technik hat sich etabliert, auch wenn ihre Erfolgsraten gering bleiben. Bei 10 bis 25 Prozent pro Versuch liegen die Chancen, dass die High-Tech-Zeugung funktioniert.

Die Leiden deutscher Eltern
«Kinder sind in Deutschland das i-Tüpfelchen auf einer Partnerschaft, nachdem Karriere, Finanzen und Wohnung geregelt sind», sagt die Magdeburger Psychologin Claudia Quaiser-Pohl, die Paare in verschiedenen Staaten vor und nach der Geburt ihres Kindes befragte. Hierzulande lassen sich die Partner vom Kennenlernen bis zur Familiengründung durchschnittlich fünf Jahre Zeit. «Ausgeprägte individualistische Vorstellungen» diagnostiziert Quaiser-Pohl. Das wirke sich auch auf die Lebenszufriedenheit nach der Geburt des Kindes aus. Sätze wie «Meine eigenen Bedürfnisse kommen zu kurz» sind für deutsche Eltern typisch. Auch die Partnerschaft leidet nach der Geburt in Deutschland am stärksten. Vor allem die Männer zeigen sich unzufrieden. Sie pflegen, so Quaiser-Pohl, ein «unwahrscheinlich egalitäres Rollenbild», das jedoch nur schwer einzulösen ist. Der moderne Mann geht nicht nur mit zum Ultraschall, er wird sogar dicker während der Schwangerschaft seiner Frau – im Schnitt um vier Kilo. Er schiebt den Kinderwagen und kann wickeln. Er tut es jedoch selten. Nach der Geburt folgt für den Mann das Leben nach ein paar Wochen Babyurlaub weitgehend seinem gewohnten Gang. Nur eines ändert sich: Er arbeitet mehr als je zuvor.

Für Kinder war in Nicolas Welt lange weder Zeit noch Platz. Warum auch? «Ich studiere doch nicht bis 27, um dann auf Hausfrau zu machen.» Und selbst wenn sich der Kinderwunsch immer mal meldete: Es fehlte der richtige Mann. Als alles stimmte – Stephan tauchte auf, die Karriere stand an einem Haltepunkt, und die Sehnsucht nach «etwas, das bleibt» wurde immer stärker –, war sie 37 Jahre alt, älter als viele Erstgebärende, aber gerade in ihrer Schicht keine Ausnahme.

Die meisten Deutschen wollen Eltern werden. Einer Umfrage des Bundesforschungsministeriums zufolge halten nur zehn Prozent ein Leben ohne Kinder für erstrebenswert, 14 Prozent der Männer, 5 Prozent der Frauen. Doch die Entscheidung, den Kinderwunsch in die Tat umzusetzen, wird immer wieder verschoben. 20-Jährige antworteten, das beste Zeugungsalter sei mit 26 Jahren. Befragte zwischen 21 und 30 gaben als idealen Zeitpunkt 29 an, solche zwischen 31 und 40 Jahren schließlich 36. So wuchs die Gemeinde der über 34-jährigen Spätgebärenden in den vergangenen zwei Jahrzehnten von 1,3 auf 22 Prozent.

Zum Glück dauerte es nur kurz, bis Nicola Wolfram schwanger wurde. Als sie die Nachricht erfuhr, traf es sie dennoch wie ein Schlag. «Warum freust du dich nicht?», fragte Stephan. «Was macht das Kind mit meinem Leben?», fragte sich seine Frau. Und als sie ein paar Wochen vor dem Entbindungstermin aufhörte zu arbeiten, merkte sie, dass ihr das, was ihr im Job noch vor kurzem zunehmend «schal und oberflächlich» vorkam – die vielen Leute, die Sitzungen, die Reisen –, doch ziemlich wichtig war. Da traf es sich gut, dass das Kind, auch wenn es noch nicht da war, Mutter wie Vater zu beschäftigen begann.

Immer locker bleiben

«Halten, halten, halten uuuund locker lassen!» Zwei Dutzend schwangere Frauen sitzen im Kreis und spüren ihrem Beckenboden nach. «Halten, halten uuuund locker lassen!» Die Männer spüren mit und kreisen unter «Ah»-Rufen mit den Armen, wenn es gilt, die Durchhaltekraft bei der Geburt zu trainieren. Der Raum im Hamburger Geburtshaus ist mit Decken, Matten und Stillkissen ausgelegt. Über den Köpfen dreht sich ein Ventilator.

In sieben Doppelstunden stimmen sich die Paare, alle zwischen

Ende 20 bis Ende 30, mit Gymnastik auf die große Stunde ein. Wer wenig Zeit hat, wählt das Kompaktprogramm am Wochenende. Zwischen den Übungen erläutert eine Hebamme variantenreich die biologischen Details der Geburt. Mal schraubt sie eine Puppe langsam durch ein Kunststoffbecken, mal zeigt ein Film, wie die «Eröffnungsphase» in die «Übergangsphase» mündet und am Ende der «Austreibungsphase» ein neuer Mensch auf die Welt kommt. Einige im Raum schauen am Ende des Films, wenn es nass und blutig wird, etwas zur Seite. Immerhin: Als Oswalt Kolle 1967 im «Aufklärungs»-Film «Helga» erstmals öffentlich eine Geburt zeigte, trug man Männer noch ohnmächtig aus dem Kino.

Wer das Hamburger Geburtshaus betritt, taucht ein in die Welt der sanften Medizin, für die der Mensch in der Phase der Familiengründung besonders empfänglich zu sein scheint. Am schwarzen Brett werben Anbieter für Hypnose, Massage und Bauchtanz für Schwangere. Auf einem Bord daneben stehen in kleinen Fläschchen Öle und Essenzen zur Dammmassage und gegen Schwangerschaftsstreifen nach den Rezepten der Hebamme Ingeborg Stadelmann. 270 000-mal hat sich ihr Buch *Die Hebammensprechstunde* verkauft. Ein stiller Bestseller, herausgebracht im Selbstverlag.

Ob alternativ angehaucht, wissenschaftlich nüchtern oder voyeuristisch verkitscht – nie konnten Schwangere auf so viele Experten, Ratgeber, TV-Serien *(Schnulleralarm, Hallo Baby)* und Spezialzeitschriften zurückgreifen. 1281 Titel wirft der Internet-Buchhandel Amazon beim Stichwort «Geburt» aus. Nur eine Informationsquelle, für Jahrtausende die wichtigste, wird kaum genutzt: Das Wissen der eigenen Mutter rangiert abgeschlagen auf Platz vier nach Freunden, Büchern und Zeitschriften, wie eine Studie der Universität Osnabrück ergab.

Stephan Wolfram hat ebenfalls viel gelesen – «auszugsweise», wie er sagt. Beim Vorbereitungskurs war er an zwei Männerabenden dabei. Das ganze In-sich-hinein-Atmen dort fand auch Nicola Wolfram «etwas esoterisch». Sie wollte hauptsächlich «ihr Körpergefühl trainieren». Zudem hatten die Sitzungen mit anderen Schwangeren etwas Beruhigendes. Es war eine Bestätigung, «etwas getan zu haben», statt einfach nur zu warten. Zusätzlich buchte sie ein paar Akupunkturstunden als Prophylaxe gegen den Schmerz.

Servicemedizin

Pragmatisch seien die Frauen geworden, sagt Rosemarie Wetscher. «Die Zeit der Ideologien ist in der Geburtshilfe vorbei.» Wetscher arbeitet als Redakteurin bei der Zeitschrift *Eltern*. Der publizistische Wehenschreiber der Nation hat viele Schwangere in den vergangenen 40 Jahren begleitet. Von den Sechzigern, als Mütter ihr Neugeborenes nur alle vier Stunden «zum Anlegen» bekamen und Väter das Kind durch eine Glasscheibe sehen durften, über die siebziger und achtziger Jahre, als die kalte Krankenhausmedizin in Misskredit geriet und die «natürliche Geburt» mit Wehenschmerz und Muttermilch wieder in Mode kam, als Männer in die Kreißsäle drängten und Frauen auf die Idee kamen, ihr Kind in der Badewanne zu gebären.

Heute werden die Neugeborenen den Müttern sofort auf den Bauch gelegt, und eine Geburt, bei der der Mann nicht dabei sein will, ist fast ein Anlass zur Trennung. Die Klinik jedoch ist der Geburtsort der Wahl geblieben. 98 Prozent der Kinder kommen hier zur Welt, wo die Kreißsäle heute bunt gestrichen sind und Gardinen haben. Das ist der neueste Trend: im Krankenhaus gebären, ohne sich im Krankenhaus zu fühlen. Natürlich – und doch medizinisch sicher.

Im Hamburger Heidberg-Krankenhaus gibt man sich besondere Mühe. Denn die Geburtenzahlen sinken, die Konkurrenz ist groß. «Da sind wir gut beraten zu schauen, was die Frauen wollen», sagt Geburtshelfer Scheele. Keine Frau auf der Wöchnerinnenstation wird für Visite oder Frühstück geweckt; beim Schichtwechsel kommen die Schwestern ans Bett, als «Zeichen der Transparenz». Und weil die Ehepartner seit einiger Zeit kostenlos im Einzelzimmer mitschlafen dürfen, trifft man mitunter auf der Frauenstation Männer in Unterhose. Im Kampf um die Kinder wird die Geburtshilfe zur

Servicemedizin. Die Strategie hat Erfolg. Gegen den Trend gehen die Entbindungen in Heidberg in die Höhe.

«Die Frauen von heute wägen die Angebote kritisch ab und wählen, was ihnen nützt», sagt *Eltern*-Redakteurin Wetscher. Was nicht heiße, dass sie die Geburt weniger wichtig nähmen. Im Gegenteil: Die meisten Paare inszenierten die Ankunft des Kindes in Gedanken als «großen emotionalen Bringer»; sie träumen von einem herausragenden Glückserlebnis, «bei dem der Mann weinen muss und die Mutter sich wie im siebten Himmel fühlt». Häufiger als früher erreichen die *Eltern*-Redaktion Schreiben von verstörten Frauen, die fragen, ob sie eine schlechte Mutter seien, weil sie nach der Geburt so fertig waren, dass die Glücksgefühle auf sich warten ließen.

Risikobetrachtungen

Und noch andere Briefe kommen, die es früher so nicht gab: «Was bedeutet es, wenn meine Frauenärztin sagt, das Fehlbildungsrisiko sei von 1:200 auf 1:15 gestiegen?» Nichts hat Schwangerschaft so verändert wie die Fortschritte der Pränataldiagnostik. Drei Ultraschallbefunde, ein Bluttest bei der Mutter, im Verdachtsfall Kontrolle des Mutterkuchens oder Fruchtwassers gehören zum Standardangebot vorgeburtlicher Untersuchungen. Aus dem Zustand der guten Hoffnung ist ein neun Monate währendes Risiko geworden. Schon vor der Geburt ordnet der Mutterpass vom Frauenarzt rund 70 Prozent aller Schwangeren einer Risikogruppe zu.

Bereits im ersten Drittel der Schwangerschaft sucht der Arzt nach Hinweisen auf mögliche Defekte, indem er per Ultraschall die Dichte der Nackenfalte des Kindes misst oder mit diversen Blutwerten das Behinderungsrisiko kalkuliert. Insgesamt zehn Gesundheitschecks des Fötus sieht der Mutterpass vor. Die meisten Schwangeren kommen auf mehr Untersuchungen, gerade, wenn sie über 35 Jahre alt sind und, wie Nicola Wolfram, auch noch privat versichert.

Für sie war es stets das gleiche Ritual: Auf dem Hinweg zur Untersuchung wuchs mit jedem Schritt die Furcht, die Ärzte könnten diesmal etwas finden. Auf dem Rückweg hätte sie vor Erleichterung schweben können. Sie hatte das Wunder in ihrem Bauch gesehen, wie es gewachsen war: vom pulsierenden Punkt zum kaulquappenartigen Gebilde, zum zukünftigen Menschenwesen. Heute zieren die Ultraschallaufnahmen das Fotoalbum. Damals fragte sich Nicola Wolfram mitunter, «ob es überhaupt möglich ist, ein gesundes Kind zu bekommen».

Manche werdenden Eltern können gar nicht genug bekommen von den verschneiten Bildern, auf denen mal ein Kopf, mal ein Arm, dann das Herz auftaucht. Sie würden das Ultraschallgerät am liebsten gegen den heimischen Fernseher eintauschen. Andere fühlen sich wie bei einem Examen, halten den Atem an, wenn der Arzt mit dem gelverschmierten Schallkopf den Bauch der Frau abtastet und mit Worten wie «in Ordnung», «sieht gut aus» oder «sehr schön» Noten verteilt.

Auch das gab es früher nicht: Das Baby ist da, lange bevor es auf die Welt kommt. Gleichzeitig gehen viele werdende Eltern emotional auf Abstand zum zukünftigen Kind, um das Restrisiko einzukalkulieren, «dass doch etwas ist». Das Wechselbad zwischen Nähe und Distanz ist besonders groß bei Frauen, die mit einer Fruchtwasseruntersuchung nach Fehlern im Erbgut ihres Kindes suchen lassen. Bei einer Umfrage der Universität Münster hielt jede dritte ihren Zustand bis zum Ergebnis der Untersuchung weitgehend geheim. Auch der Nestbautrieb stockt. Die Einrichtung des Kinderzimmers wird verschoben. Bloß kein stiller Raum, der, wenn es schief geht, jeden Tag an die Leerstelle im Leben erinnert.

Für Nicola Wolfram waren die Wochen um die Fruchtwasseruntersuchung eine Qual. Auf den Test zu verzichten kam nicht infrage. Nicht in ihrem Alter! Man könne doch in jedem Buch nachlesen, wie die Risikokurven nach oben zeigten, sagt ihr Mann. Zwei Wochen sollte es dauern, bis das Ergebnis vorlag. «Die Angst, dass die Ärzte etwas finden, machte mich kirre», erinnert sie sich. Das waren die Tage, als sie träumte, das zweite kleine Herz in ihrem Körper habe aufgehört zu schlagen. Schließlich hielt die Schwangere das Warten nicht mehr aus und rief im Untersuchungslabor an. Sie erhielt keine Antwort. «Jetzt ist es passiert», dachte sie.

Scheckheftgepflegt

1976, als die Krankenkassen die Kosten für die Fruchtwasseruntersuchung erstmals übernahmen, wurden 1796 Punktionen gezählt, heute sind es rund 80 000 pro Jahr. Spricht man mit Frauen, die vor 40 Jahren Mutter wurden, können sich – die Contergan-Krankheit ausgenommen – nur wenige an die Angst erinnern, ein geschädigtes Kind zu bekommen. Heute ist die Sorge um das Ungeborene zuverlässige Begleiterin der Schwangerschaft, obwohl die Hilfen so groß sind wie nie zuvor.

Denn es gelingt Ärzten immer besser, Fehlbildungen des Kindes bereits im Mutterleib zu erkennen. Ist der Fötus krank, kann man ihn mit Medikamenten versorgen, sein Blut austauschen und das Ungeborene im Uterus mitunter gar operieren. Und die Eltern können sich bereits vor der Geburt auf ein behindertes Kind einstellen – wenn sie es austragen.

«Wir hätten mit einem positiven Testergebnis umzugehen gewusst», sagt Stephan Wolfram. Das Wort Abtreibung spricht er nicht aus. Die Mehrheit aller Paare entscheidet ähnlich. 90 Prozent von jenen, die den Befund Down-Syndrom erhalten, entscheiden sich für einen Abbruch. Die Abtreibung wegen Behinderung, einst ein Tabu, ist gesellschaftlich weitgehend akzeptiert. Ebenso wird es gebilligt, dass die Mehrzahl aller abgetriebenen Föten – im vergangenen Jahr waren es 130 000 – gesund ist.

Den Wolframs blieb die Entscheidung erspart. Der ärztliche Freispruch kam mit einer Woche Verzögerung. «Alles in Ordnung.» Da durfte die schöne Zeit beginnen zwischen Babymarkt, Kinderwagentest und der stolzen Präsentation des Bauches beim Sonnenbad. Kurz vor der Entbindung wurde noch geheiratet. «Eigentlich hatte ich eine tolle Schwangerschaft», sagt Nicola Wolfram. Keine Schmerzen, keine Blutungen – bis eines Nachts um zwei Uhr die Fruchtblase platzte und alle Lektionen des Vorbereitungskurses über den Haufen geworfen wurden.

Chillout-Lounge

Tasche gegriffen, ins Auto gewankt und ab ins Krankenhaus. Ein paar Stunden warteten die Ärzte noch, dass die Geburt spontan beginne. Dann beschleunigten sie den Vorgang mit Hormonen. Erst passierte gar nichts, dann – nach steigenden Dosierungen – begannen die Wehen so zu galoppieren, dass Nicola Wolfram glaubte, es reiße sie auseinander. Statt Wehenmittel folgten nun Wehenhemmer und zur Schmerzlinderung eine Betäubungsspritze ins Rückenmark. «Danach fühlte ich mich wie in einer Chillout-Lounge», scherzt sie. Dass es so lustig nicht war, merkte sie, als der Wehenschreiber Alarm schlug, die Hebamme hektisch auf ihren Bauch drückte und der Geburtshelfer mit der Zange kam.

«Interventionskaskade» nennt Beate Schücking das. Die Osnabrücker Gesundheitswissenschaftlerin hat rund eine Million Geburten ausgewertet und festgestellt, dass Frauen immer früher ins Krankenhaus kommen und immer häufiger medizinisch behandelt werden. Jede vierte Geburt wurde mit Hormonen eingeleitet, etwa jede zweite Entbindung mit Wehenmedikamenten oder einem Dammschnitt beschleunigt. Die Rate der Periduralanästhesien (Rückenmarksbetäubungen) liegt mittlerweile zwischen 20 und 25 Prozent, die Zahl der Kaiserschnitte ist fast ebenso hoch.

«Die normale Geburt steht auf der roten Liste», kritisiert Schücking die fortschreitende Medikalisierung. «Alles, was wir unternehmen, ist im Sinne des Kindes und der Frau», entgegnen Geburtsmediziner. Und sie können mit beeindruckenden Zahlen aufwarten: Nur noch knapp vier von 100 000 Müttern und fünf von 1000 Kindern sterben bei der Geburt. Vor 50 Jahren lag die Quote noch zehnmal so hoch.

Frühgeborene können heute ab der 26. Woche ohne Folgeschäden überleben, vor 15 Jahren noch war ein Geburtstermin vor der 30. Woche ein Todesurteil.

Der medizinische Fortschritt verlangt jedoch einen paradoxen Preis: Um die tatsächlichen Risiken für das Neugeborene zu senken, müssen die potenziellen Risiken für das Ungeborene drastisch erhöht werden. Hätten die Ärzte Nicola Wolfram beim Gebären mehr Zeit gegeben, wären ihre Wehen vielleicht von selbst gekommen. Doch die Station war voll, das Personal knapp, und das Risiko einer Infektion steigt bei offener Fruchtblase von Stunde zu Stunde. Und welcher Geburtsmediziner will heute auch nur ein kleines Risiko verantworten?

Haftungsfragen

Dreimal wurden die Wolframs auf die Gefahren und Nebenwirkungen der Rückenmarksspritze hingewiesen, erst bei der Anmeldung im Krankenhaus, dann bevor die Wehen begannen – und als der Anästhesist schließlich zur Injektion ansetzte. Die ausführliche Aufklärung hat wenig mit der Gefährlichkeit der Periduralanästhesie zu tun, umso mehr mit der Klagewut werdender Eltern. «Wenn eine Geburt nicht so läuft wie geplant, muss ein Schuldiger gefunden werden», sagt Gynäkologe Scheele.

Obwohl das Kinderkriegen im Krankenhaus so sicher ist wie nie, steigt die Zahl der Beschwerden, Klagen und Prozesse. Es gibt kaum ein Gespräch mit einem Geburtshelfer, ohne dass dieser irgendwann auf die «Ratschläge unserer Juristen» verweist. Denn kann einem Arzt tatsächlich eine Schuld nachgewiesen werden, wird es teuer. In keinem Bereich der Medizin liegen die Kosten für Folgeoperationen, Rehabilitation und Schadensersatz so hoch wie in der Geburtsmedizin. «Da kann schon mal eine Million Euro zusammenkommen», sagt Peter Gausmann von der Gesellschaft für Risikoberatung in Detmold, die Kliniken in Sicherheitsfragen berät. Die Zahl der Assekuranzen, die den Hochrisikobereich Geburtshilfe noch versichern, hat sich in den vergangenen zehn Jahren halbiert. Die verbleibenden Versicherungen haben ihre Prämien drastisch erhöht und verlangen regelmäßige Sicherheitsprüfungen. Experten wie Peter Gausmann ziehen durch die Geburtsstationen und arbeiten Checklisten ab. Werden alle Frauen über Gefahren aufgeklärt? Steht der Chirurg bei einem Notkaiserschnitt in 20 Minuten im OP? Lässt sich jeder medizinische Handgriff schriftlich belegen? Früher, erinnert sich Michael Scheele, blieb nach einer normalen Entbindung ein fast leeres Blatt zurück. Heute umfasst die durchschnittliche Geburtsakte mit Einverständniserklärungen, Medikamentendosierungen, Wehenschreiberaufzeichnungen 50 Seiten.

Charlotte

Sonntagnachmittag, bei Wolframs gibt es Butterkuchen. Auf dem Sofa liegt Remo Largos *Babyjahre.* An der Schulter ihrer Mutter liegt Charlotte und schläft. Charlotte schläft nicht immer. Sie kann auch schreien. Laut schreien. Mitunter macht ihre Mutter Fenster und Türen zu und hofft, dass die Nachbarn nichts hören. «Meine Schreitoleranz geht gegen null», hat Nicola Wolfram festgestellt. Seit vier Wochen ist sie nun Mutter und fragt sich mitunter gemeinsam mit ihrem Mann, ob Menschenkinder nicht zu früh auf die Welt kommen. Wenn man wenigstens wüsste, was das Kind hat: Hunger oder Schmerzen? Ist es müde? Ihre Hebamme, die zur Nachbetreuung kommt, sagt, es könne alles sein. Neugeborene schreien eben oft viel. Doch Nicola Wolfram hat das Gefühl, alles falsch zu machen.

Dieses Gefühl ist neu. In ihrem bisherigen Leben gab es für Probleme Ursachen und Lösungen. Charlotte funktioniert nicht so. Natürlich hat Nicola Wolfram gewusst, dass ein Leben mit Kind anders wird. Dass es so anders wird – «diese hundertprozentige Fremdbestimmtheit, diese permanente Unsicherheit» –, stand in keinem Buch. «Ich dachte, ich wäre souveräner.» Und vielleicht auch glücklicher. Gerade weil Charlotte doch ein Wunschkind ist.

Die Frauen vertrauten dem Arzt oder Büchern mehr als ihrer Intuition, sagt Gisela Käsler, seit 30 Jahren Schwester auf der Neugeborenenstation in Hamburg-Heidberg. «Viele Frauen haben ihr Körpergefühl verloren.» Sie können nicht mehr das Kind an die Brust nehmen und es trinken lassen. «Das ging früher besser.» Da hätten die Frauen schon einmal bei der Mutter oder Bekannten gesehen, wie man ein Kind anlegt, es wickelt. Heute ist der erste Säugling im Arm nicht selten das eigene Kind.

Der Höhepunkt der Schreizeit, hat Nicola Wolfram gelesen, sei nach sechs Wochen erreicht. Das ist bald geschafft. Kürzlich waren sie auf einer Hochzeit. Den ganzen Vormittag haben sie den ersten «Ausflug ins soziale Leben» vorbereitet: Wann muss das Kind schlafen, um es dann zu stillen, damit man mit dem Auto zur Kirche fahren kann, um dann ...?

Drei Babys waren in der Kirche. Zwei schrien. Charlotte schlief. «Ich fand», sagt Stephan Wolfram, «wir haben das ganz gut gemacht.»

Wie man in Deutschland …

2

Wie man in Deutschland die Kindheit erlebt

Kinder wachsen heute in nie gekanntem Wohlstand auf. Erwachsene respektieren und fördern sie. Doch die Gesellschaft beschneidet ihre Freiräume.

von Susanne Mayer

Als der Zug in den Tunnel einfährt, steht das kleine Mädchen auf. Das Mädchen trägt eine Jeans mit Schlag, worauf jemand viele bunte Sterne genäht hat, und dazu ein bauchfreies T-Shirt mit Ringeln in Rot und Gelb und Blau und Grün. Das Mädchen geht zum Fenster, das jetzt ein schwarzgrundiger Spiegel ist, und legt den Kopf nach hinten und schüttelt ihn, dass die langen blonden Haare fliegen. Es kämmt mit den Fingern von unten durch die Haare und hebt sie hoch und lässt sie fallen, es neigt den Kopf zur Seite und lächelt sich an.

Der Zug rauscht ins Sonnenlicht, das Kind geht zurück zu den beiden Frauen, die unter ihren Kopftüchern tuscheln. «Da bist du ja wieder!», sagt die eine.

Auf einer Bank im Zug sitzt ein kleiner Junge, er trägt eine blauweiße Latzhose und einen Kullerkopf. Neben ihm sitzt eine schlanke Frau, in der Hand hält sie eine Milchschnitte. Sie schält die Stanniolverpackung ab und hält dem Jungen das Schokoladenstück hin. Er schüttelt den Kopf. «Dann nicht», sagt sie und beißt ab, er untersucht seine Finger. Er hangelt nach ihrer Hand. Sie hält die Schokolade tiefer, er wendet sich ab. Sie nimmt einen Bissen und reicht ihm das Stück, und dann beißt er ab, dann wieder sie, dann er, dann sie.

Wenn man wissen will, wie es den Kindern in Deutschland geht, schaut man unwillkürlich, ob sie wohl glücklich aussehen. Glück ist uns das teuerste Gut, sogar ein Menschenrecht, und Kinderglück ist der Inbegriff des Glücks. Kinderglück ist, mit seiner Mama eine Milchschnitte zu teilen, so friedlich, von du zu du. Man stelle sich vor, ein Menschenleben früher, und da kasperte einer rum und wollte keine Schokolade und dann doch! Glück ist, wenn ich anziehen darf, was ich mag, und keiner schimpft: Ist heute Karneval oder was?

Sich im Spiegel betrachten zu können, und niemand mahnt: Sei nicht so eitel! Glück ist, wenn ein Kind sich mögen darf.

Kinder in Deutschland sind heute so selbstbewusst wie nie. Eltern in Deutschland, natürlich nicht alle, begegnen ihren Kindern mit einem Respekt, der noch vor einem halben Jahrhundert allein Erwachsenen vorbehalten war. Kinder lernen im Unterricht, dass sie Rechte haben, die in einer UN-Charta verankert sind. Sie werden gefragt, was sie essen oder welche Schule sie besuchen wollen, sie dürfen mitentscheiden, wohin es in den Ferien geht. Sie bekommen Geldgeschenke, alle zusammen in Milliardenhöhe. Und doch, Kinder in Deutschland haben Grund, sich zu den Erwachsenen zu drehen und zu rufen: Ihr seid ja alle nackt!

Inmitten der Wohlstandsgesellschaft ist der Anteil der Kinder, die arm sind, doppelt so hoch wie unter Erwachsenen. Man könnte den Eindruck gewinnen, die Erwachsenen in diesem Land ließen es sich gut gehen auf Kosten der Kinder. Inmitten der Wissensgesellschaft erleben Kinder einen Bildungsnotstand: In den Schulen sind ihre Chancen, sich zu Höchstleistungen zu entfalten, nur halb so gut wie in europäischen Nachbarländern. In abgeblätterten Gebäuden werden sie gnadenlos in eine Hierarchie willkürlicher Noten sortiert. Nicht wenige von ihnen macht die Schule so zu Versagern: Zehn Prozent der Schüler lagen laut der Pisa-Studie unterhalb der schlechtesten Leistungsstufe; so viele wie sonst nur in Brasilien oder Luxemburg. Inmitten einer Gesellschaft, die sich der Freizügigkeit rühmt, wurde der Streifradius des Grundschulkindes seit den siebziger Jahren von 20 auf 4 Kilometer gestutzt. Eine Gesellschaft, die von Fitness besessen ist, zieht Kinder auf, von denen über die Hälfte zum Zeitpunkt der Einschulung nicht mal 30 Sekunden auf einem Bein stehen kann.

Das Bemerkenswerteste aber ist, dass es überhaupt nur noch rund 15,5 Millionen Kinder gibt, weniger als Anfang der siebziger Jahre allein in der alten Bundesrepublik. In ganz Deutschland leben sechs Millionen Kinder weniger als vor 30 Jahren. Jedes 4. Kind lebt ohne Geschwister. Dafür kommen nun auf ein Kind vier Erwachsene. Und auf fünf Kinder 20 Autos, noch vor einem halben Jahrhundert waren die Kräfteverhältnisse umgekehrt, als auf fünf Autos tatsächlich 10 Kinder kamen. Es gibt heute Städte, da gibt es kaum noch Kinder, in München oder Berlin finden sich in bis zu 80 Prozent der Haushalte keine Kinder mehr, in Hamburg bevölkern Kinder nur noch 18 Prozent der Haushalte. Es gibt Vororte, Rückzugsgebiete, da leben sie dicht an dicht.

Die Straße ist an der schmalsten Stelle gerade mal zwei Meter breit. Früher lag sie mitten im Dorf, weshalb wir sie Dorfstraße nennen wollen. Heute liegt sie am Rand einer Stadt am Rhein. An einem Ende, wo sie sich zum Platz rundet, ist mit Naturstein ein hübsches Muster gelegt, die Bürgersteige sind mit hüfthohen Pollern bewehrt. Netter Grünpflanzenstreifen, sogar mit weißen Rosen und einer zum Halbkreis geformten Bank. Auf der Ecke ein Spielplatz mit Rutsche, Schaukel, Wackeltier und einem Schild. Darauf steht, was verboten ist. Man sieht ein durchgestrichenes Fahrrad, eine durchgestrichene Flasche, einen durchgestrichenen Ball, einen durchgestrichenen Hund, einen durchgestrichenen Fahrradfahrer. Es ist Samstagnachmittag, und obwohl auf dem Schild nicht weniger als acht Kinder auf Rutsche und Klettergerüst gemalt sind, ist der Spielplatz leer.

Mit stilsicherer Miene schauen die Häuserfronten auf die Straße. Hier ein Hauch von Art déco, dort ein bisschen Fachwerk. Wenn man bei Nummer 45 klingelt, dann bellt es, und es quellen hervor: zwei Hunde, vier Mädchen, ein Mann. Aber nur zwei der vier Mädchen wohnen hier, die anderen zwei sind auf Besuch. Wir sitzen in einer höhligen Küche und zählen durch: In diesem Haus wohnt neben dem Mann und den beiden Mädchen noch eine Frau, aber sie ist nicht die

Mutter der Mädchen, sondern die Freundin des Vaters. Anna sagt, sie finde es gut, dass Doris jetzt bei ihnen wohne, weil sie ein Pferd mitgebracht habe. Anna rechnet zum Haushalt des Weiteren: eine Katze, ein Meerschwein, einen Hasen und ein Schaf. Pia meint, am schönsten wäre es, wenn Mama mit ihrer neuen Familie zurückkäme und sie alle miteinander hier wohnen könnten.

Wenn Doris über die Kinder redet, sagt sie «unsere Kinder». Aber auch, dass es für sie als Kinderlose manchmal ganz schön schwierig sei mit den Kindern. «Wenn Doris sagt, sie kann nicht, dann habe ich natürlich ein Problem, dann habe ich zunächst niemanden, bei dem ich die Kinder abgeben kann», sagt der Vater, ein Krankenpfleger. Wenn er Nachtschicht hat, bringt er die Kinder abends zu einer «Nachtmutter», früh sammelt er sie wieder ein, ein Verfahren, das die Kinder blöd finden, weil sie dann noch früher aufstehen müssen als sonst schon. Die Tage seien ohnehin lang, sagt ihr Vater, wenn Pia reite, müsse man sie um halb zwei in der Schule abholen und um fünf von der Reitbahn, um sechs sei man zu Hause, und dann noch die Schulaufgaben. Am Ende der Woche seien alle erst mal platt.

Nebenan lockt die Klingel ein Mädchen mit sehr blauen Augen und einem Pferdeschwanz heraus, Mareike, neben ihr steht ein Mann, leicht ergraut. Ein Journalist. Er ist nicht ihr Vater, sondern der Freund ihrer Mama, die bis vor kurzem, sechs Jahre lang, allein erziehende Mutter war, eine von fast 1,8 Millionen in Deutschland. Die Mama sieht aus wie Mareike in Groß, es ist das gleiche pointiert gelassene Gesicht. Wenn man sie fragt, ob sie erleichtert sei, nicht mehr alleine zuständig zu sein für ihre Tochter, dann sagt sie, bei aller Harmonie habe sich so viel denn auch nicht geändert, sie sei nach wie vor diejenige, die für Mareike das meiste regle. Immerhin, heute muss sie zu einer Tagung, und ihr Freund, der beruflich auch sehr beschäftigt ist, evakuiert Mareike für das Wochenende zu den Großeltern, die rund 100 Kilometer entfernt leben, am Niederrhein.

Jetzt sitzt ihre Tochter am schönen Holztisch in dem kleinen Wohnzimmer und gibt von ihren Lieblingskeksen ab, Schokoröllchen. Wie ist es so als Einzelkind? Sie sei gar kein Einzelkind, sagt sie,

sie habe einen Tagesbruder. Mit dem sei sie als Baby betreut worden, «er war morgens bei uns und ich nachmittags bei ihm». Dann führt sie ihre beiden kleinen Cousins an, «so süß!». Und kommt auf Opa, der sei mit 70 noch so fit wie die Laufschuhe, mit denen er zum Marathon eilt. Ja, Einzelkinder müssen sich nicht einsam fühlen. Und dass sich Familien trennen und neu zusammenfügen, war noch in den Sechzigern ein Skandal, heute ist es für rund 150 000 Kinder im Jahr eine schmerzliche, aber geradezu alltägliche Erfahrung. 2,5 Millionen leben bei allein erziehenden Eltern. Übrigens: In vier Monaten wird Mareike eine Schwester haben. Ja, sie freut sich natürlich, aber wenn man sie fragt, wie es denn wohl so werden wird, mit Geschwistern leben, guckt sie durchaus skeptisch: «Na ja», sagt sie: «Wenn du nun nachts nebenan ein schreiendes Kind hast und am nächsten Tag kommt 'ne Mathearbeit ...»

Im Haus schräg gegenüber gibt es dazu schon Erfahrung, dort ist vor drei Monaten ein Baby eingetroffen, Säugling Mario – in einer Gruppe von nun fünf Geschwistern! Sie drängeln sich zum Frühstück auf Schemeln und Bänken um den Tisch, es ist so eng, dass man gar nicht aufstehen muss, um Margarine und Käse aus dem Kühlschrank zu holen. Die Kinder wetteifern, wer mit der Zunge bis ins Nasenloch hochangeln kann, während sie überlegen, wie sie's finden, zu so vielen? Ohne Geschwister sei's sicher langweilig, sagt der große Lars. Wer alleine sei wie Marie aus ihrer Klasse, werde doch total verwöhnt und kriege glatt zehn Diddle-Blöcke auf einmal geschenkt, höhnt Kim, wozu die anderen zustimmend gackern. Wer allein sei und ein neues Fahrrad brauche, hätte das dann gleich da stehen, legt Lars verächtlich nach, total uncool so was, und Louisa sagt, nach gründlichem Nachdenken: «Wenn du einen kleinen Bruder hast, wollen alle gucken, weil, das kennen sie nicht von zu Hause, und dann sind sie neidisch.»

Individualismus in der Kuschelecke

Zur Familie zählen die Kinder zwei Väter, die beide nicht hier leben, weil der eine von der Mutter geschieden ist und der andere durch die Meere pflügt, letzte Standortmeldung des Kapitäns: bei Dänemark. Von dort aus weht ein Hauch von Abenteuer in dieses Haus. «Kinder», sagt die Mutter gelassen, «kommen, wann sie kommen.» Aber sie habe sich nicht vorgestellt, wie viel sie arbeiten müsse! Immer sei sie die Ernährerin der Familie gewesen. «Ich habe den Kindern einiges zugemutet.» Umzüge zum Beispiel. Knappheit. «Es gab Zeiten, da musste ich alles rationieren, ich meine: alles.»

Wie anders doch die Welt gleich nebenan. Auf das Klingeln ertönt der Summer, die schwere Tür neben dem alten Fachwerkhaus geht auf. Am oberen Ende einer Treppe, die zu einem sonnendurchleuchteten gläsernen Neubau hochführt, erscheint ein Mädchen im roten Hängekleid, Johanna, die Tochter zweier Angestellter der Stadtverwaltung. Man sitzt in dem offenen Wohnraum. Mittendrin der Granitkochblock, frei stehend mit allen Schikanen, Halogenleuchtseile sind bis über die schwarzen Ledersofas gespannt, wo Mutter und Tochter nachmittags kuscheln und Soaps gucken. Die wahre Papamamakindidylle. Nun ja, Johannas Mutter sagt, sie hätte gerne mehr Kinder gehabt, es war eine gesundheitliche Frage.

Man kann eben nicht alles sehen. Und wenn man hinsieht, ist oft vieles anders, als man es sich gedacht hat. Könnte man sich zum Beispiel mitten auf der Straße von einem Kran in die Luft heben lassen, hätte zugleich jemand die Dächer der Häuser geliftet, würde man auf einen Blick erkennen, wie ähnlich doch bei aller Verschiedenheit der Milieus die Kinderzimmer sind. Offensichtlich die schönsten, sonnigsten Räume. An den Fenstern hängen schöne Stoffe mit Tieren oder goldenen Sternen, für strahlende Nächte, made by Ikea. Lego und Memory und noch immer Enid-Blyton-Bücher in den Regalen, natürlich viel Potter. Nur Johanna hat zwei Zimmer, was aber aufs Gleiche hinauslaufe, sagt sie, weil in ihrem riesigen Spielzimmer so viel Spielzeug rumliege, da könne man gar nicht spielen.

Das deutsche Kinderzimmer ist, wie für Vater und Mutter die Einbauküche und das Auto, ein Zugewinn und Symbol der Wohlstandszeit. Fragt man in einer Schulklasse, wer sich noch ein Zimmer teilen müsse mit dem Bruder oder der Schwester, geht kaum ein Finger hoch, kein Wunder, wo es ja auch immer weniger Geschwisterkinder gibt. Die Wohnfläche pro Einwohner in der Bundesrepublik ist nach oben geschnellt, auf durchschnittlich fast 50 Quadratmeter, daran haben auch die Kinder ihren Anteil. Allerdings: In einer vierköpfigen Familie kommen auf jeden nur noch 27, im Osten 10 Quadratmeter.

Das deutsche Kinderzimmer ist Ausdruck und Schule des Individualismus. Mit Leonardo-DiCaprio-Postern, Borussia-Fahnen oder weinrotem Samt drücken Kinder ihre Persönlichkeiten aus. Träume zeigen sich, auch die der Eltern. So viel Kuschelecke ist nie mehr. Pinnborde mit Bildern von den Lieben schaffen Großfamilien, wo keine mehr sind, auf Postern entstehen Tierwelten wie sonst nur auf dem Bauernhof. Bei Pia gibt es eine Tobematratze, wo hätte man ein paar Jahrzehnte früher so etwas gefunden; auf dem alten Schrank drängeln sich die Plüschtiere, dass man Sorge hat, ob sie wohl alle genügend Liebe abkriegen. Am aufgeräumtesten erscheinen die Zimmer in der Großfamilie, da passen die wenigen Klamotten sauber in die offenen Regale. Bei Anna steht sogar eine Staffelei. Auf dem Schreibtisch liegen Noten, schon hat sie die Gitarre in der Hand, und los geht es: *«Rock my soul in the booo-ssom of A-bra-ham!»*

Anna hat Glück: Nur eine Million Kinder lernen ein Instrument. Aber wenn man in einer Schulklasse von 25 fragt, wer einen eigenen Fernseher hat, gehen sofort fünf Hände hoch und nochmal sechs bei der Frage nach dem Computer, und zwölf dürfen so lange vor den Glotzen hängen, wie sie wollen. Jedes fünfte Kind zwischen 10 und 13 Jahren hat einen eigenen PC. Durchschnittlicher Fernsehkonsum: 2,5 Stunden, mit eigenem Fernseher sind es schon 3,5. Eltern können großzügig sein bis jenseits der Schmerzgrenze. «Körperverletzung» nennt das die Familienministerin. Andererseits: «Geht jetzt endlich raus!», der Eltern-Schrei der fünfziger Jahre, wirkte heutzutage wie

Keine Angst vor Kindern

Der Reformpädagoge **Hartmut von Hentig**, 78, über den Wandel der Kindheit

Sie sind 1925 geboren. War es seidem für Kinder ein Jahrhundert des Fortschritts?

Ich sehe in mancher Hinsicht große Fortschritte. Die kann ich in meinem eigenen Leben ermessen und noch deutlicher in dem, was ich in der Literatur lese; auch wenn ich zuerst von der Kindheit im Elend sprechen müsste. Am Anfang des Jahrhunderts, in dem ich geboren bin, stehen die *Buddenbrooks*. Hannos Kindheit möchte ich nicht leben müssen. Das war ja nicht nur die Schule, deren Züge hart sind bis zur Karikatur. Dieser Vater! Mein Vater war ihm in vielem ähnlich, aber ohne die fürchterliche Kälte und Ferne: Diese dauernde Erwartung, dass man einem Ideal zu genügen hatte – mein Vater hat sie an meinen Möglichkeiten gemessen. Und das ist das Neue.

Wie erleben das die Kinder?

Es kann keine öffentliche Misshandlung mehr von Kindern passieren. Und: Die junge Elterngeneration geht vernünftiger mit ihren Kindern um. Wie viele Väter sind jetzt wirklich Väter für ihre Kinder und nicht die Autoritätsstange, die da herumstakst. Die sind liebevoll zu den kleinen Kindern, und Vorbild.

Und doch wird diskutiert, Kinder erführen von Eltern zu wenig Leitung.

Es sind die älteren Kinder, die es heute sehr viel schlechter haben. Sie sind sie selbst geworden, ein klar denkendes Selbst, spätestens mit zehn, und dann kommt die Frage: Wohin? Dann fängt man an, in die Zukunft zu gucken. Und die ist furchtbar verwirrend. Das Aufwachsen der Kinder ist von einem bestimmten Alter an unendlich erschwert: Ich nenne es das Tschernobyl-Syndrom.

Sie meinen, dass Eltern ihre Kinder nur noch begrenzt schützen können?

Die Zumutung an die Kinder ist: Ihr müsst euch selbst ein Urteil bilden. Das darf ich ihnen aber nur abverlangen, wenn ich den Kindern selbst vorlebe, wie man mit Problemen fertig wird, in einer ambivalenten Welt, deren Folgen nicht absehbar sind. Das ist eine wichtigere Aufgabe, als zu belehren, welches die richtige Lösung ist.

Kinder finden sich heute immer mehr Erwachsenen gegenüber. Die wenigsten erleben noch, mit vielen Kindern abends um den Tisch zu sitzen.

Diese Erfahrung ist nicht einholbar. Also wir waren wenigstens noch fünf, ich bin da zum Pädagogen geworden, ich war der Älteste, und das hat mir so viel Freude gemacht. Es war eine Verpflichtung. Ohne meine Geschwister ist meine Kindheit vollkommen undenkbar! Mir fehlt wirklich jegliche Angst vor einem Kind. Die haben Erwachsene, sie geben es nur nicht zu. Die Vitalität der Kinder, die Unberechenbarkeit, die Angst, ihre Liebe zu verlieren – lauter verdeckte Angstmomente beim Erwachsenen.

Können sich deshalb viele junge Menschen nicht für Kinder entscheiden?

Sind diese jungen Menschen nicht schon Produkt der Kinderarmut? Sie sind Einzelkinder, haben Konflikte mit den Eltern gehabt, das war alles nicht so schön, sie kommen zum Schluss: Das wollen wir uns lieber nicht zumuten. Es ist ein Problem, das sich selbst hervorbringt. Wenn Kinder nicht gezeugt werden, dann erzeugt sich auch nicht die Wahrnehmung, wie selbstverständlich und schön das ist mit Kindern. Ich habe keine rechtsgebende Gewalt, aber ich würde doch ein Recht auf Geschwister unbedingt in die große Charta der Rechte der Kinder einsetzen. Einen Anspruch auf Geschwister!

eine Verletzung der Aufsichtspflicht, wo selbst in einer idyllischen Stadt wie Freiburg über die Hälfte der Eltern die Spielsituation für ihre Kinder als gefährlich einschätzen und tatsächlich im Land alle elf Minuten ein Kind bei einem Unfall verletzt wird.

Auch auf der Dorfstraße brettern die Leute nur so durch. Es ist ein Schleichweg mit Tempo-30-Schildern, tatsächlich eine Rennstrecke, immerzu liegt ungeduldiges Hupen in der Luft, selbst sonntagmorgens um neun muss ein Porsche Carrera laut aufheulend kundtun, wie eilig er es hat. Weshalb die Kinder im Haus gehalten werden, als gähne vor den Haustüren ein Abgrund. «Wir haben hier mindestens ein Jahr gewohnt, bevor wir überhaupt registriert haben, dass es noch andere Kinder in der Straße gibt.»

Die Straße zieht sich wie ein Trennungsstrich durch das Leben der Kinder. Obwohl die Gärten aneinander grenzen und sich hinter den Häusern weit ins Land ziehen, hat also Johanna – die auf der weiten Terrasse neben den beiden Teichen, zu denen sich der Sauna-Ruheraum mit Glastüre öffnet, fast nie spielt, ja was denn auch, so alleine – noch gar nicht bemerkt, dass nebenan der Raum aller Sehnsüchte für die Großfamilie liegt. Kim und Louisa zeigen den Weg, er führt durchs Gerümpel der Nachbargarage, über lehmverkrustete Stufen in ein Gebüsch. Brombeerranken hakeln nach uns, auf wackelnden Planken rutschen wir weiter, ein Gartenhaus taucht auf mit zackig zerbrochenen Glasscheiben, die Mädchen jauchzen: Kisten voller alter Fotografien! Dosen, in denen was rappelt! Und dies, schreit Kim, ist mein Kletterbaum, hat Mama mir geschenkt! Und sitzt oben. Ja, es ist ein Paradies, aber auch Kim und Louisa haben keine Ahnung, dass im Garten des gegenüberliegenden Hauses, bei Anna und Pia, ein veritables Lämmchen steht, mit bandagiertem Bein und sehnsuchtsvollem kleinem Gesicht.

Fürsorge nach Terminkalender

Es ist nicht leicht zu verstehen, wie die Kinder der Dorfstraße so benachbart leben und ihre Welten doch so auseinander fallen. Morgens kann man sie sehen, wie sie zu verschiedenen Schulen aufbrechen, nachmittags kommen sie zu verschiedenen Zeiten zurück und haben sehr verschiedene Dinge erlebt. Die Arbeitszeiten ihrer Eltern sind nochmal anders. Jede Familie in einem eigenen, oft nur mit Mühe auszubalancierenden Rhythmus. Da ist eine Angestrengtheit und eine große Verschiedenheit der Erlebniswelten. Die Ferien verbringen Johanna und ihre Eltern zum Beispiel mit Oma und Opa, da kommen dann auf ein Kind die vier Erwachsenen, sozusagen deutscher Schnitt. Die fünf Geschwister nebenan segeln dagegen mit ihrem Kapitän auf dem Dreimaster durch die Wogen, zusammen mit ganzen Heerscharen von Kindern, die auf diesem Schiff Ferien gebucht haben, ja auch so was gibt es im Wohlstandsdeutschland, während Pia und Anna den Sommer zu Hause verbracht haben. In dem einen Haus spielt eben Geld gar keine Rolle, in dem anderen ist jemand gerade arbeitslos geworden und die Frage steht im Raum, ob man sich das Haus weiter leisten kann oder von hier weggehen muss. In der einen Familie ist der Sohn neulich ausgezogen, zum Vater, und wird von den Geschwistern bitter vermisst, in der anderen Familie wird befürchtet, die Tochter könne wegwollen, zu ihrer Mutter. So leben einige hier wie im Transit, und die skizzierten Fährten laufen auseinander.

Die Experten sprechen von einer Verinselung der Kindheit. Je weniger Kinder es gibt, umso schwieriger ist es, die Brücken von einem zum anderen zu schlagen. Es fehlt nicht an teuer ausgestatteten Spielplätzen, sondern an Möglichkeiten, eigenständig dorthin zu kommen, ohne Mutti. Oft finden nur noch Begegnungen statt, die von den Erwachsenen vorgeplant und arrangiert wurden, die als Event gestaltet sind, einen zeitlichen Anfang und ein Ende haben, Termindruck machen. Kinderapfelfest oder Kinderchor, Kinderökogruppe oder Kinderoper, macht 135 Euro. Fürsorglichkeit der Eltern bedeutet, solche Alltagsterminpläne zu erstellen, oft sind sie getrieben vom Anspruch, ihre Kinder bestmöglich zu fördern. Eigeninitiative der Kinder ist geradezu suspekt geworden. Miteinander rumzuhängen gilt schon als verwahrlost. «Wenn ich die an der Bushaltestelle sehe, weiß ich doch gleich, dass die von ihren Eltern abgeschoben werden», sagt eine junge Frau, die wir in Karlsruhe treffen, auf einer Wiese zwischen zwei Hochhausblöcken.

Rechts und links stehen Wohnblöcke, fünf Stockwerke hoch, ein Wohngebiet, das als problematisch gilt. Viele Nationalitäten sind hier zusammengewürfelt, es gibt Klagen über Jugendgangs und Arbeitslosigkeit, auch wenn die Wohnblocks mit je neun Wohnungen adrett renoviert sind, inklusive Solarzellen auf dem Dach. Aber dazwischen ist gar nichts vom Kindergesichtspunkt aus. Einige Teppichstangen. Gemähter Rasen. Der lag vor wenigen Minuten noch verlassen da.

Nun fährt ein roter Doppeldeckerbus vor. Schon ist er umringt von fünf, sechs Kindern. Der Bus hat noch nicht richtig eingeparkt, da sind es schon 15 oder 20. Es ist, als würden Kinder vom Himmel fallen, ein Schrei ertönt: «Der Mobi-Bus ist da!» Über 100 Kinder stürmen ihn. Ein Ereignis bahnt sich an. Kinder spielen.

Waren Kindsein und Spielen nicht noch vor kurzem fast das Gleiche? Heutzutage rücken also städtische Angestellte der mobilen Spielaktion in Einsatztrupps aus, um Kindern zu zeigen, wie man spielt. Die Mobis schmeißen Bälle auf den Rasen, und sofort jagen drei, vier Jungen hinterher. Sie stellen leere Getränkekästen aufeinander und verbinden die Türme mit rohen Planken und Tunneln aus Plastiktonnen, und schon krabbeln die Kinder und kreischen, wenn sie ins Rutschen kommen. Sie stellen sich ohne die geringste Ermahnung an einer Leiter an, die auf ein zwei Meter hohes Metallgerüst führt, und springen runter in die Matratzenlandschaft, als fürchteten sie nichts im Leben.

Dass Kinder spielen, ist so unglaublich, dass sich auf den Balkonen Zuschauer einfinden. Kinder spielen! Ein Mann hat sein Fernrohr geholt, jemand fotografiert. Spielen! Am Bürgersteig bilden sich Trauben von Passanten. Echtes Spielen! Unter einem Baum lagern sich

Erwachsene an, auf Decken, und schauen auf die Kinder, die spielen. Eine Frau sagt: «Und morgen ist hier wieder tote Hose.»

Das Mobi-Team Karlsruhe, eines von 400 bundesweit, hat 4,5 feste Stellen plus Praktikantin und Zivis. Termine werden schon für den Sommer 2004 geplant. Jeden Montag Projektentwicklung, jeden Freitag pädagogische Fachsitzung, jeden Nachmittag eine Spielaktion, jeden Morgen Manöverkritik: Wie waren wir, wie soll es besser werden? Ach, gäbe es solche Professionalität in allen pädagogischen Bereichen! Doch erst seit Pisa wird zögerlich über Qualitätskontrolle in Kindergärten und Schulen diskutiert. «Unsere Aufgabe ist es, Kindern den Rücken zu stärken», sagt der Teamchef Ralf Birkner, «mit uns an der Seite können sie sich auf einem Platz behaupten. Wir machen es möglich, dass sie in der Sommerhitze in einem öffentlichen Brunnen plantschen, und niemand traut sich zu meckern. Die Kinder müssen Grenzsituationen ausprobieren. Und auch mal ins Schwitzen kommen!»

Jasmin, die fünf Jahre alt ist, schleppt ihre sechs Monate alte Nichte über den Rasen. Pietro steckt in einer Tonne fest, kein Wunder bei seinem Umfang. Kadhia und Karima, deren Papa aus Pakistan kommt, bemalen ihre Gesichter mit Gold und Rot. Drei Jungen versuchen, einen Stapel Bauholz hinter ein Gebüsch zu ziehen, zur Rede gestellt, sagen sie: «Wir wollen doch morgen auch noch spielen!»

Fragen wir die Mütter von Lydia und Valentina, die aus Kasachstan hierher gezogen sind, wie das Leben für ihre Kinder in Deutschland ist. «Schön!», lächeln sie. Und? «Aber dass man immer Angst um die Kinder haben muss …» Die 11-jährige Ümmü übersetzt, was Jasmins Mutter sagt, die nur Türkisch kann. Sie sagt: «In Deutschland sind Leute kalt wie Kühlschrank. Über Kinder schimpfen sie nur, immer ruhig! ruhig! ruhig! Immer sollen sie zu Hause sein, und wenn sie zu Hause sind, klopfen sie, ich verstehe das nicht, was wollen die Deutschen von den Kindern? Fragen Sie die Leute, das sagen alle hier, auch die Portugiesen und die Spanier.» Victoria aus Togo, deren glutrot gefärbte Zöpfe im Abendlicht leuchten, sagt: «In Afrika gibt es keine Eltern, die immer dasitzen und auf ihre Kinder aufpassen. Kinder wollen doch allein sein.» Sie sagt, sie wolle nicht unhöflich sein, die Leute seien ja nett zu ihr: «Aber ich kannte das nicht, dass Kinder immer ein Problem sind. Bei uns ist das mit den Kindern normaler. Verstehen Sie? *Normal!*»

Ja, den Deutschen sind ihre Kinder zum Problem geworden. Tippt man bei Google Kind+Ratgeber ins Suchfensterchen, spuckt die Suchmaschine 317 000 Einträge aus; bei Liebe+Ratgeber finden sich nur 32 900 Einträge, obwohl doch die Liebe auch nicht gerade eine problemlose Zone ist. Alles muss anscheinend gelernt werden. Kinder wickeln und erziehen, Kinder gesund kriegen, mit Kindern Lieder singen, mit Kindern fernsehen, sie durch die Pubertät begleiten. Und als würden die Eltern nicht fleißig genug Ratgeber lesen, gibt es zugleich eine eigene Gattung von Büchern, in denen das Versagen der Eltern beschrieben und angeprangert wird.

Das deutsche Kind hat Eltern, die mächtig unter Druck geraten sind. Die Nation misstraut ihnen. So viel Skepsis schlägt nur noch den Lehrern entgegen, den Zweiteltern sozusagen, übrigens zwei Gruppen, die erbitterte Kriege führen über das Thema, wer von ihnen mit Kindern schlechter umgehe. Ganze Hilfsbataillone von Elternerziehern – Psychologen, Soziologen – stehen bereit, den Eltern ihre Unsicherheit abzutrainieren – und sie mit jedem Angebot auch wieder zu schüren. Man könnte sagen, dass Elternerziehung ein Geschäft ist, während Kindererziehung ein Zuschussbetrieb ist, rund 670 Euro im Monat verschlingt, was eine viel diskutierte Sachlage ist. Ob die Kinder das spüren? Wie schwierig es die Gesellschaft findet, für sie zu sorgen?

Erziehen fällt schwer in einer Welt der gebrochenen Traditionen, in der nicht mehr selbstverständlich ist, was «man» als Junge oder Mädchen zu tun hat, ob «man» konfirmiert wird, wie autoritär «man» als Vater sein muss oder wie sanft. Eiserne Regeln? Der Nachbar hat andere. So lernen Kinder nebenbei, dass Menschen ganz verschieden leben. Andererseits können widersprüchliche Botschaften sie bis zur Aggression irritieren.

Gereizt erscheint auch eine Diskussion, die eine ganze Nation über die Köpfe ihrer Kinder hinweg führt, zur Frage, wie Junge und Alte überhaupt zueinander stehen. Sind Kinder eine private Angelegenheit der Eltern? Die Aufgabe aller? Staatsbürger mit Rechten wie dem der Wahl? Der Streit hat Entertainment-Qualität, sogar einen Namen: Generationskonflikt. Dazu gibt es Bestseller. Im Fernsehen laufen zu diesem Thema Talkshows. Dort treten schnittige Menschen auf, die ihre Beiträge mit dem Satz beginnen: «Ich habe ja nichts gegen Kinder ...», und Applaus ernten. Sie äußern ihren Ärger darüber, dass Schulen überhaupt noch als öffentliche Aufgabe begriffen werden, warum sollten sie die Bildung der Kinder anderer mitfinanzieren – Applaus.

In Deutschland sind Kinder zu 27 Prozent von Armut betroffen, das ist der zweithöchste Wert in Europa. Nur in Irland ist das Armutsrisiko der Kinder höher (28 Prozent), in Dänemark liegt es bei 11 Prozent. Widerfährt deutschen Kindern das Missgeschick, in einem Haushalt allein erziehender Eltern zu landen, steigt ihre Chance, dass es äußerst ärmlich zugeht, auf 47 Prozent. Würden diese Kinder in Schweden bei Papa oder Mama leben, wären nur 19 Prozent von ihnen arm. Könnten Kinder sich ihr Geburtsland aussuchen, nun, Deutschland wäre vermutlich nicht die erste Wahl.

Kein Geld für den Schulausflug

Arm sein heißt: schon wieder ermahnt zu werden, die zwei Euro für den Schulausflug endlich abzugeben, und nochmal, vor der Klasse, um Aufschub bitten zu müssen. Es bedeutet, mit zerfledderten Turnschuhen anzutreten, obwohl die Sportlehrerin auf neuen besteht. Oder: kein Geburtstagsgeschenk zu haben für den Freund. Arme Kinder sind auch kränker. Im Osten unserer Republik lebt jedes dritte Kind in einer Familie mit weniger als der Hälfte des durchschnittlichen Einkommens.

Der Zug fährt von Berlin in Richtung Polen, durch eine Landschaft von Feuchtwiesen und Birkenhainen. An der Grenze fließt die Oder.

Hinter dem Deich liegt ein schönes Haus aus Fachwerk. Hier wohnen Lukas und Julius mit ihren Eltern.

Man könnte denken, dies sei ein Kinderparadies. Um das Haus ist ein Garten, drum herum ein Flechtzaun. Drinnen scharren Hühner, ein Hund hat sich in eine Kuhle gekuschelt, Tauben segeln an, es sind Lukas' Tauben, große weiße. Lukas hat es mit den Tieren. Mit sieben hat er seinen ersten Fisch gefangen, er kann von Plötzen und Güster berichten und dass er im Sommer einen veritablen Hecht aus der Oder gezogen hat. Lukas ist zehn. Sein Bruder ist acht und nutzt den Oderdeich gern, um sich mit dem Skateboard in die Tiefe zu stürzen. Geht es schöner?

Nun, es ist auch so: Lukas' Vater ist arbeitslos, so lange schon, dass er über Arbeit redet wie über ferne Träume. Seine Frau bearbeitet am Computer Landkarten, ein Glücksfall, dass sie das weitgehend zu Hause machen kann. Die beiden wissen, dass es ein Luxus ist, bei ihren Kindern sein zu können, und doch. Brauchen Kinder nicht auch Kinder?

Im Dorf, wo niedrige Häuser unter hohen Bäumen an Lehmwegen stehen, gibt es in Lukas' Alter nur Marie. Sein Freund Kevin wohnt drei Kilometer weit weg, Christoph schon sechs Kilometer. Für Julius gibt es nur einen Steve. Fußballmannschaften kriegt man so nicht zusammen. Der Spielplatz liegt verwaist. Die Ständer für die Basketbälle haben keine Körbe.

Das Dorf bemüht sich. Eine Kinderfeuerwehr wurde aufgezogen und letztes Jahr ein Weihnachtsfest für die Kleinen. Doch der Jugendclub musste geschlossen werden, es gab Beschwerden über die lauten jungen Leute. Dabei gibt es kaum noch Junge. «Früher», sagt die Mutter, «wenn man ins Dorf kam, standen sie überall. Jetzt ist alles leer gefegt.» 300 Einwohner, knapp 30 Kinder. Die Krippe wird zwar noch betrieben. Aber Kindergarten, Schule, «alles weg». Geschlossen die Grundschulen der beiden Nachbardörfer, auch dies ist eine Form der Armut, die Kinder hart trifft.

Lukas muss um 5.30 Uhr aus den Federn. Sein Gymnasium ist 30 Kilometer entfernt, nur 30!, ein Glücksfall, von 99 Gymnasien Brandenburgs sind ja schon 22 zu. Ein 60 Kilometer langer Schulweg gilt jetzt als zumutbar. Lukas gehört zu einer handverlesenen Gruppe, die schon zur fünften Klasse ins Gymnasium darf, leistungsstarke Kinder, die besonders gefördert werden sollen. Sie sind die Küken in der hübsch renovierten Schule, die von den Seelower Höhen in die Ebene blickt.

Unerschütterliche Optimisten

Fragt man die Direktorin, was sie an Schönem für die Kinder dieser Gegend sehe, sagt sie: «Dass das Leben ruhiger ist als in der Großstadt.» Dann, grimmig: «Ruhiger natürlich nur, wenn man nicht fahren muss. Was die meisten aber müssen.»

Einzugsbereich: 80 Gemeinden. Es gibt Kinder, so sagt ein Lehrer, die seien in ihren Familien die Einzigen, die morgens überhaupt irgendwo hinmüssten. Die Direktorin sagt, man habe die Zahl der Klassenfahrten ausdünnen müssen, mit Rücksicht auf die finanzielle Lage der Familien. Das Hauptproblem aber sei, dass viele Kinder ahnten, dass sie hier, im schönen Oderbruch, so richtig eine Chance nicht haben. «Der attraktivste Beruf», sagt die Direktorin, «ist Krankenpfleger. Wer das nicht will, muss weggehen.»

Von solchen Dingen ahnen Lukas und Julius vielleicht noch nichts. Womit sollten sie auch ihre Kindheit vergleichen? Aber ihr Vater erinnert sich. In seiner Dorfschule gab es acht Klassen, in jeder Klasse 20 bis 25 Kinder, da waren 180 Schüler, nur in seinem Dorf. Man war arm. Für Kinder fiel wenig ab, übrigens auch an Zuwendung.

Und trotzdem: «Ich finde, dass ich eine schönere Kindheit verlebt habe. Weil wir freier waren, rumgetobt haben, auf den Strohballen, also das würde ich meinen Kindern heute schon gar nicht mehr erlauben.» Er lacht verlegen. Seine Frau sagt: «Darf man das auch mal sagen, dass die Erwachsenen damals nicht so 'ne offene Weltsicht hatten wie heute? Wir wurden auch ganz schön fertig gemacht.» In einem Jahr läuft ihr Vertrag aus. Irgendwie werde es schon werden, sagt sie. Dann korrigiert sie sich. «Worauf ich vertraue, ist, dass mir was einfällt, um uns durchzubringen.»

Auch Kinder sind meist unerschütterliche Optimisten. Wir haben Jungen und Mädchen in einer Grundschulklasse im schönen Schleswig-Holstein gefragt, was sie an ihrem Leben mögen.

Jessika schreibt: «Ich finde schön, dass wir Hühner haben.» Was will Anna? «Mehr Bauernhöffe!» Melina ärgert zwar, dass der Hund zu Hause zu laut bellt, trotzdem: «In dieser Welt mag ich gern leben.» Die Jungen finden «Treger Fahrn!» schön. Einer schreibt: «Zu Hause ist es sehr toll, weil meine Mutter immer für mich da ist, wenn ich sie brauche.» Na, na. Die tollkühnsten Wünsche sind: «Längere Färien!» und natürlich, «dass Amrum Deutschland ist». Was dazu wohl die Bayern sagen.

3

Wie man in Deutschland Natur erlebt

Wir lieben sie als Freizeitpark, beklagen ihre Gefährdung und opfern sie unseren Interessen. Unser Verhältnis zur Natur ist voller Widersprüche.

von Christiane Grefe

«Eigentlich ist auch das alles Natur!» In weitem Bogen lenken Bernd Heusingers Arme den Blick von der Backsteinfabrik über Autowerkstatt und Gascontainer bis zur befahrenen Straße vor dem Schlesischen Tor. «Schließlich ist das einer der Lebensräume des Menschen», fährt er fort, «wie er ihn seiner Natur gemäß gestaltet hat.»

Doch in der Mittagspause verabredet sich auch der Kreuzberger Werbefachmann, der unter anderem die Grünen berät, lieber im gegenüberliegenden «Café Freischwimmer». Am Ufer des Spreekanals ist das Gesichtsfeld gnädig zugewachsen von üppigem Grün; Enten und Schwäne ziehen ihre Bahnen. Der PR-Mann, dessen Agentur mit ihrem Namen «Zum Goldenen Hirschen» auf das glückliche Landleben anspielt, weiß sehr genau, dass die meisten Leute in ihrem verbauten Alltag mit Natur etwas ganz anderes verbinden als einen Großstadtdschungel, nämlich «das Lebendige. Das Ideal. Die idyllische Gegenwelt». Eine distanzierte Blässe der Farben, ein leicht ironischer Umgang sei allerdings heutzutage geboten, betont Heusinger, wenn High-Tech-Produkte wie Geländewagen oder Computer mit Wasserfällen oder Blumenwiesen lockten. Allzu glühende Sonnenuntergänge, allzu üppige Lieblichkeit schreckten entfremdete Städter mit Heuschnupfen eher ab. «Aber eigentlich sehnen sich nach wie vor alle nach der Wildnis. Und noch mehr nach der sauberen, ungefährlichen, fehlerfrei schönen Natur.»

Tatsächlich ist die Übereinstimmung bei kaum einer Sache vergleichbar groß. Alters- und weltanschauungsübergreifend meinen 91 Prozent der Bundesbürger, die «landschaftliche Schönheit und Eigenart unserer Heimat» solle erhalten und behütet werden. 89 Prozent meinen, das Lebensrecht von Pflanzen und Tieren sei zu achten; dieser «Eigenwert» der Natur ist jüngst im neuen Bundesnaturschutzgesetz erstmals verankert worden. Über 60 Prozent der Deutschen finden den Naturschutz «wichtiger denn je», weitere 28 Prozent meinen, er habe «im Großen und Ganzen» Priorität. 4,4 Millionen Bürger sind Mitglieder in Umweltverbänden, fast 3,8 Millionen in Naturschutzorganisationen; und auch wenn diese Zahlen Doppelmitgliedschaften einschließen, sind das mehr als in den politischen Parteien.

Die seit den siebziger Jahren verbreiteten Ängste vor Verstrahlung und Vergiftung von Mensch und Tier allerdings sind verblasst, ebenso wie das daraus folgende breite Bekenntnis zum Schutz der «Umwelt», ein Schlagwort, das damals aufkam; es bezeichnete die von der Gesellschaft geformte, stets als gefährdet angesehene Natur. Auch wenn immer noch 91 Prozent der Interviewten dem Umweltschutz hohe Bedeutung beimessen, fiel er laut Umweltbundesamt bei der Frage nach den wichtigsten Problemen mit 51 Prozent der Nennungen Ende der neunziger Jahre auf den achten Platz zurück.

Die Ernüchterung hat Gründe: Arbeit, Renten, Gesundheit gelten heute als brisantere Themen. Außerdem sind Luft und Flüsse nicht zuletzt dank der Umweltbewegung tatsächlich sauberer geworden. Selbst die Deutsche Post fühlt sich heute verpflichtet vorzurechnen, dass ein 20-Gramm-Brief auf seinem Lkw-Transport von München nach Stuttgart exakt 18 Gramm CO_2-Äquivalente emittiert. Insgesamt scheint das Thema in der grünen Partei, in Umweltämtern, -abteilungen und -audits institutionalisiert, professionalisiert.

Doch weil zugleich die selbst gesteckten Ziele zur Klimaverbesserung nicht erreicht oder weiterhin täglich rund 125 Hektar Fläche zubetoniert werden, verlagert sich das intensive Gefühl für die Umwelt von derart komplizierten Problemen entlastend auf das Einfache, Positive: Parallel zur sinkenden Sorge um die bedrohte Natur sei das «Maß an Sensibilisierung» für ihre existenzielle Bedeutung und Schönheit angestiegen, so das Umweltbundesamt. Natur hat Konjunktur.

Auf einer Tour durch den Bayerischen Wald mit dem Umweltkiller Nummer eins, dem Auto, erfährt man jedoch schnell, wie konfliktträchtig, vielfältig gebrochen, oft scheinheilig die große Einigkeit tatsächlich ist. Natürlich nicht unter den professionellen Naturfreunden wie Wolfgang Nerb, der zunächst unser Begleiter ist und beim Landesbund für Vogelschutz das Revier zwischen Oberpfalz und Niederbayern betreut. Von diesen meist ehrenamtlich passionierten, manchmal auch eigenbrötlerischen bis missionarischen Aktiven kann der bärtige Regensburger nur schwärmen, der selbst im Zivildienst «vom Naturschutz angefixt» wurde: wie sie ihren Urlaub opfern, um Tag und Nacht am Horst eines der fünf letzten Brutpaare des Wanderfalken in der Gegend Schmiere zu stehen. Wie sie meilenweit laufen für den Anblick einer Kleinen Zangenlibelle.

Aber die Widersprüchlichkeit deutscher Naturliebe erlebt Nerb etwa mit manchen Eltern: «Die bringen ihre Kinder schlechten Öko-Gewissens mit dem dicken BMW in unsere Jugendgruppen, und dann sollen die Kleinen bitte ein Naturabenteuer erleben. Aber wie versenkt man sich bis zum pünktlichen Abholen in ein Spiel am Fluss oder in das Mikroskopstudium eines Lavendelstrauchs?» Solche Eltern gäben jeden Betrag aus, um den letzten Büschelohrmakaken in Madagaskar zu retten. Aber nicht für Wolf oder Luchs im Bayerischen Wald. «Wildnis gilt nur in Sibirien oder Afrika», sagt Nerb, «weil wir in der Ferne den Konflikt nicht austragen müssen.»

«Die Leute wissen nichts»

Am Autofenster ziehen monotone Getreidefelder vorbei. Doch je weiter es nach Osten geht, desto mehr Abwechslung bieten Wiesen, Hecken, Haine; desto waldiger und hügeliger wird es und dann wieder weit und offen im Land der Donauzuflüsse. Deren Begradigung im Rahmen der Flurbereinigung solle nach den «zahlreichen Jahrhunderthochwassern» zwar vielerorts endlich rückgängig gemacht werden, erzählt Wolfgang Nerb. Aber: «Statt dem Strich in der Landschaft Raum zu geben, damit er sein stabiles Bett selbst finden kann, werden den Gewässern oft aus Kostengründen mit dem Zirkel wieder unnatürliche Wege verpasst – dann halt geregelte Mäander.» Nirgendwo, bestätigt der Präsident des Deutschen Naturschutzrings Hubert Weinzierl, herrsche eben «eine penetrantere Ordnung in Wäldern und Flüssen», werde «die Gerade und die Sauberkeit so pervers zelebriert wie bei uns».

In den Dörfern rechts und links haben die Niederbayern teils eine prallbunte Blumen- und Obstbaumpracht, teils stramm stehende Koniferen in die Vorgärten gepflanzt. Über die leidenschaftlich gepflegte Natur zu Hause versprühten sie allerdings, sagt Wolfgang Nerb, «mehr Gift als die Landwirte».

Wir passieren einen kleinen schimmernden See. An dessen Ufer hat der bayerische Arten- und Biotopschutzverband – wie vielerorts – ein Grundstück gekauft, um Lebensräume zu retten. In diesem Fall ein Biotop für Brachvögel und Kiebitze, die vor dem ausgreifenden Kiesabbau und der intensiven Landwirtschaft geschützt werden sollen. Auch Hunderte von Lachmöwen machen hier ihrem Namen alle Ehre. Das Concerto grosso veranlasste vor einiger Zeit die Nachbarn zu einem Schießantrag beim Landratsamt. Überhaupt, das Gewehr scheint locker zu sitzen bei manchen hiesigen Trägern des deutschen Naturkonsenses: Angler schießen auf Kormorane, die ihnen die Fische wegfressen, Brieftaubenzüchter auf Wanderfalken, Jugendliche kürzlich «aus Spaß» auf einen seltenen Weißstorch. Und Jägern zuckt der Finger allein schon beim Gedanken an Wolf oder Luchs.

Bei einer alten Mühle nahe Cham steigen wir aus. Ein «Umweltzentrum» ist hier entstanden, vorbildhaft mit Solaranlage. Dahinter haben die Naturschützer ein Feuchtgebiet einfach verwildern lassen. Und seither tummeln sich, erzählt Wolfgang Nerbs Verbandskollege Heribert Mühlbauer, «auf altehrwürdigem bayerischem Grund» zwischen Binsen und Rohrglanzgras wieder Ameisenbläulinge und

Kammmolche und allein 65 gefährdete Vogelarten, darunter Schilfrohrsänger, Schlagschwirl und Rohrdommeln – «das is was Herrlich's!», ruft Mühlbauer immer wieder.

Besuchern – ob Schulklassen oder CSU-Stadtratsfraktionen – will er all diese Spezies nahe bringen. Und vor allem Zusammenhänge in der Natur erklären. Denn bei aller Liebe: «Die Leute wissen überhaupt nichts!» Aufmerksam, irgendwie begeistert liefen sie durch das Gelände, «aber sie sehen nichts». Übervorsichtig bewegten sich vor allem viele Kinder brav auf den vorgesehenen Pfaden. Rechts und links Natur und sie selbst als Fremdkörper in der Mitte, seien sie ständig in Sorge zu stören. Und wenn Wolfgang Nerb eine wilde Knoblauchrauke zupft und in den Mund steckt, dann kreischen viele in heller Angst um sein alsbaldiges Ableben auf.

Die Beobachtungen decken sich mit bundesweiten Befragungen: Demnach konnte nur ein Drittel der Kinder und Jugendlichen fünf heimische Kräuter benennen, ein Siebtel fünf Zugvogelarten, gerade mal jedes achte Kind konnte das Bild eines Lindenblütenblattes zuordnen. Solche Unkenntnis paart sich mit Verklärung: Laut Studien des Marburger Natursoziologen Reiner Brämer verstehen die Jüngeren unter Natur «etwas Menschenfremdes, das durch Berührung mit dem Menschen denaturiert wird». Sogar ihren eigenen Körper schlössen sie dabei von der Natur aus – für Brämer «eine höhere, verinnerlichte Stufe der Naturentfremdung».

Auch unter Erwachsenen stimmen 72 Prozent einer anderen Studie zufolge dem Satz zu, dass die Natur in Harmonie und Frieden wäre, ließe nur der Mensch sie in Ruhe. Diese «sehr harmonische romantisierende Sichtweise», so das auftraggebende Umweltbundesamt, «ist durchaus charakteristisch für die Deutschen». Sie sei hierzulande «wesentlich weiter verbreitet als in anderen europäischen Ländern».

Schwärmen und Zerstören sind eins

Weil sie Geschichte hat. «O Täler weit, o Höhen, o schöner grüner Wald, du meiner Lust und Wehen andächt'ger Aufenthalt»: Romantische Dichter von Joseph von Eichendorff bis E.T.A. Hoffmann setzten im 19. Jahrhundert der aufkeimenden Industrialisierung eine stilisierte Natur entgegen. «Stillend und seelenberuhigend», so Adalbert Stifter, war sie ihnen einerseits Fluchtpunkt; «an der Brust der gewaltigen Natur» (Gottfried Keller) fanden sie Trost angesichts rauchender Schlote und sich ausbreitender Manufakturen. Andererseits sahen sie, besonders in der «Pracht und Feier des Waldes» (Stifter), eine außerhalb ihrer selbst stehende, schicksalhafte Macht, die sich jeden Moment ins Unheimliche wenden konnte.

Gewiss stand dies auch für das Unbewusste und die Rebellion eines erstarkenden Subjekts; gewiss sind die Wirkungen der Romantik facettenreicher. Doch richtig ist auch, dass sie ihre geistige Fortschreibung als «Ausdruck der deutschen Volksseele» im Nationalismus und auch Nationalsozialismus fand. Inklusive deutscher Platzangst. In seiner Polemik *Der Wald im Kopf* entlarvte Hans Magnus Enzensberger zudem die «kollektive Lebenslüge» der Romantik: Für die vielfältige Rohstoffausschlachtung des Waldes und damit die reale Vernichtung ihrer mystifizierten Natur hatten deren Anbeter keinen Blick. Schwärmen und Zerstören waren schon damals eins.

Diese Doppelgesichtigkeit der entfremdeten Naturverehrung, glaubt Reiner Brämer, sei heute bei einer Mehrheit der Bürger zusätzlich überhöht in einer Art neuer Naturreligion: Ihrem Kult dienten der Wald als «heiliger Hain» und die Naturschutzgebiete als «Sanktuarien», die man nur unter Einhaltung eines «Katechismus asketischer Umweltgebote» betreten dürfe.

Dass auch heute zwischen dem Überbau und dem Verhalten der Müll und Emissionen produzierenden Konsumenten «so gut wie kein Zusammenhang besteht», erklärt Brämer mit dem Unterschied zwischen alter und neuer «Gottheit Natur»: War Erstere stets die höchste Macht, deren Entscheidung über Ernten, Leben und Tod sich die Menschen ausgeliefert fühlten, so werde die angebetete Natur heute – trotz Elbflut und Dürre – «als Opfer gesehen», ja regelrecht verpossierlicht. Übermächtig sei statt ihrer der «Antigott» Mensch, der alles in den Griff zu kriegen glaubt.

Diese hochfliegenden Deutungen werfen nüchterne Fragen auf, etwa: Wie erleben die Bürger überhaupt die Natur, rein praktisch, außer mit Gießkanne und Pflanzenratgeber auf dem Balkon? Noch bis in die sechziger Jahre hatten viele zumindest über Verwandte ein unmittelbares Verhältnis zur Landwirtschaft. Doch mit deren Marginalisierung ist Natur für die Mehrheit selbst der Dorfbewohner weitgehend zum Synonym für Erholung geworden. Eine schöne Landschaft genießen zu wollen steht für 80 bis 90 Prozent der Deutschen ganz oben auf der Rangskala der Reisemotive, egal ob sich einer an den Maledivenstrand legen oder durchs Weserbergland radeln will. Mit wachsenden Ansprüchen. Einfach raus mit dem Rucksack? Das war einmal.

Cham liegt weit hinter uns. Schon nahe der tschechischen Grenze am Fuß des größten deutschen Nationalparks verfügt der Ahornhof außer dem Swimmingpool über eine umfassende Wellness-Abteilung. So etwas sollten Hotels heutzutage selbst in dieser Region für weniger betuchte Feriengäste bieten. Ob für Mountainbiker oder Skifahrer: Die Natur ist auch und vor allem Produkt. Man trifft sich im *muzak*-bespielten Foyer. Von dort mit einer Rangerin zu den mächtigsten Baumstämmen vorzustoßen erscheint dann als weitere Attraktion neben Massage und Qi-Gong.

Dort im Wald atmet ein schweigsames Double-Income-No-Kids-Paar aus Vaihingen-Enz tief den Bärwurzduft ein: «Zu Hause wird man die Schadstoffe wieder umso stärker erleben.» Und zwei Hessen fachsimpeln über Walking-Stöcke: «Das hilft meiner Wirbelsäule», sagt der mit der Batschkapp. «Das ist jetzt der Trend.» So wie das Wandern selbst, der «Megatrend». Mit steigender Tendenz pflegen die Hälfte der Deutschen und zwei Drittel der Inlandurlauber diese Freizeitbeschäftigung und schaffen so einen jedes Jahr zwölf Milliarden Euro trächtigen Tourismusmarkt. Lange galt Wandern als hinterwäldlerisch und durch die Wandervogel-Bewegung, Hitlerjugendrituale und Vatertagssaufereien diskreditiert. So etwas machten höchstens noch schlichte Gemüter, Schrate in Knickerbockern, alte Knacker in Loden.

Doch diese Aura ist verblasst. Fast jeder zweite Liebhaber von Fußmärschen hat Abitur, das Durchschnittsalter liegt bei 45, der Anteil der 20- bis 39-Jährigen stieg in wenigen Jahren von einem Viertel auf ein Drittel. Ein Comeback in neuem Fitness-Gewand. Mehr als Land und Leute kennen zu lernen oder mit den Alpenvereinskumpels zusammen zu sein, zählt heute der individuelle Befindlichkeitsgewinn in einer schöneren Kulisse als der Muckibude. So nennen 90 Prozent der Wanderer als wichtigsten Antrieb, dass sie viel draußen sind, und 80 Prozent die gesundheitsfördernde Wirkung.

Nachdem die Natursucher aus dem Ahornhof 250 Jahre alte Fichten begutachtet und erfahren haben, dass Schwarzwild und Pilze hier als Folge von Tschernobyl noch immer verstrahlt sind, kehren sie in einer kleinen Pension ein, wo zum Presssack frisches Quellwasser serviert wird. Man sitzt auf Holzbänken auf einer Lichtung. Und da zeigt er sich wieder, der romantische Widerspruch: «Die Natur, das ist alles!», entfährt es dem Aktivrentner aus dem Taunus in erschöpfter Zufriedenheit, und seiner Frau: «Und alles ist schön. Die Natur ist das Leben!» Dieses Pathos kann der runde Unternehmer aus Hessen nur klagend toppen: «Meine Generation, der es immer besser gehen sollte, hat die Natur zerstört!» Und der Sportcenter-Besitzer aus Franken bestätigt: «Wer hat denn noch Respekt vor dem Käfer, vor jeder einzelnen Kreatur, die ihren Sinn im Ganzen hat?» Einmütiges Kauen am Tisch. Einerseits.

«Natur ist was zum Ausruhen»

Dann sagt derselbe Franke: «Aber übertreiben soll man auch nicht!» Und er erzählt, wie in seinem Nachbarort eine Umgehungsstraße beinahe daran gescheitert wäre, dass eine Feldhasen-Population gesetzlich zu schützen war. «Es zählt ja der Mensch schon gar nicht mehr!» Gut, am Ende wurde die Straße doch gebaut. Aber so was gibt's ja wohl nur in Deutschland!

Von wegen! Die Umsetzung der entsprechenden Flora-Fauna-Habitat-Richtlinie musste Brüssel in Berlin erst anmahnen – zur kollektiven Lebenslüge der Deutschen gehört, dass sie sich selbst gern als Musterknaben sehen. Auch die Waldurlauber plädieren im Zweifelsfall für den Arbeitsplatz und gegen die Natur: «Wegen so was gehen dann die Firmen nach Tschechien oder sonst wohin», sagt der Unternehmer. Und der mit dem Fitness-Center: «Die Frage ist, wollen wir den Fortschritt, oder wollen wir ihn nicht? Die Natur ist was zum Ausruhen. So ist das.» Andererseits. Im Umweltbundesamt kennt man diese Haltung: «Nimmt der Naturschutz ... eine wirtschaftliche Unternehmungen behindernde Rolle ein, wird die Phalanx des Primats der Umwelt schmaler.» Doch es gibt einen Unterschied zu früher: Die Phalanx bleibe, versichert die Berliner Studie, in der Mehrheit.

Und noch etwas verschiebt sich zugunsten der Natur: Nur noch vier Prozent der Bundesbürger sehen sie als «strapazierfähig», also ausbeutbar ohne Grenzen an. 23 Prozent als «empfindlich», das sind die konsequenten Romantiker. 53 Prozent aber meinen, sie sei «tolerant» bei vorsichtigen Eingriffen. Das sind für den Leiter des Bundesamtes für Naturschutz Hartmut Vogtmann die Hoffnungsträger der Nachhaltigkeit. Sie gelte es zu informieren und zu stärken, «damit wir nicht gegen die Natur wirtschaften, sondern mit ihr». Weshalb er den Naturschutz gleich selbst als Wirtschaftsfaktor verkauft: Er steigere das Einkommen einer Region und ihr Image, schaffe neue Infrastrukturen und damit Jobs. Beispielsweise rechnet Vogtmanns Amt minutiös vor, dass der Naturschutzpark in der Brandenburgischen Elbtalaue in sieben Jahren mehr als 24 Millionen Euro in die Region gebracht habe und 120 neue Arbeitsplätze.

Außerdem sollen die im Ernstfall skeptischen Bürger noch raffinierter für die Sache gewonnen werden. An der Universität Kassel sortiert man sie in «naturschutzbezogene Lebensstilgruppen», etwa «erlebnisorientierte Materialisten» oder «besorgte Naturfreunde».

Vom Land- zum Naturwirt

Dinkel und Mariendisteln

Wenn man Josef Jacobi fragt, was Natur ist, dann sagt er nur ein Wort: «Vielfalt.» Dabei denkt der weißbärtige Hüne vom Sauerlandshof aber nicht an Schutzgebiete, sondern an die Kulturlandschaft: «Die entwickelt sich mit der Nutzung.» Dinkel und Erbsen, Roggen und Ackerbohnen, Hafer und Triticale und immer mal was Neues wie Hanf oder Mariendisteln anzubauen statt bloß Mais oder bloß Weizen: «So vielfältig macht es Spaß, Bauer zu sein.» Der Landwirt hat außerdem Schweine und Kühe und mit 17 Kollegen eine Biomolkerei, und seine Frau macht Käse, den sie im Hofladen in Körbecke und auf dem Wochenmarkt anbietet.

Wachsen oder weichen

An der Neubelebung der Vielfalt arbeitet der bedächtige Ostwestfale, inklusive viel Bürokratie am Computer, 60 Stunden die Woche und mehr. Auch politisch, in der Arbeitsgemeinschaft «Ökologischer Landbau». Und in der Landschaftsstation im nahen Borgentreich, wo Naturschützer etwa die Bauern animieren, ihre Schweine versuchsweise mal wieder raus in die Landschaft zu stellen: «Die bereiten den Boden für mehr Pflanzenvielfalt.»

Unterwegs in Gummistiefeln übers hügelige Land, deutet Jacobi nach rechts und links. «Alles nur Gerste», sagt er dann, oder: «Wo jetzt ein Feld liegt, da waren früher noch sechs! Je größer der Acker, desto größer die Monotonie.» Doch nicht die Kollegen kritisiere er, sondern die Subventionslogik der EU und das rein ökonomische Denken: «Wir werden gedrängt, nur noch anzubauen, was möglichst schnell möglichst viel Geld bringt.» Fatal seien vor allem die Lebensmittelpreise: «Wenn die laufend sinken, dann muss der Bauer eben doppelt so viele Schweine haben oder mehr

Land.» Wachsen oder weichen sei nach wie vor der Zwang, trotz aller Kritik und erster Ansätze für eine neue EU-Politik: «So droht der Bauer vom Schöpfer und Erhalter der Kulturlandschaft zu deren Feind zu werden.»

Größe statt Vielfalt

Und auch das Dorf hat sich verändert. Vor 15 Jahren gab es hier 70 Bauern, vor einem Jahr noch 50, seither haben wieder fünf aufgegeben. Körbecke ist überall: Allein in den alten Bundesländern ist die Zahl der Hofbetreiber seit 1970 um über 60 Prozent geschrumpft. Bis 2015 könnte sie sich gesamtdeutsch noch einmal halbieren. Dafür hat sich die Größe der Höfe verdreifacht, «und die Agrarindustrie», sagt Jacobi, «kümmert sich nicht um Vielfalt». Ändern kann sich das alles nur, wenn die Kunden bereit sind, für Lebensmittel etwas mehr zu zahlen, meint Josef Jacobi. «Und damit auch für eine andere Landschaft.»

Rund ein Fünftel der Bevölkerung sind demnach «unabhängige Städter» – eher jung, mit hoher Bildung, Freiheitsdrang und praktisch keinem Bezug zur Natur im Alltag. «Pragmatische Vermittlungsversuche» bei dieser Gruppe müssten dann, so der Psychologe Kai Schuster, die Verbindung zwischen Freiheit und Natur betonen oder ihren Nutzen für Schönheit und Vitalität.

Die Projekte der umweltbewussten Mehrheit haben darüber hinaus zu einer neuen Variante des Konflikts zwischen Ökologie und Wirtschaft geführt: Naturschützer gegen Naturschützer. Ob bei Windmühlen, Wasserkraftwerken oder Biospritanlagen – immer öfter streiten sie darum, was wichtiger sei: das traditionelle Landschaftsbild zu erhalten oder eine Form der Energiegewinnung einzuführen, die wegen ihrer Emissionsfreiheit die Zukunft auch dieser Landschaft sichert.

Und dann ist da noch die Gretchenfrage, derentwegen im Namen des Naturschutzes erbitterte Gegner des Nationalparks Bayerischer Wald gegen dessen Befürworter Sturm laufen: Welche Natur ist die eigentliche, die schützenswerte?

Den Lusen erklettert man auf alten Holztransportwegen und schmalen Pfaden durch dichten Fichtenwald. Farne, Eisenhut, Bärlapp und weißer Hahnenfuß wachsen an Rinnsalen und Bächen, die in die Kleine Ohe münden. Der Alpenmilchlattich bildet eine sonnendurchflutete Gasse, in feuchten Felsklüften verstecken sich geheimnisvolle Leuchtmoose. Ein Märchenwald.

Je weiter es nach oben geht, desto lichter wird der Baumbestand. Und dann ist auf einmal nur noch Verwüstung. Bleiche Baumleichen liegen kreuz und quer, als wären sie von Riesen in Raserei dahingeworfen, zwischen ihren zerfetzten Stümpfen. Nur noch einzelne Stämme ragen aus dem Chaos hervor. Ein Schlachtfeld auf dem ganzen Plateau, 3700 Hektar, und noch weiter breitet es sich aus. Man hat es schon auf der Herfahrt gesehen. Aus der Ferne erschien die riesige silbrig graue Fläche wie eine Wunde, geschlagen in das «breite bläuliche, schwärzliche, grünliche Band» (Stifter) des Waldhorizonts.

Zwar waren die Bäume in den achtziger Jahren auch durch Schadstoffe geschwächt; und für die Fichte beginnt auf 1100 Meter Höhe ohnehin die Überlebenskampfzone. Aber dass auf mehrere wilde Stürme mehrere trockene Sommer folgten, in denen sich der Borkenkäfer hemmungslos vermehren und das große Fressen feiern konnte, ist kein Menschenwerk, sondern ein immer mögliches Ereignis in der keineswegs nur schönen Natur, das die Spezies Mensch eine Katastrophe nennt.

Die wenigen Wanderer, die hier heraufgestiegen sind, verharren andächtig, schockiert. «Auf den ersten Blick schaut es schon erschreckend aus», bringt die Mutter einer Münchner Familie hervor. Und auf den zweiten? «Immer noch.» Erst auf den dritten entdeckt man dann Lebenszeichen im toten Holz: Büsche und Gräser, zarte, winzige Ebereschen, noch zartere Buchen und Fichten, die besonders am Fuß der absterbenden Stümpfe im fruchtbaren Kot der Borkenkäfer um Nährstoffe konkurrieren. Und vor allem ums Licht, das auf der durch Vernichtung geschaffenen freien Fläche im Überfluss zur Verfügung steht. Für sie hat die Katastrophe einen Sinn.

«Hier reden die Leute über den Tod»

Man hätte es wie die Förster überall machen können: das Holz aus dem Wald räumen, damit der Borkenkäfer seine Lebensgrundlage verliert, und neue Bäume anpflanzen. Doch der frühere Vorkämpfer und Leiter des Nationalparks Hans Bibelriether entschied, die Natur zu lassen, ihren Kräften zu vertrauen. Sie sollte kein Opfer sein, dem man helfen muss wie einem Krüppel. Nicht im Nationalpark. Die bereits sichtbare natürliche Verjüngung der Fichten werde dem Wald in ferner Zukunft einen höheren Grad der Stabilität verleihen, sagt Karl Friedrich Sinner, der Bibelriethers Nachfolger ist.

Unwillkürlich beginnen Besucher beim Anblick der abgestorbenen Bäume über den Tod zu reden. Über seine Ambivalenz, dass er durch Zerstörung Raum für neues Leben schafft. Der bayerische Schriftsteller und «Ökologist» Carl Amery nennt ihn den «großen Stabilisator», der als beständiges Korrektiv zu den Ressourcen verbrauchenden «zentrifugalen» Kräften stehe und dessen manische Bekämpfung oder Verdrängung eine entscheidende Wurzel der Naturzerstörung sei.

«Auch über ihr eigenes Sterben sprechen die Leute hier oben», erzählen die Nationalpark-Ranger, die jede Woche mit Wandergruppen auf den Lusen steigen. «Viele haben das vorher noch nie getan. Beim Anblick der zarten Fichten erkennen sie: «Wie der Wald, der hier wächst, einmal aussieht, werde ich nicht mehr erleben.» Diese Konfrontation mit der Natur muss man aushalten.

Der Moorhofsaal zu Zwiesel ist abgedunkelt. Rund 100 vorwiegend ältere Gäste schauen sich Dias von der Zerstörung auf dem Lusen an. Die Atmosphäre ist eine Mischung aus Bierzelteinmütigkeit und einer bedrohlichen Gespanntheit. Der Feind dieser «Bürgerbewegung zum Schutz des Bayerischen Waldes» ist «der Sinner» mit seiner «Verjüngungslüge». Er betreibe «Schutzwald-Harakiri» und verfolge eine «höchst suspekte Ideologie», die einige munter «Ökofaschismus» nennen. Bei der Jahreshauptversammlung wird das Ergebnis der Unterschriftensammlungen bekannt gegeben sowie der Stand der angestrengten Klagen.

Hinter der aggressiven Ablehnung stecken wirtschaftliche Motive. Bauern wollen Entschädigung, sie behaupten, der Borkenkäfer springe auf ihre Wälder über. Pensionsbesitzer fürchten, dass sich Touristen abschrecken lassen könnten – obwohl Untersuchungen das Gegenteil nahe legen: wenn Besucher über den *unique selling point* des Naturschauspiels auf dem Lusen informiert werden, dann sind sie nach der ersten Erschütterung eher fasziniert. Oder Förster können es nicht glauben: Schade um das viele gute Holz!

Hier war eben jahrhundertelang das bayerische Armenhaus; die Leute haben vom Wald gelebt. Er wurde gepflegt, weil er existenziellen Nutzen hatte. Auf ihrem Stolz, auch auf ihren Komplexen kochen auch Politiker ihr Süppchen, wie der Ex-CSU-Mann und Exrepublikaner Franz Handlos: «So einen Saustall wie am Lusen gesteht das obere Bayern dem niederen Bayern an Fremdenverkehrsattraktionen zu!» Doch echte Angst und Trauer gibt es auch. Eine Lehrerin kurz vor der Pensionierung erzählt von ihrer Kindheit im Wald: «Man konnte die Seele baumeln lassen.» Sie sagt, es sei «schwer auszudrücken, was man jetzt fühlt». Und dass hier «eine Kulturlandschaft gewaltsam zu einem Urwald umgebaut» werden solle.

Nationalparkleiter Sinner zeigt Verständnis: «Die kulturelle Entscheidung, die Natur Natur sein zu lassen, ist eine Außerwertsetzung, der wir eine neue Wertsetzung entgegenstellen.» Der normale, vertraute Erfahrungshorizont der allermeisten Menschen sei die «gepflegte Kulturlandschaft» – die von Menschen gestaltete bäuerliche Szenerie aus Feld, Wald und Wiesen, die Wirtschaftswälder und Parks, selbst Naturschutzgebiete wie in der Lüneburger Heide. Eine kontrollierte Wildnis, die laut Freud auch die Zähmung der inneren Triebhaftigkeit spiegele. Ihre Charakteristika haben die Wahrnehmung geprägt; das, was als schön empfunden wird. Und umgehend beseitigt wird darin alles, was diese Schönheit stört.

Doch Natur, sagt Sinner, sei etwas anderes – «ein wildes, nicht geplantes und nicht gepflegtes Wachsen». So werde der Wald um Rahel und Lusen in Zukunft eine neue, ungewohnte Schönheit entfalten. Seine «volle Ausdrucksform», mit anderen Farben, anderen Lichtbrechungen, unterschiedlichen Stämmen. Mit welken und lebendigen Pflanzen, abgestorbenem und frisch treibendem Holz. Weder für den Menschen gemacht noch auf ihn angewiesen, ihn aber auch nicht ausschließend. Weder richtig noch falsch. «Diese eigentliche Natur», sagt Sinner, «wird jetzt noch gar nicht geschätzt.»

Damit sich das ändert und ein neues Bewusstsein für Zeitdimensionen und Rhythmen entstehen kann, sehen immer mehr Naturschutzverbände die Auseinandersetzung mit der Wildnis als «zentrale Kulturaufgabe». Ähnlich will der Leiter des Bundesamtes für Naturschutz, Hartmut Vogtmann, «Naturinseln» mitten in die Stadt holen. Das sei nicht zuletzt ein Beitrag zum Klimaschutz, weil man dann, um Schönheit zu erleben, nicht mehr mit dem Auto nach draußen fahren müsse.

Auch Werbefachmann Heusinger, gemäß der Kasseler Klassifizierung vermutlich ein «unabhängiger Städter», sagt: «Vielen reicht es doch, wenn sie hier an der Spree sitzen, ins Grüne schauen und ein bisschen Biogemüse essen können.» Und sein Blick folgt dem Flug einer Dohle.

4

Wie man in Deutschland mit Sexualität umgeht

Vom Swingerclub bis hin zum Altersheim: Sex, einst verdrängt, wird heute von vielen einfach genossen. Neue Probleme schaffen Werbung und Medien mit ihrer zwanghaften Dauerlust.

von Ulrich Stock

Nordstemmen, westlich von Hildesheim, ist kein Zentrum des Messewesens. Um hinzufinden, braucht man Entschlossenheit und eine Landkarte. Draußen vor der kleinen Stadt wartet der «Speicher», ein alter, grober Gewerbebau, der etwas von einem Spukschloss hat. Nachts möchte man hier nicht allein sein. Aber es ist ein freundlicher Sonnabendnachmittag im September des Jahres 2003, die Sonne scheint über Niedersachsen, und aus allen Himmelsrichtungen kommen Autos angefahren zur «Swing-In».

Wer den Ausstellungsraum betritt, erkennt auf den ersten Blick gar nicht, um was es hier geht. Ein knappes Dutzend Stände, Stehtische, Kaffee und Kekse, Prospekte, Visitenkarten, Stellwände mit aufgeklebten Fotos, auf denen einsam liegende Einfamilienhäuser zu sehen sind. Ein paar hundert Besucher in Freizeitkleidung laufen umher, stellen Fragen, tüten Faltblätter ein. Eine Leistungsschau der Kleingärtner sähe nicht viel anders aus. Aber hier geht es um hemmungslose Lust. Es stellen sich vor: der «Club Swing» aus Hohengandern bei Göttingen, das «Flirt» aus Hildesheim, das «Ehsasati» aus dem oldenburgischen Brettorf, das «Why not?» aus Bielefeld, das Schweriner «Opsymax». Hunderte solcher Häuser gibt es in der Bundesrepublik. Dort treffen sich Einzelne oder Paare, die mit Partnertausch und Gruppensex Abwechslung in ihren Alltag bringen wollen.

Satzungsgemäße Ausschweifung

In Nordstemmen kommt es zur Sache selbst nicht; hier soll nur für sie geworben werden. Es ist schon die achte Messe, ausgerichtet vom «Zusammenschluss der Paare- und Swingerclubs», einem eingetragenen Verein. Mit Erstem Vorsitzenden, Kassenwart, Webmaster und Pressesprecher ist er für jede satzungsgemäße Ausschweifung gerüstet. Die Orgie – in Deutschland eine Frage der Organisation.

Aber sind die Swinger, und seien es ein paar hunderttausend, nicht eine ziemliche Randgruppe im Land? Was haben sie gemein mit der großen Mehrheit? Nun, das Aussehen. Es irrt, wer glaubt, gesteigerte Lüsternheit setze größere Schönheit voraus. Swingerclub-Besucher sehen so aus, wie man eben aussieht, wenn es für Titelseiten und Goldmedaillen nicht reicht, wenn Krähenfüße und Krampfadern wachsen, wenn die Busen hängen und die Bäuche sich wölben. Das stört sie aber nicht. In ihrem Clubmagazin *Josy* zeigen sie sich samt aller Wülste. Erotik ist für sie keine Frage der Attraktivität, sondern der Ausübung. Swinger sind Menschen, die sich nach Feierabend in geselliger Runde treffen, um ihrem Hobby nachzugehen. Und auch darin gleichen sie den meisten Deutschen.

Was sich im öffentlichen Umgang mit der Sexualität seit dem Krieg geändert hat, lässt sich besser fassen, wenn man versucht, die Swingermesse in Gedanken zurückzuverlegen. Wäre sie so zum Beispiel 1966 möglich gewesen? In jenem Jahr mussten in den Buchhandlungen – wie Fritz J. Raddatz in seinen Erinnerungen schreibt – die Käufer des erzählerischen Gesamtwerkes von Denis Diderot noch schriftlich versichern, volljährig zu sein und die Bände nicht an Jugendliche weiterzugeben. Genau: Denis Diderot, 1713 bis 1784! Ach, wenn den die Jugend heute läse statt *Bravo* …

Frühestens zur Studentenbewegung 1968 wäre ein «Swing-In» vorstellbar gewesen, und auch dann gewiss nicht auf dem platten Land. Große Transparente hätten vor dem Eingang gehangen: «Make Love, Not War» und «Wer zweimal mit derselben pennt, gehört schon zum Establishment!». Denn zu jener guten, bösen alten Zeit war die freie

Liebe noch kein Ziel an sich, sondern Mittel zum Zweck der politischen Veränderung.

Kommunistischer Orgasmustheoretiker

Hatten Konservative jahrhundertelang die Sexualität gefürchtet und bekämpft, da moralisch verwerflich und sozial schädlich, wollten die Linken sie nun, inspiriert vom kommunistischen Orgasmustheoretiker Wilhelm Reich (1897 bis 1957), als gesellschaftliche Sprengkraft einsetzen: Sinnenfrohe Bürger würden sich erquickt aus ihren Betten erheben und kaputtmachen, was sie kaputtmacht!

Eine schöne Vision; sie blieb unerfüllt. Zwar konnte die Sexualität ihren Fluch abstreifen, nicht einmal Aids hat daran etwas ändern können. Aber als Triebkraft des Politischen versagte sie.

Gunter Schmidt, ein führender Sexualforscher, findet das gut: Endlich dürfe Sexualität mal nur sie selbst sein, das gab's ja noch nie! Der kürzlich emeritierte Professor sitzt in seinem Büro hoch über der Uniklinik in Hamburg-Eppendorf und blickt auf jahrzehntelange Studien zurück; er macht einen durchaus vergnügten Eindruck. «Sexualität ist heute für viele Menschen etwas Alltägliches, etwas Gewohntes», sagt er, «etwas, das mal eine größere Rolle spielt, das man aber auch mal weglassen kann.» An die Stelle gesellschaftlich bindender und beengender Vorschriften sei die «Verhandlungsmoral» des einzelnen Paares getreten: der Konsens der Liebenden. «Man kann alles machen, es muss nur vereinbart sein.»

Noch in den fünfziger Jahren habe die Wissenschaft die Sexualität als Dampfkessel verstanden: Druck baut sich auf beim Mann, bis die Frau ihrer ehelichen Pflicht genügt und für Entspannung sorgt. «Zwei- bis dreimal in der Woche», erinnert sich Schmidt, «regelmäßig, aber lieblos.» Später, in den Siebzigern, kam dann die Pflicht zum Höhepunkt der Frau. «Der beiderseitige Orgasmus zur gleichen Zeit war das Ziel. Wurde es erreicht, war der Sex geglückt.» Wenn nicht, sei das wie ein Auto gewesen, dem die Räder fehlten.

Und heute? «Wird Sexualität eher als Ressource der Persönlichkeit betrachtet. Man kann sich ihrer zu vielerlei Zwecken bedienen.» Zwar deuteten Untersuchungen darauf hin, dass Paare heute weniger oft miteinander schlafen als in den vierziger oder frühen sechziger Jahren, «aber», gibt Schmidt zu bedenken, «ist der Geschlechtsverkehr von heute noch derselbe wie der vor 40 Jahren? Dauert der Akt vielleicht länger als früher? Sind die Menschen vielleicht zufriedener?» Er vermutet: ja.

Den Heutigen gehe es mehr «um die Sexyness der Lust, das Genießen der Erregung». Da könne das Liebesspiel auch mal enden, ohne dass es zum Äußersten gekommen sei. Selbstbefriedigung, einst als Notlösung verpönt, ist heute als eigenständige Form der Lust akzeptiert. Oralverkehr finden viele nicht mehr pervers, sondern schön. Das Körperbewusstsein hat sich nach 1968 doch sehr verändert.

Also liebestechnisch alles im Lot dank einer von höheren Ansprüchen entlasteten, angstfrei ausgelebten Intimität? Ja – und nein. Schmidt verweist auf das für die Sexualität zentrale Feld der Paarbeziehungen. Studien zufolge finden 95 Prozent aller Geschlechtsverkehre zwischen festen Partnern statt, und selbst bei den männlichen Homosexuellen, die als Gruppe eher zur Promiskuität neigen, sind es noch über 80 Prozent. Die Art und Weise, wie die Deutschen diese Beziehungen leben, hat sich seit dem Krieg enorm verändert. Die «serielle Monogamie» gewinnt Jahr um Jahr an Bedeutung: eine Partnerschaft nach der anderen. Da es für ein Beieinanderbleiben keinen ökonomischen oder moralischen Grund mehr gibt, bleibt als Grund allein die Emotion – und die schwankt. Der Wunsch nach Dauer besteht fort, doch hält er den wachsenden Ansprüchen nicht stand. Man will von seinem Gegenüber immer mehr – und ist immer weniger damit zufrieden. Scheitern deshalb so viele Ehen? «Scheitern ist ein großes Wort», sagt Schmidt. Er habe schon Leute auseinander gehen sehen, die sich einigermaßen verstanden – aber das sei ihnen zu wenig gewesen.

Ähnliches kann Michael Mary berichten. Der 50-Jährige lebt mit seiner Frau und vielen Pferden in einem Dorf in Mecklenburg, wo er Paare aus dem ganzen Land zu Wochenendsitzungen empfängt. Parallel dazu schreibt er Bücher. *Fünf Lügen, die Liebe betreffend* wurde ein Bestseller. Da habe ihm ein Mann erzählt, nach 17 Jahren Ehe komme es noch einmal im Monat zu befriedigendem Sex mit seiner Frau. «Ich wollte ihm gerade gratulieren», sagt Mary, «da fragt er mich: Was machen wir falsch?»

Mary bündelt seine über Jahre gewonnenen Erkenntnisse in einem Satz: «Leidenschaft und Harmonie vertragen sich nicht auf Dauer.» Deshalb hält er von den üblichen therapeutischen Versprechen wenig. Besser sei es, das gemeinsam Mögliche zu erkennen und anzuerkennen. «Warum muss ein Paar unbedingt Sex haben?» Seine Frage provoziert naturgemäß eine Zunft, die sich für teures Geld an der Restauration des Begehrens versucht. Und was sie noch mehr provoziert: Mary redet gar nicht gegen Sex. Der lasse sich auch anders leben: in der Masturbation, in einer Nebenbeziehung oder – wem's liegt – im Swingerclub. Und was ist mit Eifersucht, dem vermutlich häufigsten Trennungsgrund? «Der häufigste Anlass», sagt er, «nicht der Grund.»

Der Paarberater Mary stimmt dem Forscher Schmidt zu: Sexualität sei heute selbstverständlicher und freier. Aber gelassen sei der Umgang mit ihr eben nicht – sie werde überschätzt.

Folgenreicher Zwischenfall

Die hohen Erwartungen werden von den Medien beständig geschürt. Wohnt nicht alles Glück in der Liebe? Kommt nicht Paar von Paradies? Aber die Geschichte des Abendlandes ist eine andere. Kaum hatten der Urmann und die Urfrau ihr Geschlecht entdeckt, gab es Ärger. Raus aus dem Garten! Über den folgenreichen Zwischenfall hat die Christenheit seither unablässig gegrübelt, wenn ihr die Feldarbeit und das Wochenbett Zeit dazu ließen; irgendwie scheint das Elend unserer Existenz in der Sexualität zu wurzeln.

Zwei Jahrtausende lang stand die Kirche allem Fleischlichen abweisend gegenüber, und es musste erst das dritte Jahrtausend anbrechen, bis ein Pfarrer dagegen rebellierte. Das war am 19. September 2003 in Dortmund.

«Kann denn Liebe Sünde sein?», fragt Friedrich Laker an diesem Sonntag in seiner Predigt und preist die Erotik als «etwas Religiöses, Heiliges», als ein Geschenk Gottes, das gesund mache, intelligent und schön. Wenn die Menschen einander mehr liebten, sähe die Welt anders aus, ruft der Pfarrer, ganz anders! Doch leider seien «mehr als 70 Prozent der Männer und Frauen in Deutschland» nicht zufrieden mit ihrem Sexualleben: «Die Deutschen schlafen immer weniger miteinander.»

200 Gottesdienstbesucher lauschen den Worten, Widerspruch erhebt sich nicht. Allein eine Kollegin des Pfarrers moniert, die homosexuelle Liebe sei nicht gewürdigt worden, was der Pfarrer sofort einräumt. Die hat er in all der Aufregung doch glatt vergessen.

Denn Aufregung gab es, und was für welche. Schon Tage vor der Predigt posaunte aus der Ferne die *Hamburger Morgenpost*: «Dieser Pfarrer predigt Sex.» Und der *Kölner Express* prophezeite: «Die Bibel wird er in der rechten Hand halten – und einen Dildo in der Linken.»

Ausgerechnet die Boulevardpresse mit ihren seitenlangen Sexspalten sorgt sich um die Moral der Kirche! Bei Pfarrer Laker stand das Telefon nicht mehr still. Nahezu alle deutschen Fernsehanstalten riefen an, um in Erfahrung zu bringen, wie die pikanten Details wohl am besten auszuleuchten wären. Auch Kirchenobere fragten nach: Was um Himmels willen er da bloß vorhabe?

Nun, Pfarrer Laker, 43, verheiratet, Vater von fünf Kindern, hatte eigentlich seinem Herrn nur für etwas danken wollen, das Tag für Tag von früh bis spät auf allen Kanälen als DIE NATÜRLICHSTE SACHE DER WELT hinausgebrüllt wird. Im Gottesdienst ließ er aus dem Hohen Lied Salomos lesen, dem einen sinnenfrohen Dialog zwischen Mann und Frau, den die Luther-Bibel kennt.

Ganz unschlüpfrig

Gespräche in einer erotischen Buchhandlung

Die Juristin Sophie Hack, 32, und die Kunsthistorikerin Stephanie Kuhnen, 34, betreiben im dritten Jahr die vermutlich einzige erotische Buchhandlung Deutschlands. «Lustwandel» heißt das helle, freundliche Geschäft am Prenzlauer Berg in Berlin (www.lustwandel.de).

Wer kommt zu Ihnen?

Leute zwischen 25 und 60, Frauen und Männer zu gleichen Teilen, alle Orientierungen.

Wonach fragen sie?

Die gängigen Vorurteile können wir nicht bestätigen: dass Frauen generell zartere, suggestivere Darstellungen schätzen, Männer hingegen die expliziten; dass Männer visuelle, fotografische Darstellungen bevorzugen, Frauen die literarischen; dass hauptsächlich Frauen sich für Ratgeberliteratur interessieren. Wichtig ist oft die Lesesituation. Immer wieder werden wir nach kurzer Prosa gefragt, die sich zum Vorlesen eignet.

Was wissen Sie über das Sexualleben Ihrer Mitbürger, was Sie vor Geschäftsgründung nicht wussten?

Der Großteil der Männer, die zu uns kommen, ist offen, beziehungspflegend, weiterbildungswillig in Liebesdingen und entspricht damit so gar nicht dem Klischee.

Wie offen reden Ihre Kunden?

Kaum jemand ist das Reden über Sex wirklich gewohnt. Die meiste Zeit nehmen wir ihnen das ab, indem wir etwas erzählen. Sie sind dann oft erstaunt, wie flüssig und unschlüpfrig das geht. Ja, man kann *es* sagen, ohne tot umzufallen!

Wo liegen die Ängste?

Verurteilt zu werden. Eine Person, die zum ersten Mal zu uns kommt, muss äußern, wonach ihr der Sinn steht, weil sie eine Beratung wünscht oder einfach noch nicht die richtige Abteilung gefunden hat. Ins Gesicht geschrieben steht ihr dann: Was denkt die jetzt von mir!? Die Anspannung verliert sich erst, wenn klar wird, dass wir nicht werten, sondern Auskunft geben. Viele erzählen uns später von schlechten Erfahrungen mit anderen Buchhandlungen, ihren Partnern oder Freunden.

Wie ist das möglich – angesichts des freien öffentlichen Umgangs mit Sex?

In den Medien sind es immer die anderen. Im persönlichen Leben hält sich das Bild von sexuell aktiven und kreativen Menschen als schmutzig oder lotterhaft, sei es nun als eigene moralische Haltung oder als Mutmaßung über andere. Sexuelles Selbstbewusstsein muss sich jede Person für sich erst erkämpfen.

Was sind Ihre Bestseller?

In der Belletristik Lily Prior *La Cucina Siciliana* – als wirklich humorvoller erotischer Roman eine Seltenheit. Und dann *Die Purpurrose* von Anne-Marie Villefranche, die Explizitheit in eine sehr angenehme Sprache kleiden kann. Im Sachbuch sind es *Der perfekte Liebhaber* und *Die perfekte Liebhaberin* von Lou Paget.

Trifft das Angebot die Nachfrage?

Durchaus. Schmerzlich fehlt uns aber so etwas Naheliegendes wie ein schön gestaltetes Buch zu erotischer Partnermassage. Und es erscheinen fast keine erotischen Arbeiten von Fotografinnen.

Welche Bedeutung haben die beiden Franzosen Michel Houellebecq und Catherine Millet?

Beide Autoren erzählen etwas über den Makrokosmos Gesellschaft, indem sie vom Mikrokosmos Sex schreiben. Auf diesem Gebiet gehören sie für uns zu den wichtigsten. Alle Kunden haben von ihnen gehört, und um beide Namen ranken sich kontroverse Gespräche – was eigentlich erotische Literatur ist, ob Frauen so emotionslos sein dürfen … Beide sind nicht das, was viele sich erhoffen: nämlich sexuell angenehm explizite Literatur. Gerade wenn es um Catherine Millet geht, empfehlen wir recht nachdrücklich, in das Buch hineinzulesen. 80 Prozent unserer Kundschaft, gleich welchen Geschlechts, wählen dann ein anderes.

Was führen Sie außer Büchern?

Hörbücher, Filme, etwas Musik, Kalender, Vibratoren, Kugeln zum Beckenbodentraining, Massageöle, essbares Honigpuder. Pornographie ist nicht Teil unserer Philosophie. Das Thema mag das gleiche sein, der Stil ist ein anderer.

Ihr schönstes Erlebnis im Laden?

Die Begeisterung unserer Kundschaft.

Und das unangenehmste?

Ein Wasserrohrbruch.

Er: «Deine Zähne sind wie eine Herde frisch geschorener Schafe, die aus der Schwemme steigen.» Sie: «Seine Wangen sind wie Balsambeete, darin Gewürzkräuter sprießen.» Er: «Deine Brüste sind wie zwei Kitzlein, wie die Zwillinge einer Gazelle, die in den Lilien weiden.» Sie: «Die Schenkel meines Geliebten sind Marmorsäulen, auf Sockeln von Feingold … Sein Mund ist voll Süße; alles ist Wonne an ihm.»

Davon war in der *Bild*-Zeitung nichts zu lesen. Punktsieg für den Pfarrer. Aber auch er ist schon auf die Medien hereingefallen: Woher hat er die mehr als 70 Prozent mit ihrem Sexualleben unzufriedenen Deutschen? «Die hab ich auf einer Website von T-Online gefunden», sagt er. In der Tat, an solchen Umfrageergebnissen fehlt es nicht: wer es wann wie oft tut, auf welche Weise und mit welchem Ergebnis. Für die Solidität dieser Resultate spricht nicht eben, dass über die Art ihrer Ermittlung selten etwas mitgeteilt wird; meist fehlt sogar der Name des Instituts.

Fiktiver Geschlechtsquark

Warum wird so etwas veröffentlicht? Offenbar gibt es ein sich selbst nährendes sexuelles Raunen in Presse, Funk und Fernsehen. Es geht – Jahrzehnte nach Uschi Obermaier, Rainer Langhans, Beate Uhse und Oswalt Kolle, nach Hunderten von Sendungen von *Tutti frutti*, *Liebe Sünde* und *Wa(h)re Liebe* – nicht mehr ohne. Die Medien sind sexsüchtig geworden. Und gibt es einmal keinen Samenraub (Becker), keine Weihnachtsfeier (Beckenbauer), kein Teppichluder (Bohlen), keine alle neune (Immendorff) und keine naturgeilen Ukrainerinnen (Vorsicht, Friedman!), dann muss irgendein fiktiver Geschlechtsquark breitgetreten werden.

Auch die Frauenzeitschriften machen mit. So heißt es auf dem Titel der *Maxi* im Februar 2003: «Blow Job. Wer macht's, wer nicht, und wie geht's richtig?», im März: «Wie lange dauert guter Sex?», im April: «Selbstbefriedigung. Warum es sexy macht und sogar gesund ist», im Mai: «Sex-Stellungen im Test: Welche sind die besten für sie und für ihn?», und im Juni: «Der Penis. Wie aus einem Fremden ein guter Freund werden kann».

Die Sexualisierung der Öffentlichkeit hat ein frappierendes Ausmaß erreicht. Selbst die Literaturbeilage der ZEIT wurde schon mit einer Nackten angekündigt, gemalt immerhin.

Als der hessische Landbäcker Jens Steinhauer im Mai dieses Jahres Busenbrötchen aus der Röhre zog, die er «Tittis» nannte, erhob sich in Wölfersheim stürmischer Protest. Die Frauenbeauftragte und der Landrat schalteten sich ein. Die Feministinnen von *Emma* erkoren den Bäcker zum «Pascha des Monats» und wollten wissen, ob er keine leckeren Laugenstangen im Angebot habe, «Pimmis, extra salzig»?

Die Frage, so nahe sie liegt, lenkt ab vom eigentlichen Problem: Es geht längst nicht mehr nur um Frauenfeindlichkeit, sondern um sexuellen Overkill generell. Würde man einen Mann aus den frühen sechziger Jahren ins Jetzt katapultieren, er wüsste, sich umschauend, kaum, wohin vor Erregung.

Jede großstädtische Bushaltestelle ist heute eine Busenhaltestelle dank leuchtender Plakate von H&M. Die Deutschen sind umzingelt von verführerischen Vor-Bildern, denen weder das einzelne Ich noch sein sexuelles Gegenüber je genügen können. Erwachsene mögen es versuchen, indem sie ihre Unterwäsche bei H&M kaufen – auf die Gefahr hin, darin lächerlich zu wirken. Wie Kinder und Jugendliche das Reizbombardement verarbeiten, kann man nur vermuten. Beate Proll, in der Hamburger Schulbehörde für die Sexualerziehung zuständig, sagt: «Schon Neunjährige sind mit ihrem Körper unzufrieden.» Geradezu verblüffend sei, wie fließend die Jüngsten im Unterricht Diätvorschriften referieren könnten – gelernt zu Haus aus dem ewig quälenden Selbstgespräch der um ihre Attraktivität bangenden Eltern.

Was sagt die Werbebranche dazu? Sebastian Turner, 36, Chef der Agentur Scholz & Friends in Berlin, räumt ein, «dass die formvollendeten Leitbilder für Heranwachsende ein echtes Problem darstellen können». Aber Leitbilder gebe es überall: «Der Einserschüler, der Torjäger in der Schülermannschaft, der beste Sänger im Chor, die Tanzstundenschönheit – wer nicht damit umgehen kann, dass anderen mehr gegeben ist, ob an Verstand oder Aussehen, hat es schwer.» Die Aufregung um sexualisierte Werbung findet er übertrieben: «H&M ist ein gutes Beispiel. Die Fotos sind züchtiger als die meisten redaktionellen Veröffentlichungen zum Thema und sehr viel angenehmer anzusehen als die meisten Bushaltestellen.»

Turners Defensivstrategie kann nicht darüber hinwegtäuschen, dass die Werbung heute stärkerer Kritik ausgesetzt ist als die seit 1975 legale Pornographie. Der Unterschied ist leicht erklärbar: Werbung ist invasiv, geht hinaus auf die Straße oder über den Sender und versucht, potenzielle Kunden anzusprechen und zum Kauf zu animieren. Für Pornographie darf nicht geworben werden, sie ist erhältlich nur in spezialisierten Geschäften für Erwachsene.

Eindeutige Darstellungen, egal ob im Foto oder im Film, durfte der Handel jahrzehntelang nicht mit der Post verschicken. Nur deshalb gibt es überhaupt noch so viele Sexshops und Videotheken: Wer explizite Sexualität erwerben will, muss es persönlich tun, um seine

Volljährigkeit zu beweisen. Seit einer Gesetzesänderung im April ist nun erstmals auch der Versand zulässig, vorausgesetzt, die Identität des Empfängers ist zweifelsfrei dokumentiert – in der Praxis eine unüberwindliche Hürde.

Im Internet ist das alles anders – weil man sich im Ausland um hiesiges Recht nicht schert. Pornoseiten für den deutschen Markt werden dann in Belgien oder Holland eingespeist, den Konsumenten ist es recht, die Strafverfolgungsbehörden können nichts machen, die deutsche Pornobranche ärgert sich über das entgangene Geschäft.

Europas größter Sexhändler ist ein Flensburger Unternehmen, gegründet von einer verwitweten Luftwaffenpilotin, die im Frühjahr 1945 zusammen mit ihrem zweijährigen Söhnchen in einer herrenlosen Wehrmachtsmaschine das brennende Berlin verließ. Kurz vor Dänemark ging ihr der Sprit aus. Wäre die Landung nicht geglückt …

Beate Uhse war schon zu Lebzeiten eine Legende – ein Gegenbild zur Feministin Alice Schwarzer: zwei herbe Blondinen, die auf völlig konträre Weise Geschlechtlichkeit zu ihrem Thema machten. Der Nachlass der Uhse ist eine Aktiengesellschaft, die zu den 100 größten in Deutschland zählt und die auf immer neue Mittel sinnt, sexuelle Wünsche zu stimulieren und zu befriedigen.

Gerade hat die Firma zwei Pornovideos in eigener Regie hergestellt. Nach gut zwei Jahrzehnten, in denen sie nur mit den Filmen anderer gehandelt hat, ist dies der erste Versuch, selbst zu produzieren. Zuständig für *Piratensender Dauerständer* und *Triebige Swinger* ist Marketingchef Carsten Hopf, 35. Sein Büro liegt im Zentrum Flensburgs, unmittelbar neben der neuapostolischen Kirche.

Die Branche, erzählt Hopf, habe sich in den vergangenen Jahrzehnten mehrmals dramatisch verändert. Das hatte technische und geopolitische Gründe. Einen großen Schub habe in den achtziger Jahren die Einführung von Video gebracht. Vorher gab es mehr Fotos als Filme, denn Super 8 war recht umständlich. Die zweite große Veränderung dann 1989, als sich der Osten öffnete. Bis dahin kamen die meisten Filme aus Hollywood, nun boten sich die Filmstädte Prag und Budapest an. Das bekam auch die legendäre deutsche Pornoproduzentin Theresa Orlowski zu spüren, die in Hannover Studios errichtet hatte. Sehr bald gingen bei ihr die Lichter aus – auch in der Pornographie hat Deutschland seither ein Standortproblem.

Die letzte noch nachwirkende Erschütterung habe wiederum die Technik ausgelöst, diesmal das digitale Video. Schon für 4000 Euro kann man heute einen Film drehen, mancher Amateur stellt seine Freundin vor die Kamera. 10 Euro kostet nachher die DVD – da ist der Markt für die Großen schwierig geworden. Das Haus Beate Uhse hofft nun, Filme unter eigenem Namen besser verkaufen zu können.

Die Grundzüge der Porno-Ästhetik haben sich über die vergangenen zwei Jahrzehnte kaum verändert. «Alles muss zu sehen sein» war das Credo von Theresa Orlowski, deren Filme zu Klassikern des Genres geworden sind. Die Geschlechtsteile schattenfrei ausleuchten, kaum Handlung, stattdessen das Standardprogramm: oral, anal, vaginal und der Beweis, dass ein Höhepunkt stattgefunden hat. Männer mögen das. Frauen mögen das nicht. «Die Frau ist das große Mysterium der Branche», sagt Hopf. Wie gern würde man es lösen!

Schaut sich der Produzent im Ausland um, erkennt er Unterschiede: Französische Pornos sind erotischer als deutsche – und intelligenter. Englische Filme spielen gern in stilvoller Umgebung, beliebt sind Landhäuser. Japanische Filme folgen komplizierten Regeln der Zensur, schwarze Punkte hüpfen ständig im Bild herum – Beate Uhse gab entnervt den Versuch auf, in den dortigen Markt einzusteigen. In den Vereinigten Staaten erscheinen die Modelle gelackt und künstlich. Charakteristisch für deutsche Filme sind Darstellerinnen, die den Eindruck vermitteln, als könnten sie tatsächlich existieren. Mädchenfrauen, die im Krankenhaus, bei der Bank oder als Bedienung auf dem Oktoberfest arbeiten könnten.

Die Dramaturgie des Pornofilms ist die Physiologie. Man weiß, was kommt. Insofern ist es verwunderlich, wie viele neue Filme gedreht werden. Andererseits gibt es über die Jahre doch wechselnde Themen. Derzeit in Mode ist es, nicht die Lust, sondern den Widerwillen der Frau zu inszenieren. Früher, erklärt Hopf, habe ein Mann sein

Geschlechtsteil vorgezeigt, und die Frau habe gesagt: Oh, wie groß und prächtig! Heute die gleiche Szene, aber die Frau macht ein bedrücktes Gesicht, weil sie gleich herhalten muss. Das, meint Hopf, sage doch eine Menge aus über die Stellung des Mannes in der Gesellschaft. Gequält von feministischen Forderungen, wolle er nicht länger quatschen und für alles Verständnis haben, sondern zeigen, wo der Hammer hängt.

Der Pornoproduzent verhehlt nicht, wie wenig ihm persönlich dieser Trend gefällt. Er ist mit einer netten, studierten Frau verheiratet, sie haben zwei süße Töchter, und er muss ja auch nicht alles gut finden, was tagsüber seinen Weg kreuzt.

Verkaufte Sexualität – an Innovationen mangelt es nicht. Manche Händler lassen Beate Uhse ganz schön alt aussehen. Da gibt es neuerdings Elektrosexgeräte, die Orgasmen ohne jede Bewegung nur durch die Stromimpulse von Neun-Volt-Batterien auslösen sollen. Oder wie wär's mit dem 1349 Euro teuren «Pneumen 2»? Das ist ein druckluftgetriebener Mann-Ersatz, der aus einem Dildo, einer Halterung, einem Getriebe und einem schallgedämpften Kompressor besteht. «Die Einheit kann natürlich individuell mit einem Tuch abgedeckt werden, falls die technische Optik stören sollte», heißt es einfühlsam auf der Internet-Seite der Firma. Hier erreicht deutsche Ingenieurkunst ihren einsamen Höhepunkt.

Und dann wäre da noch das weite Feld der käuflichen Liebe … Aber jetzt reicht's langsam, oder? So wie dieser Text begann, so soll er auch enden: mit einem Ausflug aufs Land. Diesmal nach Rieseby, das liegt noch hinter Eckernförde, schon auf Beate Uhse zu. Ein Dörfchen mit Schlachter und Tankstelle und einem Pflegeheim. Das «Haus Schwansen» zählt, ungeachtet seiner Lage im Winkel, zu den führenden Häusern in Deutschland; hier wohnen 62 Menschen bis zu ihrem Tod, fast alle sind verwirrt. Verschlossene Türen gibt es kaum; läuft mal einer weg, sammelt man ihn eben wieder ein. Man tut, was man kann, um den Alzheimer- und Parkinson-Kranken das verbliebene Leben so erträglich wie möglich zu machen.

Beflügelnde Kraft

Das Pflegeheim ist ein Ort, an dem das Intime unvermeidlich öffentlich wird. «Erotik hat mit dem Alter und dem Aussehen nichts zu tun», sagt Mechthild Lärm, die Leiterin. «Bei uns ist jeder Zweite sexuell aktiv.» Noch lebhaft erinnert sie sich an die erste gemischte Wohngruppe, die sie vor Jahren ganz arglos eingerichtet hatte. Fünf Männer und fünf Frauen, «das ging hoch her».

Menschen, die beim Essen auf fremde Hilfe angewiesen sind und denen das Denken Schwierigkeiten bereitet, begannen, sich ineinander zu verlieben und zu begehren – mit allen Konsequenzen. «Es gab Eifersucht, bis hin zu Tätlichkeiten.» Manchmal sei das moralische Empfinden der Pflegekräfte arg strapaziert worden, nicht zu reden von den Ehepartnern und Kindern, die am Wochenende auf Besuch kamen und die Oma oder den Opa beim Händchenhalten ertappten …

Die Wohngruppe wurde umgestaltet, heute kommen nur noch drei Männer auf neun Frauen, «das wirkt dämpfend». Und im Übrigen sieht die Heimleiterin die positiven Seiten.

Wenn es im Haus Schwansen ein Fest gibt und die Musik spielt *Ich tanze mit dir in den Himmel hinein,* dann blitzen die Augen der Frauen wieder wie mit 18, und sie werden ganz kokett – egal, ob sie noch gehen können oder nicht. «Ich bin dann immer ganz glücklich», sagt Mechthild Lärm. «Wie viel Energie da noch drinsteckt, ganz toll!»

Hin- und hergerissen ist man nicht nur in Rieseby. Sechs Seiten lang ist das Wortprotokoll einer Diskussion über Sex auf der 11. Arbeitstagung der Deutschen Expertengruppe Dementenbetreuung. Da berichtet ein Arzt von pflegen & wohnen aus Hamburg von einer dementen Frau, die im Heim nacheinander vier Männer hatte. «Wenn einer der Partner starb, fand sie einen neuen.» Auf den Stationen sei es akzeptiert, dass demente Paare, die sich mögen, auf einem Zimmer wohnen können. «Im Fall von homosexuellen Beziehungen sieht es mit der Akzeptanz schon anders aus. Manchen Pflegekräften fällt es schwer, homosexuelle Beziehungen zu tolerieren.»

Im Seniorenpflegeheim Franz Lenzner in Gera kamen eine 90-jährige Frau und ein 46-jähriger Mann zusammen, die beiden ergänzten sich gut: «Sie passte auf, dass der Mann, der früher häufig weglief, dies nicht mehr tat. In der Beziehung waren beide nicht mehr inkontinent und benötigten auch keinerlei beruhigende Medikation mehr», erinnert sich die Heimleiterin. «Die Kinder der Frau konnten das Verhalten ihrer Mutter nicht akzeptieren, sie kamen nicht mehr zu Besuch.»

«Die wohltuende und bereichernde, beflügelnde Kraft der Erotik sollte nicht unterschätzt werden», rät eine Lehrerin des Fachseminars für Altenpflege im brandenburgischen Strausberg. Und dann erzählt sie den Fall, der ihr unvergesslich ist: «Ein sehr alter Heimbewohner liegt im Sterben. Angehörige kommen zu Besuch. Als die Angehörigen gehen wollen, bittet der Sterbende seine junge Nichte, noch bei ihm zu bleiben. Er bittet sie darum, sich auszuziehen. Die junge Frau erfüllt ihm diesen Wunsch. Der Mann ist wenige Stunden später friedlich gestorben.»

5

Wie man in Deutschland sich informiert

Wir sehen immer mehr fern und lesen immer weniger Zeitung, die Buchlektüre stagniert auf niedrigem Niveau, das Internet holt auf. Und wer etwas auf sich hält, nutzt mehrere Medien – am liebsten gleichzeitig. Eine Programmübersicht.

von Susanne Gaschke

«Es ist neun Uhr. Hier ist WDR zwei mit den Nachrichten. Düsseldorf. In den frühen Morgenstunden explodierten zwei Atombomben in der Innenstadt. … Entschuldigung. In den frühen Morgenstunden explodierten zwei *Auto*bomben in der Innenstadt. Es entstanden zum Teil erhebliche Sachschäden …» Mit dieser verstolperten Radiomeldung beginnt Ralf Königs Comic *Der bewegte Mann,* und das Wort «Atombombe» lässt seinen Comic-Helden senkrecht aus dem Schlaf hochfahren.

Das Radio hat sich in Deutschland zum klassischen Hintergrundmedium entwickelt. Es dudelt immer und überall, in Büros und in den Frühstücksräumen von Hotels, in den meisten Autos und neuerdings sogar in den Wartezimmern von Ärzten. Deshalb bedarf es auch einer (Fehl-)Information von dieser Größenordnung, um uns mit Rundfunkmeldungen noch aufzuschrecken, denn insgesamt 206 Minuten am Tag hören wir Radio. Natürlich nehmen wir dabei gelegentlich Informationen auf, manchmal sogar korrekte.

Es ist nicht nötig, in den Begriff «Information» gar so viel Verheißung hineinzuschauen, wie es die Evangelisten der «Informationsgesellschaft» oder der so genannten Wissensgesellschaft gern tun. Das Wort kommt aus dem Lateinischen, bedeutete ursprünglich

«Gestaltung» oder «Bildung», heute «Nachricht», «Mitteilung», «formulierte Unterrichtung». Nach sozial- und literaturwissenschaftlichem Verständnis hat eine Nachricht einen Sender, der sich an einen Empfänger wendet – in der Regel mit dem Ziel, dessen Handeln zu beeinflussen. Dies kann er anonym und mit einer großen Streuung tun: Die kryptischen Botschaften über den neuen Golf («Macht jetzt auch Spaß», «Hält jetzt auch an»), die gegenwärtig auf Tausenden von Werbegroßflächen prangen, sind ebenso Informationen wie ein Lexikoneintrag. Es gehört nicht notwendig zum Wesen einer Information, dass sie verstanden wird. Oder nützlich ist.

Die meisten formulierten Unterrichtungen, die wir freiwillig zu uns nehmen, erreichen uns über die Medien: den bereits erwähnten Rundfunk, das Fernsehen, die Tages- und Wochenzeitungen, Magazine, Fachzeitschriften, Bücher, Telefone und das Internet. Und hier hat sich in der Tat geradezu revolutionär viel verändert in Deutschland: Achteinhalb Stunden täglich, das ist das Ergebnis der ARD/ZDF-Langzeitstudie *Massenkommunikation* (2000), nutzen wir die Medien. 1980 waren es fünfdreiviertel Stunden – auch das ist viel Zeit. Aber achteinhalb Stunden deuten zwangsläufig auf einen rasant gestiegenen Nebenbei-Konsum des Medienangebots hin. Wir werden ein Volk von Multi-Taskern, wir lesen bei der Arbeit E-Mails, sehen fern beim Bügeln, lesen Zeitung beim Radiohören.

185 Minuten, mehr als drei Stunden, widmen wir täglich dem Fernsehen. Es ist auch das Medium, das die meisten Menschen auf eine einsame Insel mitnehmen würden. Es gibt zehnmal so viel laufendes Programm wie vor zehn Jahren. Jeder Haushalt besitzt – mindestens – ein Fernsehgerät.

Aus der Mode kommt das Zeitunglesen. 1990 griffen noch 71 Prozent der Erwachsenen jeden Morgen zur Tageszeitung, heute sind es nur noch 54 Prozent. Besonders viele Federn haben die Zeitungen in Ostdeutschland gelassen – und bei der jugendlichen Leserschaft. Im Osten verloren sie fast zwei Drittel ihrer Auflage. Und von den jungen Leuten unter 30 nimmt nur noch ein Viertel regelmäßig eine Tageszeitung zur Hand. Ostdeutsche wie Jugendliche haben zudem eine hohe Affinität zu den informationsarmen Privatfernsehsendern, die die «harten» politischen Inhalte in ihren Programmen geradezu systematisch zurückdrängen. Bücher stagnieren als Informationsquelle bei wenig beeindruckenden 17 Durchschnittsminuten pro Tag.

Der größte Zeitgewinner ist das Internet, zu dem erstmals mehr als die Hälfte der über 14-Jährigen wenigstens «gelegentlich» Zugang hat. Im Jahr 2000 surften die Deutschen durchschnittlich 13 Minuten am Tag, nun sind es 45. Auch dies ein Durchschnittswert: Die tatsächliche Verweildauer typischer Nutzer liegt weit darüber, bei 138 Minuten am Tag. Die Zuwächse erklären sich vor allem daraus, dass sich die 40- bis 60-Jährigen in den vergangenen zwei Jahren geradezu massenhaft auf die neue Technologie gestürzt haben.

Was macht der Einzelne aus dem überreichen Informationsangebot? Sieht er die *Tagesschau* oder die Doku-Soap über *Tanja, die Teenager-Mama*? Verhältnismäßig wenig Werbung bei den öffentlich-rechtlichen Sendern oder nahezu 20 Prozent bei den Privaten? Sieht er im Internet Pornos an oder die aktuellen Meldungen der Nachrichtenagenturen?

Zum Bild einer demokratischen Gesellschaft gehört die Hoffnung, dass möglichst viele Menschen die politischen Zusammenhänge in ihrem Land verstehen. Dass sie die Namen aller Pokémon-Figuren oder Superstars kennen, ist weniger wichtig. Vieles deutet aber darauf hin, dass es nicht allzu gut steht um die politische Information in Deutschland: Das Massenangebot schafft offenbar mehr Verdruss als Übersicht. Unter Jugendlichen haben Verschwörungstheorien Konjunktur. Medienwissenschaftler beobachten besorgt eine «Oligarchisierung» des politischen Diskurses: Überspitzt gesagt, machen Politiker und Journalisten im Berliner «Café Einstein» Unter den Linden miteinander aus, was angeblich wichtig ist – mit dem Leben irgendwo draußen muss das nicht viel zu tun haben.

Sich informieren heißt also: um den Überblick kämpfen. Zwischen wichtig und unwichtig unterscheiden. Dabei werden wir offenbar alle, egal, welcher Informationsklasse wir angehören, zu neuen Auswahltechniken gezwungen: Manche scannen die Qualitätszeitungen, von denen sie vielleicht mehrere lesen. Wir zappen schon längst beim Fernsehen und neuerdings, das ergab die Studie *Leseverhalten in Deutschland im neuen Jahrtausend* der Stiftung Lesen, sogar bei Büchern: Wir machen heute größere Lesepausen als je zuvor, überspringen ganze Textpassagen, lesen mehrere Bücher gleichzeitig.

Welches Geräusch macht eigentlich die Fernbedienung beim Umschalten? Das Knöpfchen selbst ein kaum zu transkribierendes, gummiartiges Gepöppel. Und der Fernseher ein leises Gebritzel. Wahrscheinlich ist «Zapp» ganz geeignet, um den Vorgang lautlich anzudeuten. Schalten wir also zunächst um zu einer Lokalzeitung, die noch nicht von einem Kaffee trinkenden Politiker- und Journalistenkartell erschwatzt wird.

Zapp. In Plön, einer 13 000-Seelen-Kreisstadt in Schleswig-Holstein, haben sich die *Kieler Nachrichten,* mit 110 000 Abonnenten eine der größeren Regionalzeitungen, trotz Anzeigeneinbruch und Spardiktat ein neues Redaktionsgebäude geleistet. Dort wird die *Ostholsteiner Zeitung* produziert, eine lokale Beilage der *KN.* «Gerade in schwierigen Zeiten müssen wir dem Leser zeigen: Wir sind vor Ort. Wir sind nah dran», sagt *KN*-Chefredakteur Jürgen Heinemann. «Deshalb haben wir, gegen den Trend, unsere Umlandredaktionen dezentralisiert.»

Das heißt: Wer heute in Plön eine Pressemitteilung absetzen möchte, erreicht die Redaktion zwar selbstverständlich per E-Mail. Er kann aber auch direkt im *KN*-Büro in der Plöner Fußgängerzone vorbeischauen. Es kommt auch vor, dass plötzlich der Vorsitzende des Karnevalsvereins in den Redaktionsräumen steht und sich lautstark über einen Kommentar beklagt, der nach seiner Überzeugung die Karnevalsarbeit in Plön und Umgebung nicht nur unnötig erschwert, sondern womöglich ganz zunichte macht. Die Rückkoppelung an die Leser – und an die Gegenstände der Berichterstattung – sind durch das Prinzip der Dezentralität offenbar recht gut gewährleistet.

Der Leserschwund und die Leseunlust treffen zwar auch die Lokalblätter, doch weniger hart als die Krise im Anzeigengeschäft. Mit 30

Millionen verkauften Exemplaren täglich sind die rund 400 Tageszeitungen immer noch ein prägender Teil des Informationsangebots. Sie vermitteln nicht nur Nachrichten, sondern vor allem Heimatgefühle.

Um halb elf ist Redaktionskonferenz. Viereinhalb Seiten fürs Lokale sind an diesem Tag zu vergeben, dazu eine gute halbe Seite für den Sport. Andreas Jacob, der heute nicht nur die erste, sondern auch die lokale Wirtschaftsseite layoutet und redigiert, hat morgens noch nicht allzu viel auf seinem Themenzettel stehen: Der Lütjenburger Weihnachtsmarkt sucht Marktbeschicker. Die Plöner Segelschule hat eine neue Solaranlage auf dem Dach. In Schönberg gibt es künftig einen «Außer Haus»-Frühstücksservice. Man muss halt sehen, was sich noch ergibt.

Politisch ist in den Herbstferien nicht allzu viel los. Der CDU-Landrat, der eigentlich immer für eine brauchbare Geschichte gut ist, muss in den Urlaub gefahren sein. Die Selenter Korrespondentin meldet ein kleines Stück über «Monsteräpfel», mit Fotos von einem Bauern, der fast erschrockenen Blickes sehr große Äpfel in die Kamera hält. Redaktionell kein wahnsinnig spannendes Programm, findet die Runde, «aber mit Mut zum großen Foto kriegen wir das hin», sagt Andreas Jacobs.

Zapp. KLEINANZEIGEN. Zwangsver./EFH, Erwerb ab 41 000 Euro, 142 m² Wfl., 904 m² Grund, Obj. Bujendorfer Landstr., 23701 Bujendorf, i.A.d. Bank B. WoBau, Tel.: 04934/80 42 58. Kleine, gediegene Galerie sucht Gastaussteller. Info unter: 04522/17 46

Mutti nervt? Eine eigene Bude gibt's im Wohnungsmarkt.

Zapp. Das oberflächliche Interesse an Politik ist seit der Verbreitung des Fernsehens in den sechziger und siebziger Jahren gestiegen und ebenso die Kenntnis der politischen Institutionen. «Insgesamt gesehen, breiten sich tiefer gehende politische Kenntnisse aber sehr langsam aus», sagt der Mainzer Medienwissenschaftler Hans Mathias Kepplinger. «Und profundes politisches Interesse kann man heute, wenn man etwa die Lektüre einer überregionalen Tageszeitung wie der *Frankfurter Allgemeinen Zeitung,* der *Süddeutschen,* der *Frankfurter Rundschau* oder der *Welt* zum Maßstab nimmt, nur rund zwei Prozent der Wahlberechtigten attestieren.» Zählt man großzügig die Leser von *Focus* und *Spiegel* hinzu, sind es auch höchstens fünf Prozent, die nach Kepplingers Auffassung an einem «differenzierten politischen Diskurs» teilnehmen können. Interessant sei nun die Frage, ob das Fernsehen mit seinen großen Reichweiten die geringe Ausbreitung der überregionalen Qualitätspresse ausgleichen könne. «Die Antwort lautet nein, und der Grund dafür liegt in der begrenzten menschlichen Aufnahmefähigkeit», sagt Kepplinger. «In Tiefeninterviews stellt sich heraus, dass Fernsehzuschauer sich nach einer Nachrichtensendung zu 70 Prozent an nichts oder fast nichts erinnern; nur etwa 15 Prozent behalten mehr als die Hälfte des Gesehenen.» Dauerhafte Erinnerungseffekte erzielt das Fernsehen offenbar immer dann, wenn mehrere Sender eine Meldung in zahlreichen Sendungen wiederholen – wie es üblicherweise bei Krisen, Katastrophen, Skandalen und Affären geschieht. Aber auch dann holen die Zuschauer mit geringen politischen Vorkenntnissen nicht auf. «Je länger Kontroversen dauern», schreibt Kepplinger, «desto größer wird die Wissenslücke zwischen den Gebildeten und den Ungebildeten, weil die Gebildeten mehr Informationsangebote nutzen, die Informationen besser verstehen und sie länger behalten.» Die Masse des Publikums verliere bald das Interesse an den Themen und die Geduld mit den Politikern, «die nicht so schnell entscheiden, wie die Medien und mit ihnen das Publikum erwarten». Die Mehrheit schalte innerlich ab. «Zugleich wachsen die Vorstellung, dass man überhaupt nichts mehr versteht, und auch der Widerwille gegen weitere Argumente und das Verlangen nach einer Entscheidung.»

Wer wegschalten will, hat es heute leichter als vor 20 Jahren: Zwar haben sich die Informationsangebote des Fernsehens in dieser Zeit verdoppelt, die Unterhaltungsformate allerdings im selben Zeitraum vervierfacht. Das bedeutet: Wer gezielt seriöse Informationen sucht, wird häufiger fündig. Aber wer sich unter Nachrichtenvermeidungskriterien durch die 38 Fernsehkanäle zappt, stößt seltener rein zufällig auf Informationssendungen. Die Schere zwischen denen, die gekonnt mit dem überwältigenden Informationsangebot umgehen, und jenen, die immer hoffnungsloser überfordert werden, öffnet sich weiter. Es liegt nicht in der Natur des Fernsehens oder der Fernsehmacher, etwas dagegen zu tun.

Zapp. *Bravo,* gedruckt: Michael Jackson versucht ein Comeback: Am 10.11. erscheint die Ballade *One More Chance,* komponiert von R. Kelly. Am 17.11. folgt die Greatest-Hits-CD *Number Ones.* Jeanette (22): Ab Februar könnt Ihr die Sängerin wieder live bewundern! Auf 20 Konzerten der «Break On Through»-Tour wird sie richtig Gas geben. Mehr Infos auf www.BRAVO.de

Sean Paul (30) tritt bei den «MTV Europe Music Awards» in Edinburgh/Schottland auf. Auch dabei: Xtina und Kylie! (Nr. 43/03)

Zapp. Die Zivildienst Leistenden Sönke, Jens, Nils, Henning, Malek, Hendrik, Sascha, Kristian, Marcel, Fabian, Mark, Christoph, Timo, Sebastian, Knut, Rainer, Norbert, Ole und Ulf besuchen gerade den dienstbegleitenden Theorieunterricht an einer norddeutschen Zivildienstschule. Ihre Lieblingsfernsehsendungen sind: *Die Simpsons* (ProSieben), *Malcolm mitten drin* (ProSieben), *Bernd, das Brot* (KiKa), *Friends* (ProSieben), die *Sportschau* (ARD), *Stoke* (DSF), *Auto, Motor, Sport* (Vox), *Motorvision* (DSF), *Futurama* (ProSieben), *Angel Sanctuary* (Viva), *One Piece* (RTL II), *Hellsing* (Viva), *Eine schrecklich nette Familie* (Kabel 1), die *Harald Schmidt Show* (Sat.1), *Zapp!* (NDR), *King of Queens* (RTL II), *Scrubs* (ProSieben), das *A-Team* (RTL), *Spiegel* TV (Vox), *TV Total* (ProSieben), *Dismissed* (MTV), *Lesen!* (ZDF), *Spongebob Schwammkopf* (Super RTL), *Malen mit Bob Ross* (Bayern), *Transformers* (Super RTL), *South Park* (Viva), *Extra Drei* (NDR).

Das Buch mit der höchsten Einschaltquote in dieser Gruppe ist zurzeit *Stupid White Men* von Michael Moore.

Vieles spricht dafür, dass die These von der Spaltung der Gesellschaft in eine hoch spezialisierte Info-Elite und ein Medienproletariat nicht aus der Luft gegriffen ist. Und: Es hängt, das wissen wir nicht erst seit der Pisa-Studie, in hohem Maße von der sozialen Stellung der Eltern ab, zu welcher Gruppe jemand später gehören wird. In der aufwändigen Untersuchung zum «Leseverhalten in Deutschland» werden sowohl das Vorbild der Eltern als auch ihre Bildung als die beiden wichtigsten Einflussfaktoren darauf genannt, ob jemand zum Viel- oder Gar-nicht-Leser, zum unterhaltungsorientierten Fernsehkonsumenten oder souveränen Mehr-Medien-Nutzer wird. Bei den Zivildienst Leistenden ist noch offen, zu welcher Gruppe sie einmal gehören werden – manch einer von ihnen mag sein Mediennutzungsverhalten nach einer endgültigen Berufswahl noch modifizieren.

Zapp. Zur Info-Elite gehört schon von Amts wegen der Regierungssprecher und Chef des Bundespresseamts. Bela Anda dürfte wenig Zeit haben, *Bernd, das Brot* im Fernsehen zu sehen, selbst wenn er dazu vielleicht manchmal Lust hätte. Sein Tagesablauf ist strukturiert durch immer neue Modi der Informationsaufnahme: Man fragt sich, ehrlich gesagt, wie ein Mensch unter diesem Ansturm noch einen klaren Gedanken fassen kann. Um 5.30 Uhr steht Anda auf und sichtet *FAZ, Süddeutsche, Welt, Frankfurter Rundschau, Berliner Zeitung, Tagesspiegel* und *Handelsblatt.* Zu den «Produkten» seines Hauses gehören etliche Pressespiegel, am wichtigsten ist die «Kanzlermappe», die Kopien der ersten Seiten aller wichtigen Blätter enthält, dazu Artikel zu zentralen Themen des Tages. Auf dem Weg ins Amt – es ist jetzt 7.30 Uhr – führt Anda sich diese Zusammenstellung zu Gemüte. Im Büro erwarten ihn erste Online-Auswertungen; um 8.30 Uhr gibt es eine Lagebesprechung mit den Abteilungsleitern. Um 10 Uhr geht es weiter ins Kanzleramt, mittwochs nimmt auch der Bundeskanzler an diesen Runden teil, sonst Kanzleramtschef Frank-Walter Steinmeier, SPD-Fraktionschef Franz Müntefering, SPD-Generalsekretär Olaf Scholz und der Staatsminister im Bundeskanzleramt, Rolf Schwanitz. Man verständigt sich über langfristige Leitlinien der Politik und erörtert Fragen, die in den drei wöchentlichen Bundespressekonferenzen (montags, mittwochs und freitags) auftauchen können.

Wenn Anda aus dem Kanzleramt zurück ist, folgt die Schaltkonferenz mit den Pressesprechern der Ministerien – in diesen Runden kann es auch darum gehen, zwischen den Häusern einheitliche «Sprachregelungen» abzustimmen. Anda ist dabei, wenn der Kanzler verreist, wenn Kabinett und Fraktion tagen; als Gast auch im SPD-Präsidium und Parteivorstand. Etwa 20 Journalistengespräche führe er täglich, je nach Lage mal mehr und mal weniger, sagt Anda.

Noch am Abend liefern die TV-Auswerter detaillierte Infos aus den Nachrichtensendungen, die sie auf Split-Screen-Fernsehgeräten verfolgen: vier Sender gleichzeitig. Und wenn das alles, alles vorbei ist, wenn die Journalisten verarztet sind, die ein Kanzlerzitat wollen, und jene entlarvt, die versuchen, den Kanzler mit falschen Zitaten in Widersprüche zu verwickeln, dann stellt sich natürlich immer noch die Frage, was aus alldem folgt, mit welcher mittelfristigen Strategie man den Strom der Berichterstattung so lenkt und kanalisiert, dass er einem vertraut vorkommt, wenn er Tage und Wochen später wieder vorbeifließt – die andere Seite der Informationsarbeit.

Zapp. Christina Heinen, Gesine Wulf, Indrani Das, Julia Ziegler, Cornelia Kruse, Thilo Schmidt und Domenica Ahlrichs wissen schon, auf welcher Seite sie stehen wollen: Sie machen, jetzt im zweiten Jahr, eine Journalistenausbildung an der Evangelischen Medienakademie Berlin. Ihr informationeller Tagesablauf entspricht dem der Profis.

Gesine Wulf zum Beispiel checkt ihre E-Mails das erste Mal morgens nach dem Zähneputzen. Seit sie die Medienakademie besucht, hat sie ihr *taz*-Abonnement abbestellt, weil sie die Zeitung ebenso wie die *FAZ* in der Akademie lesen kann; weiterhin abonniert hat sie die *ZEIT* und den *New Yorker.* Sie absolviert ihr Praktikum im Hause Springer, in der Redaktion für Sonderthemen – «also für Werbebeilagen, die ein redaktionelles Umfeld brauchen», sagt sie –, und liest in dieser Phase *Bild, Welt* und *Berliner Morgenpost* intensiv. Mittags und nachmittags wirft sie einen Blick auf *Spiegel-online,* zudem nutzt sie den Feuilletonüberblick vom *Perlentaucher* und steht auf einer speziellen Mailingliste für Journalisten, die einen Querschnitt

«Was hat er denn gesagt?»

Wie ein harmloses Interview zur Nachricht vom Kanzlersturz mutiert.

Am Samstagnachmittag ruft der Korrespondent einer regionalen Tageszeitung bei einem kanzlertreuen sozialdemokratischen Bundestagsabgeordneten zu Hause an und befragt ihn zu den Schwierigkeiten der Regierung und der Regierungspartei. Dann schreibt er für die Montagsausgabe einen 75-Zeilen-Artikel, in dem er noch fünf weitere SPD-Abgeordnete mit ihren Kriseninterpretationen zu Wort kommen lässt. Und weil noch Zeit ist, schreibt er vielleicht auch eine kurze Highlight-Version seines Textes, die er an die Nachrichtenagenturen schickt – für den am nachrichtenärmeren Wochenende nicht ganz ungewöhnlichen Fall, dass die etwas damit anfangen können.

Jedenfalls melden am nächsten Morgen sowohl *Spiegel-online* als auch die Deutsche Presseagentur wörtlich die Bemerkungen der Abgeordneten. Weder der Tageszeitungsmann hatte sich die interessanten Sätze autorisieren lassen, vielleicht aus Zeitnot, vielleicht weil der Abgeordnete selbst gar nicht extra darum gebeten hatte, noch die morgendlichen Sekundärverwerter fragen nach – sie zitieren ja sauber mit Quellenangabe. Und die Sätze sind so schön knackig: Nötig sei eine «Trennung der Ämter von Parteivorsitzendem und dem Bundeskanzler». Darauf müsse es «mittelfristig hinauslaufen».

Das hatte etwas früher zwar auch schon ein ehemaliger Parteivorsitzender öffentlich, im Fernsehen, so gesagt (nicht Lafontaine!) und der Vorsitzende eines SPD-Landesverbandes sogar in einem längeren räsonierenden Interview mit der *Süddeutschen Zeitung*. Aber eben nicht an diesem Montag, an dem der Kanzler seine Agenda-Mehrheit für den Bundestag noch nicht beisammen hat, an dem noch mögliche

«Abweichler» beschwichtigt werden müssen und eine stürmische Parteivorstandssitzung stattfinden soll. Hörfunk und Fernsehen verbreiten das Unerhörte nun weiter, etwas kürzer, aus «mittelfristig» wird «sofort»: Ein Abgeordneter fordere den Verzicht Schröders auf den Parteivorsitz. Die fraktionsinterne Gruppierung, der unser Abgeordneter angehört, wird damit identifiziert, besser Plural als Singular: Abgeordnete fordern … Die Kollegen distanzieren sich schärfstens. Gleich beginnt die Parteivorstandssitzung, schwere Autos von links, schwere Autos von rechts, Kameras, Mikrophone, der Verteidigungsminister knöpft sein Jackett zu. Zuruf: «Was sagen Sie zur Forderung von X?» Gegenfrage: «Was hat er denn gesagt?» – «Schröder soll zurücktreten.» – «Unsinn!» Der Wirtschaftsminister: «Abwegig!» Ein Ministerpräsident: «Unfug!»

Private Rundfunksender verbreiten jetzt, ein Regierungsabgeordneter habe den «Rücktritt» von Schröder gefordert. Am Nachmittag erklärt der Abgeordnete gegenüber einigen Medien seine Bemerkung, dementiert nicht, relativiert aber, versichert Schröder seiner Unterstützung und weist auf die Mittelfristigkeit der Überlegung hin. Die Meldung verliert an Wucht, anderes wird wichtiger. Ein öffentlich-rechtlicher Fernsehsender bittet ihn tags darauf gleichwohl noch einmal zum Interview: Ob er denn denke, dass die Kanzlermehrheit trotz aller Kritik der «Abweichler» stehe.

Unser Abgeordneter weist darauf hin, dass er zwar die Organisationsstruktur der Partei kritisch hinterfragt, jedoch persönlich nie zu jenen gehört habe, die erwogen hätten, gegen den Kanzler zu stimmen. Vermutlich habe ihn der hoch geschätzte Redakteur mit einem Kollegen ähnlichen Nachnamens verwechselt. Nein, nein, er sei gemeint, heißt es zur Antwort. Von dem Interview auf dem Kölner Flughafen wird natürlich keine Sekunde gesendet, da tatsächlich eine Verwechslung vorliegt.

Das wird spätestens deutlich, als in der fraglichen Nachrichtensendung unter dem Konterfei des kommentierenden Korrespondenten kurz und versehentlich der Name des echten Abweichlers eingeblendet wird (auch der tritt in dem Beitrag übrigens gar nicht auf, weil ihn ja niemand irgendetwas gefragt hat). Unser Abgeordneter gilt noch ein paar Tage lang als «Kritiker» und «Rebell» mit einem ungewissen Nachnamen. Dann ist er wieder kanzlertreu.

Die Autorin ist die Ehefrau des kanzlertreuen Abgeordneten

durch aktuelle Medienthemen bietet. Im Auto schaltet sie sofort den Deutschlandfunk oder das Deutschlandradio Berlin ein.

Thilo Schmidt hört morgens WDR 2, er liest den *Tagesspiegel* und die *taz*, in deren Redaktion er im Moment auch beschäftigt ist. «Ich scanne die Zeitungen – was steht wo drin», sagt er, «und ich habe das Gefühl, dass ich weniger lese, seit ich morgens zwei Blätter zur Verfügung habe.» Die *ZEIT* will er eventuell abbestellen, sie sei ihm zu teuer zum Liegenlassen und Nichtlesen, sagt er – Zeitprobleme. Tagsüber in der Redaktion informiert er sich am Agenturticker auf seinem Bildschirm. Um 20 Uhr sieht er die *Tagesschau,* immer. Und manchmal *III nach Neun.*

Die «Selbstreferenzialität» des Medienbetriebes, die Abhängigkeit von der täglichen Programmvorgabe der Agenturen und der permanente Zeitdruck sind drei Hauptsorgen der jungen Journalisten. Kaum jemand von ihnen hat prononcierte Weltverbesserungsabsichten, aber sie möchten die Wirklichkeit einigermaßen realistisch darstellen, selbst recherchieren, verstehen, «was an der Jahreshauptversammlung im Teckelclub wichtig ist, warum so ein Ereignis darüber Aufschluss gibt, wie das Land funktioniert», sagt Domenica Ahlrichs.

Alle sind sich weitgehend einig, dass die kritische Sozialreportage derzeit bei Chefs und Vorgesetzten gänzlich außer Mode sei. In der

Stillstandsdiskussion «gehen immer mehr Begriffe verloren, zum Beispiel soziale Gerechtigkeit», sagt Gesine Wulf. «Kann es nicht sein, dass wir den relativen Leiden des Mittelstands heute viel mehr Aufmerksamkeit widmen als den Leiden der wirklich Armen?» Die Runde nickt. Ihrer Verantwortung für sorgfältige Berichterstattung ist sich diese Gruppe bewusst. Das gilt bei weitem nicht für alle aufstrebenden Jungreporter. «Ich war tief beeindruckt, als ich zum ersten Mal sah, wie die Zeitung gedruckt wurde, bei der ich früher gearbeitet habe», sagt Domenica Ahlrichs. «Diese Massen von verbreitetem Wort, die ich da unbedacht produziert hatte.»

Zapp. Gibt es irgendwo Ordnung im Chaos? Einen erhöhten Punkt, von dem aus sich zumindest ein Teil des Daten- und Informationsstromes überblicken lässt?

Eine Institution in Deutschland hat den gesetzlichen Auftrag, zu sammeln, zu sichten, zu ordnen und zugänglich zu machen, was da so alles vorbeitreibt: die Deutsche Nationalbibliothek. Seit der Wiedervereinigung besteht sie aus drei Häusern, der Deutschen Bücherei Leipzig, dem Deutschen Musikarchiv Berlin und der Deutschen Bibliothek Frankfurt am Main. Diese Einrichtungen archivieren alles, was seit 1913 in Deutschland gedruckt, alles, was heute elektronisch auf Daten- oder auf Tonträgern veröffentlicht wird. Mehr als 10 Millionen Bücher und Zeitschriften stehen in Leipzig, 7,5 Millionen «Einheiten» in Frankfurt.

Das Gedächtnis der Nation. Zu Recht erinnert es sich nicht an kurzfristige und flüchtige Dinge wie den Verkehrsfunk von letzter Woche. Aber an alles, was mit der erkennbaren Absicht verfasst wurde, es solle dauerhaft in der Welt sein: vor allem natürlich an Bücher. 30 000 Quadratmeter Magazinfläche hat das 1996 erbaute Bibliotheksgebäude in Frankfurt. In drei Untergeschossen lagern die Bücher, im vierten brasilianisches Eisenerz, das das Eindringen von Grundwasser verhindern soll. Das Prinzip der Magazinierung ist denkbar einfach: Die Bücher werden so nebeneinander eingeordnet, wie sie abgeliefert wurden. Seit 1969 ist jeder Verleger verpflichtet, zwei Exemplare von jedweder Veröffentlichung zur Archivierung abzugeben. 1974 stehen die *Hemmungslosen Verführerinnen* neben *Marxismus und Ethik* und *Fachenglisch Technik und Industrie.* Jedes Jahr braucht mehr Regalreihen. 2003 finden sich Kinderbücher aus Stoff neben Finanzratgebern, Manga-Comics, Kochbüchern. Die Arbeit im Archiv ist heilig, denn es gibt keinen Weg, ein einmal falsch zurückgestelltes Buch je wiederzufinden. Etwa 1200 Medieneinheiten kommen täglich ins Haus. Und das ist der eigentlich kritische Punkt, an dem die gleichsam wilde, zufällig eintreffende Information von den Mitarbeitern der Nationalbibliothek gepackt und gezähmt wird. 17 Fachreferenten und knapp noch einmal so viele Bibliothekare beschäftigen sich in einem anspruchsvollen Verfahren damit, die neuen Titel so zu verschlagworten, dass der Benutzer sie leicht finden kann. Der Gesamtkatalog enthält rund 600 000 Suchbegriffe. Jede Neuerscheinung wird in der *Deutschen Nationalbibliografie* angezeigt. Besonders andere Bibliotheken informieren sich aus dieser Gesamtübersicht über alle deutschsprachigen Veröffentlichungen, weil ihnen das die mühsame Titelerschließung erspart.

Die größten Schwierigkeiten bereitet den Einordnungsspezialisten, den Archivaren und Informationssortierern bisher das Internet. «Elektronische Zeitschriften zum Beispiel», sagt die Direktorin der Deutschen Bibliothek, Ute Schwens, «erscheinen oft nicht seiten- oder heftweise, sondern verändern sich ständig. Wie soll man mit ihnen umgehen?»

Die Tendenz der politischen Diskussion über die Aufgaben der Deutschen Nationalbibliothek gehe trotzdem dahin, auch E-Publikationen zu sammeln. Bislang indexiere und erschließe man nur Titel, die schon bestimmte Qualitätshürden genommen hätten: Dissertationen, Publikationen von Wissenschaftsverlagen. «Aber dann bleibt noch der ganze große Internet-Wust», sagt Ute Schwens: «Was ist mit privaten Homepages? Mit Daniel-Küblböck-Fanclub-Seiten?» Die Bibliothek setzt einen so genannten Harvester ein, einen Roboter, der einmal im Jahr alle «.de»-Netzadressen «erntet»: Sie werden unter dem fraglichen Datum abgelegt und mit allen Bildern und Links, die zu diesem Zeitpunkt vorhanden waren, auf Festplatte gespeichert. So ist wenigstens eine Momentaufnahme des deutschen Netzes im Jahr 2003 möglich – vielleicht möchte ein Wissenschaftler Jahre später über Schriftbilder, Chat-Themen oder frühe Werbestrategien im Netz forschen.

Zapp. Die wichtigsten Informationen teilen Menschen sich ohnehin persönlich mit. Den Fall der Mauer mit einem Telefonanruf. Das Attentat vom 11. September mit einer SMS. Und jeder weiß, wo er in diesem Moment gewesen ist.

Wie man in Deutschland …

6

Wie man in Deutschland erwachsen wird

Sie werden früher geschlechtsreif und später flügge. Dazwischen suchen Jugendliche ihr Ich.

von Liane von Billerbeck

«Das war alles ein bisschen zu viel für mich: anstatt zu schlafen, eine Feuerleiter hinaufzuklettern, zu saufen, was das Zeug hält, mal eben ein bisschen zu vögeln und nebenbei erwachsen zu werden. Das reicht für eine Nacht. Da würde jeder kotzen, glaube ich.» Benjamin Lebert (16) in «Crazy»

Wer hat auch behauptet, dass es einfach sein würde, erwachsen zu werden? Man sollte dem jungen Mann die Kultbücher seiner Eltern geben. Holden Caulfield hieß der Held des einen, das im Westen bekannt wurde. Östlich der Elbe hieß er Edgar Wibeau. Leicht hatten es beide nicht. Und ihre Erfinder wussten das. J.D. Salinger, der den *Fänger im Roggen* schrieb, war schon erwachsen, als er Holden Caulfield durch New York stolpern ließ. Und Ulrich Plenzdorf, Autor der *Neuen Leiden des jungen W.*, zählte auch fast vierzig Lenze, als er Wibeau mit Goethe im Hemd gegen die DDR rebellieren ließ. Ob *Crazy* das Zeug zum Kultbuch hat wie die beiden Eltern-Klassiker? Ungewiss – trotz Bestsellerplätzen und Medieninteresse. Ob Spätere den Namen Benjamin Lebert überhaupt noch kennen werden? Fraglich. Denn Buch wie Held müssen heutzutage mit Film-Ikonen, Computer-Heroes, Fernsehstars und Soap-Idolen konkurrieren. Damit geht es Lebert wie vielen Jugendlichen. Leichter geworden ist es jedenfalls mit dem Erwachsenwerden seit Caulfield & Co. nicht gerade. Und meist dauert es viel länger als in *Crazy*.

Mitunter braucht man dazu ein ganzes Leben. Denn wer will heute schon erwachsen sein – wo doch allerorten das Ideal des Jungseins oder zumindest der Jugendlichkeit propagiert wird? «Das Erwachsenenalter ist für viele keine erstrebenswerte Entwicklungsphase mehr. Es erscheint den wenigsten als Fortschritt», sagt der Kinder- und Jugendpsychologe Helmut Wetzel von der Universität Freiburg. Zugleich gebe es heute «weder über die Dauer noch über den Verlauf der Adoleszenz verbindliche Normen oder Regeln oder wenigstens verlässliche Anhaltspunkte».

Jeder wird zu einem anderen Zeitpunkt erwachsen. Das, was früher als eindeutiges Zeichen des Erwachsenseins galt – der Beruf, die Gründung einer eigenen Familie –, ist heute eben nicht mehr selbstverständlich. Auch die Vorstellungen von Beruf und Familie haben sich gründlich verändert.

Leo steht noch ganz am Anfang. Über das Erwachsenwerden hat er sich nicht allzu viele Gedanken gemacht. Wozu auch? Der 14-Jährige ist viel zu beschäftigt. «Vielleicht wird man so mit 18, 19 Jahren erwachsen», sagt er beiläufig. «Vielleicht auch später.» Derzeit geht er noch aufs Gymnasium in Othmarschen, einem gediegenen Stadtteil im Hamburger Westen. Nebenher trägt er Zeitungen aus und macht Botendienste für eine Apotheke. Damit bezahlt er einen Tanzkurs – und das Zubehör für seinen Computer. Außerdem will er in der 11. oder 12. Klasse für ein Jahr nach Japan und bekommt dafür zweimal wöchentlich Einzelunterricht in Japanisch. Nach Japan zu wollen, ins weit entfernte Ausland, das war vor dreißig Jahren unvorstellbar. Heute ist ein Auslandsschuljahr für viele Jugendliche fast schon normal, jedenfalls, wenn sie aus der Mittelschicht kommen.

Machtkampf um den Computer

Ja, und der Computer! Am liebsten spielt Leo im Moment *Crimson Skies*, ein Flugsimulatorspiel. Der Spieler sitzt in seinem Flugzeug und versucht, die anderen zu attackieren. «Zielen und schneller schießen als der Gegner», beschreibt Leo das Spielziel. «Wenn das eigene

Flugzeug abzustürzen droht, weil man getroffen wurde, springt man vorher ab – danach kann man neu starten.» Aber er sitze gar nicht mehr so viel vor dem Bildschirm. «Früher, da hab ich viel mehr am Computer gespielt», sagt Leo. «Früher», das ist endlos lange her, so ein, zwei Jahre. Jetzt lädt er sich manchmal Freunde zu einer LAN-Party ein. LAN heißt Local Area Network, und die «Partys» sind eigentlich überlange Computerspiele, die schon mal eine ganze Nacht dauern können. «Fast alle Jungen aus meiner Klasse machen das», sagt Leo. «Manchmal sind noch Plätze frei, und einer bringt jemand Neues mit, so lernt man sich kennen.» Das Spiel wird auch im Internet gespielt, ab und zu gegen Leute, die man vorher gar nicht kannte. «So hab ich schon einen Amerikaner kennen gelernt. Und letztens hab ich gegen jemanden aus Ungarn gespielt.» Das Zusatzgerät, um mehrere Rechner miteinander zu vernetzen, haben die Jungs gemeinsam gekauft. Und das Geld dafür, immerhin 80 Euro? «Gespart und dann zusammengelegt.» Mädchen hat Leo bei den LAN-Partys nicht getroffen. «Wahrscheinlich haben die gar nicht die Computer», mutmaßt er.

Doch, die haben sie. Mädchen gehen nur anders damit um. Süchtig nach Computer- oder gar Gewaltspielen sind sie weniger. Sie seien in bestimmter Weise «naturgeschützt», sagt der zweifache Vater und Kriminologe Christian Pfeiffer. Gewaltspiele als Freizeitspaß, als Entspannungsübung nach einem frustrierenden Schultag – davon lassen sich Mädchen kaum einfangen. Nur 14 Prozent von ihnen spielen, so Pfeiffer, regelmäßig verbotene PC-Spiele, von den Jungen über 60 Prozent – und die Mädchen nur dann, wenn sie ältere Brüder haben. «Mädchen, die Schwestern haben oder allein aufwachsen, machen das überhaupt nicht.»

Doch warum üben Computer, Internet, Fernsehen und Handy eine so große Faszination aus? Vielleicht liegt es ja daran, dass die neuen Medien für viele Jugendliche oft verfügbarer als Menschen sind. Experten wie der Hamburger Familienberater Jan-Uwe Rogge machen einen «hohen emotionalen Anteil in der Zuwendung zu den Medien» aus. Medien verdrängen Isolation und Langeweile, kompensieren Stress und Einsamkeit, stiften Gesprächsanlässe. Der Inhalt der Medien, sagt Rogge, sei den Jugendlichen oft egal. Wichtiger seien oft die Umstände, unter denen sie fernsehen oder am Computer spielen. Es geht vor allem ums Miteinander, darum, jemanden kennen zu lernen (und sei es irgendwo auf der Welt) und mitreden zu können.

Für Eltern wird der «Einbruch» der neuen Medien in den Familienalltag oft zum Problem, vor allem, wenn sie sich eher ablehnend verhalten, weil sie unsicher im Umgang mit der Technik sind. In manchen Familien entbrennen um den Computer regelrechte Machtkämpfe: Machtkämpfe, die meist die Heranwachsenden gewinnen und so für Ohnmachtsgefühle bei den Eltern sorgen. Wenn Eltern sich gar nicht darum kümmern, was die Heranwachsenden am Computer treiben, weil sie ohnehin wenig Zeit mit ihnen verbringen, dann kann das Computerspielen bei Kindern leicht zur Sucht werden. Besser sei es, wenn Eltern eine kritisch-abwägende Haltung zu den neuen Medien einnehmen, empfiehlt Rogge. Der Umgang mit dem Rechner sei umso anspruchsvoller, «je stärker die Computernutzung in ein kommunikatives Umfeld (Familie, Geschwister oder Gleichaltrige) eingebunden ist», schreibt der Familienberater in seinem Buch *Pubertät – Loslassen und Haltgeben.*

MP3-Player, Handy oder Discman sind für die Jugendlichen nicht einfach nur technische Geräte zur Erleichterung des Lebens, sondern symbolträchtige Accessoires, die – wie Kleidung, Frisur, Musik oder Sprache – eine Chance bieten, sich von Erwachsenen abzugrenzen. Zugleich haben Jugendliche heute schier endlose Möglichkeiten, sich zu informieren, zu kommunizieren und pausenlos aktiv zu sein: Moderatoren, Sportreporter und Schauspieler bestärken sie darin, ja nicht innezuhalten, wenn sie beispielsweise in der aktuellen Telekom-Werbung versichern: «Ich lebe (T-)online.»

Dafür wissen Heranwachsende oft erschreckend wenig über das «richtige Leben». Was machen zum Beispiel die eigenen Eltern tagtäglich bei der Arbeit? Viele Berufe sind längst nicht mehr so handfest wie noch vor 50 Jahren. Was ein Lokomotivführer tat, wusste jedes Kind. Aber was soll sich ein Jugendlicher heute beispielsweise unter dem Handel mit Optionsscheinen vorstellen?

Angst vor der Perspektivlosigkeit

Tobias hat es da besser, er weiß, was seine Eltern tun. Seine Mutter arbeitet in einem großen Logistikzentrum, sein Vater ist Elektriker. Tobias lebt in Luckenwalde, einer brandenburgischen Kleinstadt, die man fast idyllisch nennen könnte. Es gibt ein Theater, eine Bibliothek, eine Schwimmhalle, die Stadt hat sogar ein Kino mit drei Sälen gebaut und eine kilometerlange Skaterbahn.

Tobias ist 16 Jahre alt und zufrieden – obwohl er das Gymnasium abgebrochen und sich vor zwei Wochen auch noch von seiner Freundin getrennt hat. Selbst das kann seinen Optimismus nicht trüben. Denn er hat in diesem Herbst eine Lehre als Werkzeugmechaniker begonnen. «Der König der Metallberufe», wie er gleich hinzufügt. Dabei strahlen seine Augen, und man freut sich für ihn und für die Firma, dass sie diesen Lehrling hat. «Zugeflogen» sei ihm diese Lehrstelle nicht. Tobias musste 38 Bewerbungen schreiben – lange kam eine Absage nach der nächsten. Am Ende hatte er Glück: Der Betrieb, in dem er in den Schulferien arbeitete, nahm ihn als Lehrling.

Viele haben dieses Glück nicht. 35 000 Jugendliche in Deutschland hatten im September noch keinen Ausbildungsplatz. Erwachsenwerden heißt heute eben auch, anders als noch vor 30 Jahren, schon vor dem Start in den Beruf das Gefühl vermittelt zu bekommen, eigentlich nicht gebraucht zu werden. Die Wirtschaft hat nach Gewerkschaftsangaben in diesem Jahr 41 000 Ausbildungsplätze weniger zur Verfügung gestellt als im Vorjahr. Und wer eine Lehrstelle ergattern konnte, weiß oft nicht, ob er danach eingestellt wird.

Ob ihn seine Firma, ein mittelständischer Betrieb, nach dreieinhalb Jahren Ausbildung übernimmt, weiß auch Tobias nicht. «Das hängt ja von meinem Abschluss ab», sagt er. Aber seine Chancen stehen nicht schlecht. Tobias weiß, dass in den vergangenen Jahren kaum Werkzeugmechaniker ausgebildet wurden und dass sie jetzt gesucht sind. Solche Überlegungen und die Hoffnung auf einen «sicheren Beruf» haben bei seiner Entscheidung eine wichtige Rolle gespielt. Denn die Angst, arbeitslos zu werden, sitzt bei Tobias und seinen Altersgenossen tief – auch wenn sie die Unsicherheit meist durch betont «cooles» Verhalten zu überspielen versuchen.

Als die Eltern der heutigen Jugendgeneration jung waren, dominierten andere Ängste. Die Atombombe schien während des Kalten Kriegs eine größere Gefahr als der Verlust des Arbeitsplatzes (der in der DDR ohnehin garantiert war). Aber heute teilen, zumal im Osten Deutschlands, viele Familien die Erfahrung der Beschäftigungslosigkeit. Auch Tobias' Eltern waren beide zeitweilig ohne Arbeit. «Anstrengend» sei das gewesen, sagt Tobias, vor allem die Arbeitslosigkeit des Vaters. «Plötzlich war er immer zu Hause und fragte, wohin ich gehe und wann ich wiederkomme.» Solche Perspektiven drücken aufs Gemüt.

Sollte ihn seine Firma nicht übernehmen, hat Tobias im Kopf schon ein Sicherheitsnetz gespannt. Er könne doch auch beruflich zur Bundeswehr gehen, «da verdient man gutes Geld». Bundeswehr? Heißt das nicht auch Einsatz in Krisengebieten oder in Kriegen? «Davor hätte ich schon Angst, wenn man von den Anschlägen in Afghanistan oder im Irak hört», sagt Tobias. «Aber wenn ich's machen müsste?»

Na ja. Dieser Pragmatismus mag auf den ersten Blick überraschen – untypisch ist er nicht. Dass sich Jugendliche heute hauptsächlich um ihre konkreten und praktischen persönlichen Probleme sorgen, statt wie früher für die übergreifenden Ziele der Gesellschaft zu kämpfen, belegt auch die *14. Shell-Jugendstudie.* Sie konstatiert einen drastischen Prioritätenwechsel bei den Wertorientierungen: «Fleiß und Ehrgeiz» sind in der Werteskala gestiegen (von Rang 15 auf Rang 9), während «Umweltbewusstsein» vom 6. auf den 12. Platz abgerutscht ist. Am höchsten im Kurs stehen aber nach wie vor «Partnerschaft», «Freundschaft» und «Familienleben». Insgesamt, so analysiert die Jugendstudie, nehmen «Leistungs-, Macht- und anpassungsbezogene Wertorientierungen» zu, «engagementbezogene» – also ökologische, soziale und politische Werte – dagegen ab.

Mit 13 Jahren die erste Zigarette

Tobias' Zukunftsplan passt durchaus in dieses Raster: «Ein Haus würd ich gern bauen und eine Frau haben, natürlich. Ein Motorrad vielleicht. Kinder? Nicht unbedingt. Es sei denn, es ‹passiert› einfach, dann freut man sich ja vermutlich doch.» Momentan allerdings interessiert ihn vor allem die Gegenwart, etwa das, was er sich mit seinen Freunden für den nächsten Berlin-Besuch vornimmt. Der Regionalexpress braucht nur eine Stunde. In einer Bar am Hackeschen Markt haben sie neulich während der Happy Hour auch mal Cocktails ausprobiert – «Sex on the Beach» und «Caipirinha».

Ganz so maßvoll wie Tobias und seine Freunde sind viele Jugendliche bei ihren Ausflügen ins Nachtleben nicht. Im Gegenteil. Das aus England überkommene «Wetttrinken», das *binge drinking*, wird zunehmend auch in Deutschland Mode. Der Drogenbericht der Bundesregierung vermeldet zwar einen Rückgang bei illegalen Drogen, aber eine drastische Zunahme bei den so genannten Alltagssüchten, wie es fast freundlich heißt. Gemeint sind Alkohol und Nikotin. Mit 13, 14 Jahren, so eine bundesweite Untersuchung von 2001, beginnen Jugendliche zu rauchen, schon unter den 15-Jährigen sind 31 Prozent Raucher.

Beim «Sex on the Beach» schwärmte eine Freundin Tobias auch von ihrem «ersten Mal» vor. «Das war am Strand, sehr romantisch und genau so, wie sie sich das vorgestellt hatte.» Solche Berichte sind freilich eher selten. Meist ist das «erste Mal» wenig romantisch, wie die *Berichte vom Erwachsenwerden* belegen, die die Journalistin Katrin Panier für ihr Buch *Sex gehört dazu* auf Tonband aufgenommen hat. «Dann ist es eben einfach passiert», berichten dort Jungen nüchtern, während ein Mädchen unumwunden zugibt: «Es hat tierisch wehgetan.» Bei Tobias hat es ein «erstes Mal» noch nicht gegeben. «Aber ich stell es mir schön vor.»

Die ersten Liebeserfahrungen bedeuten allerdings nicht nur für Jugendliche, sondern auch für Eltern harte Zeiten. «Einerseits fühlen sie sich besonders gefordert, andererseits fangen die Kinder ausgerechnet jetzt an, sich von ihnen zurückzuziehen», sagt die Mainzer Psychologin Inge Seiffge-Krenke. Häufig erleben die Eltern dann klassische Frühstücksszenen, die Seiffge-Krenke so beschreibt: «Da kommt die Tochter erst spätnachts von einer Party nach Hause und sitzt am nächsten Morgen wie ein Häufchen Elend am Frühstückstisch. Besorgte Fragen werden bestenfalls einsilbig oder mit verdrehten Augen beantwortet. Alle Versuche, etwas über den Grund des Gemütszustandes zu erfahren, scheitern kläglich. Erst ein Schuss ins Blaue – ‹War Markus eigentlich auch da?› – trifft ins Schwarze: Eine zugeknallte Tür sagt manchmal mehr als tausend Worte!»

Die Familie pubertiert mit

Wie tief diese «ersten Lieben» gehen, wie dramatisch sie sind, damit hat sich die Wissenschaft erstaunlicherweise erst in jüngster Zeit beschäftigt. Mit 14 verlieben sich die Jugendlichen zwar sehr gefühlvoll, aber immerhin ein Fünftel von ihnen nennt einen Wunschpartner, der von den Sehnsüchten gar nichts weiß, hat Seiffge-Krenke in ihren Studien herausgefunden. Sechzig Prozent der Freizeit würden noch mit der Clique, den Freunden zusammen verbracht, und bei der Wahl der Objekte der Begierde spielten äußerliche Dinge, Statussymbole wie Handys, Jeans und Skateboards eine große Rolle.

Das kann zwei Jahre später, mit 16, schon ganz anders aussehen. In dem Alter geht es weniger um die coolsten Hosen oder Handys, sondern für viele hauptsächlich um «das eine». Vor allem Mädchen könnten dann «von der Gewalt ihrer sexuellen Bestimmung sozusagen heimgesucht werden», sagt Barbara Sichtermann, Mutter und Adoptivmutter von insgesamt drei Kindern und Autorin mehrerer Bücher über Kindheit und Jugend. In ihrem neuesten mit dem Titel *Frühlingserwachen* beschreibt sie einfühlsam, wie heftig gerade junge Mädchen den Naturgewalten Sex und Erotik ausgeliefert sind. Es sei eben «die Sexualität (und sonst gar nichts), die aus lieben Kleinen problematische Teenager macht», weiß Sichtermann.

Glücklich die Eltern, die unter solchen Umständen gelassen bleiben können. Diesen Sommer, erzählt Tobias, sind seine Eltern in das Gartenhäuschen gezogen. Und er blieb allein in der Wohnung. «Ich konnte ganz lange aufbleiben. Und sie hatten ihre Ruhe vor mir.» Dem Sohn fiel auf, wie gut das für die Eltern war: «Sie haben sich viel öfter geküsst und sich so kleine Nettigkeiten gesagt. Das ist doch schön.»

Denn nicht nur der Heranwachsende pubertiert, das «Familienleben pubertiert» mit, wie es der Familienberater Jan-Uwe Rogge beschreibt. Die Zweierbeziehung von Vater und Mutter kommt in Bewegung, erhält neue Freiräume – und wird auch infrage gestellt. «Es ist kein Zufall, wenn mit dem Auszug der Kinder manchmal ein Ehepartner auszieht.»

Annes Vater beispielsweise ist ausgezogen, als sie elf Jahre alt war, und lebt heute im Ausland. Anne selbst wird jetzt bald 18 und macht in Erfurt Abitur. Seit einem halben Jahr hat sie einen festen Freund. «Vielleicht ist das ja jugendlicher Leichtsinn, aber ich hab das Gefühl, mit mir und meinem Freund, das könnte *ewig* halten. Wir sind auf einer Wellenlänge. Ich hatte schon mal einen Freund, als ich 14 war. Aber jetzt ist es ernst. Das ist so.»

Ihre Mutter habe viel früher gemerkt, dass sich da was entwickelt. «Irgendwann war es klar, denn mein Freund war jeden Abend bei uns.» Einer Freundin hatten deren Eltern verboten, die Pille zu nehmen. Sie wollten verhindern, dass sie mit ihrem Freund schläft. Absurd, findet Anne. Sie war längst bei einer Gynäkologin, «allein, nicht mit dem Freund oder einer Freundin oder meiner Mutter, das fand ich besser so. Man muss auch nicht dauernd mit der Mutter darüber reden – obwohl ich's könnte. Aber manchmal denkt man bei dieser Art von Gesprächen eben: Muss das jetzt eigentlich sein?»

Manchmal ist auch einfach nur der Ton falsch, den Eltern in solchen Gesprächen anschlagen. Oft aber ist es fast schon zu spät, wenn Eltern in Deutschland mit ihren Kindern über Liebe und Sex reden – nicht selten nämlich erst in dem Alter, in dem *sie* früher anfingen, sich für das andere Geschlecht zu interessieren. Nur hat sich die Geschlechts-

Aufklärung Fehlanzeige

Die Sorgen türkischer Teenager bei der Frauenärztin. Ein Gespräch mit Gynäkologin Ute Kling-Mondon aus Berlin-Kreuzberg.

Mit welchen Problemen kommen junge Frauen in Ihre Sprechstunde?

Viele Fragen betreffen – neben der Pille, die sie sich verschreiben lassen möchten – das Aussehen. Häufig finden Mädchen ihre Brüste zu klein und fragen nach Hormontabletten. Das Körperbewusstsein ist deutlich gestiegen: Mädchen möchten ihr Aussehen verändern, das betrifft Akne und Behaarung, viele finden sich zu klein oder zu dick. Auch die Pille soll natürlich auf keinen Fall dick machen.

Nach neueren Studien sind junge Leute in der Bundesrepublik unaufgeklärter, als wir gemeinhin annehmen. Können Sie das bestätigen?

Für den Großteil meiner ausländischen Patientinnen trifft das zu. Ich mache die erschütternde Erfahrung, dass viele türkische Mädchen überhaupt nicht aufgeklärt sind. Selbst türkischsprachige Informationsbroschüren in meiner Praxis werden kaum gelesen. Eine türkische *Bravo* fehlt gänzlich. Deutsche Mädchen sind schon besser aufgeklärt. Sie haben die Jugendzeitschriften, pflegen das offene Reden untereinander, das wissende Reden.

Was halten Sie von speziellen Teenager-Sprechstunden, wie es sie heute gibt?

Für türkische Mädchen bietet sich das nicht an. Es darf eigentlich niemand wissen, dass sie kommen. Wer vor der Ehe zum Frauenarzt geht, so argwöhnen traditionell denkende Eltern, hat eine unerlaubte Beziehung. Manchmal kommen sogar türkische Mütter mit ihrer Tochter, um deren Jungfräulichkeit bestätigen zu lassen – nur, weil das Mädchen auf der Straße allein mit einem Jungen gesehen wurde.

Müssen Sie mit türkischen Mädchen in der Sprechstunde anders umgehen als mit deutschen?

Ja. Zumeist haben sie keine Ahnung, was bei der Untersuchung auf sie zukommt. Sie schämen sich sehr. Zugleich erklären sie mir aber sehr deutlich, dass ihre Jungfräulichkeit bei der Untersuchung unbedingt erhalten bleiben muss.

Worunter leiden türkische Teenager besonders?

Das mangelnde Vertrauen ist das Schlimmste. Ein türkisches Mädchen mit einem Freund hat meistens niemanden zum Reden, wenn die Regel ausgeblieben ist. Die Angst ist groß, dass die Freundin oder der Freund selbst sie verraten, dass die Familie sie wegen einer Schwangerschaft verstoßen könnte. Eine beste Freundin, wie viele deutsche Mädchen sie haben, kennen meine jungen türkischen Patientinnen nicht. Gäbe es nicht spezielle Anlaufstellen für arabische und türkische Migrantinnen, wären sie völlig allein gelassen.

Hat sich die Situation junger Türkinnen in den zwölf Jahren Ihrer Praxistätigkeit verändert?

Nein. Das Leben der türkischen Mädchen ist nicht freier geworden. Das macht mich traurig. Kreuzberg ist eine Diaspora. Hier ist man türkischer als in der Türkei. Türken aus Istanbul sind entsetzt über diese Vorsintflutlichkeit hier. Die Multikulti-Idee, so gut ich sie am Anfang fand, so ärgerlich macht sie mich jetzt: Es wurde zugelassen, dass diese ungebrochen patriarchalische Art, Mädchen vom öffentlichen Leben fern zu halten, ihnen keine Selbständigkeit und Individualität zuzubilligen, nicht hinterfragt werden musste. Die Strukturen sind so abgeschlossen, dass die jungen Türkinnen zum Beispiel gar kein Deutsch brauchen, um einzukaufen. Es gibt für die jungen Leute hier keinen Antrieb zu lernen. Obwohl fast 50 Prozent der Studenten in der Türkei inzwischen weiblich sind, kennen meine türkischen Patientinnen solche Vorbilder nicht. Hier ist man eben arbeitslos, und dabei bleibe es auf lange Sicht. Das Beste, was man hier erreichen kann, ist, einen Gemüseladen oder Imbiss zu eröffnen, der nicht gleich Pleite geht.

Wie sehen Sie die Zukunft für diesen Kiez?

Je mehr Jugendliche auf der Straße hängen, die wegen ihres schlechten Deutschs keine Chancen haben, desto mehr Gewalt wird es unter den Jugendlichen geben. Schon die Zehn- bis Zwölfjährigen sind hier in den Wohnblocks in Gangs gruppiert und gewaltbereit. Die Mädchen werden also noch mehr als bisher zu Hause bleiben. Was meine Sprechstunde betrifft, so werden die jungen Mädchen im nächsten Jahr, wenn die Praxisgebühr von zehn Euro gezahlt werden muss, wahrscheinlich nicht mehr kommen. Denn das Geld haben sie nicht. Das offene, beratende Gespräch im geschützten Raum wird es dann kaum noch geben.

reife in den vergangenen Jahrzehnten nach vorn verlagert. Vor 100 Jahren bekamen Mädchen mit 16 Jahren ihre erste Regel, heute schon mit elf oder zwölf. Nach einer Studie über Jugendsexualität der Bundeszentrale für gesundheitliche Aufklärung (BZgA) aus dem Jahr 2001 bekommt die Hälfte aller 14- bis 17-jährigen Jungen zu Hause keine konkrete Verhütungsberatung. Gleichwohl halten sich vier Fünftel der 14- bis 17-Jährigen nach eigener Aussage für bestens informiert. Mit wichtigen Detailkenntnissen hapert es aber. Nur 22 Prozent der Jungen und 43 Prozent der Mädchen wussten beispielsweise, an welchen Zyklustagen eine Frau besonders empfänglich ist. (Die befragten Eltern waren übrigens nicht viel klüger.) Und beim ersten, meist spontanen Sex denkt nur ein geringer Teil der Teenager überhaupt an Verhütung. Der Irrglaube «Beim ersten Mal kann nichts passieren» hält sich offenbar hartnäckig.

Deutschland ist demzufolge weniger aufgeklärt, als nach der sexuellen Revolution zu erwarten war. Dramatisch ist das Unwissen über

Sexualität und den eigenen Körper, wenn überkommene Traditionen die Aufklärung verhindern, wie das teilweise in Migrantenfamilien der Fall ist (siehe Kasten) – nicht selten sind ungewollte Schwangerschaften die Folge.

Jeder kann Superstar werden

Kinder? Die sind in Annes Planung noch nicht vorgesehen. «Ja, vielleicht, später», sagt sie vage. Diese zögernde Haltung ist typisch, wie die Shell-Studie belegt. Zwar halten Jugendliche auch heute an dem Ideal einer Familie mit Kindern fest, aber die Wirklichkeit sieht oft anders aus. Die Ausbildungszeiten verlängern sich. Wer studiert, ist oft lange finanziell von den Eltern abhängig. Familien werden immer später gegründet. Verheiratete Mütter waren im Jahr 2000 bei der Geburt des ersten Kindes durchschnittlich 29 Jahre alt – Tendenz steigend.

«Erwachsen», sagt Anne, «bin ich vielleicht, wenn ich ausgezogen bin und arbeite. Ehrlich gesagt», fügt sie hinzu, «ich will noch gar nicht erwachsen sein müssen. Den ganzen Stress, dieses Ganz-normal-arbeiten-Müssen, Einkaufen, Wäsche waschen …» – das soll bei ihr anders werden. Der Wunschberuf soll «nicht so geregelt sein, nicht mit festen Arbeitszeiten, eben nicht wie bei Lehrern oder Krankenschwestern. Damit ich selbst entscheiden kann, was ich mache.»

Alle wollen erwachsen werden, aber keiner will erwachsen sein. «In unserer Gesellschaft ist Jungsein und Jungerscheinen geradezu eine Norm, die für jede Altersgruppe Gültigkeit hat», schreiben die Psychologen Michael Charlton, Christoph Käppler und Helmut Wetzel in ihrer *Einführung in die Entwicklungspsychologie.* Merkmale der Jugend würden heute überschätzt, während Erfahrung, Weisheit, Reife, Ruhe, Ausgeglichenheit des Alters weniger geschätzt würden. Darin liege ein «nicht gering zu veranschlagender neuer, schwerer Konflikt für die Jugendlichen». Normalerweise folge auf die Adoleszenz das Erwachsenenalter. Bei uns aber versuchten viele Eltern, ihre «Jugendlichkeit» möglichst lange sowohl innerlich wie äußerlich zu bewahren. Da probieren schlanke, jugendlich wirkende Mütter bei H&M die gleichen Sachen an wie ihre Teenager-Töchter, während der Vater neben seinem halbwüchsigen Sohn auf Rollerblades läuft.

Das hindert die Heranwachsenden allerdings nicht daran, zielstrebig ihren Platz im Leben zu suchen. Für Anne beispielsweise war schon immer klar, dass sie Abitur machen und studieren will. Laut Shell-Studie wollen das fast die Hälfte aller deutschen Jugendlichen. Und immerhin 16 Prozent der in Ausbildung befindlichen Jugendlichen verfügen über ein Abitur. Anne weiß schon jetzt, dass sie danach Journalistik studieren will. Vielleicht in Hamburg – «Aber ob ich mir das leisten kann?»

Geld spielt bei der Ausbildung wieder eine stärkere Rolle. Dabei zeigt sich: Haben die Eltern, insbesondere der Vater, einen hohen Bildungsabschluss, dann streben ihn auch die Kinder an. Annes Frankreich-Aufenthalt in der 10. Klasse hätte ihre Mutter, Krankenschwester, allein erziehend, kaum bezahlen können. Weil sie aber wollte, dass die Tochter ihre Sprach- und Landeskenntnisse verbessert, haben beide intensiv nach einem Stipendium gesucht und es auch gefunden – beim Rotary Club. Der Pragmatismus, mit dem alle Möglichkeiten genutzt werden, um die eigenen Bildungsziele zu erreichen, ist typisch für Jugendliche in Deutschland. *Wenn* sie denn dazu in der Lage sind. Denn Jugendliche aus «bildungsfernen Haushalten», wie es so schön verhüllend heißt, schaffen es nur selten auf ein Gymnasium. Und, auch das muss festgehalten werden: Mädchen sind gerade in den anspruchsvollen Bildungsgängen viel erfolgreicher. 43 Prozent von ihnen, aber nur 39 Prozent der Jungen besuchen ein Gymnasium. Damit haben die Mädchen «einen immensen Bildungsaufstieg vollzogen», heißt es in der Jugendstudie.

Manches Mädchen träumt jedoch von einem ganz anderen Aufstieg. Nicht über Bildung, sondern über den Laufsteg oder via Fernsehen. Model sein oder Moderatorin, das scheint für viele das Verlockendste. Die derzeit auf allen Bildschirmen laufenden Starshows bedienen diesen Wunsch. Die schöne Märchenprinzessin von heute ist eben nicht nur frech, unabhängig und reich, sondern vor allem ständig in den Medien. Ehe deutsche Mädchen Friseuse oder Kosmetikerin werden, werden sie lieber Star. Anscheinend ist dies heute kein unerreichbares Ziel mehr. Deutschland sucht seine Superstars. Die Botschaft lautet: Fast jede/r kann einer werden, auch du. Und wenn in der *Fame Academy* die blonde Cecile zugunsten der brünetten Souzan aus dem Wettbewerb geworfen wird, tröstet die Moderatorin: «Ich bin sicher, ganz sicher, hundertprozentig sicher, dass aus dir eine ganz große Künstlerin wird.»

Gegen die Glamourwelt der Fernsehstudios setzt eine wie Anne ihre Hartnäckigkeit. Zuerst das Abitur, dann der Studienplatz. Und der Freund wird mitkommen, dahin, wo sie studiert. Er will Musiker werden. Später würde Anne gern beim Radio arbeiten. Damit dürfte sie auf der Skala mädchenhafter Traumberufe noch unter «handfest» rangieren. Und erwachsen? Ja, das ist sie dann sicher auch.

Mitarbeit: Christiane Baumann

Wie man in Deutschland …

7

Wie man in Deutschland reich wird

Die meisten großen Vermögen sind über mehrere Generationen entstanden. Durch harte Arbeit kann man es auch heute zu Geld bringen – aber richtig reich werden hierzulande vor allem die Erben.

von Mark Spörrle

Reich werden, das geht manchmal ganz einfach, ohne jahrelanges Rackern und Plagen, wenn man einfach nur Glück hat.

Nach einer oft zitierten Statistik ist es zwar viermal wahrscheinlicher, vom Blitz erschlagen zu werden, als sechs Richtige zu tippen. Doch in der Realität liegt die Zahl der Todesopfer durch Blitzschlag alljährlich bei unter zehn, aber 128 Lottomillionäre gab es allein im vergangenen Jahr.

Reich werden kann man auch schon durch ein bisschen Wissen und wenn man sich nicht dadurch irritieren lässt, dass Günther Jauch bei *Wer wird Millionär?* zweifelnd grinst: «Sind Sie sicher?»

Die Million, schnell und unkompliziert, das ist die Hoffnung von Millionen. Für Sabine Steffen, 37, war es am 2. November des vorletzten Jahres so weit. Sie saß in den Bavaria-Film-Studios in München in der Show der Süddeutschen Klassenlotterie *Millionär gesucht,* Heiner Lauterbach und Uwe Ochsenknecht ließen die Glückskugel rollen, und Sabine Steffen zwang sich, nicht weiterzudenken. Daran, dass sie nur hergekommen war, weil zu Hause, in Moosburg bei Freising, ein Telefonverkäufer der SKL angerufen und darauf beharrt hatte, sie möge doch ein Los nehmen. «Na gut», hatte sie schließlich geantwortet, «aber nur das billigste.»

Sie hatten ihr Leben schon eingerichtet. Sabine Steffen, ihr Mann, die Kinder Hannah und Lennart und Sabine Steffens Mutter wohnten zur Miete in einer hübschen Doppelhaushälfte. Jürgen Steffen arbeitet bei einem Wachdienst und fährt jeden Tag die 60 Kilometer nach München und zurück, Sabine Steffen wollte nach einer längeren Babypause gerade wieder anfangen zu arbeiten, als Informatikkauffrau. Sie hatten liebe Freunde, es war eigentlich genug Geld da, nur für Sabine Steffens Herzenswunsch reichte es nicht: ein eigenes Haus. Da war ein schönes Grundstück, an dem sie beim Spazierengehen mit Mischlingshündin Jeanny immer vorbeikam, mit Blick auf eine Pferdekoppel und die Amperauen.

Schade, dachte Sabine Steffen dann jedes Mal, aber wir sind auch so zufrieden.

Dann kam der Brief der Süddeutschen Klassenlotterie: Sie sei Kandidatin für die SKL-Show bei RTL, mit Günther Jauch. Und nun saß sie im Studio, vor sich die Bahn, auf der die Glückskugel rollte, rollte und genau vor ihr liegen blieb. Nein, dachte Sabine Steffen, nein, aber neben ihr flüsterte schon eine Assistentin: «So, jetzt gehen wir nach vorn.» Die Spielregeln, sagt Frau Steffen, habe sie bis heute nicht ganz begriffen. Irgendwann saß sie auf der Couch zwischen Heiner Lauterbach und Uwe Ochsenknecht, ein weiteres Mal rollte die Glückskugel, und noch ehe sie ganz still lag, sagte Günther Jauch ganz leise zu ihr: «Jetzt haben Sie sie schon, die Million.»

Der Traum vom Reichtum ist wohl der am häufigsten geträumte Traum überhaupt. Geld steht für Freiheit, Glück, Erfolg und Einfluss, Geld mache attraktiv und begehrenswert, glaubt auch der Psychologe, Betriebswirt und Buchautor Wolfgang Krüger *(Die Faszination des Geldes)*. Die Macht des Geldes ist umso größer, je mehr jeder daran glaubt.

Dass die mächtigste Geldmaschine der vergangenen Jahrzehnte, die Börse, vor einiger Zeit abgeschmiert ist; dass in den Buchhandlungen die Anlage- den Psychoratgebern Platz gemacht haben – das stört den großen Traum nicht. Auch nicht Erhebungen wie jene der London School of Economics, wonach Spitzenverdiener weltweit die Liste der Depressiven und Selbstmörder anführen: 53 Prozent aller

Deutschen zeigten sich in einer Umfrage des GfM-Getas-Instituts überzeugt, dass mehr Geld auch einen Mehrgewinn an Glück bringt.

Sabine Steffen kann nicht sagen, dass sich in ihrem Leben viel verändert hat. Außer vielleicht dass man, wenn die Familie zum vierten Mal im Monat essen geht, nun nicht mehr überlegt, ob das wirklich sein muss. Sabine Steffen hat sich einen Ford Focus gekauft. «Du hättest wenigstens ein Cabrio nehmen können», wunderte sich eine Freundin, und in Moosburg gab es Menschen, die ihr eine Zeit lang nicht in die Augen schauen konnten. Ach, und auf dem Grundstück, an dem sie so oft vorbeikam, entsteht jetzt ihr Traumhaus: zwei Zimmer für jedes Kind, große Küche, Sauna, Whirlpool, in den Keller kommt eine Hundedusche, sagt Frau Steffen lächelnd.

Macht Geld nun glücklich? «Glück», sagt Sabine Steffen, «Glück, das heißt für mich: Familie, Freunde, Gesundheit. Das kann man doch nicht kaufen.» Die Steffens hoffen, dass ihnen niemand den schönen Blick auf die Amperauen verbauen wird. Für das Grundstück hinter ihrem, sagt Sabine Steffen, hätte das Geld nämlich nicht mehr gereicht: «So viel ist eine Million auch nicht.»

Wann ist man reich?

Reichtum ist relativ. In den fünfziger Jahren war eine Million unerreichbar. Ein Millionär, so malte man sich aus, badete in Champagner, besaß eine Yacht, ein großes Haus nebst Swimmingpool, vielleicht eine eigene Landebahn. Solche Phantasien relativierten sich mit steigenden Grundstückspreisen und einer steten Vermehrung der Millionäre. 1960 wurde deren Zahl in Deutschland auf 14 000 geschätzt, 1978 auf 217 000, 1998 dann bereits auf 1,5 Millionen. Durch den Euro relativierte sich einerseits die Zahl der Millionäre wieder. Andererseits wird mancher heutzutage schon durch ein geerbtes Haus in guter Lage über Nacht zum Millionär.

Fest steht zudem: Jeder hat ein anderes Empfinden von Reichtum, und gefühlter Reichtum hängt davon ab, mit wem man sich vergleicht. Ein Milliardär, der als Einziger unter lauter 30-Meter-Yacht-Besitzern nur ein 20-Meter-Schiff hat, kann sich so ärmlich fühlen wie der Golf-Fahrer, bei dessen Reihenhaus-Nachbar plötzlich der Mercedes vor dem Haus steht. Fragt sich also: Wann ist man reich?

In der Wissenschaft sucht man eindeutige Definitionen beispielsweise über das Einkommen. In Deutschland gilt als arm, wer weniger als die Hälfte des durchschnittlichen Einkommens verdient. Dann, so definiert der Bochumer Politologe und Reichtumsforscher Ernst-Ulrich Huster, sei folglich derjenige reich, der mehr als das Doppelte des Durchschnitts verdient. Allerdings, räumt Huster ein: «Wenn man diese Grenze zugrunde legt, ist Reichtum ein Massenphänomen» (siehe Kasten).

Es gibt andere wissenschaftliche Definitionen, die Einkommensreichtum höher ansiedeln, aber dann fehlen Fakten. In der letzten amtlichen Einkommens- und Verbrauchsstichprobe von 1998 wurden Personen mit einem Monatseinkommen über 35 000 Mark nicht erfasst. An freiwilligen Erhebungen nehmen Großverdiener nicht teil, die freundliche Befragerin am Telefon könnte ja kriminell oder vom Finanzamt sein. «Man redet eher über Sex als über Geld», seufzt Reichtumsforscher Huster.

Aus der *Bunten* oder *Gala* erfährt man vielleicht noch, dass Heidi Klum sich ein Haus mit Pool in der Nähe von New York kauft, Udo Jürgens in einem Millionärswohnort namens Zumikon bei Zürich lebt und Dieter Bohlen mit seinen goldenen Schallplatten in Deutschland bleiben und sein Anwesen einbruchsicher machen lassen will, damit man ihm nichts mehr aus der Garage klaut. Doch trotz Klatsch und Tratsch: Die Masse der richtig Reichen bleibt im Dunkeln, jener Leute, die früher Mercedes S-Klasse fuhren und jetzt E-Klasse, nicht des Geldes, nein, der Stimmung wegen.

Auch der 2001 verabschiedete Armuts- und Reichtumsbericht, der erste Versuch einer deutschen Regierung, ein umfassendes Bild der sozialen Unterschiede zu zeichnen, widmet lediglich rund 30 von über 290 Seiten den Vermögenden, er differenziert Vielverdiener nur nach Geschlecht, Alter und beruflicher Stellung. Kaum ein Wort über

Herkunft und Auswirkungen großen Reichtums. Reiche seien als relative Minderheit statistisch nicht relevant, sagen manche Forscher. Sind sie doch, widersprechen andere, weil Geld Privilegien, Prestige und Macht bedeutet. «Wie leben Reiche, wie wohnen Reiche, wie gebildet sind sie, wie gesund sind sie? Es fehlen Daten», kritisiert Ernst-Ulrich Huster. «Oder: wieso kriegt jemand wie der Fürst von Thurn und Taxis zwei Spenderherzen hintereinander, und andere sterben, während sie auf ihr erstes Herz warten?»

Erst recht nicht wissenschaftlich beantwortet ist die Frage, wie man am ehesten reich wird. Die Antwort darauf interessierte beispielsweise in einer Umfrage der evangelischen Kirche 63 Prozent der Deutschen mehr als die Antwort auf die Frage, ob es Gott wirklich gibt.

«Ich habe mir alles erkämpft»

Aber, so viel steht fest: Einige schaffen sich ihren Reichtum tatsächlich durch Fleiß und harte Arbeit. Würde man seine Eltern fragen, sagt Thomas Hannes, sie wären stolz und würden sagen, dass sie ihm seinen Wohlstand ermöglicht hätten. «Fakt ist», so der 34-Jährige, «ich habe mir alles alleine erkämpft.» Die Steuerkanzlei mit 25 Angestellten, in den Büros stehen Computer mit edlen Flachbildschirmen, Designerschreibtische und Herbert-Miller-Stühle, die zweieinhalbtausend Euro pro Stück kosten. Das Haus, den BMW, den Porsche Carrera Cabrio, die Rolex, die Urlaube auf Sylt, es gebe keinen Wunsch, den er sich nicht erfüllt habe. 21 Jahre ist es her, seit er beschloss, reich zu werden, so reich wie der Steuerberater seines Vaters. Der hatte ein schönes Haus, ein großes Auto, war ein angesehener Mann. In seiner eigenen Familie dagegen «war man gewohnt, zu arbeiten». Der Vater war Dachdecker, sie lebten im sozialen Wohnungsbau, Hannes teilte sich ein Zimmer und die Hosen mit seinem Bruder. In den Schulferien schleppte er auf Vaters Baustellen Dachpappe. Wochenende oder Weihnachten gab es nicht, auch dann wurde gearbeitet. «Ich wusste, das wollte ich anders machen.»

Wer ist der Reichste im Land?

Die Daten über die Vermögenden sind vieldeutig

Es gibt nicht viele Erhebungen zum Reichtum in Deutschland, und die, die man findet, sind großenteils älteren Datums und wegen unterschiedlicher Berechnungsgrundlagen nur schwer miteinander vergleichbar.

EINKOMMEN: Die jüngste Untersuchung zum Einkommensreichtum stammt vom Deutschen Institut für Wirtschaftsforschung (DIW) in Berlin. Sie widmet sich den statistischen Lebensverhältnissen in jenen 2,7 Prozent (etwas über einer Million) aller Haushalte mit einem Nettoeinkommen über 5100 Euro. Diese verfügen im Schnitt über ein Vermögen von 960000 Euro, und jeder zweite leistet sich mindestens ein Kind (eine Einkommenskategorie tiefer kommen Kinder nur in jedem dritten Haushalt vor). Erben spiele zwar eine große Rolle, so das Fazit der DIW-Forscher; die durchschnittliche Erbschaft summiert sich auf 180000 Euro. Die meisten Vielverdiener kämen aber «auf der Basis einer überdurchschnittlichen Berufsqualifikation und langer Arbeitszeiten» zu ihrem Geld. Allerdings, für die 5100 Euro plus pro Haushalt müssen meist zwei arbeiten.

Die Verfasser des Armuts- und Reichtumsberichtes der Bundesregierung identifizierten anhand der amtlichen Einkommensstatistik von 1995 etwa zwei Millionen Haushalte, die (gemäß der Reichtumsdefinition Ernst-Ulrich Husters) mehr als das Doppelte des durchschnittlichen Jahresbruttos von damals 66823 Mark verdienten. Diese 6,8 Prozent aller Haushalte stecken ein Viertel des deutschen Gesamteinkommens ein. Drei Fünftel der Gutverdiener waren angestellt.

Anders bei den Einkommensmillionären: Laut Armuts- und Reichtumsbericht gab es 1995, noch in D-Mark, 27230 Personen, die mindestens eine Million brutto im Jahr hatten (darunter 12707 Netto-Millionenverdiener). Drei Viertel von ihnen waren selbständig, ein Viertel war weiblich, zwei von hundert lebten im Osten. Und 82 Prozent bezogen (auch) Einkünfte aus ihrem Kapitalvermögen.

VERMÖGEN: Wählt man nicht das Einkommen, sondern das Vermögen als Kriterium für Reichtum, fällt die Zahl der reichen Haushalte höher aus: Für 1998 fand der Bericht der Bundesregierung 1,5 Millionen private Haushalte mit einem Vermögen von über einer Million Mark, Immobilien inklusive. Auf Häuser und Grundstücke verzichteten die Privatbank Merill Lynch und die Unternehmensberatung Cap Gemini Ernst & Young in ihrer Erhebung zur Vermögenslage für das Jahr 2000. Die beiden Institute zählten 365000 Haushalte mit einem Geldvermögen von mindestens einer Euro-Million. Summa summarum verfügten diese glücklichen 0,5 Prozent der Bevölkerung über 2000 Milliarden Euro, mehr als ein Viertel des gesamten deutschen Vermögens.

Der Forbes-Liste der Superreichen zufolge gab es im Jahr 2003 in Deutschland 43 Milliardäre, trotz Wirtschaftsflaute acht mehr als in der Liste des Vorjahres. Das Ranking der Superreichen führen die Aldi-Gründer Theo und Karl Albrecht mit zusammen 22,34 Milliarden Euro Vermögen an. Jüngster Milliardär auf der Liste ist der 19-jährige Erbe Albert von Thurn und Taxis mit 1,31 Milliarden Euro.

Aus- und Ruhezeiten wie jeder andere habe er sich nie gegönnt, und seine Karriere ging schnell voran: Abitur, vier Jahre bei der Finanzverwaltung mit Fachhochschulstudium, dann fing er bei einem Steuerberater an, als leitender Angestellter mit Anfang zwanzig, das war früh, sagt er, die ersten drei Jahre habe er keinen Urlaub gemacht. 1996 die Steuerberaterprüfung, 26 war er da, damals jüngster Steuerberater Deutschlands. Schließlich bot ihm sein Chef eine Beteiligung an der Firma an, die Hannes sich, «ich hatte ja nichts», über Umsatz und Gewinn erarbeiten konnte. Bis zu zehn Jahren hätte er dafür Zeit gehabt, er schaffte es in fünf. Dieses Jahr ist der Partner ausgestiegen, die Kanzlei gehört ihm.

Pausen macht er noch immer kaum. Im Büro esse er nichts, sagt er, «wenn Sie sehr angespannt sind, dann merken Sie solche Bedürfnisse gar nicht». Zu Hause arbeitet er weiter, wenn er die Kinder ins Bett gebracht hat. Mit Gutenachtgeschichte, das sei ihm wichtig, sagt er, genauso wichtig, wie sie morgens nach dem Frühstück zur Schule zu fahren. Zwischen 70 und 75 Stunden arbeite er jede Woche. Ohne das Verständnis und die Unterstützung seiner Frau gehe das nicht.

Wichtig sei ihm auch, dass er seinen Kunden, darunter viele mittelständische Unternehmer, «auf gleicher Augenhöhe» begegnen könne. Er kennt sich aus mit den Dingen, über die man spricht, mit Zigarren, Theater, Uhren. Er weiß, was beim Segeln wichtig ist, er hat noch nie Golf gespielt, aber er kennt die Regeln.

Die Kanzlei läuft, gegen den allgemeinen Trend, von der Gewinn- und Ertragslage her so gut, dass man sie auch auf die Hälfte ihrer Größe reduzieren könnte. Doch Hannes möchte noch zwei oder drei solcher Kanzleien haben. Er wolle sich beweisen, sagt er, beweisen, dass alles kein Zufall war, nicht nur Glück: «Ich habe mit null angefangen. Ich hatte die Möglichkeit, mir nur durch Fleiß und Intelligenz etwas aufzubauen. Und ich habe es getan.»

Die Regel ist das nicht, sagt Michael Hartmann. Richtig reich, sagt der Soziologe und Elitenforscher aus Darmstadt, werde man durch eigene Arbeit eher selten. Richtig reich sei jemand, der nicht mehr rechnen müsse, «der sagen kann: Ich mache den Job, oder ich mache ihn nicht. Ich kaufe das Haus – oder ich vergesse es. Ich ziehe in diese Stadt – oder ich lasse es bleiben.»

Für so viel Unabhängigkeit braucht man sehr gute Reserven, ein großes Vermögen. Um in absehbarer Zeit so viel Geld anzuhäufen, meint Michael Hartmann, müsse man schon siebenstellig verdienen. Als Angestellter hat man dazu kaum eine Chance, es sei denn, man bewegte sich im obersten Management, wo Boni und Aktienoptionen zum Salär gehören. So wie Jürgen E. Schrempp von Daimler Chrysler, dessen Jahreseinkünfte das *Manager Magazin* für 2002 auf 10,8 Millionen Euro schätzte, oder wie SAP-Chef Henning Kagermann mit vermuteten 7,5 Millionen.

«100 Millionen, das wäre mein Ziel»

Oder man ist einer jener Aktieneigner aus der New Economy, denen es gelang, so rechtzeitig zu verkaufen, dass sie von dem Erlös nun gut leben können. Manche haben sich dabei wegen Balancierens am Rande der Legalität Prozesse eingehandelt. Mitte der neunziger Jahre, schätzte die Deutsche Steuergewerkschaft, waren bis zu 800 Milliarden deutsche Mark in ausländischen Steueroasen geparkt. «Reichtum nur als Ergebnis von Fleiß, das ist ein Mythos», bestätigt Ernst-Ulrich Huster. «Reichtum ist auch das Ergebnis von Steuerhinterziehung.»

Die besten Chancen auf das große Geld hat man als Selbständiger oder als Unternehmer. Und noch ein bisschen bessere dort, wo die alten Familienunternehmen sind, in Nordrhein-Westfalen, Bayern, Baden-Württemberg. In den Gründerjahren und den Phasen des Wiederaufbaus nach den beiden Weltkriegen war es zudem leichter, viel Geld zu verdienen: Zuerst kamen Familien aus dem produzierenden Gewerbe wie Thyssen oder Krupp, wie die Quandts oder die Flicks. Nach 1945, als Axel Springer und Max Grundig ihre Imperien begründeten, die Wirtschaft am Boden lag und der Markt noch nicht verteilt war, hatten auch Newcomer eine gute Chance, es gab, formuliert Michael Hartmann, «eine größere soziale Durchlässigkeit».

In den sechziger und siebziger Jahren kam die Zeit der Handelsunternehmer. Metro-Gründer Otto Beisheim, Theo und Karl Albrecht von Aldi oder der Schraubenverkäufer Reinhold Würth legten die Grundsteine zu ihren Vermögen. Später profitierten auch kleinere und mittelständische Selbständige von den Auswirkungen einer Bildungsexpansion und einer Sozialgesetzgebung, die versuchten, soziale Differenzen zu verringern. Mit der Computer- und Unterhaltungsindustrie folgten die SAP-Gründer und die Medienmoguln. «Seit den achtziger Jahren», sagt Elitenforscher Hartmann, «ist die Chance aufzusteigen deutlich geringer geworden.» Ausnahmen bestätigen die Regel, aber in den Listen des deutschen Geldadels tauchen die alten Namen und Firmen, die Gründer und ihre Erben, noch immer ganz oben auf.

Das aussichtsreichste Erfolgsrezept zum Reichtum ist heutzutage, sagt Michael Hartmann, ein kleineres Vermögen zu einem größeren zu machen.

Nicolas Rauenbuschs Mutter sagt manchmal, wenn sie sehe, was ihr Sohn heute besitze, davon hätte sie in seinem Alter, mit gerade 30, nicht mal geträumt. Er erwidert dann, er wisse, wie hart das erarbeitet sei, er werde es nicht aufs Spiel setzen, im Gegenteil, er wolle vermehren, was sein Vater aufgebaut hat. «100 Millionen», sagt Rauenbusch, «das wäre die Zielmarke, das ist so eine fixe Idee von mir.» Er meint das ernst. Nicolas Rauenbusch und sein Vater kaufen große alte Mietshäuser, sanieren sie und verkaufen die einzelnen Wohnungen wieder. Zwei bis drei Wohnungen pro Objekt, das ist die Faustformel, bleiben als Gewinn. Klaus-Dieter Rauenbusch ist 60, studierter Architekt, und in den 35 Jahren, seit er in München als einer der Ersten begann, Dachgeschosse auszubauen, hat er etliche Häuser und Wohnungen angesammelt. Ein paar sind auf den Fotos zu sehen, die in der Musterwohnung eines Altbaus im Berliner Westend, die auch als Verkaufsbüro dient, an den Wänden hängen. Zu jedem Haus gibt es eine Geschichte, Vater und Sohn erzählen, wie zufrieden man auch nach Jahren ist, wenn man an einem der renovierten Häuser vorbeigeht. Die zwei sprechen über ihren Beruf wie andere über ein schönes Hobby, eine Leidenschaft. Nicolas Rauenbusch sagt: «Es ist jedes Mal wieder eine Herausforderung.»

Feiern im Dracula-Club von St. Moritz

Als er etwas Ähnliches vor ein paar Jahren zum ersten Mal sagte, wusste sein Vater, dass er gewonnen hatte. Schon immer war es sein größter Wunsch gewesen, den einzigen Sohn als Nachfolger in die Firma zu holen. Er sagte es nie, er wollte ihm die Entscheidungsfreiheit lassen. Aber vorsichtig brachte der Vater dem Sohn sein Leben und seinen Beruf so nahe, wie er konnte. Er nahm Nicolas mit, seit der 12, 13 war. Zuerst zum Skifahren, zum Squash, zum Tennis, zum Golfen. Dann in die Firma, auf den Bau, zu Gesprächen mit Banken, Behörden, Kunden. Er verwöhnte ihn nicht, er habe kein exorbitantes Taschengeld bekommen, sagt Rauenbusch junior, und mit 18 auch kein Auto. Aber der Vater übertrug ihm Verantwortung. Als Kind dafür, dass der Hotelpage sein Trinkgeld bekam. Dann dafür, Vaters Porsche heil wieder zurückzubringen. Später für einen Hauskauf, zum Preis von 3,6 Millionen Mark. «Es hätte für mich Scheitern bedeutet, hätte ich sein Vertrauen enttäuscht», sagt Rauenbusch junior.

Die Strategie des Vaters ging auf. Als Rauenbusch senior 1999 ein Objekt in Berlin-Dahlem kaufen wollte, der Sohn hatte gerade sein Studium als Wirtschaftsingenieur beendet, und ihn fragte: «Steigst du mit ein?», sagte der ja.

Seitdem sind sie Partner, gleichberechtigt. Sie arbeiten viel, auch wochenends, aber in der Freizeit, sagt Nicolas Rauenbusch, müsse man sich auch mal etwas gönnen. Nicht so wie jener Bekannte aus Süddeutschland, ein Selfmademan mit Lamborghini, Hubschrauber, Jet und Yacht, «aber der nutzt das gar nicht».

Nicolas Rauenbusch freut sich schon wieder auf St. Moritz. Sie fahren jeden Winter dorthin, sein Vater und er sind Mitglieder im exklusiven Cresta-Club, vor 125 Jahren von Engländern gegründet zu dem Zweck, auf flachen Schlitten bäuchlings mit dem Kopf voran eine Eisbahn hinunterzurasen. 68 Fahrten hatte er im letzten Winter, erzählt Nicolas Rauenbusch. Man kann nicht immer Schlitten fahren. Gleich neben der Bahn steht der legendäre Dracula-Club, den Gunter Sachs mitbegründet hat.

«Wir leben intensiver als andere», sagt Nicolas Rauenbusch. Sich etwas gönnen für das, was man geleistet hat: Deshalb fährt der Vater auch Ferrari. «Irgendwann», sagt der Sohn, «möchte ich auch einen.» Da lacht der Vater: «Du kannst doch jetzt schon meinen nehmen.»

Wenn Nicolas keinen Sport gemocht hätte, sagt die Mutter heute manchmal zum Vater, und schließlich nicht ins Geschäft eingestiegen wäre, was wäre dann aus der Firma geworden?

Wer die Gnade der richtigen Geburt hat, sagt Michael Hartmann, profitiere oft gleich doppelt. Aus den Lebensläufen von Inhabern lukrativer Jobs – Chefärzten, Geschäftsführern – liest er ab, dass diese in der Regel aus Familien kommen, in denen schon der Vater Professor oder Vorstandsvorsitzender war. Der Filius bewegt sich von Kind an in den Kreisen, in die andere erst mühsam und oft vergeblich versuchen müssen aufzusteigen. Und als Startkapital für späteren Reichtum bekommt er Vaters Villa und das Wertpapierdepot.

Wer viel hat, der kriegt noch mehr

Noch nie hatten Erben in Deutschland die Möglichkeit, so schnell so reich zu werden. Die Generation ihrer Eltern erlebte eine einzigartige Phase des wirtschaftlichen Wachstums, und sie hat ihr Geld zusammengehalten. Jeder zweite Seniorenhaushalt verfügt über Wohnungen, Häuser oder Grundstücke. Ein Viertel aller Familienunternehmen, die einen Nachfolger brauchen, steht zum Verkauf. Bis zum Jahr 2010, schätzen Finanzexperten, wird Vermögen in Höhe von zwei Billionen Euro vererbt werden.

Dieser Batzen ist ungleich verteilt. Westdeutsche erben häufiger und größere Summen als Ostdeutsche, Hauptschüler erben seltener als Akademiker, und, natürlich, Kinder von Reichen kriegen am meisten. Und da man in den oberen Schichten auch bei der Partnerwahl gern unter sich bleibt, kommen auf einen Bessergestellten-Haushalt oft gleich zwei erkleckliche Erbschaften: Wer hat, der kriegt.

Doch die Zahl derer, die nun die Sau rauslassen und Omas Haus verprassen, ist auch in dieser Generation gering, berichten Anlageberater. Man spart und mehrt das Vermögen. Ökonomen warnen, dass diese Kapitalkonzentration zugleich zu immer mehr Macht in wenigen Händen führt. Oder dazu, dass man sich aus der gesellschaftlichen Verantwortung zieht. «In Deutschland sind im letzten Viertel des 20. Jahrhunderts die Ränder der sozialen Schichten auseinander gerückt», bilanziert die Studie *Reichtum und Armut als Herausforderung für kirchliches Handeln* der evangelischen Kirche in Hessen und Nassau. «Reiche wurden reicher, Arme ärmer.» Der Faktor Kapital, so die Verfasser, trage «immer weniger zur Finanzierung gesellschaftlicher Aufgaben bei», die «dem Volksmund mehr als geläufige ‹Herrschaft des Geldes›» werde in der Forschung vernachlässigt.

Während manche Politiker nun auf einen einheitlichen europäischen Quellensteuersatz für Vermögenserträge hoffen, den andere Politiker umso heftiger bekämpfen, werden Reiche nach amerikanischem Vorbild zu Philanthropen. Ohne Stiftungen wie die Volkswagen-Stiftung oder den Stifterverband der deutschen Wirtschaft hätte es manches Hochschulprojekt schwer. Privatleute unterstützen zunehmend ihre örtliche Kirche, Greenpeace oder Attac.

Vor allem Frauen machen es sich mit ihrem Erbe nicht leicht. Buchautorin Marita Haibach *(Frauen erben anders)* hat mit anderen das Pecunia Erbinnen-Netzwerk gegründet, um Erfahrungen auszutauschen und sich gegenseitig zu Spenden und Stiftungen anzuleiten. «Die Erbschaftswelle», sagt Haibach, «ist eine der Ursachen für die wachsende Kluft zwischen Arm und Reich in Deutschland. Es ist an der Zeit, Verantwortung zu übernehmen.»

«Eigentum verpflichtet», dieser Satz, sagt Julia Braun, habe in ihrer Familie schon immer Tradition gehabt. Eigentlich heißt Julia Braun anders. Aber sie stammt aus einem Großunternehmen, das ihren Nachnamen trägt, und dieser Name ist auf den Listen der Superreichen zu finden. Auch Entführer könnten schließlich lesen, sagt Julia Braun. Man sieht ihr die Multimillionärin nicht an. Sie trägt Jeans und Pullover, fährt VW-Bus und lebt in einem Haus, das zwar groß ist, aber einfach eingerichtet, ohne Designerküche, ohne Couch von Rolf Benz.

In Julia Brauns Familie hat man sich das Geld nie sonderlich anmerken lassen. Die Kinder gingen in die Waldorfschule, «aber äußerlich lebten wir unter Standard», sagt sie. Sie habe sogar abgelegte Kleider ihrer Schwester getragen. Der Vater fuhr Peugeot, man hatte Segelboote statt einer Yacht, und es gab zwar mehrere Ferienhäuser auf den Grundstücken der Familie, aber die waren kaum mehr als einfache Jagdhütten. Bescheidenheit, das war Familientugend, und nicht zu sehr auf das ganze Geld zu bauen und nicht darüber zu sprechen. Aus Sicherheitsgründen und auch falscher Freunde wegen.

Julia Braun rührte ihr Millionenkonto lange kaum an. Sie studierte Musik, ging nach Berlin, jobbte als Briefausträgerin und beim Radio, spielte in einer Band E-Gitarre. Wenn ihre Freunde, die sich als Musiker und Künstler durchschlugen, auf die Reichen schimpften und darüber, dass Geld die Welt regiere, saß sie still dabei. Die anderen bekamen erst mit, dass sie Geld hatte, als man überlegte, zusammen ein Haus in Kreuzberg zu kaufen.

Heute redet sie mit Freunden offen über ihr Geld. Besser, als sich zu isolieren, sagt sie. Auch wenn es immer wieder Leute gibt, die dann nicht mehr wissen, wie sie sich ihr gegenüber verhalten sollen. Viele können sich nicht vorstellen, dass jemand Probleme haben kann, der reich ist und leben kann, wie er möchte. «Diese Freiheit zu meistern, das ist die größte Herausforderung», sagt Julia Braun. Sie geht heute auch anders mit ihrem Geld um, verleiht ab und zu etwas an Freundinnen, manchmal verschenkt sie auch eine kleine Summe. Und sie spendet, mehrere hunderttausend Euro im Jahr. Auch Geld für gute Zwecke anzulegen hat in ihrer Familie Tradition. Beim Studium in den USA lernte Julia Braun erst die Friedensbewegung, dann die Lesbenszene kennen. In ihrem Arbeitszimmer hängt eine Weltkarte mit vielen bunten Fähnchen. Jedes markiert ein Lesbenprojekt, das Julia Braun unterstützt. Viele sind in Dritte-Welt-Ländern, in einigen steht auf Homosexualität die Todesstrafe. Für die New Yorker Lesbenstiftung *Astraea Lesbian Foundation* hat sie einen Spendenplan für die nächsten fünf Jahre aufgestellt. Und 2001 gründete sie zusammen mit acht anderen vermögenden Frauen «Filia. Die Frauenstiftung».

Die Stiftung versteht sich als Lobby für Frauen. Aus ihren Mitteln werden Therapien für kriegstraumatisierte Mütter und Kinder aus Ex-Jugoslawien bezahlt, wird ein Theaterprojekt gegen Rassismus und Sexismus unterstützt. Einige Stunden jeden Tag sitzt Julia Braun mittlerweile am Schreibtisch, telefoniert, organisiert, schreibt Briefe und Mails.

Natürlich, sagt sie, man habe eine gewisse Macht, wenn man die Mittel habe, Organisationen zu unterstützen. Mehr und direktere Macht als ein Politiker, der darauf angewiesen ist, erst Mehrheiten zusammenzubringen. Julia Braun will diese Macht des Geldes weiter nutzen. «Wenn ich mal sterbe», sagt sie, «dann möchte ich keine Millionärin mehr sein.»

8

Wie man in Deutschland studiert

Studenten wollen eine Ausbildung mit guten Karrierechancen. Die Universitäten wollen ein konkurrenzfähiges Profil. So sind alle auf der Suche.

von Elisabeth von Thadden

In Jena hat ein junger Mann strenge Bemerkungen über Studenten gemacht, die zielgerichtet studieren, um des Berufs willen. Er hat dies in verschachtelten Sätzen getan, wie sie heute unter Studierenden kaum noch üblich sind. Und zwar in seiner Antrittsvorlesung im Mai 1789, als sich in Versailles die Generalstände zur Nationalversammlung konstituierten. Denkwürdiger Augenblick, viel Vergangenheit im Schlepptau, viel Zukunft im Blick, möglichst die Selbstbefreiung der Menschheit! Was dieser 29-Jährige, lange fast ohne Einkommen und hoch verschuldet, da vortrug, klingt so:

«Anders ist der Studierplan, den sich der Brotgelehrte, anders derjenige, den der philosophische Kopf sich vorzeichnet. Jener, dem es bei seinem Fleiß einzig und allein darum zu tun ist, die Bedingungen zu erfüllen, unter denen er zu seinem Amte fähig und der Vorteile desselben teilhaftig werden kann (...) – ein solcher wird beim Eintritt in seine akademische Laufbahn keine wichtigere Angelegenheit haben, als die Wissenschaften, die er Brotstudium nennt, von allen übrigen, die den Geist nur als Geist vergnügen, auf das sorgfältigste abzusondern.» Eine «Sklavenseele», wer bloß an sein Einkommen denkt! Meinte Friedrich Schiller vor 214 Jahren, als in Jena etwa 770 Studenten studierten, in seiner Vorlesung: *Was heißt und zu welchem Ende studiert man Universalgeschichte?*

Wie das Ideal auf Erden landete

Das war die Flughöhe des Idealismus, dessen Geist die Entstehung der Humboldt'schen Universität des 19. Jahrhunderts inspirierte. Diese Universitäten waren die geistigen Zentren des Landes. Bis immer mehr Studierende in die Hochschulen zogen. In Jena sind es heute allein an der Uni fast 19 000. Im Westen ging die Öffnung seit den siebziger Jahren mächtig voran, im Namen der Chancengleichheit: 11,3 Prozent eines Jahrgangs hatten sich 1970 eingeschrieben, im Jahr 2000 waren es dreimal so viele, da begann in Deutschland jeder dritte Abiturient zu studieren. Im Wintersemester 2002/03 waren 1 930 923 Studierende an 359 Hochschulen immatrikuliert, nun wird wohl erstmals die Zwei-Millionen-Marke überschritten, und geht es nach dem Willen von Politikern und Experten, dann soll in Zukunft jeder Zweite studieren. Nur hat die alternde Gesellschaft, die fast alle Mittel für die soziale Sicherheit reklamiert, für die Universitäten zu wenig übrig. Studierende, die merken, dass die Gesellschaft von Ausbildung wenig hält, sind unsicher, was sie mit ihrer Zukunft anstellen sollen, und zappen sich durch die Möglichkeiten. Seit Jahrzehnten errechnen die Bildungsforscher, wer gebraucht wird, wer nicht, und die Zahl der Studienabbrecher stellt die Qualität der Universitäten gründlich infrage. Der Idealismus ist auf Erden gelandet. Auch in Jena.

Freischwebende Brotgelehrte

Lutz Merbold könnte man, jenseits von Schillers Unterscheidung, einen Freigeist wie einen Brotgelehrten nennen. Im Hauptgebäude der Universität am Fürstengraben in Jena sitzt der junge Mann im Büro des Studentenrats, tief in eine Sofaecke gelehnt. Die Arme verschränkt, Jeans großflächig repariert, sagt er, dass ihn mit der großen Tradition Jenas wenig verbinde. Sicher, die Vorlesungen in Wissenschaftsgeschichte sind interessant. Aber hier studiert er vor allem, weil die Zukunftsaussichten besser sind, vielleicht, und die individuelle Betreuung auch, relativ gesehen. Er will zügig durchkommen und bald einen Beruf haben, der Spaß macht. Etwas an der Uni vielleicht, wer weiß.

Lutz Merbold ist 23, studiert im 7. Semester Biologie, Hauptfach Ökologie, weil das alles von der Botanik bis zur Molekularbiologie vereint. Warum er Biologie studiert? «Da kann man viel draußen sein an der frischen Luft.» Leichte Ironie schützt vor Pathos, keine Wichtigtuerei bitte.

Natürlich kennt er die Debatten um den Missbrauch der Biologie, Kommerzialisierung des Lebens, Forschung an embryonalen Stammzellen, alles Felder, in denen er eines Tages situationsabhängig entscheiden werde. Erst dann, zum Glück. Zimmermann hätte er gern gelernt, auch für Kommunikationswissenschaft hat er sich beworben. Er hat ja mal für die *Freie Presse* in Plauen geschrieben. Aber dann ist es halt Biologie geworden.

Die Friedrich-Schiller-Universität Jena, heute die einzige klassische Volluniversität Thüringens, etwa 12 Prozent der Studenten aus dem Westen, ist keine überfüllte Bildungsruine der westlichen siebziger Jahre. Im Osten gehen weniger Abiturienten an eine Hochschule als im Westen. Etwa jeder Vierte eines Jahrgangs. Die Hochschulen sind überschaubarer. Wie im Westen haben es viele Studenten nicht weit bis ins Elternhaus. Der volle Wochenendzug, der Jena am Freitagmittag verlässt, ist in Erfurt schon ziemlich leer.

Lutz Merbold ist aus Sachsen, ein Akademikerkind aus der Region, aber keineswegs provinziell. Ist ja in Algier eingeschult worden, war nach dem Abitur in Kanada, auf einem internationalen College. Lokal leben, global ausschwärmen. Wichtig sind ihm: Familie, Freunde, die persönliche Freiheit. Und Solidarität. Er erinnert sich, wie die Schwellen der Kirchen im Herbst 1989 vom Kerzenwachs wie zugewuchert waren, da war er erst neun und sagt doch, das habe seine Biographie geprägt.

Die meisten Studenten sind, wie Merbold, beides, Freigeist und erwerbsorientiert. Suchende, die Sicherheit brauchen. Die Universität ist deshalb nur einer unter vielen Aufenthaltsorten: weil zwei Drittel der Studierenden selbst im Semester erwerbstätig sind; weil sich ein Viertel konsequenterweise als Teilzeit-Studierende definiert und auch nur ein Viertel das Studium als Mittelpunkt des eigenen Interesses bezeichnet; weil fast eine halbe Million an praxisorientierten Fachhochschulen studieren. Und nicht zuletzt, weil die zahlenmäßig stärksten Studienfächer (die Betriebswirtschaftslehre, Rechtswissenschaft und die Medizin) zwar auf Berufsbilder zielen, aber doch nicht sichere Arbeit versprechen.

Noch vor 40 Jahren galt: Man suchte sich eine gute Uni, und wenn man sich Mühe gab, hatte man bald ein gutes Examen, mit dem ein Job leidlich sicher war. Das Studium war steuerbar. Heute ist die Situation an den Hochschulen so unüberschaubar, dass fast jeder andauernd mit Suchen und Probieren befasst ist. Nun suchen immer mehr Bildungseinrichtungen nach einem Profil in der Masse, in den Hochschulen suchen die Fakultäten, in den Fakultäten suchen die Studiengänge, und nebenher, zwischendrin, suchen die Studierenden. Bis in die Nischen ist ein kühler Hauch von Wettbewerb und Kalkulation zu spüren. Evaluationen und Studienzeitverkürzungen beherrschen die Szene, überall werden Studiengänge neu moduliert.

Vielleicht ist die verwirrendste aber zugleich auch die beste Nachricht: Die Vielschichtigkeit der Hochschulen, Fakultäten und Individuen wirft das Klischee vom mittelmäßigen Langzeitstudenten, der bei Mama wohnt und sich irgendwie durchwurstelt, über den Haufen. Wenn etwas die fast zwei Millionen Studierenden miteinander verbindet, ob sie in Jena, Bremen oder Mannheim studieren, ob an staatlichen Hochschulen oder privaten, an Fachhochschulen oder Universitäten, dann ist es vor allem ihre Verschiedenheit. Es gibt einfallslose Ausbildungstester, effiziente Dünnbrettbohrer und begriffslose Theoretiker, es gibt messerscharf denkende Langzeitstudenten und Blitzschnelle, die nicht wissen, wie's weitergeht.

Manche Studenten denken auch politisch

Die Unsicherheit in Sachen Zukunft umfasst auch die politische Sphäre. Die «Systemfrage» ist ein altmodisches Wort. 29 Prozent der Studenten räumen der Politik zwar einen hohen Stellenwert ein, sagt die Forschung (vor 15 Jahren waren es noch 39 Prozent). Zum Engagement, gar zum Protest, entschließen sich nur wenige. Wie im Nebenzimmer des Jenaer Studentenratsbüros. Hier haben Studenten erkennbar die Hochschule zum Zentrum ihrer Arbeit gemacht. Hier wird gerade der *Akrützel*, «Jenas Führende Hochschulzeitung», fertig gestellt, auf der Titelseite der letzten Ausgabe wird die «Wahrheit über Jena» angekündigt: «Hässlich. Voll. Zu teuer», auf den Innenseiten erfolgt der Nachweis.

Jemand reicht das Alternative Vorlesungsverzeichnis des Studentenrats herein, darin Veranstaltungen zur fernöstlichen Medizin, zu Afrika, zur Kommerzialisierung des Trinkwassers, Attac ist aktiv. Ein groß angelegter Kongress, Ende November, beleuchtet die «Rolle der Studierendenschaften in Hochschule und Gesellschaft». Jena war vor 1989 eine Dissidenten-Hochburg. Heute umfasst der Studentenrat Leute vom RCDS, von der FDP, von Attac und kämpft gegen die geplante Zweitwohnsitzsteuer. Der Studentenrat, sagt die Präambel, habe politisch neutral zu sein. «Diese Satzung … nimmt wesentliche Impulse der Demokratiebewegung vom Herbst 1989 auf und gestaltet sie aus.»

Also hat diese Generation doch politische Regungen? Fragen wir Ulrike Losch. «Wer sich engagiert», sagt die blonde junge Frau, die hinter dem riesigen Schreibtisch des Studentenratsbüros fast verschwindet, «tut es nicht für den Ruhm oder den Erfolg. Die Engagierten haben fast alle kein Geld. Die anderen sind in ihrer Mehrheit karriereorientiert und studieren zügig. In Jena ist der Horizont der Studierenden eng.» Mancherorts flammt nun aber, wenn auch nicht massenhaft, der Protest gegen Studiengebühren auf.

Ulrike Losch, 27, studiert im Zweitstudium Psychologie, eine Pfarrerstochter, die in der DDR eine politisch ungemütliche Kindheit hatte, heute Waise ist, die sich ihr gesamtes Studium durch den Job im Studentenrat finanziert. Nach Semestern in Bremen hat Ulrike Losch in Jena den Osten neu schätzen gelernt. «Mehr haben, mehr sein, das zählt hier kaum», und Ulrike Losch ist froh drum. Ihre Einzimmerwohnung kostet trotzdem 300 Euro, knapp die Hälfte ihres Budgets. Losch studiert Psychologie, weil die Vergangenheiten sie interessieren, die Geschichten der Leute. Eine Klinik, in der Menschen mit Leib und Seele vorkämen, das, sagt sie, wäre eines Tages ein Arbeitsplatz für sie.

Etwas Ordnung für die Vielfalt

Wo immer man die Norm sucht, findet man Abweichungen. Die Hochschulforschung hat dennoch versucht, die Studenten zu charakterisieren. Zum einen sind da die Integrierten, die haben Freunde gefunden, stehen mit Dozenten in Kontakt, identifizieren sich mit ihrem Fach und machen irgendwann ein Examen. Aber es gibt auch jene, die meinen, es merke keiner, wenn sie mal eine Woche nicht an der Uni auftauchten, die über fehlende Beratung klagen, kurz: die in der Masse untergehen. Etwa ein Viertel aller Immatrikulierten bricht das Studium ab, in den Sprach- und Kulturwissenschaften, weiß eine neue Studie, sind es fast drei Viertel, die ohne Abschluss die Hochschule verlassen oder das Fach wechseln. Geistige Wanderarbeiter.

Noch eine Unterscheidung ist entlang der Fachgrenzen zu sehen. Juristen und Ökonomen, hat der Hochschulforscher Tino Bargel aus Konstanz herausgefunden, treten eher selbstbewusst auf, karrierebewusst. Sie halten viel von Leistung und von Wettbewerb, finden Technik und Arbeit wichtiger als Umweltschutz, und auf ihren künftigen Status legen sie Wert – den kennen sie von zu Hause, denn wie die Medizinstudenten kommen sie oft aus bildungsnahen Elternhäusern. Anders die Freigeister in den Humanwissenschaften. Denen ist der Zweifel vertrauter, auch die Zukunftsangst. Ihnen liegt an Verständigung und Zusammenarbeit, und die Gesellschaft, in der sie leben, sehen sie skeptisch. Die Sozialforschung betont die Herkunft.

Und was wäre bei so vielen Splitter- und Mikromilieus das Gemeinsame, das allen wichtig ist? Familie, Freunde, das Studium, der Beruf, sagt die Konstanzer Studie von Bargel. Befragt man die Studenten selbst, weisen die Antworten prompt wieder in viele verschiedene Richtungen. Wichtig? «Die persönliche Freiheit», sagt in der Mannheimer Uni-Cafeteria der Volkswirtschaftsstudent Malte Wolff, der von seiner Indienreise erzählt und abends in seiner WG gern kocht oder geigt. «Selbstverwirklichung, wenn man das so nennen kann», sagt in einer Jenaer Kneipe der fränkische Betriebswirtschaftsstudent Stefan Bug, der ökologisch denkt und am liebsten ein eigenes Haus auf dem Land bauen würde. «Bildung. Und Vertrauen, Treue, Ehrlichkeit», sagen in Hamburg die Geschichtsstudenten Matthias Matthiessen und Christian Unger, die beim Fernsehen jobben und unlängst mit ihrer früheren Kirchengemeinde in Tansania eine Solaranlage auf einer Grundschule installiert haben.

Der Sog des Pessimismus

Dass die Gesellschaft zu ungeduldig mit ihnen geworden ist, sagen viele Studenten. «Das freie Denken wird im Namen des Sparzwangs überall eingeschränkt. Alles muss in kürzester Frist nützlich sein. Für uns Geisteswissenschaftler interessiert sich doch keiner. Diese gesellschaftliche Skepsis zerfrisst einen», meint Christian Unger. Auch die Akademiker-Arbeitslosigkeit lastet auf der Freiheit der freiesten Jahre des Lebens. «Heute werden doch selbst Leute mit Top-Studienabschlüssen arbeitslos. Da ist man froh, selbst noch nicht auf dem Arbeitsmarkt zu sein», sagt der Hamburger Jurastudent Sven Bolt, der gerade ein halbes Jahr in Südafrika studiert hat.

Viele sprechen von einem Sog des Pessimismus, welcher die deutschen Hochschulen zu verschlingen droht. Mit der Frage, wie man klug studiert, stehen die meisten verunsichert und allein da. Tatsächlich reicht ein Studium heute fürs Fortkommen nicht aus, auch ein ausgezeichnetes nicht. Das weiß oder ahnt jeder Studienanfänger. Schließlich haben hinreichend Untersuchungen gezeigt, und die Medien lassen es jeden wissen, dass letztlich Herkunft, Habitus und Zufall über die Chancen mitentscheiden. Jene undefinierbare Mischung aus Elternhaus, Erfahrung, Bildung und Chuzpe. Wer wo eine Chance hat, lässt sich durch Leistung allein kaum steuern. Und Bluffen nütze nichts, sagen die Personalentwickler. Nur wer hat, der hat. Fragt man die Studierenden, wie sie ihre Generation selbst nennen würden, sagen sie: Wir sind die ängstliche Generation, die suchende, die sicherheitsorientierte, die selbstbezogene, die konsumorientierte, die gleichgültige. Wir sind die Abbrecher. Im günstigen Fall: Wir sind die Realisten. Die Pragmatiker. Wir lernen, uns ans Notwendige anzupassen. Lauter Selbstbezichtigungen.

Corporate Identity und Integration

Dass Illusionslosigkeit keineswegs depressiv machen muss, kann man an der Fachhochschule Jena studieren. Mag ja sein, dass die Fachhochschulen noch als Ausbildungsstätten gelten, an denen Sicherheitsfetischisten den kurzen Weg in den Job suchen. Das sieht in Jena anders aus. University of Applied Sciences steht draußen dran, gegründet 1991, und diese Hochschule hat sich durch ihre kurzen Studienzeiten von acht Semestern, ihre kluge Studienorganisation und die dichte Betreuung schnell einen Ruf erworben.

In diesem familiären Rahmen, erzählt eine Studentin, lässt es sich leichter studieren. Die Studenten sind selbstbewusst, mit einem Anflug jener Corporate Identity, die gute Hochschulen auszeichnet. «Wir haben einfach mehr Disziplin als die Unistudenten», sagt einer. Die Zahl der Fachhochschüler steigt. Mit 272 ging es los, heute studieren hier etwa 3200 Studenten.

Morgens um halb neun, wenn die Stadt noch in dichtem Nebel liegt, füllt sich die Cafeteria der Fachhochschule. Zwei osteuropäische Maschinenbaustudenten unterhalten sich auf Englisch über die Tücken des Bügelns, zwei unrasierte Männer mit Zopf beraten über Durchflusssonden. Überall Arbeitsgruppen. Um neun ist an den riesigen Tischen kein Platz mehr frei. Draußen, an den Hängen des leuchtenden Stadtwalds, tauchen aus dem steigenden Nebel die alten bürgerlichen Stadtvillen auf.

Fachhochschüler stammen eher aus bildungsfernen Aufsteigermilieus. Aber auch hier hat die Individualisierung schöne Blüten getrieben. Hier sitzen neben den Zopfköpfen gepflegte Bärte und Glattrasierte, der ratlose Mittelscheitel der Siebziger und die Till-Schweiger-Version des hübschen Kurzhaarigen, hier sitzen dicke Glatzen und Pilzköpfe, geföhnte, gesträhnte, auch die hergebrachte Nichtfrisur aus typischen Männermilieus. Alles dabei.

Amir Abou Alam zum Beispiel, er spricht das schönste Deutsch, das auf dieser Deutschlandreise zu hören war. Der Mann ist 24, studiert Maschinenbau, 8. Semester. Kleiner, feiner Ohrring, eleganter Zopf im schwarzen Haar. Deutscher und ägyptischer Staatsbürger. Eine Biographie zwischen zwei Kulturen scheint der geistigen Beweglichkeit gut zu bekommen. Und wer sich mit solchen biographischen Brüchen aktiv in eine überschaubare Hochschule integriert, kann offenbar viel daraus machen. Gegenwärtig studieren mehr als 200 000 ausländische Studenten in Deutschland, das bedeutet – ausnahmsweise mal – den dritten Rang weltweit.

Amir Abou Alam kommt aus Kairo, «das hat mehr Einwohner als ganz Ostdeutschland zusammengenommen», lacht er und sagt: «Der Teil von mir, der deutsch ist, ist westdeutsch», obwohl er nie im Westen gelebt hat. In Kairo hat er die deutsche Schule besucht, weil seine Mutter Deutsche ist. Nach Jena kam er ohne den Hauch einer Ahnung, was das für eine Stadt ist, sondern bloß, weil hier sein Bruder studierte. Jena kam ihm immer zu klein vor, aber weil er bald wissenschaftlich, sozial, politisch so gut integriert war, ist er geblieben.

Anerkennung braucht jeder

Er schläft nur fünf Stunden. Der junge Mann arbeitet, neben dem vollen Studienplan, als Hilfskraft, sitzt im Studentenrat und dann noch bei den jungen Liberalen. Er liest viel und hätte gern Philosophie studiert, wenn er nicht noch lieber seiner Ahnungslosigkeit in Mathe und Physik hätte abhelfen wollen. Nur kein Fachidiot werden. Sicher, die Berufsaussichten haben auch eine Rolle gespielt. Aber gegenwärtig überlegt er, in die Politik zu gehen, da fehle es nämlich an Ingenieuren.

Dann zückt er seinen elektronischen Kalender: Jetzt ist Vorlesung. Im kleinen Hörsaal sitzen 30 Leute, konzentriert. Der Dozent kennt die meisten. Ein Skript und der Vortrag am Laptop ergänzen einander. Es gibt Fragen und Rückfragen. Hier wird man wahrgenommen.

Wahrgenommen werden, das wünschen sich viele. Fast alle Studenten, die man fragt, was sie vom Studium erwarten, bringen das Recht auf Anerkennung zur Sprache, jeder auf seine Weise. «Ohne Anerkennung kann man nicht studieren», sagt der Hamburger Geschichtsstudent Christian Unger. Und Antje Ebersbach, Fachhochschülerin in Jena, berichtet, wie sie ihr Universitätsstudium aufgab, weil es an der Uni an Orientierung und Anerkennung mangelte. «Da fehlte die Motivation, sich durchzukämpfen.»

Diese Studierenden, auf deren Zukunft die marode Republik lastet, verlangen nicht Mitleid oder bloß Geld, sondern individuelle Aufmerksamkeit für das, was sie können. Sie möchten fachliche wie menschliche Zuwendung und Kritik. Wer sich nach ein paar Semestern noch nicht zurechtfindet, flüchtet.

Die Studenten schätzen den Vergleich mit früheren Generationen nicht, sie haben schon zu oft Verfallstheorien gehört. Sie wollen eine gute Ausbildung und nicht nur Gegenstand von öffentlichen Nützlichkeitserwägungen sein. Immer mehr Studenten fordern deshalb eine bessere Lehre; sie berichten ausdrücklich von dem beglückenden Gefühl: Ich hab was geschafft!, und von dem Zorn über Dozenten, die ihnen diese Erfahrung verweigern; die sich nichts einfallen lassen,

Die neue Klassengesellschaft

Wie sich die soziale Lage der Studenten seit 1952 verändert hat

Ein kurzer Blick in die Geschichte, die das Deutsche Studentenwerk kontinuierlich erforscht hat, zeigt, welche Umwälzung die Republik hinter sich gebracht hat, um ihre Universitäten für möglichst viele zu öffnen – und zeigt zugleich auch die früheren Härten des Studiums. Es ist erst 50 Jahre her, da studierten an deutschen Hochschulen nur 108374 junge Leute, ganze 17,2 Prozent von ihnen waren Frauen. Die meisten Studenten hatten mehrere Geschwister und standen, als mehr oder weniger Gleichberechtigte vor dem elterlichen Geldbeutel, unter dem Druck der Rechtfertigung, wer warum und wie lange studieren konnte.

Der Krieg hatte eine vaterlose Generation hinterlassen. von 100 Hörern im Saal waren 15 selbst Kriegsversehrte, jeder Fünfte hatte den Vater verloren. Nur gut ein Viertel der Väter von männlichen Studenten waren Akademiker (41 Prozent der Studentinnen hingegen hatten akademisch ausgebildete Väter, das half, um als Frau an die Uni zu dürfen), heute haben immerhin 44 Prozent der Studierenden ein Elternteil mit Hochschulabschluss. Das erleichtert es erheblich, sich für den Aufwand zu entschließen, den ein Studium bedeutet. Bildungsferne Schichten verstehen noch heute das BAFöG eher als Verschuldung, die es zu vermeiden gilt, denn als Investition, die künftig bessere Berufsmöglichkeiten eröffnet. Bildung erleichtert es, in Bildung zu investieren.

Ein Studium geschenkt zu bekommen war in der Bundesrepublik immer ein Privileg einer Minderheit. Ein Drittel der männlichen Studenten bekam 1952 das Studium komplett von den Eltern bezahlt – heute sind es nur noch 12 Prozent, die allein von der Unterstützung der Eltern leben, obwohl die Zahl der Einzelkinder stark zugenommen hat. Anders gesagt: Schon damals waren 11,7 Prozent ständig erwerbstätig und immerhin 49 Prozent gelegentlich. Das Bild von dem alleinigen Lebensmittelpunkt, den die Universität während der Studienjahre gebildet habe, stimmte also mit der Wirklichkeit nicht überein.

Vor dem Semester allerdings machte seinerzeit das Jobben Halt. Nur etwa 30 Prozent haben auch während der Vorlesungszeit Geld verdient, heute sind es fast zwei Drittel. Immerhin fünf Prozent finanzieren sich ausschließlich über ihre Erwerbstätigkeit. Die meisten aber leben von einer Mischfinanzierung. Diejenigen, die weder bei den Eltern leben noch selbst Kinder haben – das sind etwa zwei Drittel aller Studenten –, werden im Allgemeinen mit durchschnittlich knapp 400 Euro von den Eltern unterstützt. Den Rest treiben sie selbst auf.

Beredt sind auch die Zahlen zu den Einkommensunterschieden. Sie zeigen, dass die soziale Homogenität der Studierenden weitgehend aufgelöst ist, zugunsten einer neuartigen studentischen Klassengesellschaft: Heute gibt es reiche und arme Studenten. Um 1952 lebte die Mehrheit der Studenten von 50 bis 100 Mark (und nur eine kleine Hand voll von 5 Prozent gab die Spitzensumme von mehr als 150 Mark aus). Dieses Spektrum hat sich bis in die Gegenwart weit aufgezogen: Heute braucht ein Fünftel bis zu 500 Euro zum Lebensunterhalt im Monat, ein weiteres Fünftel bis zu 600 Euro, ein gutes Viertel gibt monatlich bis zu 750 Euro aus, und stattliche 30 Prozent wenden mehr als 750 Euro auf.

Nicht dass das unabdingbar wäre. Über zwei Drittel der erwerbstätigen Studenten arbeiten explizit auch, um sich mehr leisten zu können. Das Studium ist nicht mehr generell eine Zeit des Verzichts, bevor einem ein Einkommen erlaubt, sich etwas zu leisten, sondern auch hier ist die

Grenze zwischen Studium und Erwerb durchlässig geworden: Das Leben darf heute was kosten, und nicht erst in einer Zukunft, die keiner kennt.

um der Ausbildung Qualität zu geben und also allen Studierenden eine faire Chance. Dabei ist es an vielen US-Unis üblich, dass in kurzen Abständen, ob wöchentlich oder zweiwöchentlich, Lehrende und Lernende miteinander überlegen, was einer gelernt hat, was daraus folgen könnte. Betreuung durchs Gespräch, nicht nur durch Leistungstests.

Aber in Deutschland hat sich in der Lehre in den letzten zehn Jahren etwas getan, bestätigt der Hochschulforscher Tino Bargel. Der Hamburger Jurastudent Sven Bolt erzählt von einer Dozentin, die in der Vorlesung vom Mitschreiben abrät, um die Hörer dafür einzeln ins Gespräch einzubeziehen. In Freiburg baut ein Soziologieprofessor in seine Einführung alle drei Stunden einen Kurztest zur Überprüfung des Lektüreverständnisses ein. Wieder andere lassen pro Woche einen Essay verfassen. Auch mal auf Englisch. Und die private Internationale Universität Bremen setzt mit der frühen Einbeziehung der Studierenden in die Forschung Standards, an denen andere Maß nehmen könnten.

Auch wenn die Mehrheit noch kostbare Zeit in der Anonymität verliert, machen Studierende inzwischen auch gute Erfahrungen mit dichter Betreuung, zumal, wenn sie sich selbst dafür eingesetzt haben. Sie erzählen davon, wie sie lernten, Referate im festgelegten zeitlichen Rahmen zu halten, wie sie im Seminar Qualitätskriterien entwickelten, wie in Tutorien ältere Studenten für jüngere Verantwortung übernahmen. Auch dies eine der besseren Nachrichten: dass ein gutes Viertel aller studentischen Jobs aus Hilfskraftstellen besteht, die nachweislich zur Integration und zur Erfahrung von Anerkennung beitragen. «Druck», sagt der Hamburger Geschichtsstudent Matthias, «kann doch auch positiv dadurch entstehen, dass Dozenten Interesse an studentischen Arbeiten zeigen!»

Gute Unis arbeiten für ihren Ruf

In den Massenuniversitäten wie Hamburg, deren Glas- und Betontürme heute wie traurig verfallende Fortschrittshoffnungen wirken, ist besonders zu spüren, wie schwer es für Studierende ist, sich durch die Anonymität einen Weg zu bahnen. Wie leicht, sich treiben zu lassen und der Gesellschaft, die Studiengebühren nicht mehr abgeneigt ist, die alleinige Schuld am Schlamassel zu geben. «Bildungskaufhaus» hat irgendwer verächtlich in riesigen Lettern an den Hamburger «Philturm» geschrieben, etwas kleiner steht dort auch «Repression». Das Gebäude wirkt wie ein Dampfer, dem seine Passagiere und die Zuschauer an Land beim Sinken zusehen, schulterzuckend, ratlos oder zornig.

Im 9. Stock des Philturms, in den es der Fahrstuhl nur ächzend noch schafft, sitzt im hintersten Winkel der Afrika-Experte Andreas Eckert, ein junger Lehrstuhlinhaber um die 40, und meint, die Zeit des Wartens auf besseres Wetter sei vorbei. «Viele Studenten weigern sich zu sehen, dass Studieren eine Investition, ein Luxus ist, der unter Rechtfertigungsdruck steht. Auch wenn man sich selbst als angeschmierte Generation versteht.»

Plädiert er also für Studiengebühren? «Wenn wir von den Studenten Gebühren verlangen, müssen wir ihnen dafür hochwertige Ausbildung und Ausstattung von Bibliotheken und Labors anbieten. Und davon sind wir erschreckend weit entfernt.» Eckert wünscht den Hochschulen eine breite Lobby und die Bereitschaft, sich erkennbar Reputation zu erarbeiten. Auch in der Öffentlichkeit, in den Vereinen, Verbänden, warum nicht auch in Unternehmen, die dafür die Uni instand halten helfen. «Wir Dozenten müssen das Selbstbild der Geringschätzung aufknacken.» Aber das fällt nicht leicht, wenn an einer Hochschule wie der Humboldt-Universität Berlin in den nächsten Jahren von 386 Professorenstellen 90 wegfallen sollen. Wer so für überflüssig erklärt wird, kommt leicht mit dem Selbstwert ins Schleudern.

Ein bisschen Zeit fürs Denken

Klingt alles gar nicht mehr nach Schillers alter Befreiung durchs Denken? Dann verdient jetzt Kirils Jegorovs Aufmerksamkeit. Der russische Lette mit den tiefen Augenringen, 21, dessen Vater bis zum Ende der Sowjetunion in Riga Seemann war, studiert an der Internationalen Universität Bremen. Sozialwissenschaften, die Bremer Mischung aus Politologie, Soziologie, Methodik, Ökonomie und Massenmedien. Jetzt hat ihn der DAAD mit einem Preis dafür ausgezeichnet, dass er sich neben einem exzellenten Studium auch noch um behinderte Kinder kümmert und um das interkulturelle Konfliktmanagement auf dem Campus.

Das scheint ihm aber nun fast zu viel der Ehre zu sein, er hat doch auch in New Mexico, wo er auf einem United World College war, seine Zeit mit psychisch Kranken verbracht, es hilft ihm einfach, sich gesund zu fühlen. Das Studium wird leicht allzu einseitig. Er war noch ein Kind, da hat er sich nach der Befreiung als russischer Lette im eigenen Land plötzlich wie ein Fremder gefühlt. Erst in Amerika hat er entdeckt, dass es verschiedene Deutungen der Sowjetunion gibt, als Beschützer, Befreier, Besatzer. Das wollte er durch ein Studium besser verstehen. Lebhafte geistige Interessen haben einen sozialen Nährboden und sind darauf angewiesen, dass eine Hochschule sie wahrnimmt und fördert. Diese Uni hat Kirils gefunden. An der privaten Bremer Universität treibt man für jeden, den man als Studenten aufgenommen hat, das nötige Geld auf. Jetzt hat die Studienstiftung Kirils Jegorovs in ihre Hochbegabten-Förderung aufgenommen. Er könnte also damit fortfahren, im Studium Gesellschaften zu ergründen. Nur ist da die Sorge um seine Familie in Riga, die er finanziell unterstützen könnte, wenn er schnell Arbeit fände, ein Konflikt, ein Widerspruch. «Zeit und Freiheit zum Denken», die braucht er, einer von fast zwei Millionen Studierenden in Deutschland, 214 Jahre nach der Antrittsvorlesung in Jena.

Zeit und Freiheit zum Denken, Herr Schiller.

Wie man in Deutschland …

9

Wie man in Deutschland wohnt und sich einrichtet

Die Nasszelle wird Wellnesszone, das Einfamilienhaus wird Kleinfamilienhaus: Immer weniger Menschen wohnen auf immer mehr Quadratmetern – jede Menge Platz für Inszenierung und Isolation.

von Henning Sußebach

Jetzt schlafen die Kinder. Paula, die Zweijährige, oben in ihrem Zimmer, und Frieda, sechs Wochen alt, in einer weißen Wiege am Esstisch. Antje Appel, die Mutter, stellt Wassergläser bereit, und Bodo, ihr Mann, holt ein Paar Hausschuhe für den Besuch. Sie hatten in der Dunkelheit am Gartentor gewartet, hinter sich den Ford Kombi und die Silhouette ihres kleinen Hauses, von innen hell erleuchtet. So sieht er aus, der bundesrepublikanische Traum.

Das «Eigenheim im Grünen»: Seit Jahrzehnten nennen fast 80 Prozent der Deutschen dies als Idealvorstellung vom Wohnen. Die Appels haben ihren Wunsch Wirklichkeit werden lassen, auf «9,31 mal 9,91 Metern», Bodo Appel kennt die Maße genau. Das Haus ist rot verklinkert, mit Küche, Wohn-, Ess- und Arbeitszimmer unten, mit Bad und drei Schlafzimmern oben.

Ein Jahr ist es nun her, dass sie aus einer 125-Quadratmeter-Wohnung in Berlin in ein 125-Quadratmeter-Haus am Stadtrand gezogen sind und dafür einen Kredit aufnahmen, den sie 30 Jahre abbezahlen werden. Warum? Die Appels haben zwei Gründe; beide schlafen.

Das Wohnen kostet die Deutschen im Schnitt ein Viertel ihres Haushaltseinkommens. Bei den Appels ist es ein Drittel, seit sie ihr 205 000 Euro teures Haus gebaut haben in Schulzendorf, einer Gemeinde im Südosten Berlins. Er ist Arzt, sie ist Lehrerin. Damit gehört das Paar zu den Besserverdienenden unter den 37,9 Millionen Haushalten des Landes.

37,9 Millionen Haushalte, das bedeutet 37 900 000-mal die Frage: Wo soll ich wohnen? Und wie? Was kann ich mir leisten? Letzten Endes: Wer bin ich? Denn die Behausung ist nach der Kleidung die dritte Haut des Menschen. Sie gibt Auskunft über seinen Status, seine Lebensphase, sein Selbstbild. Ein Holzhaus erzählt eine andere Geschichte als eine Gründerzeitvilla, das geräumige Loft eines Singles von einem anderen Schicksal als eine abgewohnte Bude im Hinterhof. All das gibt es beispielhaft in und um Berlin, dicht an dicht und in allen Extremen.

Das Haus der Appels am Stadtrand erzählt von der Sehnsucht nach stabilem, sorglosem Familienglück. «Mit Paulas Geburt tauchte in mir das Bild auf, dass mein Kind auf einem eigenen, abgezäunten Stück Rasen loslaufen soll», sagt Bodo Appel, während seine Frau das Stillkissen auf dem Sofa zusammenlegt. Antje Appel ist 34 Jahre alt, er ist 40. Beide tragen unprätentiös Jeans und T-Shirt. Sie sagen, sie hätten sich «spät gefunden». Vor vier Jahren zogen sie in eine Vierzimmerwohnung in Berlin, «Altbau, Stuckdecken, Flügeltüren, Parkett». Antje Appel zählt alles Glück des Städters auf, das für sie kein Glück mehr war, als sie einen Kinderwagen durch die Straßen schob und nicht mehr auf dem Weg ins Kino um die Ecke war, sondern zum wöchentlichen Babytreffen mit anderen Müttern. Plötzlich sah sie die Scherben, die Autos, den Müll. Die Stadt war von einem bunten Freizeitpark zu einem bedrohlichen Durcheinander geworden. Sie wollten raus. Es hätte Zeuthen werden können, Eichwalde, Waltersdorf. Egal. Die Appels schienen keinen Umzug zu planen, sondern eine Flucht.

Der Fertighausanbieter, für den sie sich schnell entschieden hatten, nannte ihnen einige Grundstücke, auch dieses in Schulzendorf, und sie fuhren hin, im Januar 2002. Es war kalt, und es lag Schnee. Kein Mensch war auf der Straße. Am Zaun vor dem Grundstück links hing das Namensschild der Familie Brandt, auf dem Grundstück rechts

Wer lebt im eigenen Heim?

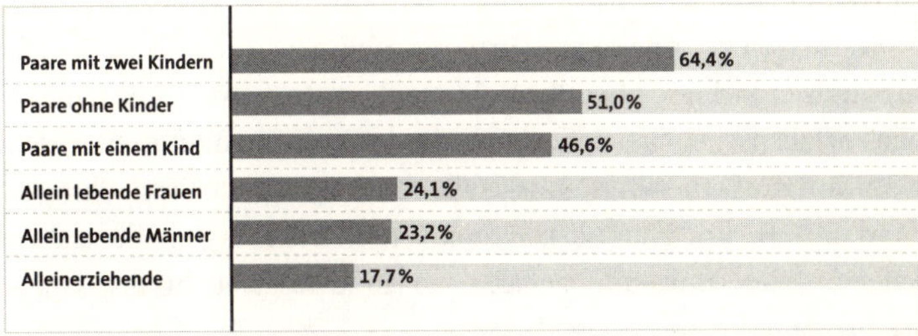

Wohneigentumsquote privater Haushalte ZEIT Grafik/Quelle: Statistisches Bundesamt

stand das vergitterte Haus der Böhmes, mit Warnung vor dem Hunde. Sie hauchten Atemwolken über den Zaun. Hier leben? Sie kannten niemanden in der Straße. Sie kauften. Es war «das Stück Rasen».

Schulzendorf preist sich als «Waldsiedlung» im Berliner Umland. «Siedlung» ist das richtige Wort, denn Siedlung klingt uferlos, nach rechtwinkligem Straßenraster. Schulzendorf ist ein Ort ohne Mitte. Flaches Land, alte Alleebäume, neue Zäune. Unter den Schuhen knacken Eicheln, Häuser ducken sich hinter Hecken, Spaziergänger führen ihre Hunde aus, ab und zu stört ein Auto die Vorstadtstille. Die Gemeinde ist über 600 Jahre alt, doch der alte Kern mit seiner kleinen Kirche liegt wie vergessen da, während das neue Schulzendorf ein paar Äcker weiter wächst und wächst. 7000 Menschen leben hier, in einigen Jahren sollen es 10 000 sein, davon künden die Baustellen. Dieser Traum vom eigenen, frei stehenden Haus: Für Ökologen ist er ein Albtraum, denn er fördert die Zersiedelung der Landschaft und hat immer neuen Pendlerverkehr zur Folge.

Vom Haus der Appels sind es 30 Kilometer bis in die Berliner Mitte und zwei Kilometer bis zur nächsten S-Bahn. Es gibt im Ort eine Schule und eine Mehrzweckhalle, einen Plus-Markt und eine Bank, ein Reisebüro und einen Blumenladen, einen Schönheitssalon und eine Schlecker-Filiale, einen Getränkemarkt und die Schulzendorfer «Geschenke-Truhe». Es gibt keine Graffiti und keine Obdachlosen.

Das «Bistro 136» schließt abends um sieben. «Danach sitzen eh alle zu Hause», sagt der Wirt.

Wohnen ist gebaute soziale Struktur, Stein gewordene Gesellschaft, in Schulzendorf und überall. Die Plattenbauten in Osteuropa künden von sozialistischer Gleichmacherei, die Alarmanlagenkulturen in den USA von großem Wohlstandsgefälle. Und die Eigenheimsiedlungen rund um Berlin, Hamburg, Frankfurt, München vom deutschen Jeder-für-sich, umzäunt, geharkt, ab 20 Uhr getaucht ins Tagesschau-Blau.

Wobei es Unterschiede gibt: 44,6 Prozent der Westdeutschen leben in einer eigenen Immobilie, in Ostdeutschland sind es nur 34,2 Prozent. Während in den alten Ländern 40,7 Quadratmeter Wohnfläche pro Person zur Verfügung stehen, sind es in den neuen 37,2. Vor 100 Jahren, im Deutschen Reich, waren es 10. Die Appels haben jetzt 31,25 Quadratmeter pro Person. Und das größte Zimmer hat Paula.

Ein paar Quadratmeter heile Welt – das ist das Motiv, mit dem auch die Baufirmen in Deutschland werben. Die Berliner Messe etwa lockt in diesem Herbst mit Plakaten, auf denen nur das große Sehnsuchtswort steht: «HAUS». Auf der so beworbenen Messe ziehen Paare wie die Appels an den Ständen vorbei, Hände haltend, Kinderwagen schiebend, zum Glücklichsein entschlossen. Bärtige Vertreter mit festem Händedruck verteilen Kataloge, die blitzweiße Einfamilienhäuser zeigen. Kleinfamilienhäuser. Die meistgebrauchten Wörter in den Broschüren sind «Geborgenheit» und «Sicherheit». Die Häuser sind «gut für Generationen», «massiv». Eine Firma wirbt mit dem Slogan «Endlich zu Hause», als sei das bisherige Mieterleben verschenkte Zeit gewesen.

Als das Haus der Appels aufgestellt wurde – für den Rohbau brauchte die Firma einen Tag –, waren die beiden auf einer Hochzeit in Köln. Noch in der Nacht fuhren sie zur Baustelle. Wie Diebe schlichen sie um die neuen Mauern herum und lugten durch die Fenster ihres Hauses. Irgendwann begannen sie zu tanzen, «mit so einem irren Lachen», sagt sie. «Ich hätte bis in den Morgen dableiben können», sagt er. Aber Paula lag ja im Auto und schlief.

Dieser Drang zum Nestbau, dem die Appels folgten: Man möchte glauben, das rühre von den Trieben her. Dabei ist er politisch ebenso gesteuert wie hormonell. In Frankreich und England bauten Unternehmer während der Industrialisierung Werksiedlungen im großen Stil; teilweise zahlten sie sogar gegen den Willen ihrer Arbeiter Lohnanteile in Bausparkassen ein. Das Kalkül in klassenkämpferischer Zeit: Wenn Wünsche und Vorhaben nicht mehr über die Schwelle des noch so bescheidenen Eigentums reichen, werden kollektive Projekte erschwert. Revolutionen beginnen auf der Straße. Nicht auf der Terrasse.

Auch in deutschen Ballungsgebieten entstanden damals Werkssiedlungen. Ob zur Miete, zur Pacht oder als Eigentum – paternalistisch geprägt waren sie immer. Das eigene Häuschen allerdings bekam erst nach dem Zweiten Weltkrieg jene Priorität, die sich bis heute in der Eigenheimzulage ausdrückt. Einfamilienhäuser, die im Krieg weniger von Bombardierungen betroffen waren und deren Gärten damals gute Möglichkeiten zur Selbstversorgung boten, hatten sich in den angstvollen Jahren der Inflationen und Währungsreformen als wertbeständigste Geldanlage erwiesen. Gemeinsam mit der katholischen Kirche propagierte die CDU fortan das Eigenheim; die Kleinfamilie sollte Keimzelle der Gesellschaft werden.

So stieg die Eigentümerquote in der alten Bundesrepublik von 33,8 Prozent 1961 auf aktuell 44,6 Prozent. Ganz im Sinne von Paul Lücke, dem Wohnungsbauminister in den Nachkriegsjahren. Der hatte einst postuliert, nur das frei stehende Haus sei familiengerecht, die Mietwohnung in der Stadt hingegen töte «den Willen zum Kind» und führe den «biologischen Volkstod» herbei. Ist im Eigentum bis heute tendenziell der Konservatismus eingebaut? Hartmut Häußermann kommt in seiner *Soziologie des Wohnens* zu ebendiesem Schluss: «Am stärksten ist dieser Einfluss in Nordrhein-Westfalen. Dort zeigen Wohnungseigentümer im Vergleich zu Mietern eine um fast 14 Prozentpunkte höhere Wahrscheinlichkeit, CDU oder FDP zu wählen.»

Die Appels begegneten auf ihrer Haussuche auch einigem Biedersinn. Sie blätterten sich durch Kataloge voller Kitsch, vorbei an Wohlstands-Trutzburgen mit Namen «Palais» und «Châlet», die Häuser wurden immer kleiner, ganz hinten dann das Modell «Trendy». Das sollte ihres werden, mit Keller und Carport. Als sie den Vertrag unterschrieben hatten, bekamen sie eine Flasche Sekt. Auf den Carport mussten sie später verzichten; das Grundstück war 10 000 Euro teurer als geplant.

Der Soziologe Pierre Bourdieu hat einmal geschrieben, dass dem Wunsch nach einem Haus nur selten das vollkommene Reklame-Glück folge und viel öfter «Entsagungsarbeit». Am Ende werde alles teurer, kleiner und piefiger als gedacht – dafür sei der Bauherr für Jahrzehnte finanziell gefesselt. In der Literatur ist das Eigenheim daher oft als kleinbürgerliche Hölle beschrieben worden, bestückt mit dem Billigsten und aus dem Baumarkt.

Aber muss das Glück immer individuell zugeschnitten sein und teuer ausgestattet? Gibt es nicht auch normiertes Glück? Wie umgehen mit dem Widerspruch, dass das «eigene Haus» eigentlich genauso aussieht wie alle anderen eigenen Häuser?

«Um Individualität ging es uns nicht», sagt Bodo Appel, «wir wollten raus aus der Stadt und haben dafür Standard in Kauf genommen. Man geht bei uns die Treppe hoch und steht vor vier Türen: Kind eins, Kind zwei, Schlafzimmer, Bad.» Die Innenausstattung mussten sie sich an einem einzigen Tag aussuchen, im Bemusterungszentrum der Baufirma. Die Appels liefen durch eine Halle voller Türen, Parkette, Fliesen. Ein Tag für ein ganzes Haus.

Antje Appel sagt, sie sei jetzt bekannt mit einigen Müttern aus der Nachbarschaft, die Bodo Appel «ihre Muttis» nennt, «Kindergeburtstags- und Kaffeetrinkbekanntschaften». Sind das Freunde?

«Nein. Zumindest sind sie es noch nicht.»

«Und doch», sagt er, «es ist alles genau so geworden, wie wir es uns vorgestellt haben. Mit allen Vor- und Nachteilen.» In diesem Sommer haben sie Paula auf dem abgezäunten Stück Rasen loslaufen sehen.

Dafür müssen sie «eine Weltreise» machen, wenn sie eine Ingwerwurzel brauchen.

In den nächsten Jahren werden sie allerdings sowieso eher Nudeln mit Soße kochen.

Man müsse Optimist sein, um ein Haus zu bauen, an den festen Job und an die feste Liebe glauben, an die «Dauerhaftigkeit der Dinge», schreibt Bourdieu. Und was, wenn nicht?

Berlin-Pankow, ein Altbau in Ocker, eine Wohnung im ersten Stock. Oben Stuck, unten Dielen, wie in der Lätta-Werbung. Der Fernseher läuft, Nachrichten auf Sat.1. In ihr weißes Sofa versunken, sitzt Sandra Tengler, 33, Perlenohrringe, roter Rolli, helle Hose, dicke Socken, die Knie ans Kinn gezogen, als fröstele sie. Sie hatte lange gezögert. Eine Zeitung sucht Alleinwohnende für eine Reportage – ist das auch seriös? «Gut, ich mach's», hatte sie sich dann gesagt, «irgendwie muss ich ja ankommen in dieser Stadt, warum nicht mit einem Interview.» Tengler ist Fremdsprachenassistentin im Auswärtigen Amt, seit August lebt sie hier, die zehn Jahre davor hat sie in den deutschen Botschaften im Kongo, in Zaïre, in Sri Lanka, in Bangladesch, in Taiwan und an der Elfenbeinküste gearbeitet. In vier Jahren wird sie wieder ins Ausland gehen. Wahrscheinlich.

Vier Jahre – ein Wimpernschlag, verglichen mit den Ewigkeitsvorstellungen der Appels in Schulzendorf. Sandra Tenglers Biographie erscheint außergewöhnlich, doch sie ist eigentlich nur das etwas überzeichnete Erfolgsmodell einer Gesellschaft, die immer mehr Mobilität einfordert und in der familiäre Bindungen immer seltener werden. In Deutschlands größten Städten ist mittlerweile jeder zweite Haushalt ein so genannter Ein-Personen-Haushalt, und auch republikweit wohnt in 36,2 Prozent der Haushalte nur noch eine Person. Gewiss sind das meist alte Menschen, oft Kriegswitwen, doch junge Männer und Frauen werden ihnen in der Statistik bald den Rang ablaufen: Die Zahl der allein lebenden 25- bis 45-Jährigen stieg zwischen 1991 und 2002 bundesweit von 3,3 auf 4,4 Millionen, ihnen stehen 5,2 Millionen Alleinlebende gegenüber, die 65 oder älter sind. Wofür früher Kriege sorgten, das bewirken heute der Zeitgeist und wirtschaftliche Zwänge. Siebenmal zieht der Durchschnittsdeutsche in seinem Leben mittlerweile um – da zieht nicht mehr jeder mit. Parallel zur Scheidungsrate steigen die Zwangsversteigerungen von Einfamilienhäusern.

Die Normalität im Sinne von Mehrheit, das sind nicht mehr die Appels. Denn zählt man zu den jungen und alten Singles in Deutschland noch die Paare ohne oder mit erwachsenen Kindern hinzu, dann leben in fast zwei Dritteln (65,2 Prozent) aller Haushalte keine Kinder mehr. Auch dieses große Miteinander namens «Berlin» scheint in Teilen nur ein Nebeneinander zu sein: von traurigen und glücklichen Einzelgängern, Selbsterfüllten und Sinnsuchenden, Einsamen und Freiheitsliebenden, denen das Fitness-Studio als Präsentationszentrum und Marktplatz dient. Nomaden der Neuzeit. Vor mehr als hundert Jahren, 1885, in frühkapitalistischen Wirren, wechselten in einem Drittel der Berliner Wohnungen jährlich die Mieter, die Hälfte war nicht länger als zwei Jahre bewohnt. In denselben alten Mauern sind die neuen Bindungslosen nicht mehr weit davon entfernt.

Sandra Tengler sagt, sie wisse nicht, wo sie stehe in der Masse der Einzelnen. «Ich bin jetzt in der Situation, in der ich erfahren möchte: Will ich den Job weitermachen und gehe nach vier Jahren wieder raus? Oder finde ich vielleicht jemanden und kündige und bleibe hier?»

Noch liest sie keine Lokalzeitung. Sie informiert sich im Internet, auf dem Teppich im Wohnzimmer liegt ein Veranstaltungsmagazin. Was interessieren sie Kindergartengebühren und Straßenbaupläne? Sie geht in Kinos, Cafés und Restaurants, einmal war sie auf einem Jazzkonzert, bald will sie ins Theater und in die Philharmonie.

«Wenn ich alle Jahre mal zurück in meine Heimatstadt Göppingen komme und da mit derselben Bahn fahre, in die ich früher nach Ferienjobs bei Daimler eingestiegen bin, dann erkenne ich auf dem Bahnsteig tatsächlich Leute wieder», sagt sie. «Ich denke dann immer: Diese Menschen, das gibt's doch nicht, vor zehn Jahren haben die hier auch schon gestanden. Die stehen hier jeden Tag. Was ich in der Zeit alles gemacht habe!»

Die Spuren dieser Zeit sind in ihrer Wohnung ausgestellt. Eine Autobiographie in Möbelstücken. Da sind zwei schlanke Holzgiraffen von einem Markt an der Elfenbeinküste. Da ist ein afrikanischer

Wer benutzt was im Haushalt?

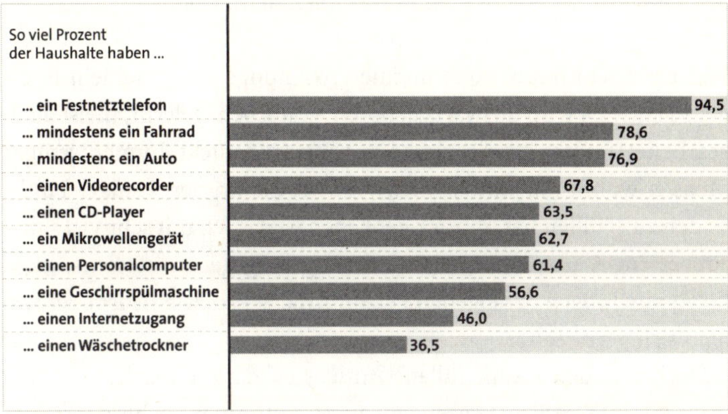

Königsstuhl, ein kleiner antiker Thron, aus dunklem Holz geschnitzt, ein leeres Vogelhäuschen aus Sri Lanka, Sofakissen aus Zaïre, drei Masken aus Gabun und, und, und. Sandra Tengler wohnt auf 93 Quadratmetern, in einer Dreizimmerwohnung, die ursprünglich auf eine Familie zugeschnitten war.

Ein Mensch, ein Haus – wenn Architekten heute ein Bild vom Wohnen der Zukunft entwerfen, kommt häufig diese Konstellation dabei heraus. Für alte Menschen, allein: Wie sähe eine Wohnung aus, in der eine Pflegerin zur Untermiete leben könnte? Oder für junge Menschen, auch allein: Die Entwürfe zeigen Häuser wie Computermonitore, darin ein einziger Raum mit Küche, Bad, Bett. Einpersonenhäuser. Durch eine wandhohe Scheibe schaut der Bewohner auf Wolkenkratzerpanoramen. Weltweit wetteifern Architekten mit Visionen so genannter Floating Homes, moderner Hausboote, die heute hier und morgen dort vor Anker gehen können. Auf den Dachterrassen, die «Sonnendecks» heißen, räkeln sich junge Paare mit einem Ausdruck, der zwischen Lässigkeit und Langeweile schwankt. In diesen Architekturzeichnungen haben die Menschen öfter einen Laptop auf dem Schoß als ein Kind. Ist das der Fortschritt?

Sandra Tengler schweigt und wirkt noch kleiner auf ihrem großen

Sofa. Dann sagt sie: «Ich denke, das ist ein bisschen degeneriert, man ist sich selbst der Nächste. Aber was soll man machen?»

Was geschieht heute noch in einer Wohnung? Was geschieht in einem Haus? Es wird auswärts geboren, gestorben, gelernt, meist auch gearbeitet, immer öfter gegessen, sogar gefrühstückt. Immer weniger Mensch wohnt auf immer mehr Fläche, die immer weniger Funktionen zu erfüllen hat. Zurück geblieben ist das Ich mit sehr viel sinnentleertem Raum, der zur Inszenierung freigegeben ist. Es ist Platz für Ausstellungen der eigenen Persönlichkeit – so, wie sie ist oder wie man sich gerne sähe.

Doch wie den Raum füllen? Antworten darauf werden mit fast therapeutischem Ernst gegeben. Längst bestimmen nicht mehr Notwendigkeiten oder die Fähigkeiten des einzigen Tischlers im Dorf die Inneneinrichtung, auch nicht unumgehbare Normen wie Buffet und Schrankwand. Man hat die Wahl zwischen zig Möbelhäusern, Lampenläden, Sanitärgeschäften.

Als das Verlagshaus Gruner + Jahr seiner Frauenzeitschrift *Constanze* 1960 ein Sonderheft namens *Schöner Wohnen* beilegte, hatte kaum jemand damit gerechnet, dass es eine größere Resonanz als das Hauptblatt erfahren würde – und heute zwei Millionen Leser hat. Rudolf Augstein, Herausgeber des *Spiegels,* meinte damals sogar, so ein Projekt sei «Quatsch»: Wenn die Deutschen ihre Möbel erst einmal gekauft hätten, bräuchten sie keine Wohnzeitschrift mehr. Tatsächlich ist heute Platz für ein fast unüberschaubares Angebot an Einrichtungsmagazinen. Es gibt gefühlige Illustrierte wie *Living at Home* und *Elle Decoration* für die Frauen und Heimwerkerhefte wie *Selbst ist der Mann* oder *Bauen & Wohnen* für die Männer. Außerdem Magazine für fast jedes Detail, das ein Haus nur haben kann: *Mein neues Bad, Bad und Küche, office, Öfen & Kamine.* Neuerdings kommen Einrichtungsfernsehsendungen hinzu, etwa *Einsatz in vier Wänden* auf RTL. Diese Serie, in der eine Stilberaterin Wohnungen von Zuschauern umgestaltet, hat bei den 14- bis 49-Jährigen einen Marktanteil von fast 22 Prozent.

So vielfältig wie die Beratung sind auch die Möbel: skandinavisch schlicht, marokkanisch gusseisern, japanisch niedrig, bayerisch rustikal, retrospektiv. Anders als in den USA und England, wo noch immer der blumig-polstrige Landhausstil dominiert, ist in Deutschland alles möglich – und die Ära der Couchgarnitur, jener Skulptur der Sesshaftigkeit, beendet. Hier werden (Auszieh-)Sofas und Sessel in unterschiedlichen Formen und Farben zusammengestellt; Patchwork-Familien haben Patchwork-Zimmer. Und nirgends sonst auf der Welt gibt es so viele Designhotels, Häuser mit mutigem Stilmix, aufwändiger Beleuchtung «und ohne Gardinen», so Peter Joehnk, einer der renommiertesten deutschen Innenarchitekten, der in erster Linie solche Hotels gestaltet. «Ich muss mich fragen: Wie würden die Menschen gerne wohnen, wenn sie könnten? Dazu kommt, dass ein Hotel mehrheitsfähig sein muss. Da kriegt man gut mit, was akzeptabel ist oder sogar im Trend liegt.»

Und das seien beim Einrichten, diesem ewigen Spagat zwischen Repräsentieren und Wohlfühlen, derzeit «Wellness» und «Cocooning». Übersetzt: die Suche nach Wärme und Sinn.

Cocooning, sagt Joehnk, bedeute Heimeligkeit, Sicheinspinnen, da sich die Welt draußen immer schneller drehe. Plötzlich stehen in den Zimmerecken sanft lächelnde Madonnen oder Buddha-Figuren. Auf dem November-Titelbild von *Schöner Wohnen* flackern 14 Kerzen und ein Kamin – nicht auszudenken, was da alles in der Weihnachtsausgabe lodern wird. Ofen und Herd sind (wenn man sich's leisten kann) aus der sterilen Einbaunische wieder in den Mittelpunkt des Hauses gerückt. Vor allem, seit auch die Herren kochen. Wellness, sagt Joehnk, stehe für den Willen zum Wohlfühlen überall in der Wohnung. Das Augenmerk der Deutschen gelte derzeit der Verkuschelung ehemals kalter, karger Räume wie dem Bad. Und wirklich: die Formenvielfalt von Wannen und Waschbecken in den einstigen «Nasszellen»! Dazu Brandungsbilder in muschelbesetzten Rahmen, ein Stuhl aus Teak, ein Schwamm aus dem Body Shop.

Hinter alldem stehe ein großes Streben nach «Authentizität», sagt Architekt Joehnk. Eine Einrichtung gelte heute als stilvoll, wenn

Wer lebt mit wem in Deutschland?

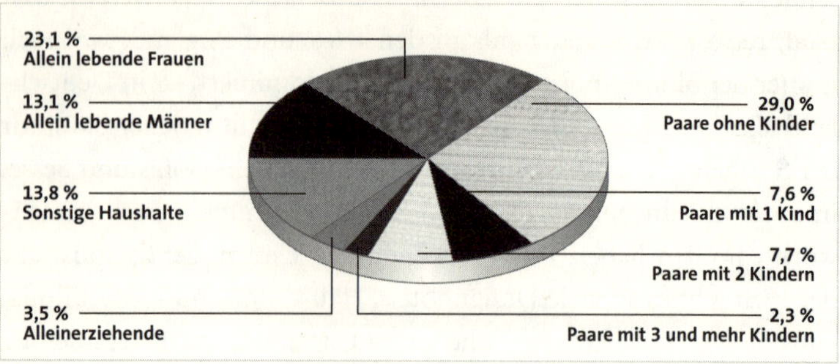

Struktur der Haushalte nach Haushaltstyp — Quelle: Statistisches Bundesamt 2003

möglichst viele Dinge Geschichten erzählen; wenn sie beim Besucher Fragen aufwerfen: Wo hast du das her? Von deinen Großeltern? Die Mobilen, Flexiblen suchen nach Verwurzelung. Nach Gegenständen, die Echtheit und Einzigartigkeit suggerieren. «Manufactum», das Edelversandhaus, wirbt mit dem Sehnsuchts-Slogan «Es gibt sie noch, die guten Dinge». Der Möbelversand «Octopus» behauptet: «Unter den Platanen einer französischen Dorfkneipe fanden wir diesen verschnörkelten Gartenstuhl.» Und Joehnk lässt seine Mitarbeiter wurmstichige Dielen und verwitterte Ziegel aus Abbruchhäusern reißen, denn höchstes Prädikat ist ein früherer Warnhinweis geworden: «Mit Gebrauchsspuren!» Klostertische mit Macken, zerschrammte chinesische Hochzeitsschränke – sehr begehrt. Geschichte wird gekauft. Böte Sandra Tengler ihre afrikanischen Antiquitäten auf den Berliner Flohmärkten an, sie würde gutes Geld verdienen.

Dieses Streben nach Authentizität – vielleicht ist das auch ein Reflex auf das glatt gebohnerte Linoleum-Wohnen in den Sechzigern und Siebzigern. Auf das Leben in einer Utopie, das in der Realität ernüchternd sein kann. Zum Beispiel im Falkenhagener Feld, einer Trabantenstadt in Berlin-Spandau, gebaut in der Zeit jener architektonischen Visionen, die heute oft wie große Irrtümer wirken:

wohnen in grauen Häuserriegeln, mit stets gleichen Fensterfronten, Klingelschildern, Briefkästen. Rund 20 000 Menschen leben hier, umstellt von Ermahnungen: Mülltonnen «nur für die Häuser 2, 4, 6, 8, 10», Spielplätze «nur für Kinder unter 14 Jahren!». Jeder und jedes auf dem ihm zugeteilten Platz, und alle 50 Meter eine Bank. Da wollte jemand an alles denken und hat doch nur das Leben in Formen gepresst.

Ganz oben, im siebten Stock eines der Häuser, wohnen Hans und Erna Schultz, und das schon ihr ganzes Erwachsenenleben lang. Auf 78 Quadratmetern mit Gelsenkirchener Barock, hinter Gardinen. Im Wohnzimmer schaut der Nymphensittich Karl Liebknecht zu den Flugzeugen hinauf, die über dem Haus zur Landung in Tegel ansetzen. Erna Schultz ist 53, ihr Mann ist 60, seit über 30 Jahren in der SPD und seit kurzem im Vorruhestand. Beide rühren in Kaffeetässchen aus Porzellan.

Auch das Ehepaar Schultz hatte einmal von einem eigenen Haus geträumt. 1966, zur Hochzeit, hatten sie einen Bausparvertrag abgeschlossen. Aber mit seinem Gehalt als Schweißer konnte Hans Schultz die Raten nur ein Jahr lang zahlen; seine Frau musste sich um die beiden Töchter kümmern. So lag Eigentum erst jenseits des Erreichbaren und bald jenseits der Wünsche. Zumal diese Wohnung in Spandau doch topmodern war, als sie 1968 einzogen: «Zentralheizung, Warmwasserspeicher, Elektroherd und für jedes Kind ein Zimmer, 2,20 mal 3,60 Meter.» Damals war das viel. Ein wenig Staunen über den Luxus schwingt bis heute in ihren Stimmen mit.

Und nun? Sind sie seit 35 Jahren Mieter, die Töchter sind ausgezogen, und das Viertel hat sich verändert. Es seien nicht alle Visionen von Gemeinschaft und Heiterkeit so wie im Olympiadorf in München 1972 Wirklichkeit geworden, sagt Hans Schultz. Auf dem zentralen Platz, wo früher eine Bankfiliale, ein Zeitschriftenladen und die Kneipe «Klimbim» für Marktplatz-Atmosphäre sorgten, ist heute nur noch Aldi. Die Leute lassen ihren Sperrmüll in den Kellern liegen. Jugendliche betrinken sich auf den Bänken. Es gibt zwei Polizisten nur für dieses Viertel.

Auch das ist Wohnen in Deutschland: Zusammenleben auf engem Raum, in fremdem Eigentum – keine Wunscherfüllung, sondern ein Kompromiss um «Lärm», «Ruhe», «Trittschall», «Müll». Wann das Altglas wegwerfen? Wann ein Loch in die Wand bohren? Es ist ein kompliziertes Ineinandergreifen von Rechten und Pflichten bis hinein in die Wohnung, ins Private. «Mittagsruhe ist von eins bis drei», sagt Hans Schultz, «und dann ist wieder Ruhe ab acht. Das steht so im Mietvertrag.» Sie achten darauf. Und fühlen sich wohl. Trotz allem. «Das ist doch unser Dorf hier», sagt er, der mit viel Aufwand Mieterfeste organisiert. Die Siedlung ist sein sozialdemokratisches Projekt geblieben. «Außerdem», sagt sie, «unser Blick! Wir können bis zum Funkturm gucken.»

Hans und Erna Schultz bestätigen Studien, die besagen, dass die meisten Menschen in Deutschland mit ihrer Art des Wohnens ganz zufrieden sind. Doch «die meisten» sind nicht alle. 1,9 Millionen Haushalte mit «nichtdeutscher Bezugsperson», so die Amtssprache, gibt es in der Bundesrepublik, und Ausländer sind schlechter gestellt als der deutsche Durchschnitt. Den rund 40 Quadratmetern pro Person in deutschen Haushalten stehen 27,1 Quadratmeter in Haushalten gegenüber, wo Ausländer wohnen. Sie haben größere Familien, weniger Geld und werden auf dem Mietmarkt noch immer diskriminiert. Auch wenn sich die Lage von Generation zu Generation entspannt hat.

So endet diese Wohnungsbesichtigung in Kreuzberg, in einem Sozialbau unterm Dach. Vor der Tür stehen sieben Paar Schuhe. Hinter der Tür lebt eine arabische Familie. Zu neunt auf 90 Quadratmetern.

Ein Junge öffnet, er mag 15, 16 sein. Im Dunkel hinter ihm fragende Gesichter. Die Mutter? Ohne Arbeit. Der Vater? War Busfahrer, solange sein Herz mitmachte. Wie geht das: zu neunt auf 90 Quadratmetern? Besser, seit die beiden ältesten Schwestern ausgezogen sind. Wo machen so viele Kinder ihre Hausaufgaben? An einem großen Tisch, ist aber manchmal etwas laut. Woher stammen die Möbel? Aus der *Zweiten Hand.* Und die Betten? Welche Betten? Vater und Mutter schlafen auf Matratzen.

Die Tür schließt sich wieder. Vielleicht schämen sie sich für die Enge, für die Gebrauchsspuren. Dafür, dass bei ihnen «Authentizität» ein Makel ist.

Wie man in Deutschland …

10

Wie man in Deutschland arbeitet

Das Ende der Arbeitsgesellschaft? Von wegen. Wer heute Arbeit hat, schuftet mehr denn je. Wer Arbeit sucht, muss sich auf ständig wechselnde Jobs einstellen.

von Wolfgang Uchatius

Man muss sich Herrn Ruggaber als einen glücklichen Menschen vorstellen. Eines Tages am Bodensee zum Beispiel steigt er mit seiner Frau auf einen Ausflugsdampfer. Um zu zahlen, klappt Ruggaber sein Portemonnaie auf. An der Kasse steht der Schiffseigner selbst, sein Blick fällt auf Ruggabers Firmenausweis. Ein weißes Stück Plastik, darauf der schwarz gedruckte Name eines großen deutschen Konzerns.

«Schaffet Se etwa beim Daimler?»

«Freilich.»

«Ond wo?»

«I mach d' S-Klass.»

«Subber, gradduliere. I hen selbscht oine. Des isch's beschte Audo, was es gibbd.»

Das mache ihn stolz, sagt Ruggaber: wenn jemand die S-Klasse lobt. Regierungschefs und Unternehmensvorstände, Amerikaner, Japaner und Schwaben, Reiche und Wichtige aller Länder fahren S-Klasse. Ruggaber nicht. Viel zu teuer. Trotzdem ist die S-Klasse sein Auto. An den Fließbändern der Halle 46 des Daimler-Werks in Sindelfingen sieht er sie jeden Tag vom stählernen Skelett zur glänzenden Limousine wachsen. Sieht, wie die Kollegen die Sitzschienen und Auspuffanlagen an das Metall schrauben, an 288 Wagen am Tag. Früher hat Ruggaber mitgeschraubt, dann haben sie ihn befördert, seit 26 Jahren ist er jetzt in der Qualitätssicherung. Ruggaber kennt die S-Klasse wie ein Kind seinen Fischer-Technik-Kasten. Er passt auf, dass sich in den teuren Wagen kein Fehler versteckt. Das ist seine Arbeit. Im blaugrauen Kittel geht er die Bänder ab, schaut, prüft, testet. Fühlt sich wohl. Sagt: «Die Identifikation mit dem Produkt ist enorm.»

52 Jahre alt ist er jetzt, ein kleiner, gedrungener Mann mit Dreivierteiglatze und grauem Bart. Vorname Hans, aufgewachsen in Mühringen bei Horb am Neckar, 1100 Einwohner. «Zwei davon fahren S-Klasse.» Da wohnt er noch immer. Sein Vater war der Erste im Ort, der zu Daimler ging. Heute arbeitet auch einer von Ruggabers zwei Söhnen dort, 50 Meter vom Vater entfernt.

Rein statistisch kommt es auf ihn nicht an bei Mercedes. Er ist ja nur einer von 40 000 Leuten im Werk, das groß ist wie eine kleine Stadt. Aber jeder der 40 000 hat nun einmal seine Aufgabe, wird irgendwo gebraucht. «Und darauf kommt es doch an im Leben», sagt Ruggaber. «Dass man eine Arbeit hat, dass man gebraucht wird.»

Arbeitsgesellschaft. Diesen Begriff wählen Sozialforscher, um ein Land wie Deutschland mit einem Wort zu beschreiben. Besonders ein Land wie Deutschland, in dem die Leute ihren Beruf in Todesanzeigen schreiben und mitunter auf die Grabsteine und in dem sie, sollten sie einander lebend kennen lernen, spätestens nach dem fünften Satz fragen: «Und, was machen Sie beruflich?»

Nur, was geschieht mit der Arbeitsgesellschaft, wenn die Menschen keine Arbeit mehr finden?

Anfang der siebziger Jahre, als sich Hans Ruggaber bei Daimler bewarb, waren in Deutschland ein paar hunderttausend Menschen arbeitslos. Mitte der Neunziger waren es fast vier Millionen. Bücher und Aufsätze prophezeiten das Ende der Arbeit. Wissenschaftler wie der Starsoziologe Ulrich Beck erfanden neue Vorsilben für «Gesellschaft». Wo massenhaft Arbeitsplätze fehlen, so die Annahme, tauge die Erwerbsarbeit nicht länger als Sinn stiftendes Element. 1997 gaben mit Edmund Stoiber und Kurt Biedenkopf zwei leibhaftige Ministerpräsidenten eine Erklärung ab, in der sie das Naheliegende forderten: Man müsse Alternativen finden, neue Formen der Beschäftigung.

Auf den ersten Blick eine vernünftige Idee. Denn trotz steigender Arbeitslosigkeit wächst das deutsche Volkseinkommen, allein seit 1991 um 17 Prozent, der verteilbare Wohlstand nimmt also zu. So gesehen, könnte es das Beste sein, die Erwerbslosen hörten auf, nach einem Job als Automechaniker oder Bankkaufmann zu suchen. Stattdessen erledigten sie, was Sozialforscher als Bürgerarbeit bezeichnen: Sie engagieren sich ehrenamtlich und für gute Zwecke, helfen alten Nachbarn beim Einkaufen, trainieren junge Fußballer. Was sie zum Leben brauchen, gibt ihnen die Allgemeinheit. Deutschland braucht all die Arbeiter nicht mehr.

Aber die Deutschen brauchen die Arbeit.

Die Republik hat das Konzept einer Nichterwerbsgesellschaft abgestoßen wie ein menschlicher Körper ein falsch verpflanztes Organ. Das Land sehnt sich nach Jobs. «Arbeit, Arbeit, Arbeit» plakatierte die SPD zu den Bundestagswahlen. Oder auch: «Es gibt viele schöne Plätze, die schönsten sind Arbeitsplätze.» Wer das anders sieht, gerät neuerdings in Schwierigkeiten. Bundesbürgern, die arbeiten können, aber nicht wollen, wird nach dem Willen von Regierung und Opposition künftig die Unterstützung gekürzt. Zwar soll, wer nicht arbeitet, auch weiterhin zu essen haben, aber nicht mehr so viel.

Ende der Arbeitsgesellschaft? Von wegen. «Die Erwerbszentrierung ist nicht gesunken, sondern gestiegen», sagt Gerd Mutz, Leiter des Münchner Instituts für Sozialforschung. Nie strömte ein so großer Teil der Bundesbürger zwischen 25 und 55 auf den Arbeitsmarkt wie heute (siehe Graphik). Nie hatten sie es so schwer, dort einen Platz zu finden. Umfragen zufolge sieht ein Großteil der Deutschen die Arbeit als Quelle von Zufriedenheit und Stolz. Aber wer heute einen Job bekommen und behalten will, muss Kompromisse schließen. Die Hoffnung auf Arbeit erzwingt Umzüge, beendet Freundschaften, verhindert Familiengründungen und bringt Eltern dazu, ihren Kindern das Spielen zu verbieten und das Lernen zu befehlen.

Der Soziologe Wolfgang Bonß von der Universität der Bundeswehr in München sagt: «Die Arbeitsgesellschaft geht jetzt erst richtig los.» Überall in der Republik ist das zu besichtigen. Ob in Berlin oder einem Dorf in Bayern, ob in Cottbus, Frankfurt oder einem Gewerbegebiet in Chemnitz.

Man muss sich auch Frau Rothe als einen glücklichen Menschen vorstellen. Aber anders als Hans Ruggaber. Sein Arbeitsleben läuft seit Jahrzehnten störungsfrei wie ein S-Klassen-Motor, ihres geriet immer wieder ins Stocken, starb ab. Jetzt ist es wieder angesprungen, endlich. Ihr Glück ist das einer Davongekommenen.

Auch sie ist Anfang 50, eine kräftige Frau mit kurzen, grauen Haaren, die es nicht stört, wenn Arbeiten Zupacken bedeutet und einen krummen Rücken. Ursula Rothe: Aufgewachsen ist sie in Thüringen, gleich an der Grenze nach drüben, und gleich nach der Wende hat sie den Job verloren. Wie so viele im Osten.

Das Arbeitsamt hat Ursula Rothe dann zur Industriemechanikerin umschulen lassen, zwei Jahre lang, obwohl sie als ausgebildete Elektromonteurin wenig Neues lernte. Weil Anfang 1993 keine Stellen für Industriemechaniker verfügbar waren, kam sie in einer Arbeitsbeschaffungsmaßnahme (ABM) unter: Zäune ziehen an einem Wildgatter. Damit die Hirsche nicht abhauen. Mit Industriemechanik hatte das wenig zu tun, aber sie war nicht unzufrieden. «Arbeit an der frischen Luft, das hat Spaß gemacht», sagt Ursula Rothe. Außerdem hat sie dabei ihren heutigen Mann getroffen, was nicht untypisch ist. In der Arbeitsrepublik Deutschland lernen sich 30 Prozent der Paare im Job kennen, und ABM zählen da natürlich auch dazu.

Nach zwei Jahren war sie wieder arbeitslos, dann wieder ABM, diesmal Fahrradwege bauen, dann wieder arbeitslos, fast drei Jahre lang. Also: Bewerbungen schreiben, fernsehen und täglich die Frage, wofür sie eigentlich aufsteht. Sie kannte ja die Statistiken, wonach in Deutschland nur rund zehn Prozent der Arbeitslosen über 50 noch eine Stelle finden. Doch an einem Frühlingstag 1999 läutete das Telefon, eine Zeitarbeitsfirma war dran mit einem Angebot für sie, und da ist Ursula Rothe «eine Steinlawine vom Herzen gefallen». Die Arbeit gab den Tagen ihre Ordnung wieder.

Die Zeitarbeitsfirma hat sie zu Siemens nach Chemnitz geschickt.

Dort ist sie heute noch. Sie bestückt Leiterplatten, steckt Transistoren, Dioden und Widerstände auf grüne Kunststoffplatten, die dann anderswo in Fernseher oder Computer eingebaut werden. In diesem Jahr ist sie in die Siemens-Stammbelegschaft aufgerückt, arbeitet Frühschicht und Spätschicht, im wöchentlichen Wechsel. Genau wie Hans Ruggaber.

Hans Ruggaber und Ursula Rothe: Für die Protokollanten der deutschen Arbeitsgesellschaft gehören beide zur selben großen Gruppe derer, die im so genannten Normalarbeitsverhältnis stehen. Trotz Minijobs und Zeitverträgen, steigender Teilzeit- und Selbständigenquote zählen noch immer 60 Prozent der deutschen Erwerbstätigen zu diesen Normalarbeitern: Sie haben unbefristete Vollzeitverträge. Trotzdem könnte der Unterschied zwischen Ruggaber und Rothe kaum größer sein. Der Westdeutsche Hans Ruggaber hat seit drei Jahrzehnten so einen sicheren Arbeitsplatz, die Ostdeutsche Ursula Rothe erst seit einigen Monaten. Ruggaber ist sich gewiss, ihn bis zur Rente zu behalten, Rothe ist skeptischer. «Heutzutage kann man nie wissen.»

Als vor bald 15 Jahren die Mauer fiel, galt der Westen dem Osten als ökonomisches Vorbild, und in vielen Dingen, von den Automarken bis zu den properen Einfamilienhäusern an den Stadträndern haben sich die neuen Bundesländer tatsächlich den alten angeglichen. In der Arbeitswelt aber war es eher umgekehrt. Die gefühlte oder echte Ungewissheit, die in den Neunzigern fast alle ostdeutschen Arbeitnehmer beschlich, ist heute, in der wirtschaftlichen Krise, schon beinahe gesamtdeutsche Realität. «Bundesweit ist nur noch ein Drittel der Beschäftigten über einen Zeitraum von fünf Jahren dauerhaft vollzeitbeschäftigt», sagt der Münchner Soziologe Wolfgang Bonß. «Die Mehrheit dagegen pendelt zwischen unbefristeter Vollzeitbeschäftigung und anderen Arbeitsformen oder zwischen Beschäftigung, Nichtbeschäftigung und Wiederbeschäftigung.» Die Normalarbeit hat ihre Normalität verloren. Deutschland im 21. Jahrhundert, das heißt, arbeiten im Stop-and-go.

Einerseits hat sich die Freizeit ausgeweitet. Im Schnitt arbeitet heute ein Bundesbürger 1443 Stunden im Jahr, weniger als je zuvor. Andererseits hat sich wie als Reaktion die Arbeit in die Freizeit gedrängt. Im Jahr 1970 lag die durchschnittliche jährliche Arbeitszeit noch bei 1956 Stunden. Aber damals hatten fast 85 Prozent der Erwerbstätigen einen Normalarbeitsplatz, und damals hieß das noch: eine Anstellung auf Lebenszeit. Gingen die Normalarbeiter abends nach Hause, mussten sie an die Arbeit kaum noch Gedanken verschwenden. Gestern und heute waren eins, und auch morgen würden sie ihren Job noch haben. Die Arbeit war da, und deshalb konnte man sie vergessen. Die Arbeitsgesellschaft endete an den Fabriktoren.

Rund 30 Jahre später, als Ursula Rothe als ABM-Kraft Zäune zog und Fahrradwege baute, da dachte sie in ihrer Freizeit nicht an Freizeit, sondern daran, wie es wohl weitergehe nach dem Ende der zeitlich befristeten ABM. Die große Mehrheit der Deutschen macht sich ähnliche Sorgen. Nach Angaben der Industrieländer-Organisation OECD fürchten im Osten rund 95 Prozent und im Westen knapp 70 Prozent der Bundesbürger, sie könnten ihren Job verlieren. Die Arbeitsgesellschaft hat die Wohnzimmer erreicht.

Victor Terbers Wohnungen sahen jahrelang aus «wie die von Sozialhilfeempfängern». Ein Bett, ein Stuhl, ein Tisch, ein kaputter Schrank. Am fehlenden Geld lag das nicht. Terber machte schon im ersten Berufsjahr 269 000 Mark. Es lag an Terber selbst, der keine Zeit hatte, sich einzurichten, ganz abgesehen davon, dass es sich nicht lohnte. Er blieb ja nicht lange.

Terber, der flexible Mensch. 1987 hatte der heute 36-Jährige begonnen, in Freiburg Medizin zu studieren, dazu Informatik an der Fernuni Hagen. Beides hat er nie abgeschlossen. Stattdessen hörte er sich Vorlesungen aller Fächer an, «außer Theologie», kandidierte für die FDP vergeblich für den Bundestag und bastelte an Computern herum. Nach 20 Semestern brach er das Studium ab, warb per Anzeige in der *Computerwoche* für sein Können und war von da an selbständig. Das ist er bis heute. Selbständig als was genau? «Gute Frage, auf meine Visitenkarte schreibe ich meistens IT-Consultant.»

Soll heißen: Er programmiert und repariert Software. Vor allem ist er immer beim Kunden. Das sind meist große Unternehmen, und ein Auftrag dauert selten länger als ein Jahr. Also zieht Terber um. Ständig. Von Freiburg nach Düsseldorf, nach Wiesbaden, nach München. Irgendwann hatte er genug und mietete sich in Frankfurt «eine anständige Wohnung». Knapp 100 Quadratmeter für ihn allein.

Viel hat er nicht davon. Im September klingelte sein Handy: Siemens baue in London das modernste Postverteilzentrum Europas auf, brauche dringend Software-Experten. Terber nahm an, fünf Tage später stieg er ins Flugzeug. Jetzt arbeitet er jeden Monat drei Wochen in London, sechs Tage die Woche, zehn bis zwölf Stunden am Tag. Danach hat er eine Woche frei, dann sieht er seine Wohnung.

Terber sagt, ihm gefalle dieses moderne Dasein. «Man lernt viel Neues kennen.» Jahrelang hat er es deshalb ertragen, dass sich die Arbeit in sein Leben drängte, dass wenige Freundschaften die Umzüge überlebten, dass seine Existenz von immer neuen Aufträgen abhängt, die nach dem Internet-Boom plötzlich ausblieben. Vier, fünf Monate lang. «Hätte ich eine Familie, wäre ich ins Schwitzen gekommen.» Er hat ja keine.

Aber eigentlich will er eine. Deshalb fängt Terber an zu zweifeln. Und muss feststellen, dass so ein Arbeitsleben manchmal schwer zu lenken ist, selbst wenn der Motor wieder flüssig läuft.

Vor etwas mehr als einem Jahr hat er eine Frau kennen gelernt, im Internet. Sie lebt in München, arbeitet bei einer Bio-Tech-Firma. Mit ihr, sagt Terber, könne er sich vorstellen, Kinder zu haben. Allerdings müssen sich die beiden beeilen, auch sie ist 36. Und wie soll das mit der Familie überhaupt funktionieren, wenn sie in München arbeitet und er in … ja wo eigentlich? Der Vertrag mit Siemens in London endet im Sommer.

Eine Festanstellung gäbe ihm Raum für das eigene Leben, aber selbst wenn Terber es wollte, er fände schwer einen Job, der ihm gefällt. Im strengen Sinn der deutschen Arbeitswelt hat er nichts gelernt. Keine Ausbildung abgeschlossen, kein Studium. Er denkt daran, sein für die Alterssicherung gedachtes Geld zu nehmen und ein Unternehmen aufzumachen. Eines, bei dem er in München leben kann. «Aber dazu fehlt mir noch eine tragfähige Geschäftsidee.»

Fragt man Sozialforscher, woran es liegt, dass die Arbeit immer größere Teile des privaten Raumes besetzt, geben sie zwei Antworten.

Erstens: «Die Unternehmen verlangen nach mehr Flexibilität», sagt Ulrich Walwei vom Nürnberger Institut für Arbeitsmarkt und Berufsforschung. Anders gesagt: Sie wollen ihre Kosten drücken. Deshalb läutete zum Beispiel bei Frau Rothe das Telefon. Das Siemens-Werk in Chemnitz gleicht Produktionsschwankungen bevorzugt mit Zeitarbeitern aus. Die kann man schnell einstellen, wenn die Aufträge steigen, und wenn diese sinken, wird man sie leicht wieder los. Als Angestellte der Zeitarbeitsfirma saß Ursula Rothe zwei Meter neben Siemens-Kolleginnen, die die gleiche Arbeit erledigten, aber mehr Geld verdienten. Heute, da sie selbst zu Siemens gehört, sitzt sie zwei Meter neben Zeitarbeiterinnen, deren Neid sie spürt, weil sie nicht wissen, wie lange sie den Job noch haben.

Zweitens: «Die Arbeit ist den Menschen wichtiger geworden», sagt der Modernisierungsforscher Helmut Klages von der Hochschule für Verwaltungswissenschaften in Speyer. Früher galt sie den Deutschen als notwendige Pflicht, nötig vor allem, um Geld zu verdienen. Über mögliche Berufe machten sie sich wenig Gedanken, oft gingen sie schlicht dorthin, wohin die Eltern sie schickten. Heute lesen sie dutzendweise Ratgeber, sitzen in Informationszentren, lassen von Psychologen ihre Talente und Neigungen testen. Die Arbeit hat sich zum Mittel der Selbstverwirklichung entwickelt. Für einen Großteil der Bundesbürger ist der Beruf heute Teil des individuellen Lebensstils, ein Markenzeichen wie Mode oder Musikgeschmack. Noch vor 20 Jahren hätte einer wie Terber die nächstbeste Festanstellung angenommen. Heute sagt er: «Ich bin nicht der Typ, der 30 Jahre an einem Ort arbeitet.»

Wo die Deutschen arbeiten

Anteil einzelner Wirtschaftsbereiche an der Gesamtzahl der Erwerbstätigen in Prozent

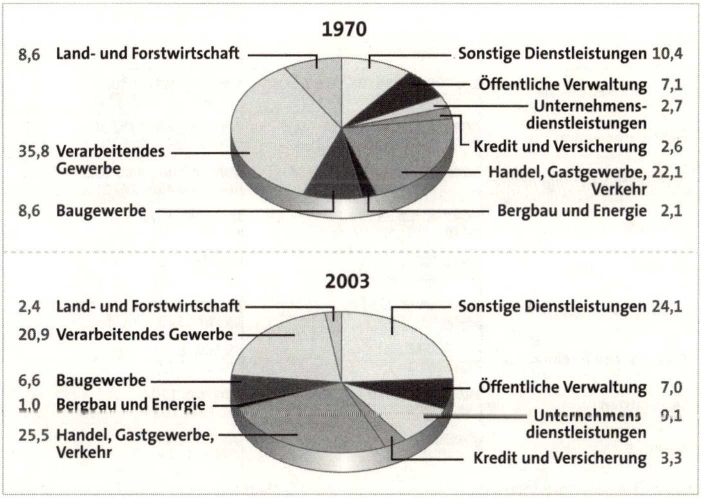

Quelle: Statistisches Bundesamt 2003 Daten zu 1970: Westdeutschland

Wie viele Deutsche arbeiten wollen

Anteil der Personen zwischen 25 und 55 Jahren, die dem Arbeitsmarkt zur Verfügung stehen, in Prozent

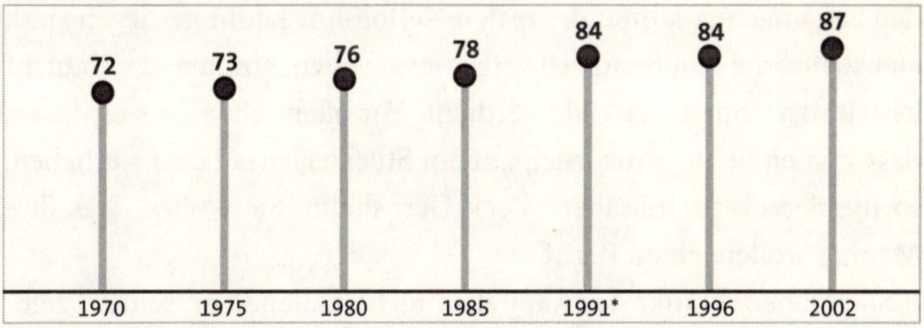

Quelle: Statistisches Bundesamt 2003, eigene Berechnungen *bis 1990: Westdeutschland

Wie viel die Deutschen verdienen

Durchschnittliche Bruttomonatsverdienste vollzeitbeschäftigter Arbeiter oder Angestellter in ausgewählten Berufen*

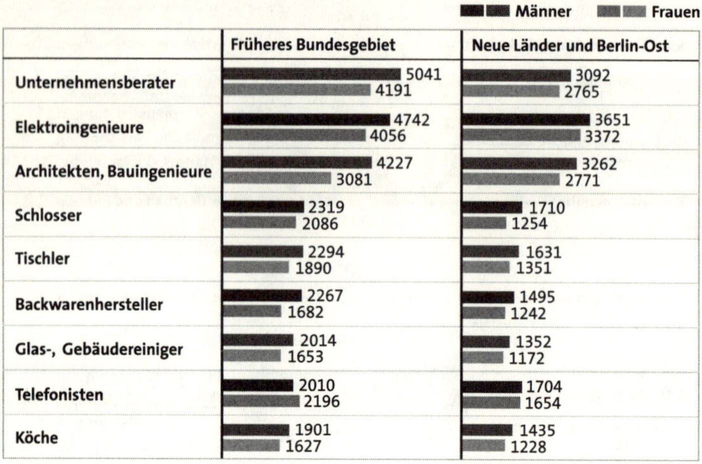

Quelle: Statistisches Bundesamt 2003 *Stand Oktober 2001, Angaben in Euro

In den Sechzigern oder Siebzigern entsprachen viele Deutsche noch diesem Typ. Weil damals Vollbeschäftigung herrschte, sind diese Jahre als Hochzeit der Arbeit im kollektiven Gedächtnis verhaftet, als die Zeit des Wirtschaftswunders und der Stahlarbeiter. Tatsächlich waren sie, zumindest im Westen, die Zeit der Hausfrauen. 1970 strebten 48 von 100 Frauen im Alter zwischen 25 und 55 auf den Arbeitsmarkt. Heute sind es 79. Das hat auch damit zu tun, dass in den vergangenen Jahren die realen Nettolöhne kaum gestiegen sind; Haushalte, die sich finanziell verbessern wollen, können es sich nicht leisten, dass nur einer Geld verdient. Vor allem aber liegt es daran, dass Frauen heute «Anspruch auf ein Stück eigenes Leben» erheben, so die Soziologin Elisabeth Beck-Gernsheim. Sie wollen, was ihre Männer wollen: einen Beruf.

So gesehen, krankt der Kapitalismus hierzulande an seinem eigenen Erfolg. Anstatt sich wie anständige Marxisten ausgebeutet und entfremdet zu fühlen, haben die Deutschen die Arbeit schätzen gelernt. Weshalb es nicht mehr genug Jobs für alle gibt.

Oder etwa doch?

An den Wochenenden kommen die Ersten so gegen neun oder zehn. Hängt auch vom Wetter ab. Bei Regen kommen weniger. Aber ein paar schauen immer vorbei, junge Frauen zumeist, Unternehmer- oder Anwaltstöchter. In Reitstiefeln, Reithose und mit Reitkappe reden sie auf ihre Pferde ein, striegeln sie, streicheln sie und führen sie von der Koppel für den wöchentlichen Ausritt. Gut, dass Bielecki die drei Dutzend Pferde morgens schon gefüttert hat.

Er hat sie auch getränkt, ihren Mist in die Schubkarre geladen und weggebracht, und jetzt hievt er mit der Mistgabel große Strohballen vom Hänger in die Schubkarre. Dabei flucht er wieder einmal innerlich, dass die Pferde nicht alle in einem großen Stall stehen, sondern in fünf kleinen, verstreut über die ganze Koppel. Deshalb muss er dauernd rennen. Wenigstens regnet es nicht.

Seit zwei Jahren läuft er jetzt auf diesem Pferdehof herum. Dariusz Bielecki (Name geändert), Mitte 30, eigentlich ausgebildeter Musiker, aber als Musiker verdient er in Polen nicht viel, außer im Sommer und an Weihnachten und Ostern, da spielt er auf Hochzeiten und bei Familienfesten. In der übrigen Zeit ist er meist in Deutschland. Offiziell als Tourist, inoffiziell als illegaler Arbeiter, als Knecht bei einem niederbayerischen Bauern, der entdeckt hat, dass er gutes Geld verdienen kann, wenn er auf seinen Wiesen die Pferde wohlhabender Städter versorgt. Oder von billigen Polen wie Bielecki versorgen lässt. Die wohnen zu dritt in zwei Zimmern im alten Bauernhaus, arbeiten zehn Stunden am Tag, am Sonntag fünf, erledigen auch noch den Neubau des Hauses, und das alles für freies Essen und 200 Euro die Woche, bar auf die Hand. Ein Deutscher würde sich dafür nie finden.

Nach Schätzung des Ökonomen Friedrich Schneider von der Universität Linz sind inzwischen 1,2 Millionen illegal beschäftigte Ausländer Teil der deutschen Arbeitsgesellschaft. Sie putzen, misten, spülen und schrubben, erledigen Jobs, für die es in Deutschland zwar eine Nachfrage gibt, aber kein Angebot, jedenfalls nicht zu diesem Preis. «Sie machen die Arbeit für weniger Geld und weniger Ärger», so die Sozialwissenschaftlerin Helma Lutz von der Universität Münster, die davon ausgeht, dass acht Prozent der deutschen Haushalte ausländische Putz- oder Kinderfrauen beschäftigen.

Theoretisch wäre das große Problem der modernen Marktwirtschaft also leicht zu lösen. Die Deutschen müssten sich auf einfache Arbeiten besinnen, längst vergessene Berufe zu neuem Leben erwecken: Knechte, Mägde, Dienstmädchen, Tellerwäscher.

Kaum einer ist dazu bereit, und das liegt weniger daran, dass die Deutschen fauler wären als die Polen, sondern daran, dass «in der modernen Gesellschaft Selbstvertrauen und sozialer Status untrennbar mit unserer Arbeit und unserem Einkommen verbunden sind», wie es der Wirtschaftsnobelpreisträger Robert Solow schon vor Jahren ausdrückte.

Für Dariusz Bielecki bedeutet die Schufterei auf der Pferdekoppel einen Fortschritt, weil er so seiner Familie in Tschenstochau ein Haus, ein Statussymbol, finanzieren kann. Für die meisten Deutschen wäre es ein Abstieg und das Ende dessen, was der Frankfurter Soziologe Sighard Neckel die «zentrale Erfahrung» deutscher Nachkriegsgeschichte nennt: «Bisher ist es vielen, fast allen, stetig besser gegangen.»

Dann fügt er hinzu: «Aber das bricht jetzt zusammen.»

Im Erzgebirge kleben Frauen heute für 4 Euro die Stunde Holzfiguren zusammen, in Berlin arbeiten Wachmänner nicht selten 60 Stunden in der Woche für wenig mehr, in Cottbus kommt Christine Schuller (Name geändert) netto auf 2,40 Euro pro Stunde. Fürs Waschen, Schneiden, Föhnen.

Friseurin war immer ihr Traumberuf. «Aber zu DDR-Zeiten lief das nur über Beziehungen.» Damals hat sie in einem volkseigenen Betrieb Patronenhülsen geschliffen, nach der Wende und nach jahrelangem Jobben aber doch die Chance ergriffen und sich zur Friseurin umschulen lassen. Mitte 30 ist sie jetzt und arbeitet bei einer großen Friseurkette. Statt eines Festgehalts erhält sie eine kleine Umsatzbeteiligung. So kommt sie brutto auf etwas über 400 Euro im Monat. Bis vor kurzem musste sie als Alleinerziehende auch noch ihre 16-jährige Tochter versorgen, was nur klappte, weil der Staat Geld zuschoss, damit sie wenigstens den Sozialhilfesatz erreichte.

Inzwischen ist die Tochter zum Vater gezogen, «finanziell hat sie es da besser», und Christine Schuller hat ihren Arbeitgeber verklagt. Er soll ihr wenigstens das Tarifgehalt zahlen. Dann erhielte sie brutto 700 Euro im Monat. Reich wird sie auch damit nicht, aber sie könnte helfen, ihrer Tochter das Auslandsjahr in Amerika zu finanzieren. Die geht aufs Gymnasium und will wahrscheinlich studieren. Sie wird es besser haben, hofft Christine Schuller.

Zwar ist die Zahl der arbeitslosen Akademiker in den vergangenen Jahren sprunghaft gestiegen, aber noch immer ist ein Studium die beste Versicherung gegen einen schlechten Job und viele Unannehmlichkeiten der Arbeitsgesellschaft. Nur, dafür muss man erst einmal das Diplom ablegen und das Vordiplom, muss das Abitur bestehen und die Prüfungen in der Grundschule. Nicht jeder schafft das einfach so.

Das weiß auch die steigende Zahl von Eltern, die heute schon Sechsjährige von einer Schule in die andere schicken, weil sie glauben, dass sie dort besser gefördert werden. Die sich, bevor die Kinder die dritte Klasse erreicht haben, nach dem besten Gymnasium erkundigen. Wahrscheinlich wissen es auch die inzwischen mehreren zehntausend Eltern, die ihren Kindern täglich Psychopharmaka verabreichen, um Aufmerksamkeit und Konzentration zu stärken. Die Arbeitsgesellschaft ist in den Kinderzimmern angekommen.

Kein Wunder. Unternehmensverbände, wie kürzlich die Vereinigung der Bayerischen Wirtschaft, warnen regelmäßig, die Fähigkeiten deutscher Schul- und Hochschulabgänger genügten den Anforderungen des Arbeitsmarktes nicht mehr. Und was heißt hier Schulen: Jürgen Kluge, Chef der Unternehmensberatung McKinsey, zum Beispiel betont in Talkshows und Interviews stets, die Zukunft beginne nicht in der Grundschule, sondern im Kindergarten. Schon dort würden die Weichen gestellt für die spätere Leistungsfähigkeit kleiner Menschen.

Malte Freier kann sich zwar kaum an seinen Kindergarten erinnern. Trotzdem würden ihm wohl alle Unternehmensverbände zugestehen, dass er ihre Anforderungen voll und ganz erfüllt. Auslandsstudium, Praktika, glänzendes Diplom. Danach fand er sofort den ersten Job, der nicht der letzte blieb.

Freier war für einen deutschen Konzern in Asien, hat eine Dotcom-Firma selbst gegründet, bei einer anderen als Geschäftsführer gearbeitet und heute, mit Mitte 30, ist er in Berlin bei einer großen Unternehmensberatung. Allerdings nicht mehr lange, weil er schon mit Kollegen daran bastelt, ein eigenes Beratungsunternehmen zu gründen. Außer diesen Kollegen darf das niemand wissen, deshalb darf niemand seinen echten Namen erfahren, im Moment. Oder eigentlich nie. Denn «der Malte», sagen Freunde, «der sucht dauernd nach Neuem, plant immer den Absprung.»

Klar, so eine Firmengründung könne auch schief gehen, sagt Freier, der für einen kleinen Sohn sorgen muss. Aber na und? Seine Frau sei auch Unternehmensberaterin, beide seien sie hervorragend ausgebildet, einer werde immer einen guten Job finden. «Es gibt tausend Sachen, die man machen kann.»

Während des Studiums war Freier Triathlet. Heute sieht er den Beruf als Sport, den Arbeitgeber als Sponsor, den man wechselt, wenn das Geld nicht stimmt. «Es ist ein Deal, nichts weiter.» So gesehen verbindet ihn nichts mit dem Daimler-Arbeiter Hans Ruggaber, der sagt, dass der Konzern ihm viel gegeben habe, und dabei nicht an sein Konto denkt. Dennoch haben sie viel gemein. Beide gehören zu jenen Deutschen, die sich gut eingerichtet haben in der Arbeitswelt, der eine in der alten, die immer kleiner wird, der andere in der neuen.

Man muss sich Malte Freier als einen glücklichen Menschen vorstellen.

11

Wie man in Deutschland Kinder erzieht

Heute haben Kinder alle Rechte, Eltern alle Pflichten. Bei der Erziehung reden alle mit: Großeltern, Tanten, Nachbarn – und der Nachwuchs selbst. Eine Familiengeschichte über drei Generationen.

von Michael Schwelien

Tinchen singt: «Schneller Propeller, Eier mit Mutella.» Tinchen ist noch nicht ganz vier. Eigentlich wusste sie schon einmal, dass es «Nutella» heißt. Aber vor einiger Zeit ist die Nougatcreme vom Speiseplan gestrichen worden. Jetzt hat sie die richtige Aussprache wieder vergessen. Und so schmettert sie voller Inbrunst auf dem Fahrrad-Kindersitz: «Schneller Propeller, Eier mit Mutella.» Als aber Papi in den Song einstimmen will, traktiert Tinchen mit ihren kleinen Fäusten seinen Rücken. «Du darfst das nicht», schreit sie, «nicht singen, du sollst schneller fahren.» Also tritt Papi in die Pedale. Er weiß aus Erfahrung: Kinder haben alle Rechte, Eltern alle Pflichten.

Jedenfalls gilt das für seine Generation. Früher war es genau umgekehrt. Da gaben die Eltern die Befehle. Tinchens Opa mütterlicherseits etwa, ein Offizier der Bundesmarine, pflegte die Devise: «Ich habe Tausende von Soldaten erzogen, die Bundeswehr ist die Schule der Nation, ich werde auch meine drei Töchter erziehen.» Damals wussten Kinder noch, was sich gehört – und Eltern auch. Zu Hause herrschte ein autoritärer Ton, und die Familie galt als geheiligte Institution. Scheidungen waren selten, Frauen bekamen meist mehr als zwei Kinder, keiner sprach vom «Generationenkrieg».

Doch dann kamen die Pille, die 68er, das Konzept der antiautoritären Erziehung, die Frauenbewegung und die Globalisierung, und heute ist alles anders. Das beginnt damit, dass sich immer weniger Paare überhaupt für Kinder entscheiden. In der ersten Hälfte des vergangenen Jahrhunderts blieben nur zehn Prozent aller Frauen kinderlos. Heute sind es bereits mehr als dreißig Prozent. Und glaubt man den Prognosen, könnten im Jahr 2020 vier von zehn Frauen ohne Kinder bleiben. Da dürften sich Eltern bald als Randgruppe fühlen.

Familien mit drei Kindern wie die von Tinchen und ihren Geschwistern Sinje und Tom sind in Deutschland schon heute die Ausnahme. Tinchen, die gerade laut überlegt, wen sie zu ihrem vierten Geburtstag einladen soll – «Clara, Julia, keine Jungs, nur Torben und Martin» –, weiß davon noch genauso wenig, wie sie Nutella buchstabieren kann. Doch ihre Eltern wissen, dass man als Großfamilie oft schon als halb asozial angesehen wird. Drei Kinder, wie konnte denn das passieren?

Überhaupt bricht die klassische Familienstruktur immer mehr auf. Heute bildet bereits etwa jedes zehnte Paar mit Kindern eine Patchwork-Familie – also eine Lebensgemeinschaft, in die einer oder beide Partner Kinder aus früheren Beziehungen mitbringen. Die gab es zwar auch früher schon, doch damals wurde sie oft geleugnet und verklemmt unter der Decke gehalten. Auch Tinchens Opa väterlicherseits hatte eine Patchwork-Familie. Er lebte mit seiner Geliebten, einer gemeinsamen Tochter, einer Adoptivtochter und dem zweiten Sohn. Die «neue Frau» konnte er jedoch erst nach dem Tod von Tinchens Oma heiraten. So herrschte damals die «Moral»: Ehen waren zerrüttet, wurden aber nicht förmlich aufgelöst; Kinder wurden gezeugt, aber nicht anerkannt.

Das «Hotel Mama» hat Konjunktur

Und die elterliche Autorität wurde allenfalls subtil unterlaufen, aber nicht offen infrage gestellt. In der Familie von Tinchens Opa mütterlicherseits, dem Marineoffizier, gab es jedes Jahr einen Tag der offenen Tür, zu dem die Marine die Bevölkerung an Bord einlud. Auch die Töchter mussten auf Opas Zerstörer antreten. An der Reling war ein Schild angebracht mit rotem Kreis und rotem Querstrich: Hackenverbot. Pumps mit hohen Absätzen waren tabu, sie könnten die Planken zerkratzen, auf denen sonst Torpedos gelagert und U-Boot-Minen herumgerollt wurden. Was taten die drei Mädchen? Sie fischten aus dem Schuhschrank der Mutter die Schuhe mit den höchsten Absätzen – und freuten sich diebisch, als der Vater sie von Bord verwies. Sie ließen sich eben doch nicht erziehen wie Soldaten.

Als dann später die Älteste der drei, die Mutter von Tina, Sinje und Tom, von zu Hause ausbüxte, von der Kleinstadt mit Marinehafen in die Großstadt zog, holte sie ihr Abitur nach und studierte – ohne einen Pfennig Unterhalt von zu Hause. So war das damals. Die Eltern hielten es mit der Devise: «Solange du die Füße unter meinen Tisch stellst, tust du, was ich sage.» Die Kinder indes zogen, sobald sie konnten, ihre Füße unterm Tisch hervor, gingen aus dem Haus und verdienten sich selber ihren Unterhalt – so wie es Sönke Wortmann in seinem *Wunder von Bern,* das 1954 geschah, richtig festgehalten hat. Heute ist der Ton der Eltern sanfter – und der Drang der Kinder, das elterliche Nest zu verlassen, entsprechend geringer.

Nun hat das «Hotel Mama» Konjunktur. Knapp ein Drittel aller deutschen Eltern mit erwachsenen Kindern lässt mindestens eines von diesen weiter im elterlichen Heim wohnen, vier von zehn solcher Eltern leben mit erwachsenen Kindern unter einem Dach. Auch wenn sie ausziehen, bleiben heute die Kinder den Eltern erhalten: Bei 90 Prozent leben die erwachsenen Kinder weniger als zwei Stunden entfernt, 85 Prozent aller Eltern, deren erwachsene Kinder ausgezogen sind, sehen oder sprechen diese mindestens einmal pro Woche, 40 Prozent sogar täglich.

Wenn Tinas Mutter jetzt vom «Hotel Mama» liest, schwört sie, dass ihr ältester Sohn Tom am Tag nach seinem Abitur ausziehen werde. Wenn allerdings der Zwölfjährige das mitbekommt, stellt er schon einmal vorsorglich seine Forderungen. Die Eltern sollten doch bitte einen Bausparvertrag für ihn abschließen. Und: «Das Piano gehört mir, das nehm ich mit.» Das hat auf seine Mutter in etwa die gleiche Wirkung wie das ironische Kompliment, das er ihr kürzlich machte, als er sie im Bad überraschte. Überhaupt scheinen Jungs in der Pubertät bevorzugt ihre ersten anatomischen Studien in der eigenen Familie zu betreiben. Tom starrte also seine Mutter an, die sich nach der Arbeit das Make-up entfernte, und sagte: «Du siehst ungeschminkt wunderschön aus.»

Da hätte sie ihrem Sohn am liebsten eine geklebt. Aber dann fiel ihr Mann mit seiner sanften Art dazwischen: «Müsst ihr euch immer streiten, können wir nicht freundlicher miteinander umgehen?» Nicht dass Daddy denkt, Eltern und Kinder stritten sich gleichberechtigt, sozusagen auf einer Augenhöhe. Aber er ist so antiautoritär, dass er nur dann laut wird, wenn er dem Nervenzusammenbruch nah ist.

Das ist er allerdings ziemlich häufig. Denn er muss zu seinem Gehalt noch eine Menge Geld dazuverdienen, um die Familie durchzubringen. Wenn dann nach einem langen Arbeitstag alle fordernd über ihn herfallen –Tom: «Ich brauche neue Hemden, am besten von Tommy Hilfiger oder Polo von Ralph Lauren!»; Sinje: «Papi, du musst mir mit den Mathe-Hausaufgaben helfen, hier steht: Denke dir eine Zahl, die um 11 größer ist als 33. Das versteh ich nicht. 44 sagst du, falsch, das weiß ich ganz genau. Jetzt sag mir endlich die richtige Antwort!»; Tinchen: «Papi soll mir Schneewittchen anmachen, Tommy soll das nicht!»; die Mutter der drei: «Komm, lass uns zu Luigi rübergehen, einen Prosecco trinken, wir brauchen erst einmal Ruhe für uns selber!» –, wenn dann noch Tommy mäkelt: «Den Nudelauflauf ess ich nicht, da sind Zucchini drin», er wolle «menschliches Essen» vorgesetzt bekommen, dann schreit auch der Vater. Und bereut es sogleich.

Denn auch mit der Autorität ist es anders geworden. Tinchens Mutter kann sich noch allzu gut erinnern, wie sie mit Prügeln bestraft wurde. Es ist noch gar nicht so lange her. Sie ist die älteste der drei Schwestern, ein Kind der frühen sechziger Jahre. Wenn sie Verbotenes naschte, Hausaufgaben nicht machte, zu spät und übermäßig geschminkt von der Disko nach Hause kam und dabei erwischt wurde, dann hieß es abends vor dem Vater sich anstellen, ein Bügel war mitzubringen. Sonst würde er seinen Gürtel nehmen. Es gab zur Strafe etwas auf den Hintern. Das tat weh. Und es half kaum, sich drei Paar Unterhosen anzuziehen.

Tinchens Großeltern väterlicherseits haben mit solchen Maßnahmen höchstens gedroht. Gelegentlich rutschte der Oma, wie man es damals verharmloste, mal die Hand aus. Aber es gab keine angekündigten Strafaktionen mit Bügel oder Gürtel. Die schlimmste Strafe verhängte der Opa väterlicherseits gegen seine beiden Söhne, als er erfuhr, dass sie nachts mit seinem Auto Spritztouren machten. Sie waren noch zu jung für den Führerschein. Die Sache wäre nie aufgeflogen, hätten sie sich nicht selbst beim Frühstück verraten. Noch berauscht vom nächtlichen Abenteuer, stellten die Jungs Mutmaßungen an, wie schnell denn Papas Auto fahre. Der wiegelte ab, der alte Klapperkasten tauge gerade noch für den Stadtverkehr. «Wir haben ihn gestern auf 150 gebracht», prahlte unversehens der ältere der Brüder. Worauf Tinchens Großvater in den sechziger Jahren mit einem Toastbrot nach ihm warf. Die Zellophanpackung platzte auf, die Brotscheiben landeten auf dem Tisch; anstatt zu schlagen, hatte er sich auch noch lächerlich gemacht. Gegen diese Eltern war antiautoritärer Aufstand gar nicht nötig.

So zeigt die Familiengeschichte auch, wie sich autoritäres Verhalten von Generation zu Generation veränderte. Unter Tinchens Ururgroßvätern väterlicherseits findet sich noch ein königlicher Forstwart im Württembergischen, der mit Schimpf und Schande vom Hof vertrieben wurde, weil er seine Frau öffentlich ausgepeitscht hatte. Aber schon dessen Enkel, der Toastbrotwerfer, zeigte gegenteilige Charakterzüge. Er war aktiv im Widerstand gegen die Nazis. Und sein jüngerer Sohn, Tinchens Vater, wurde in den siebziger Jahren Aktivist der Studentenbewegung.

Erziehung darf auch Spaß machen

Zu dieser Zeit war allerdings schon abzusehen, dass aus dem propagierten Umsturz des Staates nichts werden würde. So wurde von den «Post-68ern» das Private zur Politik erklärt. Was das hieß, erlebte Tinchens Vater in Frankfurt, wo er studierte und wo Daniel Cohn-Bendit und sein politischer Zögling Joschka Fischer das Umsteigen in «alternative Lebensformen» für das eigentliche revolutionäre Ziel erklärt hatten. Auf dem Campus war von der vormaligen Polittruppe namens Revolutionärer Kampf ein Asta-Gebäude «umfunktioniert» worden – zu einem antiautoritären Kinderladen. Kinder, von Kopf bis Fuß mit Farbe eingeschmiert, ungewaschen und ungekämmt, Hände und Gesichter mit Essensresten verklebt, standen an den offenen Fenstern des Hochparterres. Von dieser erhöhten Position bespuckten sie die Vorbeikommenden mit Kakao. Der «rote Dany» Cohn-Bendit fand das mächtig revolutionär und klaschte vor Freude bei jedem Treffer in die Hände.

Trotz solcher Exzesse hat sich das Verhältnis zu den Kindern in jenen Jahren in Deutschland zum Guten gewandelt. Denn antiautoritär bedeutete im Normalfall nicht, jemanden mit Kakao zu bewerfen. Es bedeutete, dass Wissen vermittelt, nicht mehr eingebläut wurde. Es bedeutete, dass Eltern ihre Vorbildfunktion erkannten. Dass sie Abstraf-Rituale verabscheuten. Dass sich Mütter und Väter die Hausarbeit und die Kinderbetreuung zu teilen begannen. Und dabei entdeckten, dass Spaß, nicht lästige Pflicht, das Merkmal guter Erziehung sein sollte. Wenn heute die Mehrheit der Deutschen militärische Abenteuer konsequent ablehnt, dann auch, weil Disziplin, Drill und Gewalt den meisten zutiefst suspekt sind. Die 68er haben den Staat nicht umwälzen können, nicht einmal, als ihre Repräsentanten in die höchsten Ämter aufstiegen. Aber sie haben die Familie, sozusagen die kleinste tragende Einheit des Staats, radikal verändert. Wer heute die Folgen dieser Revolution als «Erziehungsnotstand» abtut, hat nicht erlebt, was Erziehung vor 1968 bedeutete. Erziehung in Deutschland hieß dereinst vor allem: Erziehung zum Gehorsam.

Und was das in diesem Land bedeutete, muss nicht mehr wiederholt werden.

«Schneller Propeller, Eier mit Mutella», Tinchen boxt ihren armen Vater wieder in den Rücken. Aber es nützt nichts. Er muss bremsen. Die Ampel steht auf Rot. Er steigt ab, dreht sich zu ihr um. Die knapp Vierjährige streckt die kurzen, pummeligen Ärmchen nach ihm aus, schlingt sie um seinen Hals. «Mein lieber Papi», kräht sie mit Blicken, die noch völlig ohne Arg sind, «mein lieber Papi, kann ich heute Abend wieder in deinem Bett schlafen?»

Kinder, so will ein gängiges Klischee, sind heute ein «Armutsrisiko». Das kann man nur behaupten, wenn man Armut als etwas Relatives ansieht, Armut als weniger wohlhabend als der Durchschnitt definiert. Objektiv gibt es nur wenig Kinderarmut in Deutschland. Unser Land ist weit von Zuständen wie in den USA entfernt, wo Hunderttausende von Kindern leben wie in der Dritten Welt, wo viele hungern und Millionen nicht medizinisch versorgt werden, weil sie keine Krankenkassen haben. Kinder sind indes bei uns ein Beziehungsrisiko.

Tinchens Mutter wollte es gar nicht glauben, als ihr, noch bevor ihr ältester Sohn Tom geboren wurde, ein befreundetes älteres Ehepaar erzählte, ihre beiden Töchter hätten sich noch als Achtjährige nachts in die Mitte des Ehebetts gequetscht. Nun weiß sie, dass sich so etwas heutzutage oft nur schwer verhindern lässt. Denn vor ein paar Monaten, als Tinchens Gitterbett durch ein richtiges Kinderbett ersetzt wurde, entschied sich die Kleine, fortan im Ehebett der Eltern zu schlafen. Und wenn nicht mittendrin, dann wenigstens davor, auf dem Futon, den ihre Schwester zum Geburtstag bekommen hat. Zur Begründung behauptete Tinchen, aus dem Loch im Fußboden in ihrem Zimmer kämen immer «Gespenster». Daher, so erklärte sie den Eltern, «schlafe ich nur noch bei euch, für immer». Immerhin: Solche Treueschwüre bekommen Singles nicht zu hören. Und wenn doch, dann glauben sie nicht, dass sie ernst gemeint sind.

Andererseits haben Eltern mit mehreren Kindern nur noch wenig Zeit füreinander. Sie müssen lange auf die Gelegenheit für ein intimes Beisammensein warten. Und die Großeltern überwintern lieber auf den Kanaren, als die Enkelchen an Weihnachten zu sich zu nehmen. Sie passen vielleicht mal auf ein oder zwei, aber äußerst selten auf drei Kinder auf. Rat geben sie gern, auch ungefragt, entlastende Tat nicht so gern, schon gar nicht unangefragt.

Wenigstens hat Mamas Mama dafür gesorgt, dass Tinchen neuerdings auf Nutella und andere Süßigkeiten verzichten muss. Denn die Oma, eine unternehmungslustige Mittsechzigerin, die ihren Schwiegersohn beim Tennis noch heute über den Platz jagt, rief an und belehrte die Eltern, «das Kind ist zu dick». Oma muss es wissen. Sie hat eigene leidvolle Erfahrungen mit dem Thema gemacht.

Tinchen ist zwar nicht zu dick, aber doch ein bisschen pummelig. Jedenfalls ist sie nicht so spindeldürr wie andere Mädchen in ihrer Kindergartengruppe, die oft schon als Dreijährige wie Supermodels aussehen, mit dünnen Ärmchen und Beinchen, gepflegten Frisuren und schicken Klamotten. Liegt es etwa an den Genen, dass Tinchen pummelig ist? Das wollen die Eltern nicht glauben. Vielleicht ist ja auch ihr älterer Bruder dafür verantwortlich. Denn es spricht einiges dafür, dass Tom, der eigentlich mit Tina spielen sollte, sein Schwesterchen häufig vor dem Fernseher parkte, das immer gleiche *Schneewittchen*-Video einlegte und ihr seine Süßigkeiten zusteckte.

Es ist zu vermuten, dass es sich so abgespielt hat, da es einem Zwölfjährigen wichtiger ist, in seinem Zimmer ungestört *Wer wird Millionär?* zu schauen, gleichzeitig im Internet zu surfen und sich auf die nächste Mathearbeit vorzubereiten, als seine gebunkerte Schokolade zu behalten. Von dem Geld, das er für das Babysitting der eigenen Schwester bekommt, kann er sich ja morgen neue kaufen. Oder vom Taschengeld. Oder dem Geld, das er für die Schulcafeteria bekommt, wenn seine Eltern es nicht schaffen, ihm morgens Schulbrote zu schmieren, was sie meistens nicht schaffen.

Wann die Deutschen heiraten

Durchschnittliches Heiratsalter von Frauen und Männern in Jahren

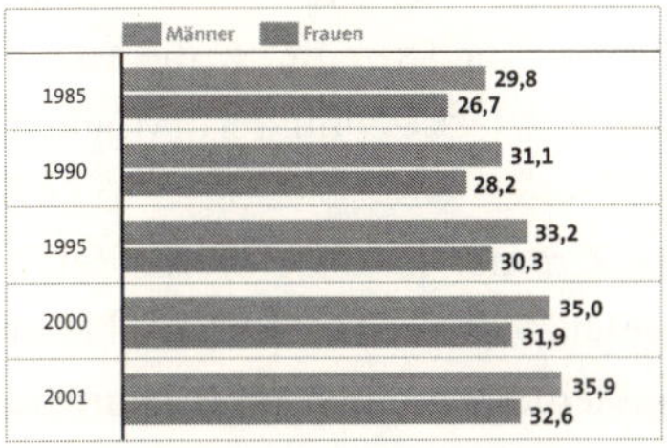

Die «wilden Ehen» nehmen zu

Zahl der nichtehelichen Lebensgemeinschaften in Deutschland*

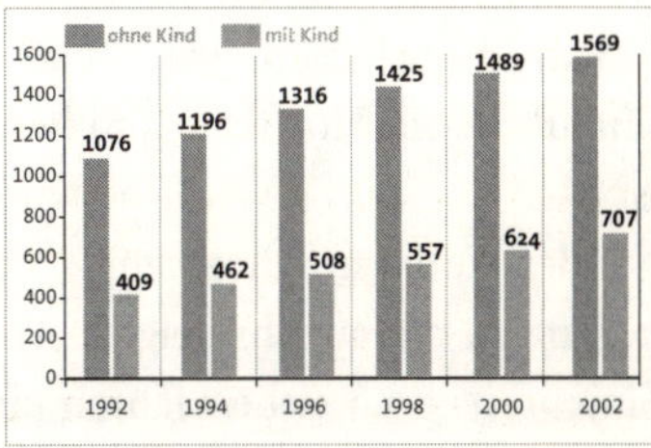

ZEIT-Grafik/Quelle: Statistisches Bundesamt, Jahrbuch 2003

* bis 1995 Schätzungen aus den Ergebnissen des Mikrozensus, ab 1996 Ergebnis des Mikrozensus

Weniger Eltern, weniger Kinder

Eheschließungen, Ehescheidungen und Geburten in Deutschland seit 1952

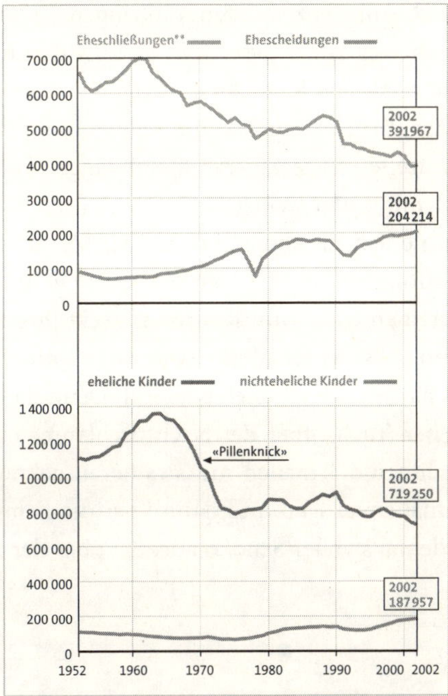

* nach jeweiliger Definition der Bundesstatistik bzw. der ehemaligen DDR

** für 2002 vorläufiges Ergebnis

Andererseits kann es natürlich sein, dass Tinchen selbst geforscht und gefunden hat. Vielleicht war Tom gerade auf der Toilette, wo er sich ein-, zweimal am Tag stundenlang einschließt, um lateinische Vokabeln zu lernen, was sonst? Da ist Tinchen einfach die Leiter hinauf in sein Hochbett und hat sein Versteck geplündert. Möglich ist das.

Oder sie ist auf Beutezug in das Zimmer ihrer Schwester Sinje gegangen, die auf ihre eigene Weise an Süßigkeiten kommt. Denn Sinje, mit ihren sieben Jahren eine kleine Schönheit, muss nur die Augen weit aufreißen, wenn sie etwas will, «bitte» sagen, mit dem Fuß stampfen, nochmals «bitte» sagen, nun aber lauter, fordernder – schon kauft ihr Onkel ihr es. Ihr Daddy auch. Wenn das nicht klappt, dann erzählt sie Daddy, sie hätten in der Schule ein «Projekt» – in der zweiten Klasse: ein Projekt! – über die Gefahren des Rauchens. Dafür sollten sie Schokoladenzigaretten mitbringen. Er hat sie ihr stolz gekauft, auf dem Weg zur Schule. Toll, dass sie den Kleinen schon beibringen, wie gefährlich Rauchen ist, dachte er. Immerhin war sie so fair, als sie das Päckchen aufriss und sich vor der Schule die erste Schokoladenzigarette «ansteckte», ihm eine lange Nase zu machen: «Angeschmiert, mit Butter lackiert!»

Tinchen könnte sich allerdings auch bei der Mami bedient haben, die ihr Bruder Tom im Übrigen gerne «Mutti» nennt, wenn er sie zur Weißglut treiben will. «Mutti» also versteckt ihre Pralinen zwischen ihrer Unterwäsche. Sie merkt zwar nicht immer, wenn etwas fehlt. Kürzlich hat sie es aber doch gemerkt. Denn da hing statt des üblichen seidenen Tuchs über der Nachttischlampe etwas anderes, ein kurzes Nachthemd. Tinchen muss es herausgekramt, vielleicht selber erst einmal angezogen und dann über die Lampe gelegt haben. Es war jedenfalls voller Schokolade, die über der heißen Birne schmolz.

Alle mischen sich ein, wissen es besser

Eltern sein, eine Ehe zu erhalten, das fällt leichter, wenn man die wilden Jahre, in denen man jeden Abend ausgehen will, schon hinter sich hat. Die Scheidungsstatistiken belegen es: Vor allem jüngere Paare lassen sich scheiden, viele schon sehr schnell, schon im ersten Jahr, nachdem sie den Bund fürs Leben geschlossen haben. Kinder können solche zu frühen Ehen nicht kitten.

Die modernen Schlagworte von der Entfremdung und der Zerrüttung der Familie seien allerdings falsch, sagt Marc Szydlik, ein junger Professor für empirische Sozialforschung an der Universität Erfurt. Er hat in seinen empirischen Studien herausgefunden, dass das Gegenteil gilt: Der Zusammenhalt zwischen Eltern und Kindern sei ungebrochen. Indes seien es «eher die Mütter und Töchter als die Väter und Söhne, welche die Familie zusammenhalten», analysiert Szydlik, «(auch) wenn man nicht mehr zusammenlebt».

So schnell wie Tinchen ihrem Vater ihre Liebe gezeigt hat, so schnell hat sie sich auch wieder abgewendet. «Rotgänger, Totgänger!», ruft sie einem Mann zu, der über die Straße kommt, noch bevor die Ampel umgesprungen ist. «Das Kind trägt ja nicht einmal einen Helm», quittiert dieser ernst. Den Deutschen mangelt es oft nicht nur an Humor, sondern sie erziehen auch gern mit. Dagegen müssen sich Eltern wappnen. Tinchens Vater hatte Glück. Noch vor der Geburt des ersten Kindes hatte ihm ein älterer Kollege einen unvergesslichen Rat gegeben: «Alle mischen sich ein, alle wissen es besser. Es gibt Dutzende von Erziehungsratgebern, alle widersprechen sich. Es ist egal, wie Sie Ihre Kinder erziehen, Hauptsache, Sie machen es mit Selbstvertrauen.»

«Sollten Sie Tinchen nicht beibringen, dass es Nutella heißt, nicht Mutella?», fragt die Kindergärtnerin bei der Ankunft. Es ist mehr eine Aufforderung, der Vater ignoriert sie: keine Zeit. Tinchens Hausschuhe müssen angezogen werden. Ein Abschiedskuss. Sie weint nicht. Sie will nicht einmal am Fenster winken. Sie spielt gleich mit ihrer Freundin, die sie ihren «Zwingeling» nennt, was ebenfalls eine

Ermahnung der Kindergärtnerin – «Sollten Sie ihr nicht beibringen, dass es Zwilling heißt?» – nach sich zieht. Alles egal, heute ist ein großer Tag. Tinchen macht keinen Aufstand, sie will nicht gleich wieder mit nach Hause kommen.

So schnell er kann, radelt der Vater nach Hause. Das kleine Frühstück mit Mom ist die einzige Gelegenheit, den Tag zu besprechen. Es ist immer eine Art Arbeitsfrühstück. Es gibt so viel zu besprechen: Wer kauft das Abendessen ein? Wer holt Tinchen vom Kindergarten ab? Wer geht zum nächsten Elternabend von Tom? Liegt das Geld für den Babysitter schon bereit?

Nach dem Frühstück wird der Vater ins Büro verschwinden. Er würde gern weniger arbeiten, doch davon hält sein Chef nichts. Die Mutter wird die Wohnung aufräumen. Sie hat noch Zeit, bis sie zu ihrer Arbeit geht. Nicht viel. Um 13 Uhr ist die Schule schon wieder aus. Sie kann gerade noch den Mädchen ein kleines Mittagessen vorsetzen, für Tom etwas vorbereiten, da er nach der Schule noch herumtrödelt und später kommt. Von 14 Uhr bis 18 Uhr steht sie in einem Geschäft, einer Boutique, in einem so genannten Minijob.

Sie würde gern mehr arbeiten. Aber dann stiegen die Kosten unverhältnismäßig. Die höheren Steuern und Sozialabgaben sowie die Finanzierung einer Haushaltshilfe, die dann angestellt werden müsste, würden insgesamt mehr ausmachen, als sie verdienen würde. Das elternfeindliche deutsche Steuerrecht ist auch eine Folge der Revolte der 68er, allerdings eine indirekte. Die von Helmut Kohl eingeläutete «geistig-moralische Wende» richtete sich ja gegen den Wertewandel der sechziger und siebziger Jahre. Vieles von dem, was an modernen Lebensformen erkämpft wurde, versuchte die Kohl-Regierung in ihren 16 Jahren an der Macht wieder rückgängig zu machen – klammheimlich über das Steuerrecht. Ein geschiedener Mann wird nach der Trennung wieder allein veranlagt, auch wenn er seiner Exfrau und den Kindern Unterhalt zahlt. Das Steuerrecht konterkariert so das liberale Scheidungsrecht. Und es behindert durch seine irritierenden Steuerklassen die Gleichberechtigung im Arbeitsleben: Für den geringer verdienenden Ehepartner, meistens die Frau, scheint es sich aufgrund der

Abzüge nicht zu lohnen, eine Arbeit aufzunehmen – obwohl am Ende beide Partner auf jeden Euro denselben Steuersatz zahlen. So wird die klassische Aufgabenverteilung zementiert: Der Vater bringt das Brot nach Hause, die Mutter steht am Herd. Eltern haben es nicht leicht in Deutschland. Und wenn sie dann noch von den hergebrachten Formen abweichen, werden sie regelrecht bestraft.

Dabei müsste der Staat eigentlich dringend Anreize für künftige Eltern schaffen. Denn die Geburtenrate liegt seit Mitte der siebziger Jahre etwa um ein Drittel unter dem Stand, der für den so genannten Generationenersatz notwendig wäre. Bekämen die Frauen im Durchschnitt zwei Kinder, dann würden ebenso viele Menschen geboren wie sterben, die Generationen würden ersetzt. Doch seit über 25 Jahren beträgt die Geburtenziffer in Deutschland ungefähr 1,4 Kinder pro Frau.

Wer sich Kinder noch leisten kann

Dennoch behauptete unlängst der Trendforscher Matthias Horx in seiner Studie *Future Living* kühn: «Die Familie erlebt eine vitale Renaissance.» Das Paradoxe: Horx, der seine Erkenntnisse der Industrie nutzbar macht, um die Märkte der Zukunft zu erschließen, hat sogar Recht. Aber nur hinsichtlich eines bestimmten «Marktsektors». Während generell die Zahl der Geburten zurückgeht, steigt sie in den wohlhabenden Gegenden Deutschlands an.

In teuren Vierteln wie etwa Blankenese und Harvestehude in Hamburg kommen plötzlich wieder mehr Kinder zur Welt. Und auf dem Prenzlauer Berg in Berlin wurden in jüngster Vergangenheit, nachdem Hauptstadt-Yuppies die alteingesessene Kiez-Bevölkerung verdrängt hatten, mehrere Kindertagesstätten eröffnet – bezeichnenderweise private Kitas, also von den Eltern organisiert und weitgehend selbst finanziert. Da besteht in Deutschland noch gewaltiger Nachholbedarf. Während etwa in Dänemark beinahe die Hälfte aller Kinder unter drei Jahren in Horten, Tagesstätten oder ähnlichen Einrichtungen betreut wird, sind es in den alten Bundesländern Deutschlands weniger als vier Prozent.

Offenbar können sich vor allem zwei Gruppen in Deutschland Kinder leisten: Sozialhilfeempfänger und Besserverdienende. Leute dagegen mit durchschnittlichen Einkommen, die so viel verdienen, dass sie den Höchstsatz im Kindergarten entrichten müssen – fast 400 Euro monatlich, auch in den Schulferien, wenn der Kindergarten geschlossen ist –, diese tragende Mitte kann es sich kaum mehr leisten. Schließlich kostet ein Kind bis zum 18. Lebensjahr rund 150 000 Euro. Wer sich also gegen ein Kind entscheidet, entscheidet sich, rein finanziell gesehen, richtig.

Andererseits lassen sich die Erfahrungen und Freuden des Elternseins auch mit allem Geld der Welt nicht aufwiegen. Tinchens Vater muss kurz vor seiner Wohnung noch einmal an einer roten Ampel halten. Er wartet, obwohl er jetzt allein ist und weit und breit kein Auto zu sehen. Aber es könnten ja plötzlich Kinder um die Ecke kommen. Also steht er da und summt verträumt: «Schneller Propeller, Eier mit Mutella.»

Die Namen aller Kinder wurden geändert.

12

Wie man in Deutschland Sport treibt

Der Fitness-Club als Kathedrale der Gegenwart, die Turnhalle als Menetekel im Zeichen von Pisa, der Sportverein als Übungsplatz für den mündigen Bürger: aus dem Stundenplan einer fitten Nation.

von Christof Siemes

6.30 Uhr, Schwimmen. Wenn der Sport in Deutschland am Morgen zum Leben erwacht, wird von Anfang an kein Pardon gegeben. «Nu ma'n büschen langsam, junger Mann, sonst treten Sie mich ja noch!» Schwarz wie in der Tiefsee ist es draußen vor den Fenstern des Blankeneser Hallenbades, und auch im Inneren, über dem 25-Meter-Becken herrscht Halbdämmerung, das Gesicht der schimpfenden Dame unter der turmhohen Badehaube ist nicht zu erkennen. Zwei Dutzend Menschen verteilen sich auf den acht Bahnen und – na ja, Schwimmen ist das falsche Wort – bewegen sich im Wasser fort. Marschieren auf der Stelle, schieben sich als stabile Dreiecksformation älterer Herren kaum merklich, aber gut hörbar voran, und auf Bahn 6 wendet sich die kampfbereite Fregatte wieder ihrem dahindriftenden Kaffeekränzchen zu. Auf Wunsch trennt der Bademeister für sportlich Ambitionierte eine Bahn ab. Heute kann er die Schnur mit den bunten Kugeln auf der Rolle lassen. Wie eigentlich immer.

Rund 150 Mitglieder hat der Frühschwimmclub Blankenese. Gegründet wurde er vor drei Jahren, als es sich die Bäderland Hamburg GmbH nicht mehr leisten konnte, ihre Schwimmhallen so früh zu öffnen. Schwimmen ist zwar der Deutschen liebster Sport – 76,5 Prozent aller Bundesbürger über 14 Jahre suchen nach eigenem Bekunden wenigstens «ab und zu» eines der 7800 Bäder auf, das sind fast

50 Millionen Menschen. Aber vor dem Morgengrauen tut sich die Nation schwer mit ihrer Passion. Also muss man dem Club beitreten, um zwischen halb sieben und neun schwimmen gehen zu können, das spart einen Angestellten an der Kasse. 39 Euro im Monat zahlt ein Vollmitglied.

Lotti und Arno Jaschik ist es egal, was ihr Ritual am frühen Morgen kostet. Seit 22 Jahren kommen sie her, jeden Tag. «Das ist, wie zur Arbeit zu gehen.» Sport in Deutschland ist nicht einfach Freizeit, anarchistisch durchtobter Freiraum, fernab von den Ritualen der Arbeitswelt. Nein, auch hier geht es um Pflicht und Disziplin, und seien sie selbst auferlegt. Spätestens in der Grundschule soll jeder Deutsche gelernt haben, sich über Wasser zu halten. Die lässige olympische Devise «Dabei sein ist alles» ist zum Imperativ einer Gesellschaft geworden, die fit sein will. Die Frühschwimmer, zu 70 Prozent Rentner wie die Jaschiks, kommen, weil der Meniskus fehlt oder der Rücken zwickt; lange vor der Clubgründung sind sie zum Klan geworden, inklusive Sozialkontrolle. «Es fällt schon auf, wenn man mal zehn Minuten später kommt», sagt Herr Jaschik, «dann gibt es ein paar Kommentare, ‹Mahlzeit!› oder so.» Einmal hat jemand sogar eine wasserdicht verpackte Entschuldigung mitgebracht. Weil er vierzehn Tage in Urlaub war.

8 Uhr, Jogging. Der Mensch, hatte der Orthopäde gesagt, ist nicht für das Rennen gemacht. Furcht einflößend waren seine Berechnungen gewesen, wie viel Tonnen dabei auf Knöcheln, Knien, Gelenken lasten. Es gebe fürs Rennen nur einen vernünftigen Grund: die Flucht.

Trotzdem tun es alle. Die ältere Dame Höhe Bellevue, die in ihrer grauen Kapuzenjacke aussieht wie Rocky in *Rocky I*. Der jugendliche Trotzkopf in der Nähe der Musikhochschule, der trotz acht Grad Außentemperatur und Dauerregen schweren Schritts daherkommt, die Oberschenkel so rot wie seine Shorts. Der Strich von Mann an der Steigung hoch zur Kennedybrücke, das Kinn über den Kragen der Asics-Regenjacke gereckt, die dünnen Beine in einer Hose aus Spezialfasern, die seinen Schweiß an die Herbstluft abgeben (263

Euro gibt ein Läufer für seine Ausrüstung im Jahr aus). Sie alle rennen im Kreis, immer um die Hamburger Außenalster, siebeneinhalb Kilometer, eine der spektakulärsten und beliebtesten Rennstrecken der Republik. An den Wochenenden ist es so voll, dass man die Ausgabe von Nummern für die Reihenfolge überlegen sollte, wie beim Arbeitsamt.

In dem atemlosen Kreisverkehr ignoriert man sich nach Kräften – und belauert einander doch aus den Augenwinkeln. Taxiert Ausrüstung, Leibesfülle, Atemrhythmus, Geschwindigkeit. Sinniert über die Motive der Mitläufer, die gegen ihr Übergewicht anrennen, die Bevormundung im Büro vergessen wollen oder einfach süchtig sind nach dem metallischen Geschmack, der nach dem Schlussspurt am Gaumen klebt. Der Laufboom in Deutschland, der in den siebziger Jahren mit der Trimm-Trab-Bewegung und ihren Kärtchen begann, auf denen man sein Tagespensum abhaken konnte, ist immer noch nicht vorbei. 2001 joggten 15,4 Millionen Menschen durch Stadt, Wald und Flur, 1,6 Millionen mehr als noch zwei Jahre zuvor; 60 Prozent der Aktiven trainieren sogar mehrmals in der Woche. War ein Marathon noch vor zehn Jahren eine Veranstaltung für Masochisten und Freaks, ist aus der 42,195 Kilometer langen Plackerei inzwischen ein Volkssport geworden.

Für den Berliner Sportphilosophen Gunter Gebauer ist der Hang zu immer extremeren Individualsportarten Folge einer gesamtgesellschaftlichen Entwicklung. Übung, Abhärtung habe in Deutschland immer Konjunktur gehabt, im kalten Schlafzimmer schlafen, Kneippkuren machen. Inzwischen sei der Körper längst zum Statussymbol geworden: «Er dient der sozialen Selbstdarstellung. Er ist nicht mehr Natur, sondern ein zweites Gewand.» Begonnen habe diese Entwicklung in den Achtzigern, mit dem Übergang zur Dienstleistungsgesellschaft und deren Entpolitisierung in der Ära Kohl. «Die Selbststilisierung im leistungsfähigen Körper gibt Sicherheit, auch in den härter werdenden Verteilungskämpfen.»

So haben, hat Gebauer beobachtet, die deutschen Trendsportarten der letzten Jahre immer etwas mit Risiko zu tun und Thrill. «Auch mit Gleiten und Fliegen, mit Aufgabe des Bodenkontakts. Denken Sie nur an Snowboarden, Skaten, Paragliding, Freeclimbing! Dinge, die nach oben zielen, mit Gleichgewicht aufgeben und zurückgewinnen zu tun haben.» Die Grenzen der bürgerlichen Gesellschaft hinter sich zu lassen, dafür wird mit spießbürgerlicher Akribie trainiert. Dass das nicht allein ein deutsches Phänomen ist, sagen schon die Namen der Disziplinen. «Neue Sportarten und deutsch – das widerspricht sich», sagt der Professor, «alle Neuheiten sind global.»

11.35 Uhr, Schulsport. Und mag die Welt zugrunde gehn, eines bleibt gewiss bestehn: Das ist der Geruch in deutschen Turnhallen. Jenes Gemisch aus altem Schweiß, Staub, Linoleum und brüchigem Leder, das sich auch in der Gutenberg-Realschule in Köln-Godorf über die hölzernen Kästen spannt. 27 Jungen und Mädchen platzen in ihn hinein, 9. Klasse, Basketball. «Konstantin, noch ’n Kaugummi im Mund? Wohl lange nicht mehr die Schulordnung abgeschrieben!» Marion Weber, die Lehrerin, bemüht sich im pinkfarbenen Trainingsanzug noch einmal um Disziplin, dann kommen 27 Bälle und ein Höllenlärm ins Spiel. Dribbling, Druckpass, Korbleger heißt der Unterrichtsstoff von heute, doch meist fällt der Ball nur irgendwie durch den Ring aus Metall ins Netz, von Technik kann keine Rede sein. Wie auch, die nächste Sportstunde gibt es erst wieder in einer Woche, bis dahin sind Frau Webers Tipps vergessen.

Obwohl drei Wochenstunden Sport Pflicht sind an deutschen Schulen, kommt man in Godorf und anderswo im Schnitt nur auf zwei, «eher weniger», sagt Konrektor Michael Roske. Zu wenig Sportlehrer, zu wenig Hallenkapazität, dann sind da noch die verheerenden Ergebnisse der Pisa-Studie, die den Sport ins Abseits drängen. «Der Druck auf die Hauptfächer hat sich erhöht», sagt Roske, «da lasse ich natürlich mehr Mathe als Sport unterrichten.»

Aber würde eine dritte Stunde Sport überhaupt etwas ändern an dem generellen Dilemma – dass Deutschlands Kinder immer unsportlicher werden? Denn sosehr die Erwachsenen sich für einen gesunden Körper ins Zeug legen, so gleichgültig ist ihrem Nachwuchs der Leib. «Hier sind Kinder in der 6. Klasse, die können nicht mal eine Rolle vorwärts», sagt Frau Weber, «von rückwärts ganz zu schweigen.»

Über die Ursachen machen sich die Lehrer keine Illusionen. Während noch vor ein, zwei Generationen Radfahren, Auf-Bäume-Klettern und Nachlaufen selbstverständliche Kinderspiele waren, stehen heute Computer und Fernsehen an erster Stelle. Sport wird nicht mehr betrieben, sondern nur noch konsumiert. Viele der Jungs tragen im Sportunterricht das eisweiß glitzernde Trikot von Real Madrid und die Mädchen nabelfreie Tops à la Anna Kournikowa. Aber dass sich auch jemand von der Leistung der Stars anspornen lässt – «davon hab ich hier noch nie was gehört», sagt Frau Weber. «Und wenn ich einem Nichtstuer eine Fünf gebe, kommen die Eltern und beschweren sich: Wir würden das Kind nicht richtig motivieren.»

Den Ball spielen die Schüler gleich zurück. Langweilig sei der Unterricht, immer nur Basket-, Volley- oder Brennball. «Warum nicht mal Tanzen oder Klettern?», nölen in einer Spielpause ein paar Schülerinnen und rücken erst mal die Hüfthosen von der Sorte zurecht, in denen Britney Spears auftreten, aber niemand Sport treiben kann. Als eine Antwort auf die Misere wurden soeben in Nordrhein-Westfalen die Richtlinien für den Sportunterricht dem Niveau angepasst: weg von dem idealistischen Ziel, die Techniken bestimmter Disziplinen zu erlernen, hin zum Allereinfachsten. Lernen, den eigenen Körper wahrzunehmen, ist nun das Ziel des Unterrichts in der 8. Klasse, auch eine Einheit «Ringen und Raufen» ist vorgesehen. «Aber das mach ich nicht», sagt Frau Weber, «zu gefährlich.» Bleibt allen nur die Hoffnung auf die neue Sporthalle. Dort ist in einer Ecke schon eine gut 10 Meter hohe und 20 000 Euro teure Kletterwand montiert, mit Überhang. Noch riecht es hier ganz anders.

15 Uhr, Turnen. «Und, was hat euch am besten gefallen?» – «Das Trampolin!» – «Das Hüpfen mit Laurits!» – «Baumel, baumel, plumps!» Laurits, Lena, Johann und zwölf andere Vier- und Fünfjährige betreiben die deutscheste aller Sportarten: Turnen. Sie balancieren über

Bänke und klettern an der Sprossenwand, jeden Mittwoch eine Stunde lang. Voller Stolz verfolgen ein Dutzend Mütter und ein oder zwei versprengte Väter das Gewusel. Eine prima Beschäftigungstherapie für die Kleinen an einem trüben Herbsttag, dem Blankeneser Männerturnverein von 1883 sei Dank. Doch bei allem Spielerischen – auf einer Schwundstufe wird hier von den Perlenketten- und Barbour-Jacken-Müttern ein 200 Jahre altes Ideal tradiert: dass nur der fitte Mensch ein guter Bürger sein kann.

«Laßt uns den Körper mehr abhärten, so wird er mehr Dauer und Nervenstärke erhalten; laßt uns ihn üben, so wird er kraftvoll und thätig werden; dann wird er den Geist beleben, ihn männlich, kraftvoll, unermüdlich, standhaft und muthvoll machen», schreibt der Pädagoge Johann Christoph Friedrich Guts-Muths in seinem Werk *Gymnastik für die Jugend*, 1793. Zwanzig Jahre später, unter dem legendären Turnvater Friedrich Ludwig Jahn, wird daraus ein nationales Projekt mit dem Ziel, eine paramilitärische Reservearmee für einen Aufstand gegen die napoleonische Besatzung zu rekrutieren. 1811 eröffnet Jahn auf der Berliner Hasenheide die erste Übungsstätte mit Klettergerüsten, Schanzen, Sprunggräben und Rennbahn. Hier übt man sich – schon damals mit Mitgliedsausweis und gegen einen Unkostenbeitrag – im «kleinen Krieg» zur Vorbereitung auf den großen.

Um nur ja nichts Fremdes in seinem Nationalsport dulden zu müssen, erfindet Jahn sogar ein eigenes Wort für das, was seine Jünger (Frauen sind nicht zugelassen) treiben: Turnen eben, «vom alten Torna, Turna, kämpfen, streiten». Das ist zwar etymologischer Quatsch, dient aber dem eigens gegründeten «Turnkünstlerrat» als Vorlage, der für die neue Beschäftigung neue Begriffe erfindet, darunter Hocke, Grätsche, Barren, Reck. So turnt man noch heute.

Bei aller Deutschtümelei – Jahns Ideal ist eine klassenlose Bürgergesellschaft mittlerer Existenzen, die nach den gleichen demokratischen Prinzipien funktioniert wie seine Turnvereine, wo der Vorturner von der Riege gewählt wird und jeder Mann nur eine Stimme hat. In der vormärzlichen Begeisterung für Gesellschaften und Assoziationen entstehen schnell immer neue Turnvereine. Aus Furcht vor deren politischen Umtrieben wird von 1820 bis 1842 die so genannte Turnsperre verhängt, doch der Siegeszug von Jahns Erfindung ist nicht mehr aufzuhalten. Sie prägt die Organisationsform des deutschen Sports bis heute. 87 000 Vereine sind im Deutschen Sportbund (DSB) organisiert, davon ein Viertel Turnvereine.

«Das ist das Deutsche am deutschen Sport: der Verein. Darum beneiden uns viele.» Manfred Freiherr von Richthofen ist der Präsident des DSB, Repräsentant von 27 Millionen Mitgliedschaften (nicht Mitgliedern, da manche Sportler mehreren Vereinen angehören). Ein mächtiger Mann, geübt darin, das Hohelied vom segensreichen Wirken der Sportvereine zu singen, in denen man schon für 50 Euro im Jahr alles geboten bekäme, Sportanlagen, Trainer, Vereinszeitung, «selbst die Dusche – da kann man nur staunen». Dennoch hat der DSB ein Problem, das der Freiherr den «Seniorenboom» nennt.

Für Jugendliche ist Sport nur noch ein Teil eines ganzen Lebensstils, zu dem auch geeignete Musik, coole Locations und Klamotten gehören. Der gute alte Verein mit seinen Trainingsanzügen und dem Vereinsheim vermittelt nicht das richtige Feeling. Die Mitgliederzahlen des DSB sind nur deshalb noch stabil, weil immer mehr ältere Menschen, insbesondere Frauen, in die Vereine drängen. Sie suchen vielleicht eher einen Gesprächs- als einen Doppelpartner, dennoch fehlt es nun an geeigneten Trainern. «Was soll ein Speerwurftrainer bei den Senioren?», fragt der Präsident, der selbst wegen kaputter Gelenke nur noch auf dem Hometrainer strampelt. Und ausgerechnet jetzt geht es den Ländern und Kommunen nicht gut, von deren finanzieller Unterstützung doch alles in den Vereinen abhängt. Also muss für den Verein getrommelt werden, Sport in Deutschland ist immer noch eine nationale Angelegenheit.

«Sport tut Deutschland gut» heißt die aktuelle Kampagne des DSB. Warum? «Das ist doch der Schrei aller Politiker und der Krankenkassen, dass wir mehr für unsere Gesundheit tun müssen, vorbeugen müssen, egal in welcher Form!» Außerdem, sagt von Richthofen und zündet sich noch eine Zigarette an, tue es jedem gut, einmal ein Gemeinschaftserlebnis zu haben in Mannschaft und Verein. «Da lernt man Engagement und Rücksichtnahme.» Und ist nicht der Verein mit seinen Wahlen, seinen Ämtern eine Vorschule der Demokratie?

«Ja, ja, der Verein als erzieherische Anstalt der Nation! Das wird immer behauptet, damit die Vereine weiterhin öffentliche Gelder bekommen!», ereifert sich Professor Gebauer. «Diese Richthofen'sche Rhetorik würde man in keinem anderen Land der Welt durchgehen lassen!» Sport tut Spanien gut? Undenkbar. Immer hat der Sport in Deutschland aufseiten des konservativen Staatsdenkens gestanden. Und lernt man in den Vereinen nicht auch die Untugenden der Demokratie? Wie man ein Pöstchen ergattert und sich darin verbeißt? Auch die Vermittlung pädagogischer Werte sei «glatt übertrieben», findet Gebauer. «Im Sport geht es ums Gewinnen. Wer Kameradschaft sucht, geht besser zu den Pfadfindern.»

15.30 Uhr, Golf. «Eigentlich», sagt Georg Schroer und lässt zum Warmschwingen seinen Driver durch die Luft sausen, «eigentlich ist Golf ein Denksport.» Einen von 14 Schlägern auswählen, die Entfernung zur Fahne berechnen, eine Taktik überlegen, schließlich das Grün lesen – «so was Kompliziertes wird nie ein Massensport werden», sagt der Geschäftsführer der Mönchengladbacher Textilfirma Espetex. Die Mitgliederzahlen im Deutschen Golf Verband haben sich in den letzten zehn Jahren auf fast 400 000 mehr als verdoppelt. Und doch steht Golf immer noch im Ruch, ein Schickimicki-Sport zu sein für jene Auserwählten, deren Geld von allein arbeitet. An einem ganz gewöhnlichen herbstlaubgoldenen Dienstagnachmittag ist der Parkplatz des Golfclubs Wildenrath jedenfalls voll. Mercedesse, BMWs, aber auch VW Golfs und kleine Peugeots stehen unter den Pappeln. «Wir gelten», sagt Schroer, «als der Aldi-Club der Gegend.»

13 000 Mark hat er 1997 für die Aufnahme in den Verein bezahlt, anderswo wären es 80 000 gewesen. 1050 Euro zahlt er nun im Jahr für seine Leidenschaft, kämpft einmal pro Woche um die Verbesserung seines Handicaps (zurzeit 21) und ständig gegen die Klischees, die seinem Sport anhaften. «Was heißt schon teuer?! Ein Fitnessstudio

Sport in Zahlen

Die 15 mitgliederstärksten Sportverbände im Deutschen Sportbund – insgesamt über 27 Mill. Mitgliedschaften Stand 31.12.2002

1.	Deutscher Fußball-Bund	6264497
2.	Deutscher Turner-Bund	5025627
3.	Deutscher Tennis Bund	1918752
4.	Deutscher Schützenbund	1565233
5.	Deutscher Leichtathletik-Verband	862291
6.	Deutscher Handball-Bund	831903
7.	Deutsche Reiterliche Vereinigung	759088
8.	Deutscher Skiverband	696695
9.	Deutscher Tischtennis-Bund	688034
10.	Verband Deutscher Sportfischer	668847
11.	Deutscher Schwimm-Verband	644185
12.	Deutscher Alpenverein	622157
13.	Dt. Lebens-Rettungs-Gesellsch.	567331
14.	Deutscher Volleyball-Verband	516722
15.	Deutscher Golf Verband	399016

Häufigkeit der sportlichen Betätigung der Bundesbürger (in %) Stand 2001

Treibe Sport …	
… täglich, fast täglich	5
… mehrmals pro Woche	23
… mehrmals im Monat	24
… ca. einmal im Monat	8
… seltener, nur im Urlaub	12
… nie, so gut wie nie	27

Mitglieder in Fitnessstudios

Durchschnittsalter zurzeit: 34,2 Jahre

Jahr	Anlagen	Mitglieder	Umsatz ges.
1998	5900	3,89 Mio.	2,05 Mrd. €
1999	6100	4,27 Mio.	2,31 Mrd. €
2000	6500	4,59 Mio.	2,69 Mrd. €
2001	6550	5,39 Mio.	3,20 Mrd. €
2002	6500	5,08 Mio.	3,16 Mrd. €

Sportunfälle

Jedes Jahr kommt es in der Bundesrepublik zu ca. 1,33 Millionen Sportunfällen.

Sie belasten die gesetzlichen Krankenkassen mit Kosten von ca. 1,6 Milliarden Euro. Das sind 0,7 Prozent vom Gesamtkostenaufwand der Krankenkassen.

Medaillen

Bei den Olympischen Spielen in Atlanta 1992 gewann das gerade wiedervereinte Deutschland 33 Gold-, 21 Silber- und 28 Bronzemedaillen. Bei den Spielen im Jahr 2000 in Sydney waren es nur noch 13 goldene, 17 silberne und 26 bronzene Medaillen.

ist auch nicht billiger! Und seit ich golfe, hatte ich keine Erkältung mehr.» Entschlossen drischt er den Ball über den von Kopfweiden gesäumten Teich in den Hang gegenüber – das Grün auf der Kuppe verfehlt er. «Scheiße.»

Das ist die Kunst: über 18 Löcher, 90 Schläge sowie 7 Kilometer Fußmarsch lang entschlossen und entspannt zugleich zu sein. Nicht schlagen, schwingen! Einer der Professionals, bei denen Schroer am Anfang Trainerstunden genommen hat, riet ihm, beim Abschlag eine Wischbewegung zu machen und bloß nichts zu denken. Manchmal, sagt der Diplomingenieur, gelinge ihm das, und so ein Volltreffer, der dann 220 Meter weit fliegt, «hält dich am Leben». Aber manchmal denkt er auch an seinen größten Kunden, dann geht gar nix. «Der Sport hat mich Demut gelehrt.» Dass sich auf dem weitläufigen Areal eine Elite vom Sportproletariat abgrenzt und einen Distinktionsgewinn sucht, den früher der Tennisclub bereithielt, sieht Georg Schroer nicht so. Natürlich seien viele der 760 Clubmitglieder Selbständige, Ärzte oder Apotheker. Aber dass auf dem Platz, abgeschirmt nicht von einem Zaun aus Metall, sondern aus Geld, Geschäfte gemacht und ein exklusiver Lebensstil zelebriert würden – «alles *bullshit*». Jedenfalls beim Aldi-Club in Wildenrath.

19 Uhr, Fitnessstudio. Die neue Sprache des Sports in Deutschland klingt so: Aqua & Tone. Bodypower. Kick-Power. Klitschko Box-Power. Walking. Xycling. Dance. Aqua Body & Mind. NIA. Pilates. Dazu ein Glas Liquid Magnesium. Das ist ein Auszug aus Programm und Getränkekarte des Fitness- und Wellness-Clubs Elixia in Hamburg-Bahrenfeld. Er ist nicht vollständig.

130 Kurse pro Woche werden in der denkmalgeschützten Backsteinhalle des ehemaligen Gaswerks angeboten. Von der Kathedrale der Arbeit zu der des Körpers – das Elixia hat das Zeug zum Symbol einer gewandelten Gesellschaft. Nur als Athlet benutzt ein Großteil der berufstätigen Menschen noch seine Muskeln. Auf drei Etagen verteilt sich ein unübersehbarer Fuhrpark von Trainingsmaschinen für die Arbeit am Selbst; von 6.30 Uhr bis 23 Uhr kann man hier das tun, was Christian Köhler den «regelmäßigen Input in sich selbst» nennt. Köhler ist bei Elixia, einer Kette mit 26 Clubs in Deutschland, zuständig für PR. Für ihn sind Fitness und Wellness Produkte, die er zu verkaufen hat, längst reicht es auf dem hart umkämpften Studio-Markt nicht mehr, einfach für einen fixen Monatsbeitrag ein paar Geräte hinzustellen. Die Zahl der Studios ist wie der Umsatz der gesamten Branche zum ersten Mal überhaupt rückläufig; gut 5 Millionen Menschen sind noch Mitglieder in einem Fitnessstudio, 300 000 weniger als im Jahr 2001. Da ist «Phantasie bei der Produktentwick-

lung» gefragt, wie Köhler sagt: Kinderbetreuung, Kooperationen mit den Klitschkos und der Krankenkasse, Kurse zu klassischer Musik, Anti-Aging-Tage. Nur so hat der Markt noch Potenzial, glaubt Köhler. In Deutschland sind erst sieben Prozent der Bevölkerung Clubmitglieder, in den USA, der Mutter aller neueren Sportbewegungen, sind es fast doppelt so viele.

Nicht alles freilich, was aus Amerika kommt, kann sich in Deutschland durchsetzen. «Drilling zum Beispiel hat nicht funktioniert», sagt Marloes Göke, Fitness-Manager in Bahrenfeld. Was das ist? «Militärischer Drill, der Trainer mit Trillerpfeife in Camouflage-Klamotten.» Zurzeit, sagt die Managerin, die allein durch ihr Aussehen genug Reklame für ihren Club macht, zurzeit gebe es keinen richtigen Trend, seit rund sieben Jahren halte sich die einfache Devise «mein Body». Dazu passt Köhlers Ziel, aus dem anonymen Studio, wo unter vielen doch jede Ich-AG für sich allein schwitzt, den «Club der Menschen» zu machen. Er sieht sein Produkt nicht in Konkurrenz zum Sportverein, «aber wir ersetzen ihn mehr und mehr».

«Das Fitnessstudio und die Disco sind die Kathedralen der Gegenwart», schreibt der Philosoph Hartmut Böhme, «in denen ernst und asketisch ums Heil gerungen wird, auch wenn es nur um ein paar glückliche Stunden der Präsentation von schön plastizierten Körpern geht.» Die gibt es bei Elixia: Trizepsmuskeln voluminös wie Rugby-Eier, elegante Waden, um die sich ein Drachen Tattoo windet. Aber es gibt auch manch müdes Fleisch zu sehen, hängende Bäuche, gebeugter Gang. Gesundheitssport werde immer wichtiger in diesem Land, dessen Hauptproblemzone nicht der Osten, sondern der Rücken sei, sagt Marloes Goeke. «Wirbelsäule – das ist ein klassischer deutscher Kurs. In Finnland gibt's den nicht.»

20 Uhr, Schießen. «Wir machen hier nur Löcher in Pappkarten.» Dreimal sagt Olaf Moßler diesen Satz im Laufe des Abends und zeigt dem Besucher einen der blassgelben Kartons mit der Aufschrift «für Luftgewehr und Armbrust», Entfernung 10 Meter, darunter fünf kleine Zielscheiben. Sein Sport könne missverstanden werden, fürchtet der Mann, der im Hauptberuf Eskalationsmanager ist und im Ehrenamt 1. Vorsitzender der Wandsbeker Schützengilde, Hamburgs ältestem Schützenverein. «Sogar Al-Qaida-Connections hat man uns schon unterstellt», erzählt Moßler, während nach und nach die Männer mit den Koffern für Luftpistole oder Kleinkalibergewehr in das Gildehaus schlendern, das sich zwischen zwei Bahnlinien, einem Gebrauchtwagenhändler und dem kroatischen Kulturverein verschanzt.

Moßler, der als kleiner Junge im Garten seines Großvaters zum ersten Mal mit einem Luftgewehr hantierte, gibt zu, dass mitunter auch zwielichtige Gestalten Unterschlupf bei den wackeren Schützen suchen, «aber Irre gibt es überall», und die zieht es wohl eher zu den größeren Kalibern, zum Revolver etwa. In Wandsbek werden aber nur die zehn olympischen Disziplinen angeboten. Umso härter trifft die Schützen ein anderer Vorwurf. Ist Schießen überhaupt ein Sport?

Unbeweglich steht ein Nachwuchsschütze auf Stand Nr. 1. Das Luftgewehr hält er im Anschlag, den Körper hat er in einen steifen Leinenanzug gezwängt, die Füße stecken in schweren Schuhen mit glatter Sohle. Wie ein Astronaut im Raumanzug kann er sich kaum bewegen, soll er auch nicht, im Gegenteil. Hier besteht der ganze Sport aus absoluter Reglosigkeit. Im Wettkampf müssen die Schützen mit dem 5 Kilogramm schweren Gewehr 40 Schuss in 60 Minuten abgeben. «Das beansprucht Kondition und Konzentration», sagt Moßler, Spitzenathleten würden im Wettkampf bis zu einem Kilo Gewicht verlieren.

Aber der Sport ist nur das eine in der Schützengilde. Das andere ist die Traditionspflege, das Königsschießen auf die handgemalte Holzscheibe mit dem naturgetreuen Konterfei von Auerhahn oder Reh, der Umzug im Festrock. Auf dem Schießstand der Gilde hängt ein Plakat in Frakturschrift: «Am guten Alten/in Treue halten./Am schönen Neuen/sich stets erfreuen.»

In Zeiten von Streetball und Inlineskating wirkt das so dynamisch wie Pfahlsitzen. Aber die archaischen Rituale sind das Erfolgsgeheimnis des Deutschen Schützenbundes, der mit mehr als 1,5 Millionen

Mitgliedern der viertgrößte Sportverband in Deutschland ist, nur noch knapp hinter dem kriselnden Tennis, aber weit vor den Handballern oder Schwimmern. In ländlichen Gegenden ist Schütze sein oberste Bürgerpflicht. Die Welt verändert sich schneller, als ein Geschoss fliegt, da tröstet es, sich an Dinge zu klammern, die seit Jahrhunderten unverändert sind.

1637 wurde die Wandsbeker Schützengilde gegründet, als eine Art Bürgerwehr gegen plündernde Horden im Dreißigjährigen Krieg. Von Militarismus ist im Gildehaus nichts zu spüren, hier herrscht die holzvertäfelte Gemütlichkeit, die das Gütesiegel «made in Germany» noch voller Stolz trägt. Olaf Moßler sagt, was jeder Vereinsvorsitzende hierzulande sagt: dass der Verein eine große Familie sei. Eine, die keinen Ärger macht, weil alle Mitglieder ihr Herz an das Gleiche verloren haben. Alle sind willkommen, auch Frauen und Fremde, vor allem, wenn sie so schießen können wie Valerij Samojlenko.

Der gebürtige Russe ist der Star der Schützengilde, ein Trainingstier, pflichtbewusst, nicht zufällig mehrfacher Deutscher Meister. Jetzt übt er gerade mit der Luftpistole, in Jeans und einer Trainingsjacke, auf der sein Name und der von einigen Sponsoren steht. Wie ein Denkmal aller Gegensätzlichkeit im Sport steht er da: dynamisch und reglos, lässig und doch voller Anspannung, der Blick leer und entschlossen zugleich. Spaß sieht anders aus. Den Druckluftzylinder seiner Waffe hat Valerij mit buntem Klebeband umwickelt. Die Farben: Schwarz, Rot, Gold.

13

Wie man in Deutschland glaubt

Was Pastoren zu sagen haben, berührt viele Christen nicht mehr. Gotteshäuser machen zu. Doch geglaubt wird nach wie vor – an was auch immer.

von Ulrich Schnabel

«Wo Glaube ist, ist Hoffnung,
und wo Hoffnung ist, geschehen Wunder»
Werbespruch für eine Gesichtscreme gegen Falten

Dass sie nach 20 Jahren wieder in den Schoß der katholischen Kirche zurückgekehrt ist, wundert sie selbst ein wenig. «Ist schon merkwürdig, ich als moderne Frau Anfang 40, noch dazu eine Grüne mit einer linken Gesinnung», sagt die ehemalige Gesundheitsministerin Andrea Fischer. Anzumerken ist der heutigen Journalistin ihr Sinneswandel nicht: Sie tritt ebenso energisch auf, debattiert noch immer leidenschaftlich wie zu der Zeit, als sie im rot-grünen Kabinett saß. Und doch, sagt sie, habe sich etwas geändert: «Ich habe irgendwie meinen Weg gefunden und begriffen, dass Glauben und Katholischsein Freiheit bedeutet.»

Freiheit? Das würden wohl nur wenige mit der katholischen Kirche assoziieren. Ist nicht die 2000 Jahre alte Glaubensgemeinschaft der Prototyp einer verkrusteten Institution, die ewig gestrige Grundsätze predigt? War es nicht der katholische Kardinal Joseph Ratzinger, der kürzlich allen Ernstes vor dem Kinderliebling Harry Potter warnte und dessen Zaubertricks als Zersetzung «des Christentums in der Seele» brandmarkte? Ausgerechnet eine erfahrene Politikerin wie Andrea Fischer kommt uns da mit der Freiheit des katholischen Glaubens!

«Ich bin keine Missionarin», lacht Fischer. «Ich will niemanden zu meinem Glauben bekehren.» Eines aber habe sie festgestellt: «Nach der ersten Irritation über meinen Schritt spüre ich bei vielen Leuten den Wunsch, über Glaubensdinge zu reden.» Dieses «große Bedürfnis nach Sinn und Transzendenz» entdeckte sie auch während des biopolitischen Streits über die Stammzellforschung und den Beginn des Lebens. Da diskutierten viele Menschen mit Inbrunst und Leidenschaft über Themen, von denen sie selbst gar nicht direkt betroffen waren. «Ich glaube, die Leute waren froh, einmal öffentlich über moralische Positionen und Wertmaßstäbe debattieren zu können.» Denn an solchen Gelegenheiten mangele es in unserer Gesellschaft. «In der Öffentlichkeit wird über alles geredet, auch über intime Dinge, die besser nicht öffentlich verhandelt werden sollten – nur nicht über Glauben. Da gibt es eine Scheu, fast, als ob das etwas Obszönes sei.»

Damit hat sie Recht. Es gibt kaum noch ein Tabu, das in der Mediengesellschaft nicht grell ausgeleuchtet, in Talkshows breitgequatscht und bis aufs letzte Schamhaar in Fotoreportagen zur Schau gestellt würde. Doch kommt die Rede auf letzte Überzeugungen, auf jenes schwer Fassbare, das dem Einzelnen ein Ziel und dem Ganzen einen Sinn gibt, verstummt die allgemeine Geschwätzigkeit. Was und woran die Deutschen glauben, woher sie ihr Weltbild und ihre moralischen Wertmaßstäbe ableiten, machen die meisten im stillen Kämmerlein aus. Öffentliche Bekenntnisse dazu sind – abgesehen von den Äußerungen der üblichen Verdächtigen – so rar wie das Vaterunser auf der Betriebs-Weihnachtsfeier. Und bricht das Religiöse doch einmal in die säkulare Gesellschaft ein – etwa in Form einer muslimischen Lehrerin, die im Unterricht ein Kopftuch zu tragen begehrt –, reagieren viele verstört und verunsichert.

Statt der Kirche vertraut man dem ADAC

Kommt allerdings im kleinen Kreis das Thema Glauben aufs Tapet, etwa wenn Kinder nach dem Verbleib des verstorbenen Großvaters oder dem Sinn der Adventszeit fragen, treten mitunter selbst bei abgeklärten Zeitgenossen tief vergrabene Glaubensreste zum Vorschein. Denn die Sehnsucht nach dem Religiösen – dem «Sichzurückverbinden» (lat. *religari*) mit einem Ursprung, etwas Allumfassendem, möglicherweise Heiligen – lässt sich so leicht nicht aus der Welt schaffen.

Allerdings zeigt sich diese Sehnsucht heute nicht mehr im blinden Glauben an kirchliche Dogmen, sondern in einer individuellen Sinnsuche, die vielleicht auf einsame Bergtouren führt, in die Esoterikszene oder zu fernöstlichen Religionen. Und manche – wie Andrea Fischer – bringt diese Suche auch wieder zur Kirche zurück. Den 300 000 Deutschen, die jedes Jahr aus der Kirche austreten, stehen immerhin 12 000 Eintritte in die katholische Kirche gegenüber, die evangelische verzeichnet sogar 60 000 Neu- oder Wiederaufnahmen. Was treibt jemanden zu einem solchen Schritt?

So ganz genau kann Andrea Fischer das gar nicht benennen. Als 1998 erstmals die Hälfte einer deutschen Regierung beim Amtsschwur den Zusatz «so wahr mir Gott helfe» ablehnte, merkte die Gesundheitsministerin, wie sehr ihr Wertesystem von den katholischen Vorstellungen aus dem Elternhaus geprägt ist und dass für sie die Rückversicherung nach oben eine Notwendigkeit war. «Ich hatte das Gefühl: Du weißt aus dir heraus auch nicht alles, und es gibt da vielleicht Wichtigeres, das über dich hinausgeht.» Der Wiederaufnahmezeremonie der katholischen Kirche hat sie sich allerdings erst nach ihrem Rücktritt unterzogen. Und heute unterscheide sich ihr Glaube deutlich von jenem, der ihr früher vermittelt wurde. «Ich habe nicht mehr das Gefühl, einer Norm genügen zu müssen.» Gott sei für sie nicht «jemand, der mir sagt, was ich genau zu tun habe, sondern jemand, der mich in eine ständige Auseinandersetzung zwingt». Vielleicht ist es das, was ihr Halt und Freiheit zugleich vermittelt.

Die meisten Deutschen dagegen haben mit der Kirche nur noch wenig zu schaffen. Zwar gehören offiziell zwei Drittel aller Deutschen entweder der katholischen (26,7 Millionen Mitglieder) oder der evangelischen Kirche (26,3 Millionen) an. Doch nur noch etwa jeder Zehnte lässt sich regelmäßig im Gottesdienst blicken, nahezu jeder Zweite gibt in Umfragen an, die Kirchen hätten auf die ihn bewegenden Fragen keine Antworten mehr. Schon rekrutieren katholische Gemeinden Priester aus Polen, weil der eigene geistliche Nachwuchs fehlt. Deutschland, einst stolzes Zentrum des Heiligen Römischen Reiches und Stammland der Reformation, scheint sich vom Glauben abgewandt zu haben.

Bereits jetzt haben die größten deutschen Glaubensgemeinschaften deutlich an gesellschaftlicher Relevanz verloren. Als die Unternehmensberatung McKinsey dieses Jahr in ihrer groß angelegten Online-Erhebung *Perspektive Deutschland* nach der Glaubwürdigkeit deutscher Institutionen fragte, landeten die Kirchen weit abgeschlagen hinter dem ADAC, Greenpeace oder der Bundeswehr. Magere 17 Prozent gaben an, der evangelischen Kirche uneingeschränkt zu vertrauen, bei der katholischen Kirche waren es gar nur noch 11 Prozent – ein harter Schlag für eine Institution, die sprichwörtlich von ihrer Glaubwürdigkeit lebt.

Besonders bitter: Anders als bei den politischen Parteien oder Gewerkschaften, die ähnlich schlecht abschnitten, sehen die Befragten bei den Kirchen kaum Änderungsbedarf. Den meisten Deutschen scheint das Wohl und Wehe der Institution Kirche schlicht egal geworden zu sein. «Das Problem der Kirchen ist, dass sie schon lange keines mehr sind», brachte der Berliner Journalist Christian Bommarius diese Haltung im Kursbuch auf den Punkt. Die Öffentlichkeit behandele die Kirchen mit Nachsicht, «gleichmütig, aber freundlich, wie den senilen Alten, dessen Gebrabbel am Tisch niemanden erschreckt, aber auch nur selten amüsiert».

Behält also jener sächsische Pfarrerssohn doch Recht, der vor 120 Jahren halb triumphierend, halb schaudernd den Tod Gottes verkündete? Dabei schwante Friedrich Nietzsche schon damals: «Ist nicht die Größe dieser Tat, Gott getötet zu haben, zu groß für uns? Gibt es noch ein oben oder unten? Irren wir nicht wie durch ein unendliches Nichts? (…) Ist es nicht kälter geworden?»

«Erzählen Sie uns von Ihrem Leben ohne Gott.» Mit dieser Frage – gestellt in Zeitungsannoncen und auf Postkarten, die in Kneipen auslagen – wollte das Kölner Erzbistum in den vergangenen Monaten erfahren, was moderne Atheisten so denken. Unter www.ohne-gott.de kann jeder anonym loswerden, was ihm auf der Seele liegt. «Das Erstaunliche war: Es haben sich total viele gemeldet», sagt Heiner Koch, oberster Seelsorger und Domkapitular am Kölner Dom. Zwar hätten längst nicht alle Online-Chatter das Gesprächsangebot der Kirche angenommen, «aber allein das Erzählte war für uns schon interessant».

Die scheinbar Gottlosen seien «zum geringsten Teil Atheisten», sagt Koch. Tief berührt sei er gewesen angesichts all der Sehnsucht und der Hoffnung, die da zum Ausdruck kamen. «Ich habe bei ihnen manches Ringen und Suchen und Fragen und Kämpfen erlebt, dass ich sagen würde: Die sind so nahe bei Gott wie wahrscheinlich mancher nicht, der sich als gläubig bezeichnet.» Er habe jedenfalls nicht den Eindruck, dass die Menschen gar nichts mehr glauben, sagt Koch. Im Gegenteil: «Die Leute glauben fast alles.»

Das spirituelle Vakuum der Moderne macht anfällig für viele Arten pseudoreligiöser Botschaften. Davon profitieren nicht nur Psychotherapeuten, Motivationstrainer oder Gesundheitsgurus. Auch Marketingfirmen haben das längst erkannt. «Welche religiösen Sehnsüchte in der Werbung angesprochen werden», wundert sich Koch, «nach Heil, nach Glück, nach Erfüllung und so weiter.» Besonders angetan hat es dem Gottesmann ein Werbespruch der Lufthansa: «Wir halten den Himmel offen.» Das sei doch das ursprüngliche Programm der Kirche.

Religionen in Deutschland

Zugehörigkeit zu Glaubensgemeinschaften

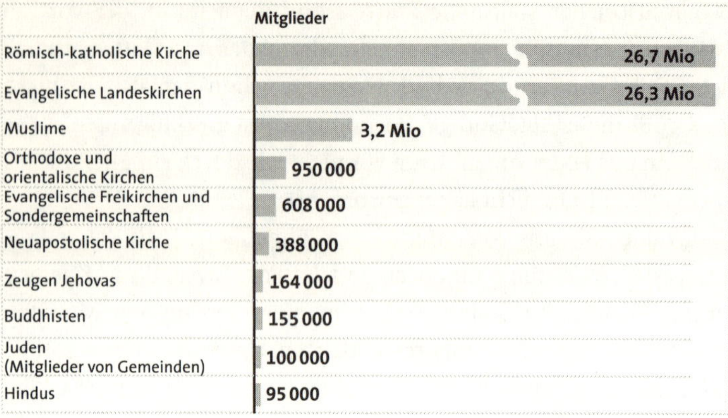

Abkehr von den etablierten Kirchen

Veränderung der Religionszugehörigkeit
(in Prozent der Gesamtbevölkerung)

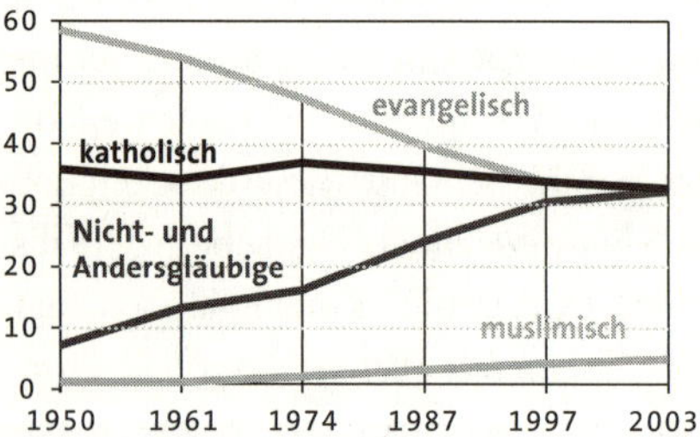

Insbesondere die evangelische Kirche hat aufgrund der Entwicklung in der DDR kräftig an Mitgliedern verloren. Die Zahl der Nichtgläubigen dagegen ist stark angestiegen. Aufgrund der Einwanderer wächst auch die Zahl der Muslime. Dieser Trend wird sich in den kommenden Jahren aufgrund des deutschen Geburtenrückgangs vermutlich noch verstärken.

ZEIT-Grafik/Quellen: Stat. Bundesamt, Henkel, ZI IAD

Umfragen zeigen, dass die Deutschen zwar mehrheitlich die Dogmen und Vorschriften der Kirche ablehnen, sich aber gleichwohl nach einer – wie auch immer gearteten – höheren Macht sehnen. Rund zwei Drittel der Bevölkerung geben an, irgendwie an «Gott» zu glauben. Auf die christliche Definition eines personalen, dreieinigen Gottes – Vater/Sohn/Heiliger Geist – beziehen sich, dem DataConcept-Institut zufolge, allerdings nur 12 Prozent. Die anderen assoziieren mit Gott eher abstrakte Werte wie Liebe, Barmherzigkeit oder «das Gute im Menschen», glauben an «Frieden», «Natur» oder schlichtweg das «Universum». Hoch im Kurs stehen auch persönliche Schutzengel – auf sie hoffen fast 80 Prozent aller Gottgläubigen. Dafür wissen nur 40 Prozent aller Deutschen über die Zehn Gebote «gut bis sehr gut» Bescheid, bei der Bergpredigt sind es gar nur noch 17 Prozent.

«Die meisten sehen heute die Kirche als eine Art Aldi-Laden», beschreibt Heiner Koch die Glaubenswelt seiner Zeitgenossen. «Man nimmt die interessanten Angebote mit – Kindergärten, Schulen, besondere Gottesdienste –, lässt die Gebote und den Papst liegen, bezahlt an der Kasse seine Kirchensteuer und erwartet dafür eine prompte Dienstleistung. Dann guckt man im nächsten Laden, was die Astrologie so anbietet, was es bei der Psychotherapie oder dem Buddhismus gibt – und entscheidet sich nächste Woche wieder neu.»

Der Religionssoziologe Peter L. Berger sieht darin einen grundsätzlichen Trend der modernen Gesellschaft: die «Wandlung von Schicksal zur Wahl». «Was früher als gegeben erlebt wurde, wird nun zu einer Vielfalt von möglichen Entschlüssen und Handlungen», schreibt der in Boston lehrende Wissenschaftler. Denn die Verbote und Strafen der früheren Orthodoxie haben meist ihren Schrecken verloren. Das macht frei – und heimatlos. Im selben Maße, in dem das Vertrauen in die alten Welterklärer – Kirchen, Parteien, Gewerkschaften – schwindet, sieht sich der Einzelne gezwungen, seine Identität selbst zu bestimmen, und zwar immer wieder aufs Neue. Die Soziologie spricht in diesem Zusammenhang von «Patchwork-Religionen», die in Eigenarbeit zusammengebastelt werden. Peter Berger nennt das den «Zwang zur Häresie», in Anspielung auf das griechische *hairesis*, was so viel wie «Wahl» bedeutet. «Wir sind alle, jeder auf seine Art, zu ‹Häretikern› geworden.»

Ein Draht zum Himmel

Maria Ziebarth hätte sich wohl nicht träumen lassen, dass auch sie einst zu diesem Typus des modernen Häretikers zählen würde. Und doch ist die Geschichte ihrer Berliner Familie beispielhaft für diese Entwicklung. Geboren als neuntes Kind einer streng katholischen Familie, wuchs Maria Ziebarth in den vierziger Jahren noch mit allen in diesem Milieu üblichen Ge- und Verboten auf. «Bring bloß keinen Evangelischen mit nach Hause», hieß es beispielsweise, wenn sie einmal mit einem Freund ins Kino ging. Das habe sie lange als selbstverständlich empfunden, auch eine Geborgenheit im Glauben gefühlt und diese Werte den eigenen drei Kindern weitergegeben. Doch als ihr Mann früh starb und die gelernte Apothekenhelferin begann, in einem katholischen Krankenhaus zu arbeiten, entdeckte sie die Doppelmoral der barmherzigen Schwestern. «Unter denen gab es zum Teil einen richtigen Hass.» Auch gegenüber den Patienten war es mit der christlichen Nächstenliebe nicht immer so weit her.

Die Kinder machten ähnliche Erfahrungen. Im Gottesdienst und in der Nonnenschule erlebten Petra und Beate, dass «Reden und Tun bei vielen auseinander klafften», wie Petra sagt. Thomas Ziebarth, dem auf einer Jesuitenschule christliche Grundsätze vermittelt werden sollten, bekam von seinen Lehrern zu spüren, dass er aus einem bescheidenen Elternhaus kam, das weder über Geld noch Titel verfügte. Und als Ende der sechziger Jahre die erste Studenten-Demo mit roten Fahnen am Schulfenster in der Tiergartenstraße vorbeizog, wurde darüber nicht diskutiert, sondern der Lehrer sagte nur: «Jetzt lassen wir die Rollläden herunter.» – «Das war typisch», erinnert sich Thomas. «Die haben sich als Festung gegen den Zeitgeist begriffen.» Als der Jugendliche die Rebellion probte, rächten sich die Jesuiten-Patres mit schlechten Noten. Thomas verließ die Schule, trat bald darauf aus der Kirche aus – und war schwer enttäuscht, dass er dazu lediglich aufs Finanzamt musste. «Ich dachte, da gäbe es noch einmal ein Gespräch, wo ich meine ganze Kritik hätte vorbringen können», sagt er rückblickend.

Die anderen Mitglieder der Berliner Familie gehören zwar noch immer der Kirche an, doch mit der Institution wollen auch sie nichts mehr zu tun haben. Maria, das einstige Pfarrgemeinderatsmitglied, besucht seit 30 Jahren keinen Gottesdienst mehr. Petra Ziebarth fühlte sich von der Heuchelei im Kirchenmilieu gar so sehr abgestoßen, dass «ich lange Zeit keinen Fuß in eine Kirche setzen konnte, ohne dass mich das Grausen überfiel». Das gilt auch für die evangelische Kirche, mit der sie in den siebziger Jahren aneinander geriet. Als sie einen protestantischen Pfarrer heiratete, ohne sich kirchlich trauen zu lassen, «gab es einen Riesenaufstand. Die Kirche setzte uns moralisch so lange unter Druck, bis wir uns pro forma von einem Bekannten trauen ließen – nur damit die Sache auf dem Papier stimmte.»

Helfen Heilige – oder Blumen?

Aufgehört zu glauben haben die Ziebarths deshalb nicht. «Den Herrgott, den gibt's ja noch für mich», sagt Maria. Zwar sei sie von der Kirche enttäuscht, doch habe sie immer «einen Draht zum Himmel» behalten. Und wenn es mal ganz dick kommt, aktiviert sie auch die katholischen Heiligen – den heiligen Konrad, wenn das Geld nicht reicht, Blasius bei Krankheiten oder Don Bosco, wenn die Enkelkinder in der Schule Schwierigkeiten haben. «Manchmal helfen sie – und manchmal nicht», lacht die 70-Jährige.

Auch für Petra sind heute «Religion und Kirche zwei verschiedene Dinge». Die Psychologin, die in einer Erziehungs-Wohngruppe mit Kindern aus schwierigen Familienverhältnissen lebt, schätzt zwar das soziale Engagement kirchlicher Träger. «Doch das ist ja nicht zwangsläufig mit Kirche verbunden.» Dafür sucht sie, «wenn alle Stricke reißen», die Geborgenheit in der Natur, beim Betrachten einer Blume oder beim Gesang eines Vogels. «Da ist eine Energie zu spüren – ob man das nun als Gott oder was auch immer bezeichnen möchte.»

Für ihre Schwester Beate ist das zu wenig. «Wenn alles zusammenbricht, da hilft eine Blume nicht weiter.» Sie hat im Notarztwagen das Beten wieder gelernt. Auf dem Weg zur Klinik, als ihr jüngster Sohn nach der Geburt vom Kindstod bedroht war, fiel ihr plötzlich das Vaterunser ein. «Wenn man sich besinnt und konzentriert, dann kommt die Kraft auch», sagt die dreifache Mutter. Mittlerweile erwägt sie sogar, ihre Kinder taufen zu lassen – «Dann gibt es da noch einen, der auf sie aufpasst.» Allerdings denkt sie eher an eine Taufe in einer evangelischen Kirche, vielleicht bei dem Pastor, den ihre Schwester einst heiratete.

Thomas Ziebarth hält es dagegen heute mit dem Buddhismus. In den siebziger Jahren, in einem besetzten Haus in Berlin-Kreuzberg, begann er zu meditieren. Später schloss er sich einer Gruppe an, fuhr zu Meditationswochen und ließ sich sogar zum Zen-Mönch ordinieren. «Das stille Sitzen klärt den Geist. Aber es ist auch eine energetische Erfahrung. Wenn ich ein paar Wochen nicht dazu komme, spüre ich, dass meine Batterien mal wieder aufgeladen werden müssen», sagt der 45-Jährige, in dessen Futonladen in Kreuzberg tibetische Tangkas – Rollbilder mit religiösen Motiven – hängen.

Als «Buddhist» würde er sich allerdings nicht bezeichnen. Bei seinen Reisen durch Asien habe er eben auch gesehen, «dass man jede Religion missbrauchen kann». Deshalb ist ihm heute wichtig, dass «die Meditation offen bleibt, dass einem niemand etwas vorsetzt, das man zu glauben hat» – sei es nun die Frage nach Gott oder nach der Reinkarnation. «In meiner Gruppe hat jeder eine andere Meinung dazu – und das finde ich gut so.»

155 000 eingetragene Buddhisten zählt der Religionswissenschaftliche Medien- und Informationsdienst in Deutschland, Tendenz steigend. In Berlin gibt es seit diesem Jahr sogar erstmals buddhistischen Religionsunterricht an öffentlichen Schulen. «Viele Anhänger des Buddhismus», sagt der Bremer Religionswissenschaftler Martin Baumann, «sind vom Christentum enttäuscht, weil Religion da fast nur mit dem Kopf, nichts mit dem übrigen Körper zu tun hat. In der Meditation dagegen fühlt man Religion.» Außerdem fasziniere viele die Dogmenlosigkeit der 2500 Jahre alten Lehre des Gautama

Buddha, die keinen Gottesglauben vorschreibt, sondern als praktische Lebensanweisung gelesen werden kann.

Von der Kirche zur Moschee

Die fremden Religionen, die hierzulande noch nicht mit dem Ballast vergangener Sünden belastet sind, kommen dem modernen Trend zur «Häresie» durchaus entgegen. Die etablierten Kirchen dagegen geraten immer mehr in die Situation bedrohter Unternehmen, die früher eine Monopolstellung innehatten und nun fassungslos mit ansehen müssen, wie ihnen nach und nach die zahlende Kundschaft wegläuft. Rezession und Steuerreform vermindern das Kirchensteueraufkommen zusätzlich, sodass die Institution Kirche inzwischen unter enormen Spardruck geraten ist. Besonders dramatisch ist die Lage im Erzbistum Berlin: Dort müssen in den nächsten Jahren 400 der vormals 2700 Stellen gestrichen werden, die Zahl der Gemeinden soll von 207 auf 106 schrumpfen. Auch in besser situierten Städten wie Hamburg werden die ersten Kirchen verkauft. Schätzungsweise jedes dritte Gotteshaus ist in Zukunft nicht mehr zu halten. «Wird die Stephanuskirche jetzt zur Moschee?», jammert die *Bild*-Zeitung, sonst fürwahr kein Kirchenblatt. Dieser Trend wird sich vermutlich noch dramatisch verschärfen. Schließlich gehören heute viele der Kirche nur noch deshalb an, weil sie – wie die Ziebarths – in ihrer Jugend kirchlich sozialisiert wurden. Doch wer von der jungen Generation, die Kindergottesdienst und Ministrantentum nur noch vom Hörensagen kennt, soll morgen die Kirchen füllen?

Das ist kein spezifisch deutscher, sondern ein genereller europäischer Trend. Auch in Großbritannien und Italien geht nur etwa jeder 10. einmal pro Woche zum Gottesdienst, in Frankreich gar nur jeder 20., wie die *European Values Study* feststellte. Die europäischen Kirchen, lästerte die *New York Times*, erschienen «mehr und mehr wie eine Ansammlung von Touristenattraktionen aus der Vergangenheit des Christentums». Und der Generalsekretär der britischen United

Reform Church, David Cornick, stellte fest, «dass Europa nicht länger christlich» sei. Nicht einmal in der Präambel der EU-Verfassung war ein Gottesbezug noch vorgesehen – vielleicht blieb dem Werk deshalb der letzte Segen verwehrt?

Währenddessen boomt das Christentum anderswo: In Lateinamerika bekennen sich 92,7 Prozent der Bevölkerung zum christlichen Glauben. In Afrika ist die Zahl der Christen im vergangenen Jahrhundert von 9,2 auf 45,4 Prozent der Gesamtbevölkerung hochgeschnellt. Und in den Vereinigten Staaten wird der Glaube nicht nur in politischen Reden hochgehalten. Mehr als jeder Dritte sucht in *God's own country* mindestens einmal pro Woche den Segen seiner Glaubensgemeinschaft. Dieser religiöse Eifer hat auch damit zu tun, dass im amerikanischen «Kirchensupermarkt» jeder nach seiner ganz eigenen Fasson selig werden kann.

Heiliger McKinsey, hilf!

In den USA haben die Kirchen längst jenen Schritt von der Pflicht- zur Wahlreligion vollzogen, der in Deutschland noch bevorsteht. Mittlerweile denken Pastoren auch hierzulande darüber nach, wie sie ihr Profil auf dem Markt der Lebenshilfeanbieter schärfen können. Über den einzuschlagenden Weg herrscht durchaus Uneinigkeit. Während die einen, wie etwa das neu gewählte Oberhaupt der evangelischen Kirchen, Bischof Wolfgang Huber, sich mit politischen Botschaften zu profilieren versuchen, beklagen andere den «Substanzverlust» der Kirche und fordern die Rückkehr zu einer klareren Verkündigung der Glaubensbotschaft.

In ihrer Not suchen die Kirchen auch die Hilfe der Unternehmensberatung. McKinsey berät mittlerweile mehrere deutsche Bistümer, unter anderem das Erzbistum Berlin. «Kirche lebt von überzeugenden Personen. Ich würde unter anderem noch mehr in jene Mitarbeiter investieren, die in direktem Kontakt mit Menschen stehen, wie beispielsweise das Seelsorgepersonal», schlägt McKinsey-Berater

Thomas von Mitschke vor. Denn die Ergebnisse der McKinsey-Umfrage hätten vor allem gezeigt, dass das Vertrauen in die Kirche schwindet, die Sozialträger Caritas und Diakonie dagegen hohes Ansehen genießen. Selbst das Personal, die katholischen und evangelischen Pfarrer, schneidet in der Online-Umfrage besser ab als ihre Firmen, die Kirchen. «Nirgendwo arbeiten so viele motivierte Mitarbeiter», glaubt von Mitschke. Und in den Gemeinden gebe es ein großes Potenzial für ehrenamtliches Engagement, das die Kirchen stärker nutzen könnten.

Eine Widerstandsgeschichte

Von einer notwendigen «Marktanalyse» der Stärken und Schwächen der Kirche spricht auch Friedrich von Kymmel. Der Pastor der Gemeinde Morgenitz auf der Ostseeinsel Usedom ist allerdings das krasse Gegenteil eines McKinsey-Beraters. Der Landpfarrer steht vielmehr beispielhaft für die besondere Situation der Kirchen im Osten Deutschlands. Sie gerieten, zumindest im real existierenden Sozialismus, in jene Opposition zum Staat, die sie im Westen längst verloren hatten. Und gerade die Staatsferne verschaffte ihnen in den Jahren der Wende Glaubwürdigkeit und gesellschaftliche Relevanz.

Die Kirchengeschichte des Ostens lässt sich gut an Friedrich von Kymmels eigener Biographie erzählen. Als christlich gesinnter Jugendlicher galt er in der ehemaligen DDR automatisch als Dissident. «Friedrich steht den Problemen der arbeitenden Bevölkerung nicht aufgeschlossen gegenüber», hieß es in der schriftlichen Begründung, die von Kymmel vom Abitur ausschloss. Danach hätte er nur noch auf einer der drei kirchlichen Hochschulen, die in der DDR zugelassen waren, studieren können, «doch ich wollte kein Mitläufer werden». Er begann eine Ausbildung als Elektriker, wurde auf den Baustellen von den Kollegen agitiert und merkte bei seinen Hausbesuchen als Handwerker, «dass man oft für die Leute eine Seelsorgerfunktion hat». Diese Erfahrung brachte ihn dann doch zum Theologiestudium und 1988 nach Morgenitz. Das 120-Seelen-Dorf im äußersten Nordosten Deutschlands verfügte über eine wunderschöne unheizbare Backsteinkirche aus dem 15. Jahrhundert und ein Pfarrhaus, in dem der Pastor erst einmal Elektro- und Wasserleitungen verlegen und eine Klärgrube bauen musste.

Dann kam das Wendejahr 1989. In Leipzig sammelten sich die «Montagsdemonstranten» in der Nikolai-Kirche, und auch auf Morgenitz wurden die Predigten «sehr viel politischer», erinnert sich von Kymmel. Als Kristallisationspunkte des Protestes zogen die Kirchen all jene an, die die Schizophrenie zwischen Anspruch und Wirklichkeit des DDR-Daseins nicht mehr aushielten. «In der Kirche fanden sie nicht nur eine Heimat, sondern auch Hilfe, mit dieser Zerrissenheit umzugehen», sagt von Kymmel. Außerdem gab es im Schutz der Kirche die Freiheit, vieles zu sagen, was sonst tabu war.

Heute sind diese großen Zeiten auch in Morgenitz vorbei. In von Kymmels Gemeindesprengel, der im Umkreis von zehn Kilometern einmal knapp 3000 Einwohner hatte, lebt nur noch die Hälfte, etwa ein Drittel davon zählt zur Kirche. Mecklenburg-Vorpommern gehört, neben Sachsen-Anhalt und Brandenburg, zu den unchristlichsten Bundesländern überhaupt – weniger als 25 Prozent der Bevölkerung sind hier noch Kirchenmitglieder. Und die Gemeinden sind so verarmt, dass den Pastoren das Urlaubs- und Weihnachtsgeld gestrichen werden musste. Wie vermittelt man da noch die Frohe Botschaft des Christentums?

«Wenn die Menschen nicht in die Kirche kommen, dann muss die Kirche eben zu ihnen kommen», sagt von Kymmel und wirkt dabei geradezu fröhlich. Dann erzählt der 44-jährige Pastor von seinen Hausbesuchen («Das erzeugt ein Zusammengehörigkeitsgefühl, auch wenn die Leute nicht in den Gottesdienst gehen»), von den Versuchen, mit rechtsradikalen Jugendlichen ins Gespräch zu kommen, und der Notfall-Seelsorge, die er auf Usedom ehrenamtlich mit einem Kollegen aufgebaut hat. «Da muss man es aushalten können, wenn jemand beim Überbringen einer Todesnachricht zu schreien anfängt – oder eine Viertelstunde lang gar nichts sagt.»

Er lebe gern hier, sagt er, fühle sich unter den bedächtigen Menschen auf Usedom wohl. Leider ist das Idyll wohl nicht von Dauer. «Es ist absehbar, dass irgendwann der Punkt kommt, an dem ich mit meinem Gehalt die Kirchengemeinde finanziell ruiniere.» Inzwischen geht ihm das ständige Sparenmüssen selbst an die Substanz. «Ich muss – neben Taufen, Beerdigungen, Hausbesuchen und Seelsorge – drei Kirchen und sechs Friedhöfe verwalten, einen Schulbau betreuen, ein ehemaliges Pfarrhaus und Stallgebäude in der Nachbargemeinde, muss im Gemeindekirchenrat die Sitzungen leiten, Spender ‹pflegen›, Einladungen schreiben, den Gemeindebrief entwerfen, bin meine eigene Sekretärin und mein Manager.»

Selbst im Gottesdienst steht von Kymmel unter Druck. «Man fühlt sich wie ein Alleinunterhalter. Und wenn kein Kirchenmusiker da ist, muss man ohne Begleitung mit den Leuten singen.» Da hört sich manches Loblied wie ein Trauermarsch an.

Manchmal hat von Kymmel allerdings weniger Stress, als ihm lieb ist. «Es passiert schon, dass ich sonntags für den Gottesdienst alles vorbereite, die Kerzen anzünde und die Glocke läute – und dann kommt keiner. Gar keiner», sagt er halb amüsiert. Dann wartet er eine Viertelstunde, pustet die Kerzen wieder aus und feiert im Pfarrhaus einen «Familien»-Gottesdienst mit Frau und Kindern.

Mitunter liefert das «ständige Gespräch mit Gott», das von Kymmel als Kern seines Glaubens definiert, eben mehr Fragen als Antworten.

Wie man in Deutschland …

14

Wie man in Deutschland feiert

Ob diamantene Hochzeit oder Love Parade, Eishockeyspiel oder Tangoabend – alle wollen sich vergnügen. Aber wo kommt man hin, wenn jeder feiert, wie und was er will? *Ein Kaleidoskop*

von Ulrich Stock

Am 31. Dezember wird es ernst für Axel Martinsteg aus Hetlingen bei Hamburg: Dann ist wieder Silvester. Es ist sein neuntes oder zehntes dieses Jahr, genau weiß er es selber nicht. Seit Wochen braust der 40-Jährige durch Deutschlands Großdiskotheken von Eisenach bis Eckernförde: als «Stimmungskanone Axel» mit «Silvester auf Probe». Die Show beginnt kurz vor oder nach Mitternacht, wenn alle da sind, bis zu zweitausend junge Leute, manchmal mehr. Zwölfe schlägt's um zwei: Es regnet Konfetti, das Publikum bewirft sich gegenseitig, man kann vor Konfetti gar nichts mehr sehen, die Luft besteht aus Konfetti.

Und dann geht das Licht aus. Dunkeltanz. Alle holen ihr Knicklicht hervor, einen transparenten Plastikschlauch, der – einmal kräftig gekniffen – stundenlang leuchtet. Die Leiber dampfen, der Saal glimmt, «ein tolles Bild», schwärmt Martinsteg. Er hat noch anderes im Angebot: Beachparty, Spanische Nächte, Oktoberfest, Miss- und Misterwahlen, Frauen- und Männerversteigerung, «alles, was mit Singles zu tun hat», aber Silvester auf Probe ist ihm besonders lieb. «Weil Silvester der einzige Tag im Jahr ist, an dem eigentlich alle Leute gut drauf sind.» Und wer zum Probefeiern komme, würde unbewusst diese Stimmung mitbringen – was ihm die Aufgabe erleichtere. Denn die 20-, 25-Jährigen heute wollten ja cool sein, «cool ist gerade in», und um aus sich herauszugehen, um die Arbeit oder die Arbeitslosigkeit für ein paar Stunden zu vergessen, brauchten sie «einen Schubser». Einen Unterhaltungskünstler. Ihn.

An der Schweineorgel. Norman Diercks betreibt in Hamburg eine «Agentur für alles». Aufwärmen ist seine Spezialität, «das Publikum eingrooven», zum Beispiel, wenn die Hamburg Freezers in der Color Line Arena gegen die Kölner Haie zum Eishockeykampf auflaufen. Bei solchen Anlässen ist er – wie er selbst das nennt – «der Schweineorgelmann» und beschallt die Halle mit rockigem, hartem Punk. Zwanzig Jahre Erfahrung hat er als DJ auf Festen aller Art …

Hat sich über die Jahrzehnte etwas verändert? «Nein», meint er, «eigentlich nichts. Zum Tanzen immer wieder dieselben verbotenen Songs: *It's Raining Men. I will survive, Celebration, Pata Pata* … Ich bin froh über jede Party, auf der ich das nicht spielen muss.»

Doch, ja, etwas habe sich schon getan: Die großen Feste heute zerfielen zusehends in zwei Teile. Erst soll es ganz offiziell sein, alle kommen im Smoking, es gibt Ansprachen und großes Essen, danach soll es superlocker sein, dunkel, mit Flackerlicht, Tanz und Bar, «dabei passt ein Bankett eigentlich nicht in die Disco». Nun, möglicherweise ist dies dem allgemeinen Trend zur Szenenkonvergenz geschuldet. Keine flotte Ausstellungseröffnung mehr ohne Plattenauflegen, kein zeitgemäßes Griechenrestaurant ohne gelegentliche Live-Musik, keine hippe Dichterlesung ohne Diaprojektion.

DJ Norman zieht für sich die Konsequenz. Zu seinem 40. Geburtstag schenkt er sich eine Party «wie früher». Leeres Büro an der Elbchaussee, Chips und Salzstangen, keine Stühle, nicht groß einladen, Anlage rein und aufdrehen, tanzen – «lustig und ungezwungen». So bleibt ihm vorab als Sorge nur: «Reicht die eine Toilette für 200 Leute?»

Der Eiswürfel. Es berichtet Sebastian Reier, 26, Musiker aus Hamburg, von seiner schönsten Sommernacht dieses Jahr. «Das war um sechs Uhr morgens im Golden Pudel Club, als der Barmann Viktor mit einem Eiswürfel im Mund auf die Tanzfläche kam und dieser von

Mund zu Mund herumgereicht wurde, unter beiden Geschlechtern. Da habe ich mich wieder wie 14 gefühlt.»

Magnesiumdioxid. Ein junger, halb nackter Mann am Tag danach schwer angeschlagen auf dem Hotelbett, alles dreht sich, der Fernseher läuft noch, er will ihn mit dem Fuß ausmachen, stößt dabei das Glas um, das obendrauf steht, die Flüssigkeit läuft in den Apparat, Verpuffung, Rauch, die Sprinkleranlage wird ausgelöst, es spritzt von der Decke, er kann duschen, ohne aufzustehen. Mit diesem Fernsehspot lockt Axe, das «Anti-Hangover-Shower-Gel». Kernige Zielgruppe: Männer zwischen 18 und 26.

Ist es nicht riskant, ein Wellness-Produkt mit Übelkeit und Kopfschmerz zu bewerben? Frank Berning, 29, von der Kölner Agentur megacult verweist auf die Ironie. Das sei alles mit einem Augenzwinkern zu verstehen, auch die drei Anti-Kater-Partys, zu denen seine Firma im Oktober in Berlin, Köln und Hamburg je 250 Gäste in schicke Badehäuser eingeladen hatte. Beginn: sonntagmorgens um vier. Bis elf dann Whirlpool, DJs, Massagen. Wer Ähnliches zu Hause erleben möchte, geht zu Rossmann, da kosten 250 Milliliter des grünen, blasigen Axe-Schleims keine zwei Euro: «Magnesiumdioxid bringt dich von 0 auf 100 – egal, wie kurz die Nacht war.» Alka-Seltzer ist nichts dagegen.

Deutsche Fragen. Weihnachten, Ostern, Pfingsten. Karfreitag. Muttertag & Vatertag. Tag der Arbeit. Tag der Deutschen Einheit. Karneval, Vogelschießen, Love Parade, Oktoberfest. Wandertag, Betriebsausflug, Weihnachtsfeier. Geburtstag und/oder Namenstag. Taufe, Einschulung. Erstkommunion/Firmung/Konfirmation, Schulabschluss, Gesellenbrief/Diplom, Meisterbrief/Doktorhut, Ausstand, Einstand, Auszug, Umzug, Verlobung, Hochzeit, Silberhochzeit, goldene Hochzeit, Firmenjubiläum, Beerdigung, Leichenschmaus …

Gefeiert wird dauernd. Aber wie und in welcher Stimmung? Hat dieses Land, einst gefürchtet wegen seiner Expansionslust und Aggressivität, inzwischen losgelassen? Sind die verkniffenen Deutschen endlich lockerer geworden? Oder sind sie womöglich schon zu locker? Trinken sie auf Mallorca nicht das Bier bereits aus Eimern? Schwanken sie nicht halb nackt durch italienische Altstädte als selbst ernannte Botschafter des Zwanglosen?

La Dirndl Vita. Monica Togni, 39, Germanistin aus Viareggio bei Pisa, lernte im Urlaub ihren Wolfgang kennen. Vor vier Jahren zog sie zu ihm nach München. Sie geht aufs Oktoberfest, er bliebe lieber zu Hause. Sie steigt im Zelt auf die Bank und schmettert: *Der Anton aus Tirol.* Er hockt unten und hofft, dass es bald vorbei ist.

Wie die Deutschen feiern, gefällt vielen Deutschen nicht, vielen Ausländern umso mehr. «Junge Frauen tragen jetzt wieder Dirndl», schwärmt Monica Togni, «Zöpfe und Stiefel, so richtig sexy.» Belustigt sieht sie den italienischen Männern zu, die mit ihren Wohnmobilen über die Alpen angefahren kommen, schnurstracks auf die Madln zusteuern und – abblitzen. «Ich versuche ihnen immer zu erklären, wie sie das machen sollen, nicht so aufdringlich, schüchterner. Die Frauen hier sind emanzipiert.» Ihre Landsleute verstünden das nicht.

Genial als Hund. Grace Lu, 28, Lyrikerin aus Hongkong, kannte Karneval nur aus der Literatur, jetzt ist sie – alaaf! – mittendrin. «Genial» findet sie die tollen Tage in Köln, wenn man mitmache wie sie dieses Jahr zum ersten Mal, als Hund verkleidet. «Nervig» sei es, wenn man keine Lust habe, «das Chaos in der Stadt und überall Betrunkene». Da seien dann einmal so viele Leute auf der Straße wie in Hongkong immer, aber «die Energie» sei eine ganz andere. «Chinesen sind viel zurückhaltender.»

Wummernde Bonbonnieren. Albena Dimitrova, 31, orthodoxe Theologin aus Plovdiv, der zweitgrößten Stadt Bulgariens, hat nie richtig Karneval erlebt, nur einmal «so etwas Ähnliches», die Love Parade in Berlin. Da habe sie herumgestanden und auf die Musikwagen gewartet, von denen die Bonbons geworfen wurden, obendrauf «diese Leute, total von sich überzeugt, selbstverliebt» – das hat sie abgestoßen. Sie sei nur dieses eine Mal hingegangen, dann nie wieder, sie kenne auch niemanden in Berlin, der zweimal da gewesen wäre, und immerhin lebt sie seit acht Jahren in der Stadt.

Ach, die Feiern hier … Wenn ein Ausländer dem anderen sage, er gehe auf eine «deutsche Party», dann sei klar: stehen, nicht tanzen, kein Essen, nur Salzstangen. Vielleicht sei das so, weil die deutschen Gastgeber zu bequem sind. «Meine Mutter kocht zwei, drei Stunden am Tag, hier tut man alles in die Mikrowelle.» Die deutsche Küche beherrsche von den jungen Leuten kaum noch jemand. Dann unterbricht sich die temperamentvolle Kritikerin und sagt: «Ich hasse es, wenn Ausländer schlecht über die Deutschen reden» – deshalb will sie auch ihren wahren Namen hier nicht gedruckt sehen. «Ich könnte so viel Gutes über die Deutschen sagen, nur leider eben nichts übers Feiern.»

Das Straßenfest. Es berichtet Jens Kirchhoff, 45, Zollbeamter, aus seinem Neubaugebiet in Wattenbek bei Kiel:

«Alle haben in der Straße ihr Haus gerade oder fast fertig, die Kinder liegen im Kinderwagen oder rasen mit ihren Bobby Cars die frisch asphaltierte Straße entlang, man engagiert sich in der neuen Gemeinde ehrenamtlich, weil der Nachbar es ja auch tut, und es gibt eine Menge Spontanfeten (Terrassen-Hopping, du die Getränke, ich die Chips). Dann die Idee: Ein Straßenfest für alle muss her. Totale Begeisterung, ein Komitee bildet sich am gleichen Abend. Die Frauen fangen an zu planen: Essen und Getränke? Ort? Ja, der Spielplatz ist okay, tagsüber Aktivitäten, ja, eine Fahrradrallye durch die Gemeinde, zum Kennenlernen. Musik? Ja, mein Mann spielt Gitarre, meiner Schlagzeug, ja, meiner Akkordeon …

Der Tag kommt, das Wetter ist gut, alle sind gespannt. Die Feier wird ein grandioser Erfolg. Alle sind zufrieden, jeder hilft irgendwie mit, man fühlt sich als Gemeinschaft mit einem gemeinsamen Ziel, die Musik kommt gut an, später bildet sich eine richtige Straßenband.

Der Bürgermeister der aufstrebenden Gemeinde hat eine Einladung bekommen und ist begeistert von seinen Neubürgern. So was hat er noch nicht erlebt. Er spendet einen Basketball, der allerdings zu groß ist für den Kinderbasketballkorb.

Und heute? Es folgten noch zwei weitere Straßenfeste, eins größer als das andere, ja, sogar das Altenheim in der Straße wurde einbezogen, es gab Tombola, Schminkstände, Kletterwand, Festzelt (es könnte ja regnen) … dann war der Ofen aus! Jeder verzog sich in seine Privatsphäre, jeder spann sich in seinen Kokon ein.

Was war passiert? Jedes Fest musste getoppt werden, aber welches Festkomitee schafft das? Unterschiede wurden deutlich, man sprach über den Beruf, Ferien, Geld. Man lernte sich mehr kennen und taxierte. Neid kam auf und Missgunst. Ah, der mit dem, und hast du schon gehört …

Nach sieben Jahren sprang in unserem Neubaugebiet die Scheidungsquote rapide an. Die ersten Häuser mussten verkauft werden. Und heute sehen wir bei einem Spaziergang durch weitere Neubaugebiete der Gemeinde neue Kinder, neue Bobby Cars, neue Nachbarn, die am mickrigen Vorgarten zusammenstehen und sich gegenseitig helfen. Wir fragen uns: ‹Na, wann gibt es hier das erste Straßenfest?›»

Sehnsucht nach Tango. Und was sagt Dobrij Gjurkov, 40, gebürtiger Bulgare mit holländischem Pass, der seine Jugend auf Kuba verbrachte, Jahre in Polen gearbeitet hat und nun Deutsche in Husum argentinischen Tango lehrt?

«Wenn auf Kuba jemand eine Flasche Alkohol hat», sagt er, «dann ruft er seinen Nachbarn, und dann kommt noch ein anderer Nachbar vorbei, und dann geht die Party los.»

In Deutschland müsse man erst einmal einen Termin finden, Einladungen drucken, die Zusagen abwarten und alles gründlich vorbereiten. «Auf Kuba können Freunde zu jeder Tages- und Nachtzeit kommen», erinnert sich Gjurkov, der seit 14 Jahren in Deutschland lebt, und setzt relativierend hinzu: «Das kann einem auch ganz schön auf die Nerven gehen. Ich hab, wenn ich die Schnauze voll hatte, auch gesagt: Raus und tschüs, dann war auch keiner beleidigt.»

Schnauze voll, raus und tschüs – der Mann spricht sieben Sprachen, auch sein Norddeutsch ist makellos. Mit der hiesigen Lebenseinstellung tut er sich schwerer. «Im Sozialismus waren die materiellen Träume begrenzt. Man fuhr ein Schrottauto und konnte kein besseres bekommen. Die Menschen waren gelassen. Hier ist man ein Sklave seiner Träume. Man trifft sich und spricht über sein neues Handy.»

Immerhin hat Gjurkov noch den Tango, und viele Frauen und ein paar Männer kommen in seine Kurse. «Wenn man in Argentinien Tango unterrichtet», sagt er, «muss man 80 Prozent Technik machen und 20 Prozent Befindlichkeit, in Deutschland ist es umgekehrt.»

Tango sei eben nicht Techno. Man tanze zusammen, der Mann müsse führen und führen können, sich entscheiden. Er brauche Durchsetzungsvermögen und zugleich Umsicht. Viele Frauen wollten innerlich nicht geführt werden. «Ich muss lange arbeiten, bis sie einmal loslassen und der Tanz klappt.» Das sei die Folge einer emanzipierten Gesellschaft, «in der in keiner Weise klar ist, dass irgendetwas geschlechtsbedingt geschieht».

Andererseits sei die Kursteilnahme «Ausdruck einer Sehnsucht», da setze er an, und er sehe immer wieder begeistert, wie «in sechs Monaten aus hässlichen Entlein junge Damen werden. Viele verwandeln sich total und achten plötzlich auf ihr Aussehen. Den Frauen macht es einen Riesenspaß, Verantwortung abzugeben.»

Und die Männer? «Die meisten Männer können nicht tanzen, weil sie den Krieg verloren haben», sagt Gjurkov. «Deutschland ist ein Land mit gebrochenem männlichem Selbstverständnis. Die Väter kamen aus der russischen Gefangenschaft und konnten nur noch schweigen, nicht nur, weil sie ein schwarzes Kind zu Hause hatten, auch wegen der Schuld. Und dann kam 68, kamen die Vorwürfe ...»

Bismarck! Der Afghane Haroon Kargha, 40, kutschiert als Tourbusfahrer Daniel Küblböck, Herbert Grönemeyer und andere Schlagerstars zu ihren Auftrittsorten irgendwo im Land. Er sieht die Deutschen jeden Abend singen und klatschen. Wie gesittet sie es tun, das gefällt ihm.

«Deutschland besteht seit gut 130 Jahren», sagt er. «Vorher waren es Fürstentümer, Bismarck hat sie vereinigt.» Diese 130 Jahre der Einheit fehlten den Afghanen. Seit 23 Jahren sei sein Land in einen Krieg verschiedener Stämme verwickelt. «Die Bayern, die Ostfriesen, die Westfalen», sagt er, «sie waren früher genau wie die Afghanen. Aber sie haben verstanden, dass sie zusammengehören. Wenn ich als Bayer über einen Ostfriesenwitz lache, dann lachen die Ostfriesen mit. Erzähle ich als Paschtune einen Tadschikenwitz, bin ich halb tot, weil sie sich gleich beleidigt fühlen.» Fürs Feiern heiße das: «Wenn Udo Jürgens vor 3000 Leuten spielt, braucht es 20 Mann Security. Veranstalte ich ein Konzert mit 3000 Afghanen, dann brauche ich 100 Mann, und die machen das nur einmal mit, weil sie verletzt nach Hause gehen.»

Wie man in Deutschland feiert, hängt also auch sehr davon ab, wer da feiert: ob föderal domestizierte Bundesbürger oder Angehörige blutjunger Demokratien.

Wandertag. Da gibt es den Tag der Deutschen Einheit, der vom 17. Juni auf den 3. Oktober umgezogen ist und der 1990, im Jubeljahr seines Umzugs, sogar zweimal begangen wurde.

Bis zu den Urenkeln. Es berichtet Gitta Rohling, PR-Beraterin in Stuttgart, vom Leben auf dem Lande: «Meine ziemlich große Familie kommt aus einem Dorf in der Nähe von Osnabrück. Da feiern noch die Generationen untereinander. Bei der diamantenen Hochzeit meiner Großeltern waren alle bis zu den Urenkeln dabei. Das ist wichtig für den Zusammenhalt. Solche Feiern gibt es aber nicht mehr oft, weil die Familienmitglieder nicht mehr im selben Ort wohnen – und die Verwandtschaft keinen so großen Stellenwert mehr im eigenen Leben hat.»

Pflegeversicherungstag. Da gibt es den Buß- und Bettag, der einer von zwölf bundesweiten Feiertagen war, bis er (außer in Sachsen) 1994 der Finanzierung der Pflegeversicherung geopfert wurde. 22,50

Mark monatlich hätte seine Beibehaltung einen durchschnittlich verdienenden Arbeitnehmer gekostet, rechnete die Gewerkschaft damals aus. Nun ist er weg, und die Pflegeversicherung ist trotzdem fast pleite.

Trend zum Zweitkarneval. Kein anderes Fest ist in den vergangenen Jahren so populär geworden wie Halloween, dieser Import aus Amerika. Zum Vorabend von Allerheiligen (All Hollows Eve – daraus phonetisch der Name) leuchten die Kürbisse und klingeln die Kassen. Das spukige Kostümfest mit kindgerechtem Heischebrauch hat sich vor allem im Rheinland ausgebreitet. Hier wird es als Zweitkarneval zelebriert. Die Halloweenisierung Deutschlands soll – so berichtet das *Handelsblatt* – 1991 begonnen haben, als wegen des Golfkriegs das Karnevalsgeschäft nahezu ausfiel. Der größte US-Kostümhersteller Rubie habe nach einem neuen Absatzfeld Ausschau gehalten, und es sei ihm gelungen, bei Karstadt und Woolworth erstmals spezielle Halloweenkostüme anzubieten. Eine schöne Geschichte. Wenn sie stimmt, wäre Halloween die kulturelle Vergeltung für den neuen deutschen Abscheu gegenüber weltweiter militärischer Intervention.

Jedenfalls ist das Kürbisfest erfolgreicher als der ebenso merkantil orientierte Valentinstag (14. Februar). Und warum? Weil die Kinder Brauch und Fratze in die Familien tragen.

Ei ans Fenster. Es berichtet Cecilia, 8, was sie aus der Unterrichtsstunde in ihrer Grundschule in der Hamburger Döhrnstraße behalten hat: «Es war ein Tag ein geister und Hexen Tag, ein grusel Tag genannt ein Halloween Tag. Da verkleiden sich die Kinder als Hexe als Geist als Leiche und gehen fon Haus zu Haus und klingeln bei den Bewonern und wollen Süsickeiten wenn sie etwas geben gehen sie weiter aber wenn sie nichtz geben, machen sie einen Streich: Zahnpaster an die Türklinke schmiren oder ein Ei ans Fenster werfen, ein Toten Kopf an die Tür malen.»

Würstchen ohne Stress. Es berichtet Frank Pfütze, 41, Journalist aus Rackwitz bei Leipzig, von einer spontanen Einladung: «Halloween rief mein Nachbar an, ein rustikaler, aber sehr netter Kerl, von Beruf Dachdecker. Kommst du heute rüber? Ich grille. Ich ging hin, die anderen Nachbarn waren auch da. Es gab Würstchen und Glühwein. Weiter nichts. Und es war wundervoll. Keiner hatte das Gefühl, dass der Dachdecker sich tagelang den Hintern aufgerissen hat für dieses Fest. Wir waren alle zusammen, waren wunderbar abgelenkt und haben bis nach Mitternacht im Freien bei Lagerfeuer, Würstchen und Glühwein gequatscht. Mein schönstes Halloween bisher.»

Islamische Weihnacht. Hüseyin und Güngör Yilmaz leben seit mehr als drei Jahrzehnten in Deutschland. Mit ihren zwei Kindern bewohnen sie ein – deutsches Adjektiv! – gemütliches Haus in Hamburg-Bergedorf. Er ist 53, angestellt beim DGB, sie arbeitet in der Umweltbehörde, Abteilung Abfallwirtschaft. Sie sprechen mit warmem orientalischem Akzent, und sie sind Muslime auf jene Art, auf die auch die meisten Deutschen Christen sind: nicht so hundertprozentig. Sie fasten nicht im Ramadan, aber sie feiern das Zuckerfest an seinem Ende. Ein Höhepunkt für drei Millionen Muslime in Deutschland, von dem Presse, Funk und Fernsehen so gut wie keine Notiz nehmen.

Bei der Familie Yilmaz aber kehren auch der Osterhase und der Nikolaus ein, für die Kinder Alican und Suna ist Weihnachten das schönste Fest. Im Wohnzimmer steht dann neben dem Kamin ein Tannenbaum, darunter liegen die Geschenke. Wer sie auspacken will, muss zuvor etwas aufführen.

Familie Yilmaz adaptiert deutsche Festkultur nach dem Ja-nein-Verfahren. «Weihnachtsmann ja, Jesus nein, Adventskalender ja, Gans nein, Lichterkette ja, Engel nein.» Alles, was sie zu christlich finden oder sonst nicht mögen, lassen sie weg. Übrig bleibt immer noch ein Fest, von dem sie sagen, «etwas Vergleichbares haben wir in der Türkei nicht».

Auch Geburtstage werden in der Türkei nicht gefeiert. Viele ältere

Party-Countdown

57000000 Euro geschätzte Einnahmen am ersten Verkaufstag des neuen «Harry Potter». Der 8. November 2003 - ein Feiertag für die deutschen Buchhandlungen.

2026000 Studenten an deutschen Universitäten - so viele Partys wie noch nie!

1000000 Menschen kommen am Tag der Deutschen Einheit 2002 zum Brandenburger Tor, um dessen Enthüllung nach der Renovierung mitzuerleben. Ein erhebender Moment, aber auch Unmut: Warum wird die Nationalhymne nicht gespielt?

87000 Sportvereine im Land verbinden Bewegung und Schluckbewegung.

12099 Berlin, Mariendorfer Damm 1, ist die Anschrift des Messezentrums Ullsteinhaus, in dem am 10. und 11. Januar die «Hochzeitswelt 2004» stattfindet. Hundert Aussteller aus zwanzig Branchen haben alles, was Paare für den Tag der Eheschließung brauchen. Nur ja sagen müssen sie noch selber.

7500 Gäste beim Sommerfest des Bundespräsidenten im Garten von Schloss Bellevue. Es spielt die Big Band der Bundeswehr.

1989 ist das Jahr der größten spontanen Party, die Deutschland je erlebt hat. Weil am 9. November in Berlin niemand Stühle organisiert hat, setzen sich viele Menschen einfach auf eine Mauer.

1517 schlägt Martin Luther 95 kritische Thesen an die Tür der Schlosskirche zu Wittenberg. An jenem 31. Oktober beginnt die Reformation. Für Katholiken bis heute kein Festtag - dann schon lieber Halloween.

250 Jahre Brauhaus Knallhütte! Die Baunataler Hütt-Brauerei will vor Freude abheben und lässt einen Bell-222-Helikopter zum mobilen Verkaufsstand für Flaschenbier umbauen. Gäste beim Tanz in den Mai im Betonwerk Kassel taufen ihn auf den Namen Hüttschrauber.

150 Jahre alt geworden sind Hermann-Rudolf und Inge Stock in Neumünster. Für das gemeinsame Fest wählten sie einen von 54 Tagen, an denen beide 75 waren.

145 Euro kostet eine «Hochzeit unterm Sternenzelt» in der ältesten Volkssternwarte der Welt in Berlin-Treptow. Dafür wird der Sternenhimmel der Hochzeitsnacht erklärt.

141,1 Liter Bier trinkt jeder Deutsche im Jahr 1970 im Schnitt.

121,5 Liter Bier sind es im Jahr 2002.

100 Jahre Johannes Heesters! In einer Fernsehgala zu seinem Geburtstag am 4. Dezember feiert ihn das Publikum für den Satz: «Sexuelle Belästigung am Arbeitsplatz können Sie von mir nicht mehr erwarten!» In seiner ersten Rolle wäre so etwas von ihm nie zu hören gewesen – der Tonfilm war noch nicht erfunden.

75 Jahre Fährbetrieb in Konstanz, eine «lange, recht bewegte Unternehmung», wie es in einem Grußwort im Juli heißt.

Damit die Jugend an Bord bleibt, verkehrt zur Feier des Tages eine Discofähre.

25 Jahre Senioren-Tanznachmittag von Stadtverwaltung und Arbeiterwohlfahrt Bad Dürkheim. An jene Feier vor zwei Jahren erinnert im Internet das Bild der 84-jährigen Elfi Roth, die in Glitzerfrack und Zylinder eine Stepp-Einlage gibt.

10 Jahre Tourismuszentrale Dithmarschen. Beim Festakt am 1. Dezember im Kreishaus zu Heide gibt's Kohlrouladen, Mehlbeutel sowie Birnen, Bohnen und Speck.

2 Plattenspieler und ein Mischpult stehen jetzt in vielen Szenekneipen. DJs legen auf – nur zum Hören. So wird Musik ein Grund mehr zum Ausgehen. Daheim im Radio kommt ja immer nur dasselbe.

1 «Partynator» war Ronald Barnabas Schill bis zu seiner Entlassung beim Hamburger Innensenator. Er nannte seine Nächte in zweifelhaften Diskotheken «erweiterte Bürgersprechstunde». Mit diesem geflügelten Wort hat der Law-und-Order-Mann mehr zur Alltagskultur beigetragen als der glücklose SPD-Popbeauftragte Sigmar Gabriel.

0 Bock auf die Gesellschaft haben Jugendliche ohne Job und Perspektive. Dafür haben sie ihr Dosenbier. Und das Motto: Weg mit dem Zwangspfand! Nieder mit Trittin und dem Schweinesystem!

Türken wissen nicht einmal, wann sie geboren sind, weshalb die Gastarbeiter der ersten Generation alle am 1. Januar eines Jahres Geburtstag haben – jedenfalls in den Akten der deutschen Personalabteilungen. «Mein Vater hatte auch am 1. Januar Geburtstag», lächelt Hüseyin Yilmaz. «Ich bin am 18. Februar geboren, aber in meinem Pass steht der 7. Mai, weil mein Vater mich erst später angemeldet hat.»

Seit wann genau man auf der Welt ist, in der Türkei kommt's nicht so drauf an – welch ein Unterschied zur präzis getakteten Bundesrepublik! Hier ist der Geburtstag für viele von Kindheit an das größte Fest – es geht ja auch um die wichtigste Person.

«Ich finde Geburtstagsfeiern eigentlich gar nicht so schlecht», sagt Hüseyin Yilmaz. Er tue es inzwischen auch. «Man kann liebe Freunde einladen und muss keine verwandtschaftlichen Verpflichtungen erfüllen.» 30, 40 Gäste seien schon da gewesen, Stehparty ohne Tanz, «sehr deutsch», aber «das ist mir auch egal». Es gelinge ihnen nach wie vor schwer, die Geburtstage ihrer Freunde nicht zu vergessen.

Wohingegen die, «wo immer sie sind», bei ihnen anriefen, um zu gratulieren, «auch aus dem Ausland».

Und fremd geblieben ist ihnen der Hang zur Perfektion an Feiertagen. Zu Weihnachten müssten die Deutschen alles schön haben, aber wehe, es klingelte jemand unangemeldet an der Tür – wie anders sei da das Zuckerfest, ein einziges gegenseitiges Besuchen und Glückwünschen!

Oder wenn man bei Deutschen eingeladen werde, und alles sei schon vorbereitet, der Tee stehe auf dem Tisch und dieses Darf-ich-Ihnen-einschenken? «Bei uns gilt es als unhöflich, gleich den Tee hinzustellen», sagt Güngör Yilmaz, «das sieht ja aus, als ob man es schnell hinter sich bringen wolle.»

Im Adaptieren sind sie inzwischen so geübt, dass sogar ein Halloween-Kürbis bei ihnen Einzug gehalten hat. Er steht im Wohnzimmer im Regal, das ganze Jahr über. Mit der jahreszeitlichen Zuordnung nehmen sie es nicht so genau, auch die Lichterkette hängt von Oktober bis März, und Güngör Yilmaz erinnert sich amüsiert an eine deutsche Besucherin, die im Februar auf die Tannenzweige an der Tür wies und tadelnd fragte: «Ist das noch von Weihnachten?»

Wie die Familie Yilmaz Weihnachten versteht, wird manchen Deutschen nicht gefallen, aber auch manchen ihrer Landsleute nicht. «Es wird unter Türken kritisiert, wenn andere Türken Weihnachten feiern.» Wo kommt man auch hin, wenn jeder feiert, wie und was er will?

Advent im Freibad. Weihnachten hat sich, angetrieben von Umsatzzielen, bis in die Badesaison vorgekämpft. Die Sommerzeit ist noch nicht um, da liegen die ersten Christstollen bei Penny und Aldi. Weihnachten ist kaum vorbei, da grüßen die Schokoladenhasen aus den Regalen, verfolgt vom Maibock, das den Wonnemonat, in dem es einst ausgeschenkt wurde, auch nicht mehr erwarten kann. Das Außergewöhnliche breitet sich auf Kosten des Gewöhnlichen aus und wird selbst gewöhnlich.

Irgendwas mit Flammen. Kirchliche Feste, die weniger konsumträchtig sind oder denen es an kürbisartiger Symbolik mangelt, sind auf dem Rückzug. Karfreitag, einer der höchsten Feiertage der abendländischen Schmerzensreligion, wird von vielen Nochchristen nur mehr als Auftakt des grandios langen Osterwochenendes wahrgenommen.

Und Pfingsten? War das nicht irgendwas mit Flammen aus dem Kopf? Die Marketingstrategen der Kirchen sollten sich etwas einfallen lassen, um gerade dieses Fest neu zu positionieren. Eigentlich würde das Züngeln wunderbar zum gesellschaftlichen Bedürfnis nach Spirituellem passen, es hat sich bloß noch nicht so vermittelt. Vielleicht mal bei den Werbern von Axe nachfragen, Spezialisten für Wiederauferstehung sind sie ja schon.

Stand der Wissenschaft. «Wie man in Deutschland feiert», sagt Helge Gerndt, Professor für Volkskunde an der Universität München, «das ist überhaupt nicht zu beantworten.» Wird mehr gefeiert, weniger, spontaner, intensiver? «Für alles gibt es Belege. Ich würde mich nicht trauen, eine allgemeine These aufzustellen.» Na, dann prost!

15

Wie man in Deutschland krank ist

Niemand in Europa geht so oft und so gern zum Arzt wie die Deutschen. Krank macht sie die Angst vor der Krankheit. Auf subjektives Leiden ist ihr teures Gesundheitssystem nicht eingestellt.

von Christian Schüle

Der ehemalige Schuldirektor eines mecklenburgischen Dorfes betritt die Praxis des Landarztes. Früh ist es am Morgen, die Sonne scheint bereits, da geht die Tür auf, ein vertrauter Händedruck. «Na?», fragt der Landarzt.

«Ich habe», der Pensionär zieht das Hemd hoch und fasst sich die rechte Seite, «hier was drin.» Er sei gefallen, auf einen Zaun. Beim Kollegen sei er schon gewesen. Der habe nichts gefunden. Trotz Ultraschall! Vergrößerte Leber, bisschen Fettzellen. «Die sagen, es ist nichts!»

Der Landarzt resolut: «'ne richtige Rippenprellung tut halt sechs Wochen weh.»

«Aber ich habe hier was drin.»

Der Patient macht sich frei, der Landarzt steht auf. «Können Sie schlafen?» – «Sehr gut.» – «Wo tut's genau weh?» – «Verdammte Schmerzen, hier …»

Der Arzt tastet ihn ab, drückt auf die Rippen. «Ich kann nichts erkennen. Wir schicken Sie zum Röntgen, dann sind Sie beruhigt.» Der Patient atmet tief aus: «Die Leber ist richtig weich, da ist was.» – «Für mich ist da nichts.» – «Doch doch, die Leber, da ist was …»

«Die Rippenprellung müssen Sie jetzt mal ein paar Tage durchleiden.» – «Und im Herzen sticht's auch wieder …» – «Blut abnehmen, morgen früh um acht, wegen Zucker. Sie kennen ja das Spiel …»

«Jaja, wer geht schon gern zum Arzt, Herr Doktor.»

Der pensionierte Schuldirektor verlässt das Zimmer und flüstert, der Herr Doktor mache seine Sache schon gut, aber so richtig trauen, das könne er ihm ja nicht, deswegen müsse er nochmal zum Ultraschall, wegen der Seite und wegen der Leber, und dann zum Kollegen, wegen des Herzens.

Krankheitseuropameister

Jede Gesellschaft hat die Krankheiten, die sie sich leisten will. Je größer der Wohlstand, desto umfassender die Krankheiten. Ein Volk, könnte man sagen, definiert sich über seine Krankheiten. Kranksein in Deutschland hätte demnach viel mit deutscher Kultur zu tun, mit deutschen Glaubenssätzen, deutscher Philosophie und Mentalität. Also wäre Krankheit ein kulturelles wiewohl kulturgeschichtliches Phänomen, das zwischen Romantik und Idealismus, Individuum und System verhandelt wird. Ausweis des deutschen Wesens könnte die aus dem Herzen stammende Sehnsucht sein, alles regeln und regulieren, definieren, messen und nichts im Unklaren lassen zu wollen. Die Vermutung liegt nahe, dass sich in der Art, krank zu sein, das deutsche Wesen ausdrückt.

Die mit prachtvollem Anspruchsdenken ausgestatteten Deutschen sind Arztbesuchseuropameister: Elfmal pro Jahr gehen sie laut Bundesgesundheitsbericht des Robert-Koch-Instituts zum Arzt. Sechsmal tun es die Franzosen. Dreimal die Schweden. 90 Prozent der Deutschen, so das Ergebnis einer Studie in acht europäischen Ländern, suchen mindestens einmal im Jahr einen Arzt auf. Verglichen mit den Schweizern (69 Prozent) und den Italienern (48 Prozent), steht den Deutschen also die Goldmedaille zu.

Der Europameistertitel kann Verschiedenes bedeuten. 1. Die Deutschen sind objektiv kränker als die anderen. 2. Sie fühlen sich kränker.

3. Arztbesuche sind soziale Rituale. 4. Das deutsche Gesundheitswesen bindet den Patienten enger an sich, als die Gesundheitswesen anderer Länder es tun.

In Deutschland lohnte sich bis jetzt der Gang zum Arzt ja durchaus: Der Patient zahlte nichts zu, der Arzt rechnete ab. Eine fruchtbare Symbiose. Es könnte durchaus sein, dass mancher im Angesicht der neuen Arztgebühr von 10 Euro den Schmerz nun viel besser erträgt. «Das soziale Versicherungssystem», sagt Reinhard Busse, Professor für Management im Gesundheitswesen an der TU Berlin, «regelt die Qualität und die Quantität von Krankheit.» Die deutsche Arztdichte sei vorbildlich; es gebe hierzulande, anders als in Holland, freie Arztwahl und keine Warteschlangen wie in England oder Schweden. Kurzum: Das System ist gut gerüstet. Was natürlich auch eine Kehrseite hat: Je mehr niedergelassene Ärzte, desto mehr Patienten. Desto mehr Krankheiten. Desto höher die Zahl apparatemedizinischer Anwendungen. Desto stärker die finanzielle Belastung.

Kranksein in Deutschland, das lässt sich in jeder Arztpraxis erleben, ist die Freude, über Krankheit zu reden. Krankheit ist ein Katalysator sozialer Kommunikation. Gern holt sich der Bundesbürger auch Zweit- und Drittmeinungen ein. Findet der Allgemeinarzt nichts, geht der Durchschnittsdeutsche weiter zum Kardiologen. Kann ja alles vom Herzen kommen ... Nein? Dann weiter zum Gastroenterologen. Kann ja vom Magen kommen ... Nein? Dann weiter. Findet und befindet der Arzt nichts, fühlt der Kranke sich und sein Leiden nicht ernst genommen. Hat er gar das Gefühl, als Simulant zu gelten, schildert er sein Leid plastischer, pathetischer, bis es endlich pathologisch und also vom Arzt zur Krankheit erklärt wird. Gut ist, wenn ein positiver Befund festgestellt wird.

Im Punkt der Diagnoseorganisation treffen Systemtheorie und deutscher Geist aufeinander. Deutsche Ärzte, scheint es, denken in erster Linie krankheitsfixiert statt gesundheitsideell. Dem System geht es um Maximal- und oft auch Luxusmedizin. Tod vermeiden, Schmerz eliminieren. Dafür werden alle Register gezogen, alles wird behandelt, freudig ist das Skalpell im Einsatz. Das biologische Paradigma ist der Glaube an die Messbarkeit und Vermessung von Abnormität. Was chemisch und physikalisch messbar ist, ist gut. Was benannt werden kann, ist wirklich. Wenn er das Verhältnis der Deutschen zur Art ihres Krankseins betrachten soll, spricht Gesundheitstheoretiker Busse von Schizophrenie, einer typisch deutschen freilich: Einerseits genössen deutsche Ärzte nach wie vor hohes Sozialprestige; andererseits misstrauten die Deutschen ihrem Arzt. Von allen Europäern sind sie am wenigsten mit ihren Medizinern zufrieden, der Arzt, mäkeln sie, höre nicht ausreichend zu, habe zu wenig Zeit, gebe zu wenig Informationen. «Die Deutschen», schließt Busse, «wollen immer unbedingt eine Ursache hören.» Man müsse, heißt das im Umkehrschluss, ihnen schon erklären, warum sie denn nun etwa ganz gesund seien …

Krankheit ist zu einer Art Ersatzreligion in der individualisierten Spätmoderne geworden. Vielleicht gründet Kranksein in Deutschland letztlich in der deutsch-romantischen Melancholiebereitschaft, der gallebitteren Verdrießlichkeit übers eigene Dasein, der Selbstzerfleischungsfreude. Denn – siehe da: In Deutschland wird die Galle viermal so häufig operiert wie in anderen europäischen Ländern. Dieselbe Gründlichkeit gilt auch für die Sorge um ein anderes Organ.

Das liebe Herz

Des Deutschen Herz hängt am Herzen. Die sorgende Liebe zum Hohlmuskel geht vermutlich auf den lang anhaltenden Einfluss der deutschen Romantik und ihre Vorstellung eines ganzheitlich lebenden Organismus zurück. Das Herz, befand Novalis, ist der Schlüssel zur Welt. Dabei gebären die Veranlagung zur Romantik und ein effizienzorientiertes Ordnungsstreben einen herrlichen Widerspruch: den der kontrollierten Emotionalität. Das Herz wird ja nicht, wie in Amerika, als Pumpe, als stockender oder laufender Motor verstanden. Es ist ein eigenwilliges Organ, subversiver Regungen fähig. Es ist Sitz des Gefühls und trägt metaphorische Bedeutung. Die Deutschen, resümiert die amerikanische Medizinjournalistin Lynn Payer ihre langjährigen Beobachtungen, schöben alle Unsicherheiten und Ängste aufs Herz. In Deutschland seien niedriger Blutdruck und Schwindelgefühle diagnosereif, in England gälten sie, bisweilen etwas belächelt, als German disease. Die Deutschen, schreibt Payer in ihrem Buch *Andere Länder, andere Leiden*, nähmen prozentual sechsmal so viele Herzmedikamente wie Franzosen oder Engländer ein; deutsche Ärzte diagnostizierten Herzinsuffizienz aufgrund von Indizien, bei denen kein Arzt im leberlabilen Frankreich, im verdauungshysterischen England oder hygieneverrückten Amerika auch nur im Entferntesten ans Herz denken würde; und in Deutschland gibt es die meisten Bypass-Operationen weltweit.

Ein Blick in die Krankheitskulturgeschichte Europas zeigt rasch: Jedes Land hat seine Verlegenheitsdiagnose. In Deutschland ist «Herz» die Sprachhülse fürs Unerklärbare. Der alte Befund «Vegetative Dystonie» klang in den 60er und 70er Jahren ja ebenso ernsthaft existenziell wie nebulös-romantisch; heute hat er seinen diagnostischen Charme verloren. Die krankhafte Sorge ums Herz ist, bezogen auf die deutsche Freude am Vermessen, Regulieren und exakten Definieren, eine reizvoll sympathische Schwäche. Weil Herz-Kreislauf-Erkrankungen als Todbringer Nummer eins akzeptiert sind, ist diesbezüglich von einer Wachsamkeit zu berichten, die, in unterschiedlichen Graden hysterischer Erregung, viel mit einem urdeutschen Phänomen zu tun hat – der großen Angst vor dem bösen Cholesterin.

Dichtung und Wahrheit

Um Himmels willen!

Du läufst durch die Stadt, an Apotheken vorbei, siehst die ausgehängten Warnungen und kennst deinen eigenen Cholesterinwert nicht! Nicht den «schlechten», nicht den «guten»! 250? 200? 150? Gott, vielleicht bist du, nein, sicher: gefährdet, du bist gefährdet! Das

Herz! Morgens Brot mit Butter und Schinken, vielleicht Käse – kann tödlich enden! Schlaganfall! Sehr wahrscheinlich. Bist leicht, äh, nee, richtig übergewichtig? Stante pede den Wert kontrollieren lassen! Überall schreit es dich von den Buswartehäuschen an: «Becel pro activ: Lebenslust rauf, Cholesterin runter. Millionenfach bewährt.» Man will ja gut leben. Also: Margarine essen! Und den Wert immer wieder kontrollieren lassen! Als Deutscher ist man gewissenhaft. Auch wenn die Cholesterinangst amerikanischen Ursprungs ist, hat man sich in Deutschland allzu gern anstecken lassen. Zufällig gibt es nun ein neues Medikament, das die Sterblichkeit durch Herzinfarkt und Schlaganfall um 30 Prozent senkt. 30 Prozent! Da staunst du. 30 Prozent wovon aber? Hm. Nicht bekannt. Sagt man nicht. Warum auch: 30 Prozent weniger klingt immer gut.

Was es heißt, wenn solch drastische Relativ- statt der kaum auffälligen Absolutprozente genommen werden, führt Ingrid Mühlhauser, Professorin für Gesundheit an der Universität Hamburg und Streiterin für Patientenaufklärung, an einem anderen Paradebeispiel aus: der Angst vor dem Brustkrebs. Aus den Forschungslabors von Universitäten, transportiert über die Medien, heißt es gerne, durch das Mammographie-Screening gebe es 25 Prozent weniger Brustkrebstote pro Jahr. Jeder denkt nun: 25 von 100 Frauen. In Wirklichkeit aber sterben von 1000 Frauen, die über zehn Jahre an einem Screening teilnehmen, während dieser Zeit drei. Von 1000 Frauen, die nicht teilnehmen, sterben vier. Das heißt: in zehn Jahren eine Tote weniger. Drei im Verhältnis zu vier Toten sind, relativ gesehen, 25 Prozent. Gerechnet auf den absoluten Wert von 1000 Frauen aber, bedeutet eine Tote nicht 25, sondern 0,1 Prozent. «Von 1000 Frauen mit Mammographie-Früherkennungsuntersuchungen über 10 Jahre», sagt Mühlhauser, «haben 999 Frauen keinen Nutzen, da sie auch ohne die Untersuchung nicht an Brustkrebs gestorben wären oder zu den drei gehören, die trotz der Untersuchung an Brustkrebs sterben.»

Die Angst einer Frau vor Brustkrebs ist verständlicherweise groß. Also werden in Deutschland pro Jahr etwa fünf Millionen Früherkennungsuntersuchungen durchgeführt, die die Krankenkassen bislang nicht zahlten. Mühlhauser hat den Mut und nennt die Untersuchungen «ein massiv überschätztes Ritual». Ihre Studien versteht die Aufklärerin als Plädoyer für die so genannte evidenzbasierte – also auf klaren wissenschaftlichen Erkenntnissen und nicht Mutmaßungen basierende – Medizin, die derzeit weltweit einen Paradigmenwechsel auszulösen im Begriff sei.

Sind vergleichende Relativangaben wie 25 und 30 Prozent bewusste Desinformation über den tatsächlichen Nutzen für den Patienten? Kalkulierte Irreführungen durch die Pharmaindustrie? Industriell gesteuerte Falschaussagen? Ein Buch ist erschienen, kürzlich. Es heißt *Die Krankheitserfinder.* Der Autor ist Medizinjournalist und heißt Jörg Blech. Seine These lautet, kurz gesagt: Viele normale Prozesse des Lebens sowie normale Verhaltensweisen würden von der Pharmaindustrie neu definiert und als krankhaft dargestellt; global operierende Konzerne sponserten die Erfindung ganzer Krankheiten und Behandlungsmethoden und schüfen ihren Produkten neue Märkte.

So würde etwa ein willkürlicher Grenzwert für Cholesterin festgelegt und durch entsprechende Lobbyverbände die Mehrheit der Deutschen zu lebenslangen Risikopatienten erklärt. Unter dem Namen «Cholesterin-Lüge» löste das vor einiger Zeit einen veritablen Streit über zurechtgebogene Statistiken, unseriöse Studien und panikisierende Medien aus. Diagnose: Gehirnwäsche durch die Anti-Cholesterin-Industrie. Blech schreibt: «Roche Diagnostics stellt Geräte zum Cholesterinmessen her. Kardiologen bekommen neue Patienten, denen sie den Verzehr von Butter ausreden – was dem Hersteller der Margarine Becel hilft. Pfizer schließlich setzt weltweit Milliarden Euro mit Medikamenten um, die den Cholesterinspiegel senken.» Des Autors Resümee: Selten sei eine medizinische Kampagne, welche die Mehrheit eines ganzen Volkes zu Patienten stempelt, mit solchem Marketingaufwand vorangetragen worden wie im Fall des Cholesterins.

Die Legende vom bösen Cholesterin scheint selbst böse zu sein. Bei entsprechend differenzierter Feindiagnostik haben die meisten Bundesbürger gar nichts zu befürchten. Der sinnlose Dauer-Checkup

Terror, die Rasterfahndung nach erhöhtem Bluthochdruck, die Angstmacherei der Knochenlobby vor Knochenschwund, all diese «Märchen der Medizin» finden auf wundersamem Wege zusammen mit der harschen Systemkritik des Doktor Jonitz.

Das zerfallende System

Günther Jonitz ist Chirurg, Präsident der Ärztekammer Berlin, eine Art Systemtheoretiker des Krankheitswesens und einer der couragiertesten Vertreter einer «neuen Generation von interdisziplinär denkenden Strategen», die sich gerne mit den Großfürsten des alten Systems anlegen. Berliner gegen rechtsrheinische Republik, sozusagen. Die Sinnkrise im alten, sich nicht mehr bewährenden System, sagt Jonitz, sei mit Händen zu greifen. Seine Diagnose: Deutsche Bürokratie mit Zettelwahnsinn und Dokumentarmanie plus machtbewusste Ärzte- und geschäftsgesteuerte Pharmalobby plus Primat des ökonomischen Denkens machen patientennahe, sprich: gute Medizin heute unmöglich.

Es ist von niemandem zu leugnen, dass die moderne Medizin, auch infolge deutscher Gründlichkeit, eine beeindruckende Erfolgsgeschichte ist. Volkskrankheiten wie Diabetes, die früher zum Tod geführt hätten, sind weitgehend im Griff. Je besser die Medizin ist, desto mehr Krankheiten werden produziert. Je effektiver die Forschung, desto länger bleiben die Kranken am Leben und mit ihnen die Krankheit an sich, die bezahlt werden will. Mehr Krankenhäuser heißt das auch. Mehr Approbationen. Mehr Experten. Mehr Krankheit. Das ist die große «Fortschrittsfalle»; die Siege der Medizin sind zugleich ihr Fluch.

Die aus hochgradig deutscher Rationalität geborene Irrationalität eines ausdifferenzierten Systems korrespondiert mit der Angstbereitschaft des deutschen Bürgers. Längst, sagt Jonitz, habe eine «schleichende Rationierung» Einzug gehalten, auch wenn Politiker dies mutig verneinen. Will sagen: Leistungen wie etwa Hüftoperationen, die dem Patienten zustehen, werden ihm aus Budgetierungsgründen bewusst vorenthalten. Des Weiteren: Personal werde abgebaut; Krankenhausärzte seien unterbezahlt; zwei Ärzte arbeiteten für drei; Berufsanfänger machten den Job von Oberärzten; der einzelne Arzt habe sieben statt fünf Bereitschaftsdienste im Monat, ermüde schneller, mache leichter Fehler. Elendsverwaltung statt Gesundheitsfürsorge. «Das System zerfällt», sagt Jonitz.

Alltag im Klinikum

Eine merkwürdige, fast unheimliche Ruhe kriecht aus den Eingeweiden des Systems. Zwei Neueinlieferungen. Kurzer Ultraschall. Der Fernseher brüllt. Schwestern und Pfleger essen Pizza und Salat. Kaffee dampft. Ein Uhr nachts, angebrochener Mittwoch, Nachtschicht der Notfallchirurgie einer deutschen Uniklinik. Da klingelt das Telefon. «Dr. H., bitte sofort in den dritten Stock.» Ein junger Mann, Anfang 30, undefinierbare Schmerzen im Bauchbereich, gerade eingeliefert. Er sei Torwart, sagt er stöhnend, habe am Abend einen Tritt in die Seite bekommen, der Schmerz: unerträglich. Der Mann verzieht das Gesicht, stöhnt, übergibt sich. Dr. H., Viszeral-, Thorax- und Gefäßchirurg und in jener Nacht Dienst habender Facharzt, tastet, fragt, schließt aus, negiert, fährt den Ultraschall auf und ab. Was mag es sein? Die Zahl der Leukozyten ist gestiegen. Erster Verdacht: Rippenfellentzündung. Und wenn ein Loch im Darm ist? Dann kann das tödlich enden! Zeit ist nicht zu verlieren. Dr. H. denkt daran, dem Stöhnenden den Bauch aufzuschneiden. Wartet er zu lange, kann der Patient irreversibel geschädigt sein.

Man spürt es, die Angst vor dem Fehler ist da. Die Angst vor der Ächtung, vor der Klage, dem Prozess. Ein Fehler kostet. «Bei vielen Dingen setzt der gesunde Menschenverstand aus», sagt ein Kollege von Dr. H. Was also tun? Um zwei Uhr nachts halten sich Angst und Lust die Waage. Die Angst vorm Versagen. Die Lust zu schneiden. Die Neugier zu sehen, was die Ursache ist. Dr. H. entscheidet sich für ein

Abwarten. Neue Blutuntersuchungen werden gemacht. Eine Stunde später haben die Schmerzen nicht nachgelassen. Dr. H. sucht die zweite Meinung, ruft Oberarzt Dr. L. aus dem Bett. Der kommt, untersucht und sagt, vertraulich, der junge Mann sei ein wenig empfindlich. Beide Ärzte entscheiden, bis zum nächsten Morgen zu warten. Die Schmerzen gehen zurück. Stunden später ein kurzer Anruf. «Alles okay.» Dr. H. hat nicht mehr nach dem Patienten gesehen. Er hätte es gerne. Aber der Fall ist abgehakt. «Wir haben keine Zeit», sagt Dr. H.

Alltag im deutschen Uniklinikum lässt eine umfassende Betreuung nicht zu. Alltag ist Hetze. Von Stock eins auf drei, in den Keller, wieder hoch. Statt eingehender Vor- und Nachgespräche mit Patienten, die ihm am Herzen liegen, derentwegen er Arzt wurde, ist Dr. H. mit Verwaltung beschäftigt. Leistung erfassen, einstufen, codieren, abrechnen. Nach einer Studie der Hessischen Ärztekammer arbeiten 75 Prozent der Ärzte im Krankenhaus länger als 45 Stunden pro Woche, fast die Hälfte mindestens 50, ein Viertel über 55 Stunden, Bereitschaftsdienste nicht eingerechnet. Tarifvertraglich ist dies nicht vorgesehen. Medizinethisch ist es fraglich.

In der Nacht zum Mittwoch hat Dr. H. kurz geschlafen. Um acht folgt die Visite. Intensivstation. Der Professor tritt auf. Eine Diva. Aber eine sympathische, verständnisvolle. Der zehnköpfige Trupp aus überarbeiteten Oberärzten, gestressten Fachärzten und unterbezahlten Pflegern trottet dem Chef schweigend nach. Ab und zu schimpft der Professor ein wenig, die ungenauen Aufzeichnungen, das mit den Blutkonserven, Mensch, das habe er doch schon hundertmal … Niemand widerspricht. Der Chef hat Recht. Auch wenn er Unrecht hat. Deutsche Krankenhäuser werden, im Gegensatz zu englischen, nicht von gleichberechtigten Fachärzten geführt, sondern von einem Chef mit nachgeordneten Mitarbeitern. Das, monieren – freilich anonym bleibende – Ärzte, verhindere eine kreative, pluralistische Meinungskultur. Kritiker wie Günther Jonitz monieren offen, und sie sehen in der deutschen Krankenhauswirklichkeit eine «eminenzbasierte Medizin» am Wirken.

Nicht mehr lange vermutlich. Hier im Klinikum will kein Oberarzt mehr «Eminenz» werden, das wird, bei hastendem Schritt, im Aufzug zwischen Stock eins und drei, schnell klar. Für die paar Kröten Grundgehalt? Dr. H. und Dr. L. winken ab. 2200 Euro netto verdient ein Oberarzt. Nach Promotion, Habilitation. Nach zehn Jahren Ausbildung. Keine Karriere. Kein Stress. Lieber also einen Abend für die Familie erkämpfen. Welch heile Welt dem Volk in den Arztserien auch immer vorgegaukelt wird.

Wir eingebildeten Kranken

Reizdarm! Kopfschmerzen! Der Rücken! Bruststechen! Diagnose: Hypochondrieverdacht.

«Die meisten Gründe, warum die Deutschen zum Arzt gehen, sind organisch nicht erklärbar.» Das sagt Winfried Rief, führender deutscher Psychosomatiker von der Uniklinik Marburg. Vor kurzem hat er die erste große Studie über Hypochondrie in der Bundesrepublik veröffentlicht, der zufolge 20 bis 50 Prozent aller Arztbesuche auf Personen zurückgehen, die organisch nicht krank sind. Die unklaren, ursächlich mit Emotionen in Zusammenhang stehenden Beschwerden nennt der Psychosomatiker «somatoform». Meint: In Ermangelung objektivierbarer Schädigung prägt die subjektive Einschätzung das eigene Krankheitsverhalten. Je mehr somatoforme Störungen als Krankheit definiert werden, desto kränker wähnt sich eine Gesellschaft – und desto medikalisierter wird der Alltag. In den Niederlanden enden nach Wissen des Berliner Gesundheitsökonomen Busse nur 42 Prozent der Arzt-Patient-Kontakte mit einem Rezept. In Deutschland sind es 80 Prozent. Können die Deutschen den Schmerz so viel schlechter ertragen?

Acht Prozent der deutschen Bevölkerung, hat Winfried Rief ermittelt, leiden unter Gesundheitsängsten und suchen dauerhaft den Arzt auf. Sie leiden unter der Angst vor einer tödlichen Krankheit, der Angst vor Krebs, vor dem Herzinfarkt, vor plötzlichem Schwindel, der Angst vor dem Knoten in der Brust, der Angst vor Lähmung bei einem Bandscheibenvorfall. Eine von Riefs Patientinnen litt so sehr unter einer generalisierten Angststörung, dass sie im halben Jahr 107-mal einen Arzt in Anspruch nahm. Der klinische Psychologe erkennt in derartigen Krankheitsängsten die Vorform der Hypochondrie, die von deutschen Ärzten gern ignoriert würde. Diese Ängste nehmen zu. Bereits jetzt, so Riefs Resümee, gingen 30 bis 40 Prozent der Krankschreibungen auf nichtorganische Beschwerden, 15 bis 20 Prozent der Frühberentungen auf psychische und psychosomatische Ursachen zurück. Je anonymer der Arbeitsprozess, desto stärker das hypochondrische Bewusstsein.

Für 15 bis 25 Prozent der Krankschreibungen sind Rückenschmerzen verantwortlich, das Kapitalleiden eines durchaus leidensfähigen Volkes. Rückenschmerz ist klassen-, schichten- und geschlechterunabhängig; seine Chronifizierung lässt sich lesen als Ausdruck absoluter Arbeitsunzufriedenheit. «Ein psychisches Phänomen», nennt der Psychologe Heinz-Dieter Basler von der Uniklinik Marburg, Mitglied des interdisziplinären Forschungsverbandes Rückenschmerz, das Volksleiden. Aus Angst vor der Zukunft reagiert der Mensch mit An- und Verspannung, etwa der Muskeln im Schulterbereich. «Personen, die unzufrieden sind mit ihrer Arbeit», sagt Basler, «haben ein siebenfach erhöhtes Risiko auf Rückenschmerzen.» Seiner Ansicht nach sind organische Bandscheibenschäden nur zu 20 Prozent die Ursache für den Rückenschmerz. Angst vor Arbeitsplatzverlust oder Stress am Arbeitsplatz, die stets gebückte Haltung buckelnder Bildschirmarbeiter, als Folge eine «tonische Anspannung» der Muskulatur, verringerter Muskelstoffwechsel und Mangeldurchblutung führen dann zur Entzündung der Muskulatur. Und dann: Autsch …

Des Deutschen mechanistisches Weltbild

Wir leiden heute schneller, lieber und lauter denn je. Die marktwirtschaftlich organisierten, stimulierten und kommerziell verwerteten Bilder aus der Werbe- und Kulturindustrie stellen uns das Ideal des

Die große Verbitterung

In Ostdeutschland macht sich eine neue Krankheit breit

Um es klar zu sagen: Nicht alle Krankheiten werden erfunden. Manchmal erkennt die Wissenschaft auch neue, beispielsweise die «posttraumatische Verbitterungsstörung», die vor allem Bewohner der neuen Bundesländer befallen zu haben scheint. Entdeckt hat sie Michael Linden, Leiter der Abteilung Verhaltenstherapie und Psychosomatik an der Rehabilitationsklinik Seehof in Berlin-Teltow. Nach der Wende tauchten dort plötzlich ostdeutsche Patienten auf, die weder depressiv waren, noch konnte man bei ihnen somatoforme Störungen feststellen. Depressive Menschen sind affektstarr, ihre Emotionen eingefroren. Die neuartigen Patienten aber waren «schwingungsfähig», sie hassten, blühten auf bei Rachegedanken, wollten sogar töten. Dennoch gingen sie monatelang nicht mehr vor die Tür, schliefen nicht mehr, weigerten sich, bestimmte Stadtteile zu betreten, vernachlässigten sich selbst.

Schwerstes seelisches Leid machte sie zu Schwerstkranken, weil ihnen mit einem Schlag alles genommen wurde, woran sie hingen. «17 Millionen Ostdeutschen wurde zugemutet, mehrmals in Kürze ihre Biographie zu ändern», sagte Linden. «Etwa 10 Prozent der 30- bis 50-jährigen Ostdeutschen wollen heute die DDR zurück, 30 Prozent erleben sich als Verlierer der Wiedervereinigung. Wir haben es hier mit einer zentralen Verletzung von Lebensentwürfen zu tun.»

Lebensentwürfe, so genannte basic reliefs – der Absolutheitsanspruch an ein Familienideal, an die ganz bestimmte Karriere, an ein früh verplantes Leben –, prägen sich im Alter von 5 bis 15 aus. Wer im Folgenden alles auf eine Karte setzt, so und nicht anders leben will, hat ein erhöhtes bis hohes Verbitterungsrisiko, wenn die zentrale, Halt und Orientierung gebende Weltanschauung plötzlich und unvorhersehbar durch Revolution, Scheidung, Kündigung, Tod verletzt wird. Fast immer folgen dann, ausgelöst durch ständig wiederkehrende Bilder, Aggressionen, Rachegefühle, Todeswünsche.

«Verbitterung ist ätzender als Depression», sagt Linden. In mehreren Studien hat er viele dieser oftmals therapieunwilligen Patienten untersucht und erste therapeutische Ideen entwickelt. Eine davon heißt: Weisheit schützt vor Verbitterung. «Wir üben mit diesen Menschen den Perspektivwechsel, sie sollen ihren Absolutheitsanspruch aufgeben und sich in ihr gehasstes Gegenüber einfühlen.» Werterelativismus zulassen. Gelassenheit lernen. Das Leben als Ganzes betrachten. Was, im Sinne seelenhygienischer Prävention, wohl jedermanns Lebensqualität steigern und eine gesündere Gesellschaft garantieren würde.

schönen, perfekten, reparier- und manipulierbaren Körpers vor, setzen Gesundheit gleich mit Fitness, suggerieren die Allmacht von Skalpell und Schere und treiben uns in den Wahn einer hypersensiblen Körperüberwachung. Sind wir deswegen ein Volk von Neurotikern?

Im Keller des Marburger Uniklinikums, im Institut für Theoretische Chirurgie, einer neu gegründeten akademischen Disziplin, überrascht Professor Wilfried Lorenz den mit Kritik am deutschen Krankheitssystem geschwängerten Gast mit einem wundervoll negativen Satz, der vor Optimismus nur so strotzt: «Unsere Gesellschaft», sagt Lorenz, «hat ein völlig falsches Krankheitsbild!» Ein typisch deutsches? Oh, da schlägt der erregte Mann auf den Tisch: «Absolut!» Das Krankheitsbild der Deutschen entspreche ihrem rein mechanistischen Weltbild. Alles, was objektiv wahr, also messbar ist, sei anerkannt, per se gut und richtig. Dem deutschen Seinsverständnis liegen trotz romantischer Prädisposition Mechanik und Technokratie zugrunde. Wie wir alles technokratisch durchdenken, analysieren, so zerlegen wir auch den Körper in seine zu kurierenden Bestandteile, statt den Einzelnen als ursächlich leidende Leib-Seele-Einheit zu begreifen. Der größte Freund des Deutschen ist bekanntlich der Orthopäde, den es als Facharzt nur hierzulande gibt. Rückenschmerz. Spritzen. Röntgen. Nächste Woche wiederkommen. Warum aber brauchen gerade die Deutschen einen Spezialisten für Haltung?

Die subjektive Empfindsamkeit, Emotion, Mitleid und Leid, so doziert Lorenz aufgebracht, spielten im Begriff «krank», der, aus dem Mittelhochdeutschen stammend, «krumm» heißt und keineswegs wie im Französischen oder Englischen die Seele mit einbezieht, eine völlig untergeordnete Rolle. Seit langem ist die Revision des deutschen Krankheitsdenkens Wilfried Lorenz' Thema. Fünf Jahre lang war der theoretische Praktiker Kommissionsvorsitzender des «Leitlinienprogramms der Arbeitsgemeinschaft Wissenschaftlicher Medizinischer Fachgesellschaften», ist zudem Mitglied eines internationalen «Freundeskreises der Meta-Chirurgie» und läuft seit Jahrzehnten gegen die normierten Werte einer organfixierten Ideologie der Körperreparatur Sturm. Dieses vorherrschende «Spezies-Design» stempelt er verantwortlich für die «entmenschlichte Medizin» der Gegenwart, für das Handeln nach Mittelwerten, nach definierten Vollkommenheiten, die alles Nichteinpassbare gemäß der probaten Logik ‹Was krank, also krumm ist, muss und kann wiederaufgerichtet werden› schlichtweg diskriminierten.

Wo aber bleibt, nach aller Kritik am rein «biologischen Paradigma», am Reduktionismus, am Messen und Vermessen des Abnormen, der Gegenvorschlag? Er kommt, in homöopathischer Dosis. Bewusst auf die heutige Zeit bezogen und mit bajuwarischer Verve bietet Lorenz den Begriff der «langfristigen Lebensqualität» an, obwohl damit ein zerfallendes System natürlich nicht zu heilen ist. Was kaputt ist, lässt sich reparieren, schon wahr, aber wie *fühlt* sich eigentlich der Patient? Und wie fühlt der Patient *sich*? Steht das subjektive Leiden im Mittelpunkt der Behandlung? Nimmt der Arzt das Leiden des Patienten ernst? Muss diesbezüglich, fragt Lorenz also, nicht komplett umgedacht werden?

Kranksein in Deutschland ist seit längerem auch der Versuch des wieder mündig sein wollenden Bürgers, die quasireligiösen Dogmen schulmedizinischer Pfade zu verlassen. Eine Re-Romantisierung dämmert herauf; zu Recht spricht man von einem Boom der Naturheilkunde; Abteilungen anthroposophisch ergänzter innerer Medizin eröffnen an schulmedizinisch geprägten Kliniken, Mistel- und Blütentherapien im Sinne des englischen Forschers Edward Bach werden angeboten, und immer mehr Ansätze ganzheitlicher Heillehre finden euphorische wie verblüffte Anhänger. «Schauen Sie nach Großbritannien», sagt Lorenz am Ende einer kleinen Privatlehrstunde in philosophischer Medizin, «das ist in jeder Hinsicht das Gegenmodell: Qualitätsbewusstsein und evidenzbasierte Medizin, die den Patienten als Menschen ernst nimmt.»

Entscheidend, das sagt Lorenz nicht, weil es so nahe liegt (und doch so fern ist), sind einzig das subjektive Leid der Kreatur und die Empathie des anderen, des Arztes. So verstanden mag auch Liebeskummer eine Krankheit sein, obwohl oder weil es meist nichts mehr zu reparieren gibt.

16

Wie man in Deutschland kocht und isst

Nur noch wenige Familien essen regelmäßig gemeinsam. Gegessen und gekocht wird, was Spaß macht – egal, ob Hausmannskost, Fast Food oder Haute Cuisine.

von Wolfgang Lechner

Treviso ist eine Stadt in Italien. Sie liegt knapp 40 Kilometer nördlich von Venedig. Auf einem schwarzen Holztäfelchen in Hamburg aber steht es anders, mit Kreide gemalt: «Treviso –100 g 1,20 Euro». Davor liegt ein Mittelding aus Chicorée und Radicchio, länglich, an beiden Seiten spitz zulaufend, mit lila Blättern und weißem Strunk.

«Ist etwas milder als Radicchio», erklärt die Verkäuferin, Frau Schröder. «Den können Sie einfach als Salat essen. Aber kürzlich war einer da, der hat Zucchini dazu gekauft. Die wollte er mit dem Treviso in feine Streifen schneiden und in Olivenöl als Gemüse braten. Mit Balsamico ablöschen. Stell ich mir gut vor.»

Es ist Freitagvormittag auf dem Isemarkt. Kilometerlang aneinander gereiht, ducken sich die Stände unter die Stelzentrasse der Hochbahn und bilden zwischen zwei Haltestellen eine einzige, lang gestreckte Marktgasse. Und auch wenn es an einem nasskalten Wintertag wie diesem in Hamburg gar nicht richtig hell wird: Hier ist es immer warm und farbig und licht. Und es riecht gut auf dem Isemarkt.

Es gibt Äpfel aus dem Alten Land und Salat aus den Vierlanden, Kohl aus Dithmarschen und Honig und Lammschinken aus der Lüneburger Heide, und sie alle tragen den Heimwehgeruch reetgedeckter Bauernhäuser mitten in die Großstadt, einen Geruch von Stallwärme und Holzfeuern.

Es gibt aber auch zig Sorten Oliven und an einem einzigen Stand acht Sorten Pilze vom Shitake bis zum Limonensaitling. Dazu Zuckerschoten aus Kenia, Granatäpfel aus der Türkei, Kaktusfeigen aus Italien, Minibananen aus Kolumbien, Naschi-Birnen aus China.

Und während sich der Marktbesucher noch über den Treviso freut, jenen ganz speziellen Radicchio aus der gleichnamigen Stadt, den er bisher nur auf dem Rialto-Markt von Venedig gesehen hat, weil der Treviso zum venezianischen Winter gehört wie der Grünkohl zum deutschen, ist Frau Schröder schon bei der nächsten Kundin.

«Schalotten? Tscha, da haben wir die länglichen französischen und die runden aus Deutschland – und nu?» Die Kundin nimmt die französischen, auch wenn die ein bisschen teurer sind.

Gewiss: Der Isemarkt ist ein spezieller Markt. Denn Hamburg-Eppendorf ist ein spezieller Stadtteil, mit einem speziellen Publikum: vielen Medienleuten, Ärzten, Intellektuellen. Das lässt sich in Hamburg ziemlich genau abgrenzen. Doch wenn die Medienleute, die Ärzte und die Intellektuellen erst einmal ein, zwei Kinder haben oder wenn sie wieder mal Kassensturz gemacht haben und sich überlegen, dass sie ruhig ein bisschen geizgeiler sein und lieber mal wieder bei Lidl einkaufen sollten, dann müssen sie dort kaum zurückstecken.

Wo die so genannte breite Masse einkauft, gibt es die Oliven zwar nur in Gläsern. Aber immerhin zwei verschiedene Olivenöle, dazu Walnuss-, Distel-, Maiskeim-, Vitamin- und noch drei andere Sorten Pflanzenöl plus die aromatisierten Olivenöle des unvermeidlichen Medienkochs Johann Lafer. Allein sieben Sorten Reis liegen in den Regalen. Und in der Obsttheke neben den Boskopäpfeln auch Physalis aus Kolumbien, Litschi aus Madagaskar, Papayas aus Brasilien und Mangos aus Ecuador (für nur 29 Cent das Stück).

Am dritten Adventssonntag präsentierte das eher piefig-gediegene *Hamburger Abendblatt* als besonderen Clou ein dreigängiges Weihnachtsmenü des Sternekochs Josef Viehhauser. Es sollte für vier Personen nur um die 21 Euro kosten. Die Zutaten dafür hatte Viehhauser bei Lidl gekauft, von der Aubergine bis zum Sekt. Aceto balsamico setzten die Redakteure vom *Abendblatt* als Selbstverständlichkeit im Haushalt voraus, so wie Pfeffer und Salz.

Es ist unbestreitbar: Nie wurde in Deutschland so vielfältig und so multikulturell eingekauft und gegessen wie heute. Und zwar halbwegs flächendeckend: Wo es nicht wie in München einen Viktualienmarkt gibt oder wie in Berlin ein KaDeWe, da erweitern eben Asia-Märkte und türkische Lebensmittelhändler das Angebot. Die Deutschen fremdeln weniger als viele ihrer Nachbarn, wenn es ums Essen geht, und manche haben nach Jahren der Schnitzeltristesse sogar ihre eigenen Regionalkulturen wieder entdeckt, vom Pfefferpotthast bis zum blauen Zipfel.

Aber bedeutet das auch, dass sie gut essen? Gesund? Und mit Genuss?

Lassen wir die umfangreiche Diskussion beiseite, ob es sinnvoll und ökologisch vertretbar sei, Granatäpfel durch halb Europa zu karren oder Viktoriabarsche aus Afrika einzufliegen. Die Menschen haben sich ihre Nahrungs- und Genussmittel schon immer von überall herbringen lassen, und immer mit der jeweils ausgeklügeltsten Logistik ihrer Epoche. Sonst hätten wir heute keinen Pfeffer und keinen Zimt, keinen Kaffee und keinen Tee, keine Kartoffeln, Tomaten, Schokolade. Problematisch wird es nur, wenn Weintrauben im Frühjahr aus Israel kommen müssen oder Äpfel aus Südamerika und Mineralwasser aus aller Welt, und das in immer größeren Mengen.

Nein, hier soll es um eine andere Frage gehen: Was geschieht, wenn Nahrungsmittel und Ernährungsgewohnheiten aus der ganzen Welt auf heimische Traditionen stoßen – und wenn die Melange daraus sich in der Realität einer arbeitsteiligen und immer hektischeren Gesellschaft bewähren muss?

Die Deutschen und ihre Esstraditionen! Ihre Volksweisheiten: «Frühstücke wie ein Kaiser, iss zu Mittag wie ein Bürger und zu Abend wie ein Bettelmann!»

«Milch ist das gesündeste Getränk.»

«Nur Fleisch gibt richtig Kraft.»

«Kinder müssen tüchtig essen, damit sie groß und stark werden.»

Solche Sprüche haben Spuren hinterlassen in den Essgewohnheiten einer ganzen Nation und in ihrem Ernährungs-Gewissen. Kann ja sein, dass sie einmal ihre Richtigkeit hatten. Etwa für Menschen, die körperlich hart arbeiten mussten. Oder in Zeiten, in denen vitaminreiche Kost nicht das ganze Jahr über verfügbar war. Heute aber ist vieles Aberglaube. Oder Selbstbetrug.

Der deutsche Selbstbetrug: Schlankheit denken, Fett essen

Wenn sich eine Gruppe von Gästen in einem spanischen Ferienhotel kurz vor 18 Uhr vor der Tür zum Speisesaal drängt, kann man ruhig eine gute Flasche Val de Duero darauf verwetten, dass es Deutsche sind. Auf der *MS Deutschland*, dem Fernseh-Traumschiff unter schwarzrotgoldener Flagge, gilt es beinahe als Klagegrund gegen den Reiseveranstalter, wenn einer beim Abendessen für die zweite Sitzung eingeteilt ist. Die beginnt erst um 20.30 Uhr. So spät! Und dann noch fünf Gänge! Das ist doch nicht gesund. «Zu Hause essen wir abends immer nur eine Kleinigkeit!»

«Nur kalt» nämlich: Käse, Wurst und Brot. Mit gut Butter drauf. Ein, zwei Bier dazu. Das deutsche Abendbrot eben, das so typisch ist für die traditionellen Essgewohnheiten wie die fette, lähmende, Diabetes und Herzinfarkt fördernde Kaffee-und-Kuchen-Pause am Nachmittag.

Man braucht nur ein paar Tage in einem schlecht geführten kirchlichen Bildungsinstitut zu verbringen oder in einem mediokren Tagungshotel; in einer Einrichtung also, in der diese alten Gewohnheiten mit der gleichen Gedankenlosigkeit fortgeschrieben werden, mit der ein Finanzbeamter zwischen zehn Uhr vormittags und vier Uhr nachmittags jeden mit «Mahlzeit!» begrüßt, um zu ahnen, warum in Deutschland mehr Menschen Übergewicht haben als in jedem anderen europäischen Land. Und warum erst am Ende der Rangliste die Italiener kommen und die Franzosen, die doch offensichtlich so ungesund leben: mit drei Gängen sehr spät am Abend und einem Frühstück wie beim Bettelmann …

Doch die Dinge sind in Bewegung gekommen. Statistik und Augenschein zeichnen das Bild einer Gesellschaft, die sich auch im Bereich Ernährung stärker und schneller verändert und sozial auseinander entwickelt, als sie vielleicht wahrhaben will.

Zum Beispiel in Sachen Frühstück: Noch immer sagen 73 Prozent der Bundesbürger bei Befragungen, die erste Mahlzeit des Tages sei für sie «wichtig» oder «sehr wichtig» (Ernährungs-Gewissen!). Tatsächlich essen sie morgens unregelmäßig, schnell und wenig. 37 Millionen Deutsche frühstücken während der Woche nicht zu Hause. Die Hersteller von Cornflakes, Marmelade, Schokoaufstrich und Aufschnitt merken es an stagnierenden Umsätzen, und Müsli verkauft sich sogar schlechter als bisher.

Kann sein, dass das Frühstück «wie ein Kaiser» schon immer ein frommer, bürgerlicher Wunsch war oder besonderen Gelegenheiten vorbehalten: dem Wochenende oder dem Urlaub. Aber noch nie, klagen altgediente Lehrerinnen, seien so viele Kinder hungrig zur Schule gekommen und hätten dann nicht einmal ein Pausenbrot dabei.

Oder die Sache mit dem Abendbrot: Nur unter Rentnerehepaaren bilden die, die mittags «richtig» und abends «nur eine Kleinigkeit» essen, noch die überwiegende Mehrheit. Bei Jugendlichen und Familien mit Kindern gibt es schon öfter mal abends etwas Warmes. Und bereits jedes zweite junge Paar ohne Kinder betrachtet das Abendessen als Hauptmahlzeit.

Eher unwahrscheinlich, dass diese Entwicklung der Einsicht geschuldet ist, ein warmes, zubereitetes Essen sei ernährungsphysiologisch vernünftiger als eine «Kleinigkeit», die aus fetter Wurst und fettem Käse besteht.

Es gab eine Zeit, da kamen Familienväter jeden Mittag zum Essen nach Hause. Da konnten sie die Kinder fragen, was in der Schule los war (Antwort jedes Mal: «Ach, nichts Besonderes!»), und hatten danach sogar noch Zeit, beim Abwasch mit ihren Frauen über dieses und jenes zu plaudern (während sich die Kinder wohlweislich verkrümelten).

Doch diese Spezies ist längst aus dem familiensoziologischen Bestiarium verschwunden.

Wer wohnt denn noch so nahe an seinem Arbeitsplatz? Wer kann sich überhaupt noch für ein entspanntes Mittagessen Zeit nehmen? Oder gar dafür, es sorgfältig zu planen und selbst zuzubereiten?

In Italien oder Spanien sind sie noch ein vertrautes Bild: die Männer und Frauen, die, notfalls sogar allein, bei einer halben Flasche Wein und dem Tagesmenü in aller Ruhe ihre Mittagspause verbringen. In Deutschland hilft oft nicht einmal der Versuch der Wirte, ein preiswertes Tagesgericht anzubieten. Ein Koch aus der Münchner Innenstadt hat es erlebt. «Leute, die einmal meine Stammgäste waren», erzählt er, «und die fast täglich zum Mittagessen kamen, sah ich plötzlich an meinem Fenster vorbeihasten – mit einem Sandwich in der Hand.» Er versuchte, im Trend zu bleiben. Ließ eine Theke in die Fassade seines Bistros bauen und verkaufte frisch belegte Brote. Und gab schließlich doch auf.

Beispiel Fleisch: Während der Verbrauch von Rind- und Schweinefleisch bis in die zweite Hälfte der achtziger Jahre in Ost- und Westdeutschland gleichermaßen kontinuierlich anstieg und seither zurückgeht, wurde Geflügelfleisch immer beliebter und erfährt seit etwa 1985 einen regelrechten Boom. Und zumindest in Westdeutschland kommt in den letzten zehn, fünfzehn Jahren auch immer mehr Fisch auf den Teller.

Die Angst vor Gicht allein, vor Jodmangel und anderen «Zivilisationskrankheiten» kann diese Entwicklung nicht erklären. Und genauso wenig mag man sie als direkte Reaktion auf all die Lebensmittelskandale verstehen. Denn Schwein, Rind, Geflügel und Fisch – jedes einzelne dieser Lebensmittel hatte in den letzten zwei Jahrzehnten seinen Skandal. Und die Marktstatistiken zeigen, wie flüchtig das Gedächtnis des Verbrauchers ist: erst der große Schock. Aber heute, genau drei Jahre nach den ersten deutschen BSE-Fällen ist Rindfleisch wieder richtig gefragt.

In allen Zeiten und Kulturen gab es die Vorstellung, man verleibe sich die Kraft dessen ein, dessen Fleisch man esse. Ist es ein Zeichen von Aufgeklärtheit, wenn sich die Deutschen mehr und mehr damit begnügen, so stark wie ein Huhn zu sein oder so flink wie ein Karpfen? Im Ernst: Hat der Trend zu Geflügel und Fisch nicht viel mehr damit zu tun, dass es schneller zuzubereiten ist, «leichter», irgendwie «moderner»? Und oft preiswerter als gutes Rind- und Schweinefleisch?

Beispiel Milch: Nicht mehr als Getränk ist Milch gefragt und schon gar nicht als Durstlöscher, der sie ernährungsphysiologisch sinnvollerweise nie sein konnte. Sondern in Form von «Frischmilcherzeugnissen»: Joghurt, Quark, Sahne, Fruchtmilch, ACE-Drink, Fruchtbuttermilch, Kefir, Schokotrunk, Latella … Auf diesem Gebiet vor allem zeigen die Lebensmitteldesigner ihre Kreativität. Und ihre Texter nicht minder, wenn sie Begriffe wie «Wellness-Produkte» und «Functional food» erfinden.

Mehr als fünf Milliarden Euro, so schätzt man beim Nahrungsmittel-Multi Nestlé, lassen sich in Deutschland pro Jahr mit «Wellnes»-Produkten zum Essen und Trinken umsetzen. Mit Dingen also, die dem Verbraucher irgendwie das Gefühl geben, irgendwas für sein Wohlbefinden zu tun, wenn er sie zu sich nimmt. Und in erster Linie nennen die Befragten die Produktgruppe Joghurt-Quark-Käse, wenn man sie nach Wellness-Einkäufen fragt. Mit weitem Abstand folgen Zerealien, danach erst Obst und Gemüse, danach alkoholfreie Getränke …

Und während die Hersteller von Functional Food versprechen, ihre Produkte – und Joghurt ist da die wichtigste Produktgruppe – könnten die Immunabwehr stärken, Krankheiten vorbeugen, beim Gesundwerden helfen und viel, viel länger jung und fit halten, registrieren aufmerksame Verbraucher, dass fertiger Fruchtjoghurt und Früchtequark immer noch mehr Zucker enthalten und dass die Magermilchprodukte im Kühlregal mehr und mehr vom Sahnekefir verdrängt werden. Klar: Zucker und Fett als Geschmacksträger schmeicheln der Zunge und steigern das Wohlbefinden des Verbrauchers. Oft für Minuten.

Und die Kinder? Die werden – vor allem in jüngster Zeit – bei allem tüchtigen Essen nicht groß und stark, sondern fett und träge. Weil sie sich immer weniger bewegen, seit Fernsehgeräte zur Grundausstattung von Kinderzimmern gehören und sich Zehnjährige einen PC vom Taschengeld zusammensparen. Aber auch, weil ihre Eltern kaum mehr Chancen haben, sich gegen die Sirenengesänge der Fast-Food-, Schokoriegel- und Knabberzeugproduzenten durchzusetzen. Oder weil sie selbst, siehe oben, schlechte Vorbilder sind.

Gut und gesund zu essen setzt gutes Geld, aber vor allem Bildung voraus

Von zehn deutschen Frauen sind fünf zu schwer und von zehn deutschen Männern sieben. Das ist allem voran ein soziales Problem: Je schlechter Bildung und Einkommen eines erwachsenen Deutschen sind, desto größer ist die Wahrscheinlichkeit, dass ihm Klamotten in den normalen Konfektionsgrößen nicht mehr passen. Schlank zu sein ist heute genauso ein Zeichen von Privilegiertheit, wie nicht zu rauchen und kein Auto zu haben (weil: zu brauchen).

Die Sache mit dem Auto wäre noch mit Geld zu erklären: Wer wenig verdient (und viele Kinder hat), kann sich keine verkehrsgünstig gelegene Innenstadt-Wohnung leisten, kann nicht mit dem Taxi zum Arzt fahren, nicht mit dem Flugzeug in Urlaub fliegen. Beim Rauchen ist es umgekehrt: Nichtrauchen wäre auf jeden Fall billiger.

Wie aber ist es beim Essen? Ist eine gute, gesunde Ernährung heute für viele Menschen einfach zu teuer?

«Das ist eine Legende», schrieb der Bremer Sozialhistoriker Paul Nolte in der ZEIT. «Jede zu Hause zubereitete Mahlzeit aus Kartoffeln und Gemüse, aus Vollkornbrot und Käse ist billiger zu haben als die Dauerernährung in Imbissbude und Schnellrestaurant … Die Kultur und der Lebensstil der Unterschichten hat sich in weiten Bereichen von der ökonomischen Basis, von materiellen Notlagen längst entkoppelt.» Die wahren Probleme der Unterschicht, so Nolte, seien mangelnde Bildung und mangelnde Selbständigkeit.

Essen in Zahlen

60 Prozent aller Babys in Deutschland trinken in den ersten zwei Wochen ihres Lebens ausschließlich Muttermilch, **41,7** Prozent in den ersten zwei Monaten und **33,3** Prozent in den ersten vier. **33,4** Prozent aller Kinder zwischen sechs und acht Jahren glauben, Schokolade mache nicht dick.

52,7 Prozent der Acht- bis Zwölfjährigen sagen, ihre Eltern achteten bei Tisch sehr darauf, dass die Kinder nicht schmatzen, **9,7** Prozent, dass sie nichts übrig lassen, **7,4** Prozent, dass sie nicht zu viel essen.

126 Kilogramm Obst isst jeder Deutsche durchschnittlich pro Jahr, **90,5** Kilo Gemüse, **85,3** Kilo Brot, **68** Kilo Kartoffeln, **49,1** Kilo Fleisch (ohne Geflügel), **34,2** Kilo Milchfrischprodukte, **30,5** Kilo Wurst- und Fleischwaren, **21,6** Kilo Käse, **17,5** Kilo Geflügel, **14** Kilo Fisch, **8,2** Kilo Schokolade – und **0,21** Gramm Kaviar.

15,4 Prozent seines Einkommens gibt ein Deutscher für Nahrungs- und Genussmittel aus, vor vierzig Jahren war der Prozentsatz noch doppelt so hoch.

Rund **1100000000** Euro lassen die Deutschen pro Jahr in Reformhäusern und Naturkostfachgeschäften, mindestens **450000000** Euro für Öko-Waren in Bio-Hofläden und auf Wochenmärkten.

75000000000 Euro ließen sich die Deutschen im Jahr 2001 das Essen und Trinken außer Haus kosten; das waren durchschnittlich **909** Euro pro Person. **21** Prozent dieses Geldes blieben in Restaurants mit ausländischer Küche, **17** Prozent in Restaurants mit deutschen Mahlzeiten, **14** Prozent beim Bäcker oder Metzger oder im Supermarkt, **13** Prozent in Kneipen und Cafés, **10** Prozent in Kantinen und **4** Prozent in

Fast-Food-Buden. Bei ausländischen Restaurants bevorzugen **49** Prozent italienische, **21** Prozent chinesische, es folgen die griechischen.

75,1 Prozent aller Frauen und **65** Prozent aller Männer legen «viel Wert» auf abwechslungsreiche Ernährung, **65,9** und **67,8** Prozent auf mindestens eine warme Mahlzeit pro Tag, **48,6** und **53** Prozent auf Genuss und **25,9** beziehungsweise **15,1** Prozent auf Vollwertkost. Auf die Frage «Womit verwöhnen Sie sich am liebsten?» antworten die meisten Frauen (**51,7** Prozent) mit «Schokolade, Pralinen», die Männer (**46,3** Prozent) mit «Bier».

67 Prozent aller Männer in den alten Bundesländern und **66** Prozent in den neuen sowie **52,2** Prozent aller Frauen im Westen und **56,9** Prozent aller Frauen im Osten haben Übergewicht: Ihr Body-Mass-Index, der das Gewicht zur Körpergröße in Beziehung setzt, beträgt **25** oder mehr. Schon ab **30** sprechen Ernährungsphysiologen von regelrechter Fettleibigkeit. Innerhalb der EU führen die deutschen Männer die Rangliste der Übergewichtigen an, an letzter Stelle liegen Italien, die Niederlande und Frankreich.

Quellen: Ernährungsbericht 2000, G + J Branchenbild «Ernährungsgewohnheiten und Trends», GEO Wissen «Ernährung», Bundesgesundheitssurvey 1989

Und, möchte man hinzufügen, mangelnde Resistenz gegen die Einflüsterungen der Fast-, Convenience- und Wellness-Food-Industrie. Löffeln die Traumfamilien im Werbefernsehen nicht dauernd irgendwelche Bärenhunger-Suppen aus? Essen viel Halbfettmargarine, und alles ist gut? Macht Haribo nicht Kinder froh?

Andererseits: Seit Anfang 2002, seit der Einführung des Euro, ist vieles teurer geworden. Obst, Gemüse, das Essen im Restaurant. Für alle. Prompt aßen die Deutschen im Jahr 2002 weniger Obst und

Gemüse als in den Jahren zuvor. Und die «Bedienungsgastronomie», melden die Branchendienste, habe 2002 einen Besucherrückgang von 6,3 Prozent verbucht.

«Bedienungsgastronomie». Eine Vokabel wie aus der Zeit, als Vati jeden Sonntag um halb zwölf den Opel Kapitän aus der Garage fuhr und Mutti mit zufriedenem Lächeln und den Kindern im Sonntagsstaat an der Hand aus der Haustür kam und sie ins Auto kletterten, damit alle Nachbarn sehen konnten: Die haben es geschafft. «Heute bleibt die Küche kalt, wir gehen in den Wienerwald»!

Seit diesen Jahren ist die Wienerwald-Kette mehr als einmal Pleite gegangen, und aus dem «gutbürgerlichen» Wirtshaus ist eine Pizzeria geworden. Oder die Taverna Rhodos. Sonntagmittags geschlossen. Denn Essen im Allgemeinen und Auswärtsessen im Besonderen sind heute längst kein Beweis mehr dafür, dass man sich «etwas leisten kann».

Und das ist vielleicht der eine gemeinsame Nenner für all die disparaten Beobachtungen, für die Aufgabe einst tief verwurzelter Gewohnheiten, den offenbaren Widerspruch zwischen Überfluss und ernährungsphysiologischer Not, die Gleichzeitigkeit von Isemarkt, Lidl-Regal und hungrigen Schulkindern: Seit eine regelmäßige, ausreichende Ernährung keine existenzielle Herausforderung mehr ist, kann Essen endlich Spaß machen.

Seither kommt das Spielerische beim Essen und Trinken zu seinem Recht.

«Mit Essen spielt man nicht!» Das war auch einer der Merksätze, mit denen Generationen der Appetit verdorben wurde und die Lust am Genießen. Aber Ehrfurcht vor dem Essen und der spielerische Umgang damit müssen sich nicht widersprechen. Das ist beim Essen nicht anders als bei Erotik und Sexualität.

Das Spielerische kennzeichnet bloß eine Gesellschaft jenseits des Überlebenskampfes – aber noch diesseits der Dekadenz.

Es geht, im konkreten Fall, zum Beispiel darum, dass sich das Leben in Deutschland nicht mehr nach dem Essen (und dessen Verfügbarkeit) strukturiert. Sondern die Ernährung nach dem Leben. Dass einer zum Beispiel essen kann, wo, wann und wie er dazu Lust hat. Oder Zeit.

Deshalb ist es auch ein Irrtum zu glauben, McDonald's habe die Essgewohnheiten in Deutschland verändert. Die Hamburgerkette hat nur auf die neuen Essbedürfnisse reagiert, und diese zu befriedigen, würde sie allein niemals schaffen. Dazu braucht es außerdem Zigtausende von Würstchen-, Döner- und Falafelbuden, von China-Imbissen, Pizzaständen und Suppenküchen. «Finger-Food», der «Brotsnack», das «Sandwich zwischendurch», das alles sei «ein massiv ausbaufähiges Segment», jubelt die Fachpresse, und «*Eating by walking*» ein Trend, den man nicht versäumen dürfe.

So werden Ernährung und Essen Teil eines hedonistischen Kosmos, der nach und nach alle Mahlzeiten erobert. Während die «Bedienungsgastronomie» insgesamt darbt, freuen sich jene Wirte über steigende Umsätze, die rechtzeitig auf die Idee kamen, «Frühstück von 8 bis 16 Uhr» anzubieten. Sogar im Euro-Krisenjahr 2002 wuchs die Zahl der Deutschen, die zum Frühstücken ins Café oder Restaurant gingen, um elf Prozent. Von 850 Adressen, die etwa die Berliner Stadtillustrierte *tip* in ihrem aktuellen Restaurantführer nennt, stehen 118 in der Abteilung «Morgens».

Wenn ausreichendes Essen jederzeit gewährleistet ist und Essengehen kein Statusbeweis mehr, dann kann der Verbraucher zunehmend «preissensibel» reagieren (wie die Händler, Produzenten und Gastronomen klagen). Auch mit den Preisen kann er spielen. Mittags einen Big Mac essen und abends die Lammkeule vom Bio-Metzger; auf dem Isemarkt den Treviso kaufen und die Dosentomaten bei Aldi. Selbst der gut verdienende Hautarzt muss sich nicht genieren, wenn ihn seine Patienten dort treffen. Vor kurzem wäre das gewesen, als hätte man ihn beim Wühlen in fremden Mülltonnen ertappt.

Dass dem großen *anything goes* in immer mehr Familien auch die regelmäßige gemeinsame Mahlzeit zum Opfer fällt, mögen Ernährungsphysiologen und Familientherapeuten beklagen. Zumindest ist es konsequent. «Jeder nimmt sich, wenn er Appetit hat», heißt die Devise. Die Imbiss-Mentalität ist auf die Familien zurückgeschlagen.

Und das nicht nur bei der «Unterschicht», von der Paul Nolte, der Sozialhistoriker, schreibt. Auch im gut situierten Akademikerhaushalt mit Kindern ab dem frühen Teenageralter wird es immer schwerer, zwischen Arbeit, Schule, Party, Ausschlafen und Fitnessstudio noch einen Termin für eine gemeinsame Mahlzeit zu finden. Eltern aber, die darauf bestehen, ihre Kinder regelmäßig um den Tisch zu versammeln, müssen sich vorhalten lassen, andere Mütter und Väter seien in dieser Hinsicht viel cooler.

Wobei es durchaus sein kann, dass sich diese coolen, unspießigen Eltern gerade eine superteure Bulthaup-Küche für ihre Doppelhaushälfte geleistet haben. Mit Induktionsherd und Dampf-Konvektomat. Denn schöne Küchen und Selberkochen liegen gerade ganz gewaltig im Trend.

Kochen ist für viele ein Wochenendhobby. Möglichst luxuriös

Und nur die These vom spielerischen Umgang mit Essen und Ernährung erklärt, warum vier von zehn Frauen in Umfragen sagen, sie hätten «(während der Woche) meist gar keine Lust, richtig zu kochen», warum immer weniger Familien regelmäßig gemeinsam essen, warum der Markt an Fertigsoßen, Tiefkühlpizzen und Fünf-Minuten-Terrinen ebenso explodiert, wie die Fastfood-Betriebe sich vermehren. Und warum es trotzdem möglich ist, dass das Einkaufen auf dem Isemarkt und anderswo, dass das Wissen über Lebensmittel, Spezialitäten und Rezepte und dass das Kochen (Vielleicht nicht mehr so oft. Aber dann richtig!) – dass das alles trotzdem gerade so en vogue ist.

Man muss nicht einmal einen der Hobbyköche persönlich kennen, denen Vokabeln wie «Zestenreißer» und «trockenreduzieren» so selbstverständlich über die Lippen gehen wie dem Heimwerker früherer Jahre die «Schlagbohrmaschine» und das «Dübeln». Man muss nur mit offenen Augen durch die Buchhandlungen und Zeitungsläden gehen, durch die Fernsehkanäle zappen oder durch Veranstaltungsprogramme blättern. Und man wird dem Koch-und-Genuss-Trend nicht entgehen.

Dass die Kochbücher mit länderspezifischen Rezepten, die Culinaria-Schwarten und die Gourmet-Handbücher massenhaft im modernen Antiquariat verramscht werden, zeigt gerade, welches Potenzial für Buchverlage und -handel in diesem Segment steckt. Mit welchem Aufwand immer neue Titel in immer noch höheren Auflagen auf den Markt geworfen werden. Und ein Stockwerk höher gibt es in den großen Buchkaufhäusern eine ganze Abteilung, in der die Vorkocher der Nation von den Regalen lachen: die Lafers und die Siebecks, die Witzigmanns und die Bioleks, die Müllers und die Maiers. Von allen Freizeitbeschäftigungen räumen die Buchhändler nur noch dem Reisen mehr Platz ein.

Oder all die Kochzeitschriften: vom edlen *Feinschmecker* über den Klassiker *essen + trinken* und *Meine Familie & ich* an jeder Supermarkt-Kasse bis zum *Gute Laune spezial Lecker Kochen & Backen* für 1,40 Euro – keine Zielgruppe unter all jenen, die ein Ei von einer Kartoffel unterscheiden können, wird vernachlässigt.

Oder all die Fernsehköche: *Alfredissimo!, Kochduell, Zacherl: Einfach kochen!*, und Johann Lafers (schon wieder!) Kochsendungen gelten unter den Strategen der Sender als Einschaltquoten-Hits. Die ARD-Sendung mit Alfred Biolek etwa sahen am letzten Freitag vor Weihnachten 1,82 Millionen Menschen – rund eine Million mehr als den *Bericht aus Berlin* am selben Abend.

Schließlich Kochkurse: kein ambitionierter Küchenchef in Deutschland, der nicht regelmäßig welche anböte. Sie sind kein billiger Spaß, doch fast alle ausgebucht – meist von Teilnehmern, die schon ein- oder zweimal dabei waren.

Lübeck liegt gut 50 Kilometer nördlich von Hamburg. Und in der Lübecker Altstadt gibt es einen Laden, der den ganzen Trend zum Genuss, zur spielerischen, grenzenlosen kulinarischen Neugier auf zwei Stockwerken eines schmalen, alten Bürgerhauses konzentriert.

Früher einmal betrieb Manfred Miera in der Hüxstraße, die damals bei weitem noch nicht so schick und szenig war, ein alternatives, vegetarisches Restaurant. «Heute», sagt er und schwenkt das Weinglas, damit der Tempranillo Luft bekommt, «heute bereichern wir uns an dem, was uns ganz Europa schenkt.»

Gleich am Eingang eine Kühltheke: Hier verkauft Miera Schinken, Käse, Antipasti, zum sofortigen Genuss am Stehtisch oder zum Mitnehmen. Außerdem ein paar ausgewählte Küchenutensilien, Kochbücher, Korkenzieher. Ganz hintendurch kommt man in den Weinkeller. Mittendrin das Bistro: ein paar blanke Holztische zwischen Wänden in Rot- und Ockertönen, stilsicher dekoriert, effektvoll beleuchtet. Die Kellnerinnen, jung und dezent gepierct, tragen schwarze Schürzen und eine geschulte Freundlichkeit. Sie servieren zum Beispiel mit Rucola gefüllte Gnocchi mit Basilikumschaum für zehn Euro und dazu offene Weine, die sie am Tisch aus der Flasche einschenken, für vier bis fünf Euro pro Glas.

Am Abend öffnet Miera auch noch das Restaurant im ersten Stock. Noch schöner, noch edler. Dort gibt es Stoffservietten, so groß wie Kinderbetttücher, edle Weingläser, schweres Besteck.

Und einmal im Monat findet in diesem Ambiente ein Kochkurs statt. Einschließlich einer Weinprobe und dem abschließenden fünfgängigen Diner kostet er 85 Euro pro Person. Und ist auf Monate hin ausgebucht.

Man trifft sich in der Bar. Trinkt «Miera brut» Flaschengärung, einen Winzersekt aus der Pfalz. Sitzt in schwarzen Clubsesseln und plaudert. Über Lübeck und seine Restaurants und Kochkurse und die Kochkunst im Allgemeinen.

Dann erscheint Manfred Miera. Heute hat er eine krachlederne Kniebundhose zu Tweedsakko und Reitstiefeln gewählt. Ein Gutsherr mit kahl geschorenem Charakterkopf. Er verteilt Schürzen und Menükarten und stellt seine Selbstinszenierung in einen aufregenden Gegensatz zur sanften Clubatmosphäre des ganzen Restaurants.

Und schließlich entdecken die Kochschüler in der Küche das erotische Potenzial, das im gemeinsamen Hantieren auf engstem Raum steckt, wenn eine Gruppe zu gleichen Teilen aus Frauen und Männern besteht, alle in den mittleren Jahren, alle aufgeregt und neugierig, alle genussbereit.

Zwei Teilnehmer beinen eine Ente aus, zwei andere bereiten die Fleischfarce für die Füllung. Gemüse müssen geschnipselt werden für den Röstansatz und Gnocchi aus dem Kartoffelteig geformt. Da ist Gelegenheit für Komplimente: «Das sieht so elegant aus, wie Sie das machen!» Und für persönliche Bekenntnisse: «Ich hatte mal eine Galloway-Zucht.»

Nach anderthalb Stunden konzentrierter Arbeit setzt man sich zu Tisch, noch mit der weinroten Schürze. Ein Amuse-gueule, ein paar anerkennende Worte von Manfred Miera selbst. Dann wird der erste Gang serviert.

Es sind Stücke von Kalbsleber mit einer Soße von Vin Santo.

Sie liegen auf Nestern aus roten und grünen Gemüsestreifen: hauchdünn geschnittenen Spargeln und – auch in Lübeck – der Länge nach fein geschnittenem Treviso.

17

Wie man in Deutschland kriminell wird

In den Statistiken steigt vor allem die Jugendkriminalität an. Das erregt den Volkszorn und lässt sich politisch gut ausschlachten. Wirtschaftskriminelle dagegen dürfen auf Verständnis hoffen.

von Sabine Rückert

Wie man in Deutschland kriminell wird? Ganz einfach! Indem man sich betrunken ans Steuer setzt. Seinen Müll in die Natur kippt. Einen anderen «Arschloch» nennt. Ohne Fahrkarte U-Bahn fährt. Beamte beschenkt und dafür Vorteile erhält. Mit 180 Stundenkilometern durch die Innenstadt rast. Sich als Putzfrau schwarz etwas dazuverdient. Einer fremden Frau an den Busen fasst. Mit unbezahlter Ware unterm Arm das Kaufhaus verlässt. Handgreiflich wird. Ein Sümmchen bei der Einkommensteuererklärung verschweigt und so weiter … Wir alle kennen bestimmt jemanden, der solche Delikte begangen hat. Oder bleibt der Blick schon im Spiegel hängen?

Kriminalität im strafrechtlichen Sinne ist die Summe aller mit Strafe bedrohten Handlungen. Zum Kriminellwerden gehört aber vor allem eines: das Erwischtwerden. Wer nicht ertappt wird, und das sind die allermeisten Delinquenten – zum Beispiel 90 Prozent der Ladendiebe, aber auch eine ganze Reihe Mörder –, wird nicht bestraft und kann sein Leben als braver Bürger weiterführen. Aber auch wer erwischt wird, muss nicht gleich hinter Gitter, nur zwei bis drei Prozent aller polizeilichen Tatverdächtigen landen im Gefängnis.

Das öffentlich gewordene und bestrafte Vergehen oder Verbrechen ist ein Minderheitenphänomen und muss es bleiben, damit wir alle in unserem Normengefüge weiter funktionieren und uns gut fühlen können. Der Freiburger Soziologe Heinrich Popitz schrieb 1968 *Über die Präventivwirkung des Nichtwissens*: «Die Strafe kann ihre soziale Wirkung nur bewahren, solange die Mehrheit *nicht* bekommt, was sie verdient.» Würden alle Straftaten bekannt und müssten verfolgt werden – unsere Rechtsordnung bräche zusammen.

Wer in Deutschland als Verdächtiger tatsächlich in die Polizeistatistik eingeht, ist vor allem eines: männlich. Schwindler und korrupte Bürgermeister, Eierdiebe und Mafiabosse – Frauen spielen in der Kriminalstatistik eine Nebenrolle, ihr Anteil liegt um die 20 Prozent. Warum das so ist, darüber streiten sich die Gelehrten. Die einen meinen, es sei angeboren, die anderen meinen, es sei anerzogen – wahrscheinlich handelt es sich um eine Mixtur aus genetischen, hormonellen, erziehungsbedingten und gesellschaftlichen Faktoren. Genau weiß es niemand.

Bei den Jugendlichen ist das Geschlechterphänomen besonders frappant. 95 Prozent aller männlichen Jugendlichen werden mindestens einmal kriminell, sagt die Dunkelfeldforschung. Die wenigsten werden allerdings erwischt, und das ist gut so. Denn Jugendkriminalität ist fast immer eine «Krankheit», die sich selber heilt. Die Mahnung «Wehret den Anfängen!» ist deshalb übertrieben, denn nur wenige Täter gehen über den Anfang hinaus. Die Verstöße Jugendlicher sind in der Regel Bagatelldelikte. Schwarzfahren, Beleidigungen, Raufereien, Haschischkaufen, Klauen, Sachbeschädigung, kleine Einbrüche – das sind massenhafte, ubiquitäre und vorübergehende Erscheinungen, die immer noch der normalen Persönlichkeitsentwicklung eines jungen Mannes zugerechnet werden. In diesem Punkt sind sich Strafrechtsgelehrte und Kriminologen einig. Auch Mehrfach- und Vielfachtätern ist der Weg vom jugendlichen Nichtsnutz zum professionellen Panzerknacker nicht schicksalhaft vorbestimmt. Die meisten finden auf den Pfad der Tugend zurück (oder setzen ihre Untaten außerhalb des Lichtkegels amtlicher Kriminalstatistiken fort).

Kriminalität wächst durch Aufmerksamkeit

Dass die Jugendkriminalität in den Kurven des Bundeskriminalamtes trotzdem hochgeschnellt ist (siehe Graphik S. 270), hat mehrere Gründe. Zum einen vervielfachte sich nach der Wiedervereinigung die Zahl der Eigentumsdelikte im Osten: Mit Konsumreizen und Werbung überschüttete Jugendliche in Brandenburg und Mecklenburg-Vorpommern griffen munter zu. Ausgeklügelte Sicherungssysteme, Heere neu eingestellter Kaufhausdetektive und allgegenwärtige Videokameras tragen zur massenhaften Überführung jugendlicher Frevler bei. Dazu kommen die erhöhte öffentliche Aufmerksamkeit, die dem Phänomen der Jugendkriminalität in den vergangenen Jahren zuteil wird, und die damit einhergehende Anzeigefreudigkeit. Die (statistische) Kriminalität wächst also auch dadurch, dass man über sie liest und spricht.

Während früher nach einer Körperverletzung oder einem Diebstahl sich der Vater des Opfers beim Vater des Täters beschwerte und der den Sohn am Ohr aus dem Kinderzimmer holte, schaltet man heute Anwälte oder Behörden ein. Die Angehörigen von Tätern und Opfern klären die Fragen von Schuld und Sühne nicht mehr unter sich. Oft türmen sich zwischen den betroffenen Familien unüberwindliche ethnische Barrieren auf, denn viele jugendliche Täter kommen aus dem Ausland, aus der Türkei oder den GUS-Staaten. Es gibt zwischen Täter- und Opferfamilien keine gemeinsame Sprache mehr und wenig gemeinsame Wertvorstellungen. Auch über die sozialen Gräben hinweg wird in Deutschland kaum noch nach Konfliktlösungen gesucht. Die Polizei – die in den Schulen stärker präsent ist – wird zum Ansprechpartner. So wächst sich das, was früher zwischen Privatleuten beredet und bereinigt wurde, zu einer Sache für die staatliche Strafverfolgung und die Kriminalstatistik aus.

Der Gefängnispfarrer Johannes Wagner-Friedrich betreute über Jahre in Bayern einsitzende Jugendliche. In jedem Jahrzehnt, meint er, habe die Jugendkriminalität ein anderes Gesicht getragen, sodass man sagen könne, die Geschichte der Bundesrepublik spiegele sich auch in ihren Jugendstrafanstalten:

– In den sechziger Jahren drehten sich die Missetaten der jungen Burschen um das Auto. Klauen, Frisieren und Verschieben von Kraftfahrzeugen seien die häufigsten Delikte gewesen.

– In den siebziger Jahren hätten die Drogenhändler und -konsumenten den Spitzenplatz in den Anstalten erobert.

– In der Achtzigern seien die jungen Türken auffällig geworden: Die schlecht integrierten Kinder der Einwanderer hätten anstelle ihrer angepassten Eltern gegen die Regeln von Staat und Gesellschaft aufbegehrt.

– In den Neunzigern sei die Kriminalität vor allem aus dem Osten gekommen. Der «kalorienreiche Westen» habe alles, was im befreiten Osteuropa «Beine hatte», angezogen. Jugendliche, die daheim nichts hielt, machten sich auf die Reise. Er habe, sagt der Pfarrer, rumänische Jungs im Knast betreut, die sich bei Karstadt mehrere Jacken übereinander angezogen und sich dann gewundert hätten, dass es am Ausgang tutete. Naive, rührende Kinder mit runden Augen, die glücklich waren über seine pastorale Anteilnahme. «Pater, Pater!», riefen sie. Und Wagner-Friedrich dachte: «Ihr armen Würmer.» Aber auch junge Russen seien da gewesen mit «Hammerdelikten und Hammerstrafen», verurteilt zu zehn Jahren Jugendstrafe wegen Massenvergewaltigungen und schrecklicher Morde. Die Rohheit und Anarchie hätten sie aus ihrer untergegangenen Welt mitgebracht, in der es keine Moral mehr gebe, in der jeder sich selbst der Nächste sei.

Trotz alledem bleiben 92,5 Prozent der Jugendlichen und Heranwachsenden mit deutschem Pass polizeilich unauffällig. Von den 7,5 Prozent, die sich durch Straftaten hervortun, schlagen nur wenige (man spricht von 5 bis 10 Prozent der Auffälligen) tatsächlich eine kriminelle Karriere ein. Diese kleine Zahl chronischer Täter ist verantwortlich für über 50 Prozent der Jugendkriminalität und verdirbt den Ruf einer ganzen Generation.

Das Milieu schafft die Täter

Dem einzelnen Jugendrichter, der einen jugendlichen Straftäter vor sich stehen sieht, bleibt die schwierige Aufgabe überlassen herauszufinden, ob er einen Berufskriminellen im Anfangsstadium oder einen jener vielen harmlosen Durchgangskandidaten vor sich hat. In diesem Alter sind sie kaum voneinander zu unterscheiden.

Von der Einschätzung des Richters aber hängen die Folgen ab – welche erzieherische Maßnahme wird angeordnet? Vielleicht sogar Jugendstrafe ohne Bewährung? Eine falsche Entscheidung kann zur Folge haben, dass ein dissozialer Täter durch ein zu mildes Urteil in seinem verhängnisvollen Weg bestärkt oder ein pubertierender Gelegenheits-Tunichtgut durch ein zu hartes Urteil in die Kriminalität abgedrängt wird.

Einige Merkmale erleichtern die Unterscheidung. Bedeutsam für die kriminelle Sozialisation eines Menschen sind – unbestritten – Kindheit und Familie. Es beginnt mit Alkohol und Nikotin während der Schwangerschaft und Tritten in den Mutterbauch, die das Kind schädigen. Wird der Säugling dann noch angebrüllt oder geschüttelt, haben sich schon in den ersten Lebensmonaten gewichtige Risikofaktoren angesammelt.

Die forensische Psychiaterin Marianne Röhl aus Hamburg, die regelmäßig Angeklagte begutachtet, findet bei jugendlichen Dauerstraftätern nicht selten psychische Krankheiten, unerkannte hirnorganische Fehlfunktionen (die das Konzentrieren und Stillsitzen unmöglich machen) oder Wahrnehmungsbehinderungen (wie Legasthenie oder Schwerhörigkeit), denen man nicht mit einer medizinisch-therapeutischen Behandlung, sondern mit Prügeln beikommen wollte. Solche Kinder haben gelernt, ihr Defizit mit allen Mitteln zu verbergen – so wird es für sie zum Generalproblem, und vieles, was in ihrem Leben schief geht, hängt damit zusammen.

Zu diesen Benachteiligungen gesellen sich noch tausend andere. Wohnen in der Hölle der Trabantenstädte mit übereinander gestapelten Problemfamilien. Armut, Alkohol, Arbeitslosigkeit. Wechsel

Schuld und Sühne

Die Statistik gibt Auskunft über Zahlen, die das Verhalten junger Täter und junger Richter widerspiegeln

Zuwachs aus dem deutschen Osten Nach der Wiedervereinigung steigt die Zahl der jungen Tatverdächtigen

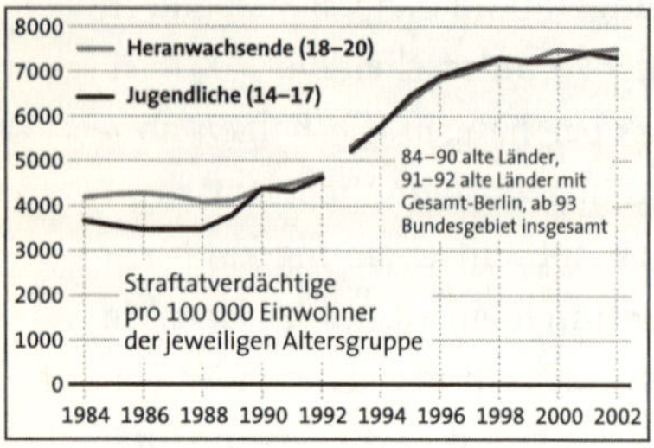

Quelle: PKS Berichtsjahr 2002

Kriminalfaktor Jugend Der Drang zur Straftat sinkt mit dem Lebensalter (ohne Jugendliche)

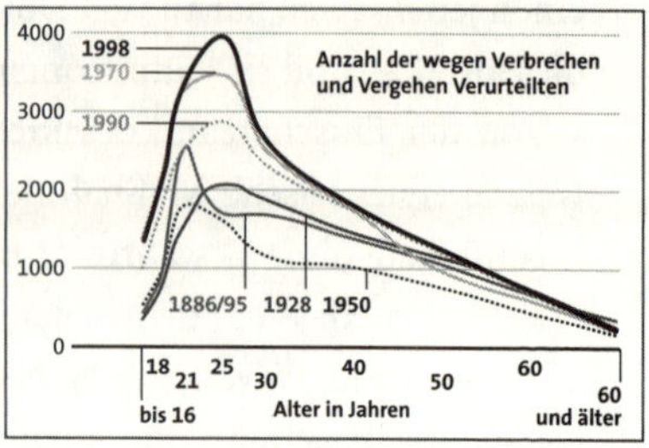

Quelle: Strafverfolgungsstatistik

Opfer werden Täter Gewalttätige Schüler erfuhren im Jahr vor der Tat oft selbst Gewalt durch iher Eltern

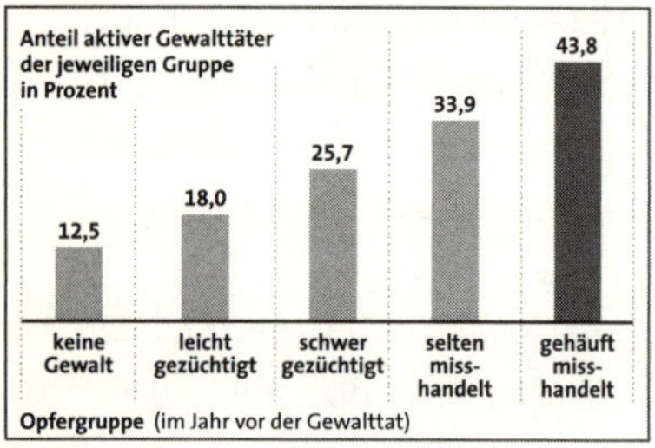

Quelle: Kriminologisches Forschungsinstitut Niedersachsen Schülerbefragung 2000

Lebenslang ist noch zu kurz Die Jurastudenten plädieren für längere und härtere Strafen

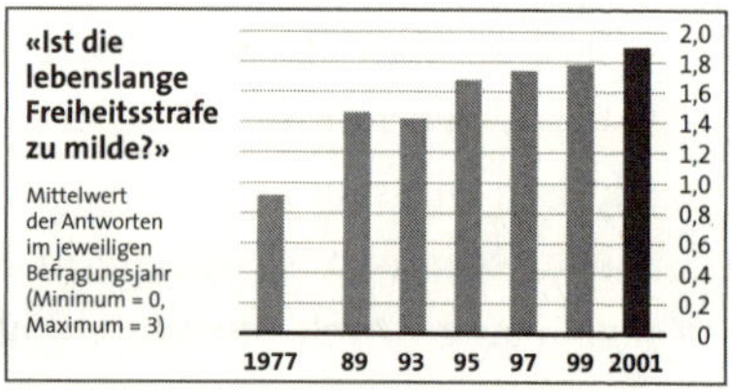

Quelle: Franz Streng, Universität Erlangen-Nürnberg, Studentenbefragung

Rache statt Resozialisierung Befragungen von Jurastudenten der Universität Erlangen zeigen, dass die Resozialisierung von Tätern an Bedeutung verliert. Die jungen Juristen setzen zunehmend auf Abschreckung und Vergeltung

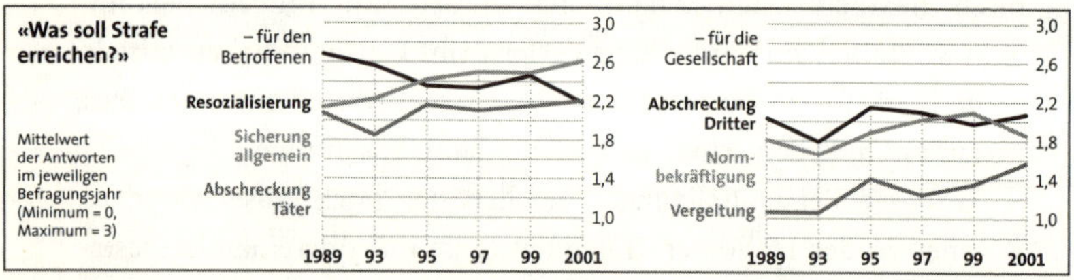

Quelle: Franz Streng, Universität Erlangen-Nürnberg, Studentenbefragung

der Bezugspersonen durch ständig zerbrechende Beziehungen der Mutter. Gewalt in der Familie, gewalttätige Jugendliche werden häufig zu Hause Opfer oder Zeugen von Misshandlungen (siehe Graphik S. 270). Vernachlässigung. Sprachlosigkeit. Desinteresse. «In den Familien solcher Täter», sagt Marianne Röhl, «läuft gar nichts, nur der Fernsehen» Später stellen Gerichtsgutachter dann fest, dass ein Jugendlicher mit 40 Verbrechen auf dem Kerbholz bereits bei seiner Einschulung so gestört gewesen ist, dass die Weiche schon damals in Richtung Abseits gestellt war.

Kommen die Kinder dann zur Schule, reiht sich auch hier Misserfolg an Misserfolg. Sie können nicht ruhig sitzen, können sich nicht konzentrieren, verstehen nichts, stören. Was tut der Lehrer? Er versucht, einen solchen Schüler loszuwerden, um Ruhe in die Klasse zu bringen. Sechsen häufen sich in seinem Zeugnis. Der Schüler bleibt sitzen. Er wird von den Schulkameraden ausgegrenzt. Er schwänzt. Was nützt es da, dass in manchen Bundesländern jetzt die Polizei Schulschwänzer publikumswirksam in den Unterricht eskortiert?

Bestätigung und Wärme finden derart stark gefährdete Jungen in einer Clique, in der alle noch ein bisschen übler und noch ein bisschen übler dran sind als sie selber. Gemeinsam fühlt man sich jetzt mächtig, es werden «Dinger gedreht», Autos und Automaten geknackt, selbstzerstörerische Mutproben durchgezogen wie S-Bahn-Surfen oder nächtliche Wettrennen in Schrottfahrzeugen. Zweiräder werden frisiert. Es wird ohne Führerschein gefahren. Es wird zugeschlagen. Dazu kommt Drogenkonsum, vor allem Alkoholmissbrauch.

Als zusätzliche Ursache für die Entstehung von Kriminalität bei Halbwüchsigen hat Heribert Ostendorf, der sich an der Universität Kiel mit Jugendstrafrecht und Kriminalprävention befasst, auch Mängel der Justiz ausgemacht. So sei die Dauer von Jugendverfahren oft nicht zu verantworten: «Was bringt es einem Jungen, der mit Silvesterböllern Briefkästen in die Luft gejagt hat, wenn der Richter ihn am 30. Juni in der Verhandlung fragt: Was sollte denn das? Und weitere drei Monate später, jetzt ist es Oktober, folgt die

Sanktion.» Ostendorf schüttelt den Kopf. «Das ist Nonsens.» Gerade bei Jugendlichen müsse die Strafe auf dem Fuß folgen, sonst wirke sie nicht.

Aber auch ein überreagierender, unnachsichtiger Staat kann in einem jungen Menschenleben Katastrophen anrichten und selbst zum kriminogenen Faktor werden. Ostendorf ist deshalb kein Freund von Jugendgefängnissen: «Repressive Maßnahmen verschärfen die Probleme», sagt er. Das heißt nicht, dass man jeden laufen lassen soll, aber beim Jugendstrafrecht geht es gerade *nicht* um Vergeltung oder um Schuldausgleich, sondern einzig und allein um die Frage: Mit welchen Mitteln kann der Staat sehr junge Straftäter von weiteren Taten abhalten? Wie kann er sie in die Gesellschaft zurückholen?

Damit möglichst wenige Jugendliche endgültig verloren gehen, gaben die Schöpfer des deutschen Jugendstrafrechts dem Richter die Handhabe, eine Vielzahl an Maßnahmen anzuordnen, die erzieherisch wirken sollen und tatsächlich in den allermeisten Fällen auch wirken. Dazu gehört neuerdings auch der Täter-Opfer-Ausgleich: Der Täter muss sich mit dem Opfer und dem Leid, das er ihm zugefügt hat, in Gegenüberstellungen und in Gesprächen befassen. Eine solche Konfrontation ist für manchen Halbwüchsigen qualvoller als ein kurzer Freiheitsentzug, durch den er sich der Anstrengung des Nachdenkens enthoben fühlt.

Dazu gehört Anti-Aggressionstraining: Selbstbewusstseins- und Selbstbeherrschungsübungen für diejenigen, die ihre Wut nicht im Griff haben. Psychotherapien gehören dazu und Wiedergutmachung durch unbezahlte Arbeit, deren Lohn auf das Konto des Geschädigten fließt.

Das Volk will Vergeltung

Solche Methoden – so wirksam sie sind – kommen beim Volk nicht gut an. Auf straffällig Gewordene reagieren die Deutschen mehr und mehr mit Vergeltungswünschen. Inzwischen ruft der Mann auf der

Straße nach dem Gefängnis selbst für Kinder. Dieser Stimmungsumschwung geht auch auf das Versagen von Medien und Politik zurück. Jeder, der mit Jugendkriminalität zu tun habe, bekomme «einen politisch-medialen Verstärkerkreislauf» zu spüren, sagt der Magdeburger Oberstaatsanwalt Klaus Breymann. Populistische Politiker und verantwortungslose Journalisten beuteten spektakuläre Einzelfälle hemmungslos zu eigenen Zwecken aus und erzeugten so ein Klima der Bedrohung. So werde der Volkszorn auf gestrauchelte Jugendliche nach Kräften gefördert. Dabei interessiere sich niemand ernsthaft für die Bekämpfung von Kriminalität, die ja letztlich eine Bekämpfung von Elend sei, sagt Breymann. Es gehe allein um die Skandalisierung jugendlicher Täter (was Schlagzeilen bringe) oder um die Selbstdarstellung als Aufräumer (was Wählerstimmen bringe).

Jugendkriminalität eignet sich gut für Kampagnen, denn sie ist offen sichtbar. Sie findet auf Schulhöfen, Spielplätzen, in Straßen und Kaufhäusern statt. Von staatsschädigender Steuerhinterziehung in Millionenhöhe und demokratiezersetzender Korruption erfährt der Bürger allenfalls, wenn Staatsanwälte die Täter – selten genug – nach jahrelangen Ermittlungen überführen können. Und auch dann gibt es nur wenige Medienvertreter, die sich an die verwickelte Materie wagen. Dabei ist der materielle Schaden, den Wirtschaftskriminelle jährlich anrichten, um ein Vielfaches höher als der durch alle jugendlichen Diebe, Räuber und Einbrecher zusammen. Wirtschaftskriminalität macht nur 2,4 Prozent der gesamten Eigentums- und Vermögenskriminalität aus, verursacht aber 62 Prozent der Schadenssumme. 1999 waren das 13 Milliarden Mark, und damit ist nur der winzige Anteil der *entdeckten* Wirtschaftskriminalität und der *nachgewiesenen* Schäden erfasst. Schätzungen gehen von tatsächlichen Schäden in Höhe von mehreren hundert Milliarden Euro aus.

Junge Täter bringen Auflage

Aber solche Analysen bringen keine Auflage und keine Quote. Wenn dagegen ein 15-Jähriger einer Großmutter die Handtasche wegreißt, dann kann auch der einfältigste Reporter einen Skandal daraus stricken und sich über den Verfall der Jugend ereifern. Und der schlichteste Abgeordnete kann sich mit plumpen Parolen empfehlen. Solche Räderwerke der Unvernunft hieven die Schills dieser Republik auf Ministersessel.

Ein gutes Beispiel für die mediale Dauerverwertung von Problemkindern ist die 16-jährige Ljiljana M. aus Hamburg. Die ist schon deshalb ein «Hingucker», weil sie zu den wenigen weiblichen Gewalttätern gehört. Seit sie im September 2003 ohne erkennbares Motiv eine 15-Jährige krankenhausreif schlug, hängen Reporter rechter Blätter und die Kameraleute diverser Privatsender an ihren Fersen. Kaum eine Woche verging ohne Empörungsberichte über das Mädchen, das die Medien «Killer-Lilly» tauften.

Man stöberte in ihrer Familie, erfuhr, dass Ljiljanas Mutter Serbokroatin ist und ein Tötungsdelikt begangen hat, dass sie selbst und auch ihre Brüder bereits polizeilich aufgefallen sind. Man fand ihre Adresse heraus. Das *Hamburger Abendblatt* schreibt angewidert: «Eine vergammelte Matratze liegt vor der Wohnungstür. Daran lehnen zwei prall gefüllte Mülltüten. Von drinnen dringt lautes Gekeife ins Treppenhaus. Zu Hause bei Liliana M. in Schnelsen, nahe der Autobahn.» Der bayerische *Focus* sieht sich derweil an der Schule um, die das «Null-Bock-Girly» ohne Abschluss verlassen hat: «Das letzte Zeugnis von Ljiljana M. ist ein Dokument des Versagens», stellen die Reporter befriedigt fest.

Ljiljana hat weder gestohlen noch geraubt. Sie wurde plötzlich gewalttätig gegen andere Mädchen. Was geht in einem solchen Kind vor? «Lilly schlägt aus Not um sich», sagt ihre Anwältin. «Gutbürgerliche Eltern wären mit ihr längst zum Therapeuten gegangen.» Im November 2003 findet Ljiljanas Prozess statt. Sie erhält einen Schuldspruch, eine Art Vorbewährung, die nur im Jugendrecht angewandt werden kann. Die Entscheidung über die Verhängung einer Jugendstrafe wird um ein Jahr verschoben. Sie muss ein Anti-Aggressionstraining absolvieren, sich therapieren lassen und sich in eine Jugendeinrichtung außerhalb Hamburgs begeben.

Als Ljiljana aus dem Saal tritt, warten schon zahlreiche Journalisten, von denen es kaum einer gut mit ihr meint. Sie muss das Gericht durch ein Spalier von Fotografen verlassen, wie ein Politiker. Da macht sie – ätsch! – das Victory-Zeichen in die Fernsehkameras, als sei sie nicht verurteilt, sondern freigesprochen worden. Die Anwältin sagt: «Die Anspannung war einfach zu groß.»

Schelte für vernünftige Richter

Nachvollziehbar, aber Wasser auf die Mühlen der Hardliner. Hamburgs Innensenator auf Abruf, Dirk Nockemann von der Schill-Partei, bedauert in der Presse dann auch gleich das «milde Urteil». Es sei «frustrierend und demotivierend» für die Polizei. Das Opfer und seine Mutter machen ihrem Strafbedürfnis in *Abendblatt* und *Bild* Luft. Obendrein erteilt man erregten Funktionären von CDU und Schill-Partei das Wort, die erwartungsgemäß vom «Schlag ins Gesicht des Opfers» reden und konstatieren, Familien- und Jugendrichter hätten leider «die Zeichen der Zeit» nicht erkannt.

Die Staatsanwaltschaft legt nach Ljiljanas Auftritt Berufung gegen das Urteil ein, und der Justizsenator von der CDU erklärt den Kasus Lilly zur Chefsache. Die *Welt* fragt, unbeeindruckt davon, dass Ljiljana erstmals vor Gericht war: «Was muss eigentlich noch passieren, damit unverbesserliche Jungkriminelle hinter Schloss und Riegel kommen?», und regt eine Verschärfung des Jugendstrafrechts an. Obwohl der Jugendrichter Katz mit seinem Urteil dem Antrag der Staatsanwaltschaft gefolgt ist, wird er in der Presse so heftig attackiert, dass der Amtsgerichtspräsident sich vor ihn stellen muss.

Dass gerade Stadtstaaten wie Berlin, Hamburg oder Bremen am stärksten von Jugendkriminalität betroffen sind, ist kein Zufall. Sie haben den höchsten Ausländeranteil und die meisten Sozialhilfeempfänger. In den Schlafburgen ihrer Peripherien leben nicht nur Tausende Alleinerziehende, sondern auch die Deprivierten und Perspektivlosen. «Je mehr Menschen in Deutschland sozial ins Abseits geraten, desto höher ist die Kriminalitätsrate», sagt der Magdeburger Oberstaatsanwalt Klaus Breymann, «wir müssen deshalb mit mehr Kriminalität bei Jugendlichen rechnen.»

Aber jeder Fachmann weiß, dass Gitter bei der Bekämpfung dieser Misere ein zweifelhaftes Hilfsmittel sind, die Zahlen des Generalbundesanwalts zeigen: Die Rückfallquote nach verbüßter Jugendstrafe ist enorm. Rund 90 Prozent der Einsitzenden werden nach ihrer Entlassung wieder straffällig. Zwei Drittel landen erneut hinter Gittern. «Knast ist Ausgrenzung, und Ausgrenzung ist schädlich», sagt Breymann. «Im Knast lernt man nichts anderes, als im Knast zurechtzukommen.» Aber könnte ein Freiheitsentzug nicht auch ein Schuss vor den Bug sein, der den Jugendlichen zur Besinnung bringt? «Lächerlich», sagt Breymann. «Richter stellen sich vor, dass so was bei ihnen selbst oder bei ihren Kindern geholfen hätte. Für die, die wir abschrecken wollen, ist Freiheitsentzug nicht mehr abschreckend.»

Probleme macht, wer Probleme hat. Vergleicht man konforme und deviante Lebenswege miteinander, wird klar: Ein erfolgreiches Leben ist geprägt von gelernter Kompetenz. Das Kind, der Jugendliche wird angenommen und gefördert von wohlmeinenden Menschen. Er lernt in kleinen Schritten, sich etwas zuzutrauen. Er ist eingesponnen in ein Netz sozialer Hilfswerke, das er gar nicht wahrnimmt, das ihm aber sukzessive zu Status und Anerkennung verhilft.

Das deviante Leben dagegen führt von Pleite zu Pleite. Es herrschen soziale Kälte und Hilflosigkeit. Status und Anerkennung, auf die Heranwachsende so dringend angewiesen sind, bleiben ihnen versagt. Der Jugendliche erhofft sie sich schließlich von Straftaten, bei denen er dann auch noch erwischt wird. Sein Leben ist geprägt von erlernter Inkompetenz. «Auf das Maß von psychischen Ressourcen junger Leute kommt es an», sagt Oberstaatsanwalt Breymann. «Strenge oder Milde sind deshalb keine Kategorien bei der Reaktion auf Jugendkriminalität. Vernünftig und nützlich ist allein das, was die inneren Ressourcen des Jungen vergrößert und seine Integration in die Gesellschaft verbessert. Und das ist das Gefängnis gerade nicht.»

Trotzdem steigen die Zahlen der Inhaftierungen Jugendlicher kontinuierlich an. Jugendkriminalität ist ein öffentliches Thema, bei dem der Sachverstand mehr und mehr dem so genannten gesunden Menschenverstand weicht. Schon werden Stimmen laut, auch bei Heranwachsenden sei das Erwachsenenstrafrecht anzuwenden, um sie für viele Jahre hinter Gefängnismauern verschwinden lassen zu können. Nicht jenen Faktoren, die Kinder kriminell machen, wird der Krieg erklärt, sondern den Kindern selbst. Die Parole lautet «Einsperren», obwohl nicht eine wissenschaftliche Untersuchung dafür spricht.

Um den Einfluss öffentlicher Stimmungen auf die Justiz zu messen, führt der Erlanger Strafrechtsprofessor Franz Streng seit 1977 jedes Jahr Befragungen seiner Jurastudenten durch. Er stellte fest, dass «Vergeltungsdenken» sich bei den künftigen Richtern und Staatsanwälten mehr und mehr in den Vordergrund schiebt und dass die vorgegebenen Fallkonstruktionen mit immer härteren Strafen belegt werden. Außerdem wächst die Zahl jener Studenten stark an, denen eine lebenslange Freiheitsstrafe als «zu milde» erscheint (siehe Graphik S. 270): Einige Studenten, die die Frage, ob lebenslänglich für manche Taten unzureichend sei, mit «Ja» beantwortet hatten, wollten damit gegen die Praxis protestieren, nach der die meisten Verurteilten 15 Jahre später wieder auf freien Fuß kommen. Die Übrigen plädierten mit ihrem Votum offen für die Todesstrafe.

In der Auswertung dieser Umfragen spricht Streng von einem «epochalen Wandel» in der Strafhaltung der jüngeren Generationen: Sie sei einerseits verunsichert von den allgemeinen wirtschaftlichen und gesellschaftlichen Krisen, andererseits tief beunruhigt durch die Medienhysterie und das Politikergebaren, das die Öffentlichkeit in die Irre führt.

Natürlich kommt es auch vor, dass Täter von den Medien nett behandelt werden. Boris Becker zum Beispiel, der wegen Steuerhinterziehung zu einer Freiheitsstrafe von zwei Jahren auf Bewährung verurteilt ist, sitzt munter in den Talkshows und gibt den Nachdenklichen. Keiner fragt, welches Vorbild er jetzt noch für die Jugend abgeben soll und ob seine Botschaft an die Gefährdeten, die Tag und Nacht vor dem Fernseher kleben, nicht vielleicht lautet: Keep cool, dann überstehst du so was und kommst groß raus!

Auch die Politik lässt manchmal Milde walten. Als das Landgericht Düsseldorf im September 2003 – es ging um die Millionenabfindung bei der Übernahme von Mannesmann durch Vodafone – die Eröffnung des Hauptverfahrens gegen mehrere Top-Manager beschloss, wollte die Parteichefin der CDU dazu etwas sagen. Sie sei von der «persönlichen Integrität» des mitangeklagten Chefs der Deutschen Bank, Josef Ackermann, überzeugt, teilte Angela Merkel der Presse mit. Der Eröffnungsbeschluss sei «ein Schlag gegen den Wirtschaftsstandort Deutschland». Offenbar meint die Frau, die Bundeskanzler werden will, dem Land schade nicht die mögliche Straftat, sondern deren Verfolgung.

Selten ist diese Haltung nicht. Bei Angeklagten vergleichbarer Kategorie fragen die vereinigten Aufräumer von Politik und Presse gern, ob hier nicht eine Staatsanwaltschaft über das Ziel hinausgeschossen ist. Es klingt, als könne man von Personen, die in der Öffentlichkeit als Leistungsträger gelten und die einen hohen Status innehaben, nicht auch noch verlangen, dass sie sich an die Gesetze halten.

18

Wie man in Deutschland sich kleidet

Kleidung soll vor allem «praktisch» sein. Dass Mode eine Sprache ist und als solche sehr viel über ihre Träger verrät, wird gern übersehen. Daraus folgen jede Menge rührende und entsetzliche Missverständnisse.

von Jens Jessen

Kleidung in Deutschland ist ein heikles Thema. Denn ihre Kleidung ist etwas, mit dem sich Deutsche vom Rest der Welt besonders deutlich unterscheiden, mit dem sie besonders schnell und fast überall identifiziert werden und mit dem sie niemals und nirgendwo eine gute Figur machen. Der Deutsche, der nichts lieber hat, als auf Reisen einzutauchen und unerkennbar unterzugehen in fremden Kulturen, sticht in Wahrheit in der Fremde besonders deutlich hervor. Er ist leider nicht nur gezeichnet durch die Verbrechen der Nazizeit, die ihm über alle Generationen hinweg zugerechnet werden, sondern auch durch seine Herrensandalen, Frotteesocken und kantigen Designerbrillen, die er nur allein sich selbst zurechnen kann. Er wird nicht geoutet, er outet sich selbst, weiß aber nicht, wodurch. Die schreckliche und rührende modische Unbewusstheit des Deutschen hat vor allem einen Grund: Er weiß nicht, dass Mode eine Sprache ist, das heißt immer ein Ausdruck von etwas. Noch viel weniger ahnen wir, dass Mode auch dann als Ausdruck von etwas gelesen wird, wenn ein solcher Ausdruck gar nicht angestrebt wurde; jedenfalls nicht von uns. Der Deutsche denkt zum Beispiel, dass Kleidung auch unter rein praktischen Gesichtspunkten betrachtet werden kann. Fragte man einen deutschen Mann, warum er Sandalen trage, würde er antworten: weil es so angenehm sei, wenn die Füße gekühlt werden.

Angehörige romanischer Völker würden sich bei einer solchen Antwort schaudernd abwenden; schon deshalb, weil damit ein Bild schwitzender Füße, ganz allgemein ein Bild hässlicher Kreatürlichkeit heraufbeschworen wird, von dem Mode ihrem Verständnis nach gerade ablenken soll. Italiener oder Portugiesen würden sich aber noch aus einem anderen Grunde verwundern: weil ihnen der Gedanke gänzlich fremd ist, Schuhe zu Zwecken besserer Transpiration zu wählen. Schuhe sollen ihrer Meinung nach schön sein, das heißt dem Ansehen des Trägers vorteilhaft, seine erotische Wirkung und soziale Stellung heben und die unvorteilhaften Seiten der menschlichen Natur unterschlagen.

Die Natürlichkeit, die der Deutsche unter den praktischen Aspekten seiner Kleiderwahl gern betont, ist den romanischen Völkern kein Kriterium; darum ihr Entsetzen über die unrasierten Frauenbeine oder Achselhöhlen, die von manchen Deutschen als Beweis der erfolgreichen Emanzipation von gesellschaftlichen Zwängen gefeiert werden. Dazu gehört auch der verbreitete Verzicht auf Make-up und Lippenstift – man spaziere nur einmal, des Kontrastes halber, durch ärmere Viertel Mexico Citys oder São Paulos, um zu beobachten, worauf andere Frauen auch unter erbärmlichen Lebensumständen demonstrativ nicht verzichten. Deutsche Frauen haben offenbar besondere Angst davor, als Sexualobjekt gesehen zu werden, was aber nicht heißt, dass sie deswegen in anderen Bereichen reüssierten. Das Gegenteil ist leider der Fall. Nirgendwo in Europa sind Frauen im Beruf so wenig erfolgreich wie in Deutschland. Möglicherweise verhindert das übermäßige Augenmerk auf die Symbole der Emanzipation die tatsächliche Emanzipation – das nur nebenbei bemerkt.

Es ist nämlich keineswegs so, dass jene Deutschen, die das Praktische, Natürliche und Gesunde in der Mode bevorzugen, damit die gesellschaftliche Seite der Mode erfolgreich abgeschüttelt haben. Auch wir sprechen durch unsere Kleidung, aber es ist ein ideologischer, kein ästhetischer Diskurs. Der unrasierte und luftdurchlässig gewandete Deutsche will ein Bekenntnis ablegen: zum Beispiel gegen die Diktatur von Schönheitsidealen, die Herrschaft des Kommerzes, vielleicht auch die Überschätzung von Äußerlichkeiten. Seine Mode ist Antimode. Es gibt eine mehr als 100-jährige Tradition in der Verachtung äußerer Konventionen, die darüber selbst wieder zur Konvention geworden ist. Seit der Jugendbewegung der vorletzten Jahrhundertwende, vielleicht aber auch schon seit den Pietisten des 18. Jahrhunderts wird sie in regelmäßigen Wellen aktuell; zuletzt in der linksalternativen Bewegung der achtziger Jahre, die jede Form von Eleganz für eine Art Sünde hielt.

Der Tugendbegriff der Antimode ist so eingewurzelt, dass er in seinem ideologischen Charakter längst nicht mehr durchschaut wird. Der Kreuzberger Hausbesetzer, der in monatelangem Ehrgeiz seine Rastalocken filzte und färbte, bis sie an das schwarz-gelbe Fell junger Schäferhunde erinnerten, wird wohl kaum ein Bewusstsein davon gehabt haben, dass er damit kein politisches, sondern ein modisches Bekenntnis ablegte.

Zur Unkenntnis des gesellschaftlichen Zeichencharakters gehört auch die verbreitete Meinung, in der Kleidung nichts weiter als seinen individuellen Geschmack zeigen zu können. Der Deutsche, wenn er die Sandalen nicht praktisch begründen will, würde wahrscheinlich stattdessen sagen: «Ich trage gerne Sandalen» – in völliger Verkennung des Umstands, dass dieses Ich damit nicht allein steht, erstens, und dass es zweitens in der Mode nicht um das geht, was man «gern» tut, nach Maßgabe einer inneren Empfindung, sondern um einen sozialen Ausdruck, der sich allgemeiner Zeichen bedienen muss, um verstanden zu werden. In die gesprochene Sprache wird, wer verstanden werden will, auch keine privatsprachlichen Ausdrücke einführen – es sei denn, in der Familie.

Aber das ist es wohl, dass der Deutsche denkt, er sei in der Familie oder könne sich doch so benehmen wie daheim. Er hat keinen Begriff vom gesellschaftlichen Raum. Kleidung in Deutschland muss mutmaßlich nicht als ästhetisches, sondern als soziales Problem beschrieben werden. Die Ausreden, warum Kleidung nicht aus eigentlich modischen, sondern aus praktischen, medizinischen oder rein individuellen Präferenzen gekauft werde, sind zu zahlreich, um nicht verdächtig zu sein. Manches spricht dafür, dass die Zeichen der Mode durchaus gelesen werden können, aber nicht gelesen werden sollen: aus Angst vor einer sozialen Wahrheit, die in dem Klassencharakter der modischen Signale steckt.

Zur Modeabstinenz gehört beispielsweise auch die Schutzbehauptung: «Ich kann es mir nicht leisten, viel Geld für Kleidung auszugeben.» Tatsächlich wird aber für anderes, für Hobbys oder für Autos, unbekümmert Geld ausgegeben. Auch schlägt sich die soziale Hierarchie der modischen Attribute keineswegs im Preis nieder – der Blazer ist nicht teurer als die Bikerjacke, eher umgekehrt. Tatsächlich braucht es nur wenig Beharrlichkeit, um auf eine Angst zu stoßen, die sich am ehesten mit den Worten umschreiben lässt: «Ich bin ein kleiner Mann mit kleinem Einkommen, es kommt mir nicht zu, einen Blazer zu tragen.»

Die Gesellschaft maskiert sich als uniforme Masse

Eine solche Haltung wäre in romanischen Ländern undenkbar. Mit anderen Worten: Es fehlt in Deutschland der Stolz, mit dem der italienische Kioskbesitzer sich selbstverständlich wie ein Graf zu kleiden versteht. Weit davon entfernt, eine klassenlose Gesellschaft zu sein, bildet Deutschland eine Gemeinschaft ängstlicher Untertanen, die sich auch modisch wegducken: nämlich vor dem Zusammenhang von Mode und Gesellschaftsstruktur, der dem deutschen Egalitarismus widerspricht. Selbst der erfolgreiche Aufsteiger muss wenigstens in seinen Lebensgewohnheiten – mindestens in dem, was er auf dem Leib trägt – noch im alten Milieu Bodenhaftung halten; sonst würde ihm übel werden vom Höhenschwindel. Daher haben Aufsteiger oft einen gesteigerten Klassenhass auf «die da oben» – weil ihnen dort oben, wo sie inzwischen angekommen sind, nicht wohl zumute ist. Ballonseide am Steuer des Luxuswagens, Trainingshosen im Garten der frisch erworbenen Villa im Berliner Nobelstadtteil Grunewald sind Ausdruck jener Sehnsucht, die persönlich verlorene Volksverbundenheit – und mit ihr das soziale Gewissen – wenigstens noch einmal im Medium der Kleidung herzustellen.

Gründe dafür sind leicht zu finden. Sie liegen in der politischen Entmutigung durch den Egalitarismus, der die Unterschiede, wenn er sie schon nicht beseitigen kann, dann wenigstens nicht zur Anschauung gebracht haben will. Sie liegen in der konfessionellen Entmutigung, in protestantischem Moralismus, pietistischer Innerlichkeit, einer stets neu gepredigten Verachtung des falschen Scheins; vielleicht auch in einem Mangel an ästhetischer Erziehung. Unterschätzt wird allerdings oft, dass es nicht nur einen klassenkämpferischen Affekt gegen die Zurschaustellung von Luxus gibt, sondern auch ein recht delikates bis offen maliziöses Understatement der alten Eliten, die mit einer Art finsterer Genugtuung die Merkmale ihres Status verbergen. Alles zusammengenommen führt zu einer Heuchelei des modischen Ausdrucks, zu einem undeutlichen Flüstern und Murmeln der Kleidungsstile, wo diese in romanischen Ländern sich offen und laut artikulieren.

Wer sich an eine beliebige großstädtische Straßenecke stellt, um einen Eindruck von den unterschiedlichen Milieus und Stilen zu gewinnen, wird statt ihrer nur einen überwältigenden Eindruck von Konformität gewinnen. Es gibt kleine Zählapparate, die auf Tastendruck reagieren, man kann mühelos zwei bis drei auf einmal bedienen; aber was erfährt man dabei an einem Hamburger U-Bahn-Ausgang im Herbst? Das Verschwinden von Kleid und Rock (getragen von drei Frauen unter 900 Passanten), das Verschwinden von Anzug und Krawatte (zehn Träger), das Ende des langen Stadtmantels (18) und des Straßenschuhs (34). Die gleichen Zählungen wurden in einer Berliner Einkaufsstraße wiederholt; und an beiden Orten noch einmal bei winterlichen Temperaturen. Die Verschiebungen waren minimal. Die überwältigende Mehrzahl beiderlei Geschlechts trägt: Sportschuhe, Hosen, Hemd oder Bluse, darüber eine kurze oder halblange Jacke.

Die deutsche Gesellschaft, während ihre Einkommensunterschiede dramatisch zunehmen, maskiert sich in der Öffentlichkeit perfekt als uniforme Masse. Um den Kleidungsstilen der tatsächlich weit auseinander strebenden sozialen Milieus nachzuspüren, muss man sie an ihren Orten aufsuchen; aber selbst dort, im großbürgerlichen Salon wie im Sportverein oder in der Theaterkantine, wird man zu großen Teilen auf die nämliche Uniform stoßen, Sportswear, adidas-Streifen, Joggingschuhe; keine Anzüge zusammen mit Krawatte, keine Röcke oder Kleider. Die Statistik des Textilhandels weist für 2002 einen Rückgang von 18 Prozent bei Kleidern und 16 Prozent bei Röcken gegenüber dem Vorjahr aus; außer Jacken und Jeans gerieten überhaupt alle klassischen Teile der Damenoberbekleidung ins Minus.

Diese offenbar gesuchte Uniformität macht es schwierig, das spezifisch Deutsche anders als im Gegensatz zum international Üblichen, nämlich durch eigene Differenzen, zu beschreiben. Selbst die wenigen erkennbaren Milieustile lassen sich nur als Abweichung vom nationalen Mainstream charakterisieren, die konsequenten Schwarzträger, wie sie, ihrerseits uniformiert, seit mehr als 20 Jahren die intellektuellen Bezirke dominieren, die grauen Anzugwelten der Büros, aus denen die gelben Schlipse der Junganwälte und Makler mit der gewünschten Dynamik hervorleuchten, die Blousons der verbitterten alten SED-Kader und der weltreisenden Westrentner, zu denen unbedingt der Herrenschnitt der Gattin gehört, die damit übrigens einmal nicht international isoliert ist. Denselben Herrenschnitt, dazu die fußbequemen Wildlederschuhe trägt die französische Grundschullehrerin auf ihren Busstudienreisen. Weitgehend internationalisiert ist auch die Tweed- und Cord-Mode, die von der Anglomanie vergangener Zeiten auch in Deutschland übrig geblieben ist; sie hat den Charme, im Abstieg des britischen Empire den eigenen sozialen Abstieg, ob er nun schon stattgefunden hat oder noch bevorsteht, unauffällig zu spiegeln.

Eine echte Spezialität dagegen, international wie national gesehen, sind die Ton in Ton Gekleideten, die entweder ganz als Frosch (Grün in Grün) oder als Herbstlaub (Braun in Braun) unter uns wandeln; es sind Sektierer, die mit beispiellosem Ehrgeiz bei Jacke, Hemd, Krawatte und Hose nur Farbvarianten des einen Grundtons dulden, also etwa von Bordeauxrot (das Sakko) über Rosé (das Hemd), Burgunder (die Krawatte) zu Vintage Port (die Hose) eine ganze Weinkarte spazieren tragen. Seine schwierig zu erlangende Erfüllung findet dieser Kleidungsstil in den farblich passenden Schuhen; aber nirgends stehen die Chancen so gut wie hierzulande, einen hellgrauen, cremefarbenen oder türkisfarbenen Herrenschuh zu finden. Wie man denn überhaupt sagen muss, dass zu den unveränderlichen Kennzeichen, an denen der deutsche Mann im Ausland erkannt wird, die hellen Anilinlederschuhe gehören, die bei anderen Völkern nur in der Damenmode vorkommen.

Wieder muss man staunen, mit welcher kindlichen Unbewusstheit hierzulande Missverständnisse in der Mode produziert werden. Die Nähe der pastellfarbenen Schuhe (in Italien auch Nudistenschuhe genannt) zu bestimmten erotischen Signalen, des Herrentäschchens zur Schwulenmode, der stumpf geschnittenen Fingernägel zur Lesbenwelt kann nur in Deutschland unbemerkt bleiben. Nur der deutsche Mann kann glauben, mit einem leuchtend weißen Seidenschal als eine Art Johannes Heesters die Frauenherzen im Sturm zu erobern. Am erstaunlichsten aber ist die Neigung gesetzter Damen zu Nappa- und Reptillederhosen oder knappen Lackoberteilen; als wüssten sie nicht, dass sie dabei auf einer schiefen Ebene zur Lack-Leder-Gummi-Szene unterwegs sind. Die Weltfremdheit, die darin zutage tritt, kann den Beobachter unversehens auf eine Zeitreise in das romantische Butzenscheibendeutschland schicken, wie es mit seiner trauten Unschuld Madame de Staël oder Stendhal beschrieben haben.

Es ist deshalb schwierig, die Unterscheidung zwischen unbewusst und bewusst gewählten Kleidungsstilen zu treffen, die notwendig wäre, um einen allgemeinen Zeitstil von Individualstilen und Milieustilen zu trennen. Am ehesten lässt sich die soziale oder persönliche Abweichung noch historisch bestimmen. Ein Beispiel ist die biographische Treue zu einer Mode über lange Zeit hinweg. Es gibt liebenswerte ältere Damen, die sich noch nach 40 Jahren komplett als Hippiemädchen tragen, während sich bei anderen die starke

Zugehörigkeit zu einer verflossenen Jugendmode nur noch durch winzige, sprechende Details verrät, den verschämten Gebrauch von Patschuli-Parfüm oder eine gehäufte Versammlung von kettenförmig organisierten Naturprodukten rund um das Dekolleté. Manche Männer sind seit den späten Sechzigern dem Rollkragenpullover treu geblieben und wurden dafür belohnt, indem das geliebte Stück plötzlich wieder Mode wurde.

Der Rollkragenpullover als Triumph der Aufklärung

Dem echten deutschen Rollkragenträger wird diese Pointe selbstverständlich verborgen bleiben. Vielmehr wird er die Rückkehr des zwischenzeitlich stark vermissten Stücks als Akt später Einsicht, wenn nicht gar als Triumph der Aufklärung begrüßen; unter anderem, weil der Rollkragen den praktischen Vorteil hat, das Hemd zu sparen. Die spezifische Delfinbewegung der Mode, mit der bestimmte Stile auftauchen, verschwinden und wieder hochkommen, aber nicht mehr am selben Ort, gehört zu den wenigen Möglichkeiten, nationale Abweichungen historisch zu bestimmen. Es gibt die internationalen Kleidungsstile, die nur in nationaler Abschwächung oder Dramatisierung auftreten, und die nationalen Kleidungsstile im engeren Sinne, die wiederum international nicht oder nur schwach verbreitet sind. Beispiele für das eine sind der Blazer, der in Deutschland vorhanden, aber längst nicht so einschlägig wie in Spanien ist, und das Sweatshirt, das umgekehrt nirgends auf der Welt so selbstbewusst auftritt.

Beispiele für nationales Sondergut ist ebenfalls das starkfarbige Sakko oder die deutsche Brille. Wissen die deutschen Intellektuellen, die etwas Kantiges, futuristisch aus Draht Gebogenes auf der Nase tragen, dass dieses Designerstück (vorzugsweise aus Titan) international als deutsche Brille bekannt ist und zu den untrüglichen Identifizierungsmerkmalen gehört? Solche Brillen werden auch in Japan oder Kalifornien gefertigt, aber dort tauchten sie nur für eine Saison auf, während sie in Deutschland auf Dauer gewannen. Auch

Wie ich mich kleide

So antworten Männer und Frauen

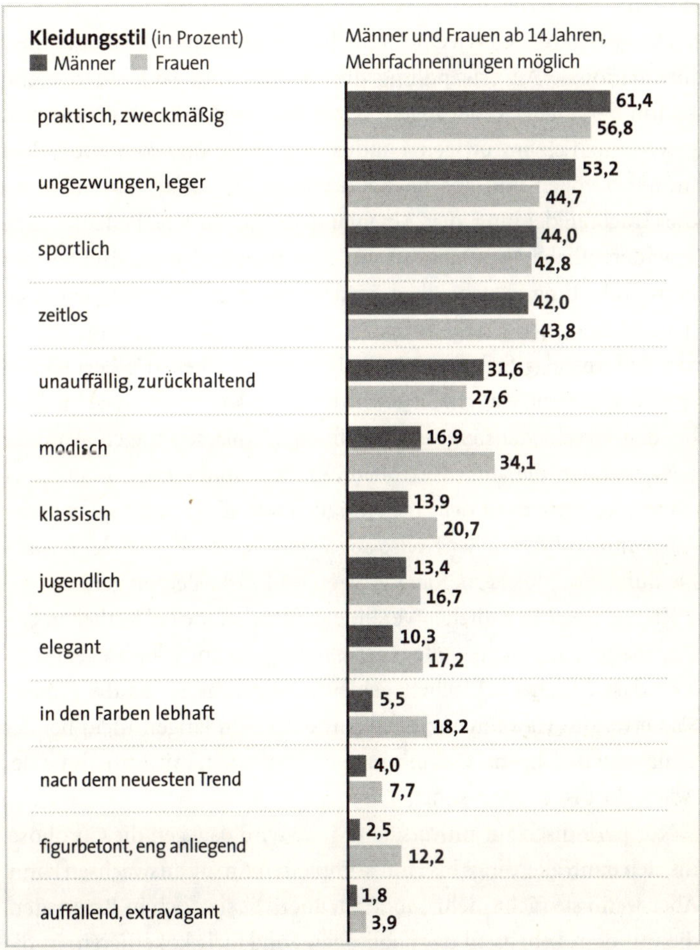

Zeit-Grafik/Quelle: Allensbacher Werbeträger Analyse 2002

das brombeerfarbene Sakko hat nur hier überlebt, vergleichbar dem Lodenmantel, der eines Tages nach Frankreich gelangte und sich dort für Jahre festsetzte.

Das periodische Wiederauftauchen bestimmter Elemente und ihre nationale Anverwandlung dürfen nicht mit langfristigen und kontinuierlichen Änderungen verwechselt werden. Das eine liegt gewissermaßen im ewigen Fundus der Mode und kann von dort immer bezogen und anschließend wieder weggeräumt werden wie die Trachtenkleidung der Alpenländer. Das andere bedeutet eine unwiderrufliche Verschiebung im System wie das Vordringen der Freizeitkleidung in den Alltag, in dem vor zwei Generationen noch der mit Krawatte getragene Anzug, Kostüm und Rock dominierten. Sie sind von der Selbstverständlichkeit zu Zeichen des beruflichen Ernstes oder der Festlichkeit geworden. Man kann sie unterschiedslos bei den verschiedensten gesellschaftlichen Anlässen tragen. An ihrer Stelle rückten die alten Festroben auf, der Smoking wird heute getragen, wo früher nur der Frack möglich war, dieser dagegen, von der Ausnahme traditioneller Kreise abgesehen, ist ins Abseits der Berufskleidung von Musikern, Kabarettisten und Zirkusleuten geraten.

Zu den unwiderruflichen Veränderungen, gerade bei festlichen Gelegenheiten, gehört auch die Durchsetzung des amerikanischen Musters: dass Männer schlechter gekleidet sein müssen als die Frauen, also etwa das Hawaiihemd als Äquivalent zum langen Kleid bei der Grillparty durchgeht. Das gilt in allen Schichten, mit Ausnahme des Adels; dort ist es umgekehrt.

Nur periodisch zur universalen Mode wird dagegen die Cordhose, die sich dann allerdings bis zum kompletten Anzug auswachsen kann. Aber wenn sie nicht mehr Mode ist, überlebt sie doch in Reservaten, die mit dem Lebensstil des englischen Landadels kokettieren. In die Gentry ist die Cordhose übrigens seinerzeit aus dem klassischen Arbeitermilieu vorgedrungen; aber das wiederum war einer jener langfristigen Prozesse, die sich der Umschichtung gesellschaftlicher Leitbilder verdanken.

Damals, als Rive gauche von L'air du temps verdrängt wurde

Auch das ideologische Ländliche, das bei den Nazis kulminierte, kann zu der Vorgeschichte des Natürlichen gerechnet werden, das den Kernbestand deutscher Vorstellungen ausmacht. Die Natürlichkeit als ein fiktives Jenseits der Mode ist etwas anderes als die Mode der Natürlichkeit, die sich periodisch in der Bevorzugung knitternder Stoffe, Naturfarben und absatzloser Damenschuhe, körperferner Schnitte und einlagenfreier Jacketts niederschlägt. Kommt eine solche Mode, wird auch der Italiener zu Elementen von Tracht und Bauernkleidung greifen und von «Natürlichkeit» sprechen. Natürlichkeit in diesem Sinne ist aber keine Überzeugung, sondern ein Stil. Sie wird mühsam hergestellt, verlangt bestimmte Körperhaltungen, bestimmte Parfüms, die nach Seife und frischer Wäsche duften, und eine Anstrengung der Phantasie, die an der Vorstellung jungmädchenhafter Unschuld arbeitet.

Laura-Ashley-Kleider Ende der siebziger Jahre, die Wiederentdeckung von Twinset und Ballerinas, dazu L'air du temps von Nina Ricci bildeten seinerzeit einen solchen Natürlichkeitskomplex. Studenten in Brasilien küssten zur Begrüßung der Dame ihres Herzens auf die Stirn; jedenfalls in Gegenwart der Eltern. Das bedeutete nicht die Rückkehr keuscher Tugend; nur die Geste war à la mode. Man muss nur einmal zum Vergleich an Yves Saint Laurents Rive gauche schnuppern, das damals gerade im Schwinden war, um den ganzen Umschlag von sinnlicher Süße in Zartheit und Kühle zu ermessen.

Die Deutschen sind nicht Gestalter, sondern Opfer der Mode

Solche Moden gelangen auch nach Deutschland; meistens mit großer Verspätung. Es fällt hierzulande schwer, wenn eine Mode nicht ideologisch lesbar ist, das System darin vorwegzunehmen. Wir kaufen die neuen Sachen zwar, widerwillig, gehorsam oder auch mit Freude. Es gibt aber selten jene blitzartige Intuition, mit der eine Französin im Schaufenster eine neue Art von Schuhen sieht und vor ihrem geistigen Auge sofort das ganze Set kommender Farben und Formen hat, das zwingend dazugehören wird. Es kann sogar sein, dass sie darob eine leichte Schwäche anwandelt. Ein einziger, ungewohnter Schuhabsatz sagt ihr, dass sie ihr ganzes Leben ändern muss.

Über die Deutschen kommt dagegen die Mode wie eine Naturkatastrophe. Offenbar, sagt sich der Mann, der nach dem Einkauf zu Hause die Hose anzieht, ist das jetzt Mode, dass der Bund nicht zur Taille reicht. Es zwickt ihn auf den Hüften, er ist unglücklich, weil der neue Schnitt nicht zu dem alten Sakko passt, so viel erkennt er gerade noch. Aber er nimmt es hin, er weiß, dass ihm nur Resignation bleibt, etwas anderes gibt es in den Geschäften nicht mehr. Die Deutschen fühlen sich als Opfer des modischen Wechsels, sie wissen nicht, woher er kommt und wohin er strebt, sie würden ihn gern verzögern oder vermeiden, aber der Einzelhandel lässt ihnen keine andere Wahl.

Verweigerer der Mode gibt es in allen, selbst den romanischen Ländern. Jedoch der Mut, selbstbewusst zum Schneider zu gehen oder nur die keineswegs unerschwingliche Maßkonfektion zu wählen, ist bei uns selten. Die wenigsten ahnen, dass sie es sich durchaus leisten könnten, auf klassischen Schnitten zu beharren. Aber selbst jene, für die Geld keine Rolle spielt, unterwerfen sich oft resigniert der Konfektion, nur dass sie die Demütigung ihres Geschmacks in Geschäften der Haute Couture inszenieren lassen. Der Unterschied besteht darin, dass zu dem Kleid, dessen Muster nicht gefällt, dort ein Kaffee gereicht wird.

Die Deutschen sind nicht Gestalter, sondern Opfer der Mode. Sie wissen seit alters, dass Kleidung und Geschmack in anderen Ländern entworfen werden. Es sind Länder, die man früher nicht ohne Erfolg mit Krieg überzog, aber das änderte nichts daran, dass dort diktiert wurde, was der Deutsche zu machen hatte, wenn er gerade keine Uniform trug. Die Demutshaltung gegenüber Italien und Frankreich, abgeschwächt auch gegenüber England, ist erhalten geblieben seit der italienischen Renaissance, der Frankophonie des 18. und der Anglomanie des 19. Jahrhunderts.

Es ist kein Zufall, dass stets die romanischen Länder als Referenz genannt werden, an der sich die deutsche Besonderheit erkennen lässt. Heute gibt es nur noch zwei weltbeherrschende Modesysteme, die sich zwar austauschen, aber Souveränität bewahren. Das eine ist das romanische Imperium, das von Frankreich und Italien geführt wird, aber die ganze iberische Welt umfasst, darunter bedeutende Taktgeber wie Brasilien. Der englische Stil ist darin aufgesaugt; die besten Flanells und Tweedjacken kommen heute aus Italien. Das andere Imperium, aber in seinem Einfluss auf T-Shirts, Jeans und Pop beschränkt, ist das amerikanische. Aus den USA werden die Trends der Jugendkultur nach Italien verschleppt und von dort, veredelt, domestiziert und um die schlimmsten Übertreibungen gekürzt, wieder in die Welt gestreut. Umgekehrt folgt der elegante Amerikaner fast willenlos den Vorgaben aus Paris und Mailand.

In dieser einträchtig geteilten Welt gibt es nur eine große Nation, die über eine beachtliche Bekleidungsindustrie verfügt und doch nicht den geringsten Einfluss hat: Das ist die deutsche. Das heißt nicht, dass es hierzulande keine Modemacher gibt. Doch ist noch keiner aufgetreten, der einen Trend geprägt hätte. Deutsche können im besten Fall, wie der Erfolg von Jil Sander beweist, eine spezifische nationale Modifikation in Umlauf bringen. Die feinen, schlichten, elegant unauffälligen Schnitte folgen der italienischen Tugend: die andernorts wild ins Kraut schießenden Trends aufs gefällige Maß zurückzustutzen.

Nahezu alle übrigen etablierten Firmen bieten Mainstream mittlerer Verarbeitungsqualität; oder hätte Boss jemals die internationale Modewelt verblüfft? Die deutsche Bekleidungsindustrie teilt das Schicksal der deutschen Kunden: Opfer, nicht Agenten der Mode zu sein. Besonders bitter trat dies zutage beim Aufstieg der fast vergessenen adidas-Streifen; auch sie wurden nicht von Deutschland aus neu lanciert, sondern im Zuge des internationalen Sportmodentrends zum Erfolg. Sollte sich die Ton-in-Ton-Kleidung international wieder durchsetzen, wird der Deutsche gewiss abermals nicht davon profitieren, jahrzehntelang an dem Prinzip festgehalten zu haben. Zur unfreiwilligen Konjunktur haben es, wenn nicht alles täuscht, schon die skurril-hässlichen Birkenstock-Sandalen gebracht: weil es in London Leute gibt, die aus Ironie den Reiz der deutschen Gesundheitsbizarrerie propagierten.

Freilich sind nicht alle Deutschen ohne Geschmack, ohne Ironie und Spieltrieb. Der «ironische Deutsche» (Thomas Mann) ist nicht ausgestorben; aber doch fast. Die Minderheit der kreativen Modemacher, winzige Läden in den Nischen der großen Städte, und die Minderheit der eleganten oder auch nur selbstbewusst originell gekleideten Leute müssen ohne öffentliche Aufmerksamkeit leben. Es gibt die zwei Berliner Modistinnen, die an Witz den Londoner Hutmachern in nichts nachstehen; sie könnten berühmt sein, aber berühmt bei wem? Es gibt auf den Bällen des Adels immer eine oder zwei Damen, die nicht dem bewährten Tantenstil der deutschen Aristokratie folgen, es sind überwältigend elegante Frauen, aber wer wäre es, der ihrem Charme erläge?

Es ist eine alte Geschichte (doch wem sie just passieret, dem bricht das Herz entzwei): Mode und Stil können nicht ohne Bewunderer und Publikum sein. Der Ehrgeizigste wird an seinem Ehrgeiz irre, wenn ihn niemand würdigt. Auch die elegante Brasilianerin, die jeden Tag anders gewandet und anders chic an ihrem deutschen Arbeitsplatz erschien, resignierte nach einem halben Jahr und kam in Sweatshirt, Jeans und Turnschuhen. Ihre Kolleginnen begrüßten den Schritt als überfälligen Abschied von dem, was sie für Arroganz gehalten hatten. Endlich war sie eine von ihnen, Gleiche unter Gleichen, glanzlos unter Glanzlosen, demütig unter Gedemütigten.

19

Wie man in Deutschland arbeitslos ist

Es kann jeden treffen, jederzeit. Claudia Pflug ist jung und gut ausgebildet. Als sie ihren Job verliert, bleibt sie zunächst optimistisch. 70 Absagen später ist ihr Leben aus dem Takt geraten.

von Stefan Willeke

Bevor Claudia Pflug die Treppen hinaufsteigt, wäscht sie sich noch schnell die Hände. Warum, das weiß sie nicht genau. Sie hat sich nicht schmutzig gemacht, sie hat den ganzen Morgen am Computer gesessen. Aber da ist ein unbestimmtes Gefühl, vielleicht das Gefühl, dass ihr gleich jemand die Hand reichen will. Es ist Freitag, der letzte Tag vor ihrem Urlaub, ein Freitag im August 2002. Als die 27-jährige Projektleiterin dem Chef des Nürnberger Ingenieurbüros am Haustelefon fröhlich erzählt, dass ihr Urlaub in ein paar Stunden beginne, hört der Chef nicht richtig hin und antwortet nur: «Frau Pflug, kommen Sie noch einmal hoch.» Claudia Pflug schätzt ihren Chef sehr, seine verbindliche Art. Sie mag diesen 61-jährigen, honorigen Mann. Der ihr ein anständiges Gehalt zahlt, 3000 Euro im Monat, mehr, als Claudia Pflugs Eltern in Zittau zusammen verdienen. Der ihr die nötige Durchsetzungskraft auf Baustellen zutraut, die ein älterer Mann gemeinhin jungen Männern zutraut. Der ihr am Anfang schmeichelte: «Es ist wichtig, dass Sie sich bei uns wohl fühlen und lange bei uns bleiben.» Claudia Pflug fühlt sich sehr wohl.

Als sie das Vorzimmer des Chefs betritt, tippt die Sekretärin einen Brief. Claudia Pflug weiß nicht, dass dieser Brief für sie bestimmt ist, aber sie ahnt etwas, nichts Gutes. Der Chef bittet sie herein. Claudia Pflug sieht einen Mann mit steifen, förmlichen Bewegungen. In seinem Blick stößt sie auf etwas Abgeklärtes, das nicht zu ihm passen will. So sieht einer aus, der etwas Unangenehmes vorhat, denkt sie. «Frau Pflug», sagt der Chef, «Sie ahnen es vielleicht. Ich muss Ihnen kündigen.» Claudia Pflug antwortet nicht. Sie steht nur da und wartet, so, als könne ein weiterer Satz, eine Erklärung, eine Entschuldigung vielleicht, das Ausgesprochene unausgesprochen machen. Die Firma, sagt der Chef, müsse sich leider von dem Bereich Anlagenbau trennen, weil damit leider zu hohe Haftungsrisiken verbunden seien. Der Anlagenbau ist leider Claudia Pflug.

Sie lacht gerne, sie ist ein zuversichtlicher Mensch. Aber an diesem Tag bleibt ihr schmales Gesicht regungslos. Claudia Pflug weint auch nicht, ihre Gedanken ziehen ins Leere. Die Sekretärin des Chefs legt Claudia Pflug das Kündigungsschreiben vor und bittet um Bestätigung der Kenntnisnahme durch Unterschrift. Claudia Pflug unterschreibt. Sie will allein sein an diesem Nachmittag und setzt sich schweigend in ein Café. Sie verbietet sich, demnächst Gefühle zu zeigen, wenn ihr der Chef zum Abschied einen Strauß Sonnenblumen überreichen wird.

Wenn nicht sofort etwas geschieht, wird sie bald eine von diesen mehr als vier Millionen sein, den mehr als vier Millionen Arbeitslosen in Deutschland. Claudia Pflug, Examensnote 1,6, hätte nie gedacht, dass auch sie einmal gemeint sein könnte, wenn der Chef der Bundesagentur für Arbeit, nur ein paar Straßen entfernt von ihrem Büro, die beängstigende Zahl mit der 4 vor dem Komma in farbenfrohe Mikrophone spricht.

Ihre Eltern ruft Claudia Pflug zunächst nicht an, auch ihren Freund Thomas nicht, mit dem sie in einem Reihenhaus am Rande Nürnbergs wohnt, 140 Quadratmeter, mit einem kleinen Garten. Claudia Pflug will innerlich vorbereitet sein, wenn sie mit anderen über die Kündigung spricht, sie will sich schon einer Lösung nähern. Nie hat sich Claudia Pflug ihren Optimismus kaputtmachen lassen, und sie nimmt sich vor, dass auch der deutsche Arbeitsmarkt dazu nicht imstande sein soll.

«Bald habe ich wieder Arbeit, bestimmt»

Erst am Abend erzählt sie Thomas von ihrem Rausschmiss. Er weiß, was eine Kündigung anrichten kann. Thomas ist fast zwanzig Jahre älter als seine Freundin, Vertriebsleiter in einer Nürnberger Firma, zuständig für Personal. Dem Unternehmen geht es nicht gut, und Thomas muss vielen Leuten kündigen. Bis zum Jahresende wird er acht Niederlassungen seiner Firma «auflösen» müssen. Manchmal weinen Menschen, wenn sie sein Büro verlassen, manchmal beschimpfen sie ihn. Führungskräfte, die er entlässt, müssen sofort ihren Dienstwagen abgeben. Er bietet ihnen an, sie nach Hause zu fahren. Einmal bittet ein gekündigter Büroleiter, den er zu Hause absetzen will, Thomas noch zu sich herein, in das Einfamilienhaus, für das sich der Büroleiter hoch verschuldete. Die Kinder spielen im Wohnzimmer, zu seiner Frau sagt der Büroleiter: «Das ist Herr Köster. Er hat mich gerade entlassen.» Thomas weiß nichts zu entgegnen und verabschiedet sich hastig.

Als Thomas von der Kündigung seiner Freundin erfährt, flucht er laut. Eigentlich wollen sie am nächsten Morgen zum Wandern nach Berchtesgaden aufbrechen, aber sie verschieben die Abreise. Claudia Pflug beginnt, Bewerbungen zu schreiben, bis tief in die Nacht. «Ich suche ein neues berufliches Wirkungsfeld», beginnen ihre Briefe, und sie enden mit dem Satz: «... und freue mich über eine Einladung.» Hervorragende Arbeitszeugnisse fügt sie hinzu, und in ihrem Lebenslauf steht: Studium der Heil- und Behindertenpädagogik in Zittau/Görlitz, stellvertretende Geschäftsstellenleiterin einer Firma für Personalentwicklung in Leipzig, Assistentin der Geschäftsleitung im Nürnberger Ingenieurbüro, Projektleiterin Anlagenbau. Später wird sie eine Eintragung hinzufügen müssen, die jeder Personalchef gleich versteht: «Neuorientierung». Arbeitslos.

Als sie mit ihrem Freund schließlich ins Auto steigt und sich in Richtung Berchtesgaden aufmacht, ruft Claudia Pflug vom Handy aus Kunden ihres bisherigen Arbeitgebers an und erkundigt sich nach offenen Stellen. Sie erreicht den Leiter einer Firma für Abwassertechnik in der Nähe von Halle, der sie vor Monaten erfolglos abzuwerben versuchte. Jetzt aber antwortet er: «Nein, Frau Pflug, Sie haben Westluft geschnuppert. Sie würden bei uns nicht lange bleiben.»

Claudia Pflug ist trotzdem guter Dinge. Ihren Freundinnen erzählt sie: «Am 1. November habe ich wieder Arbeit.» Später sagt sie: «Am 1. Dezember, ganz bestimmt.» Sie ist jung, gut ausgebildet und schon beruflich aufgestiegen. Sie würde in eine andere Stadt ziehen, um einen Job zu kriegen. Sie würde Abstriche beim Gehalt hinnehmen. Sie denkt, sie habe in der Nürnberger Vier-Millionen-Statistik nichts verloren. Sie denkt, ihre Situation sei ein Missverständnis, das sich schnell aufklären werde.

Genau wie Claudia Pflug würden die meisten Arbeitslosen auf Lohn verzichten, um eine neue Stelle zu bekommen, ihren erlernten Beruf aufgeben oder wechselnde Arbeitszeiten in Kauf nehmen. Aber sie würden nicht ihren Wohnort verlassen. Das ergab eine Befragung des Instituts für Arbeitsmarkt- und Berufsforschung (s. Graphik S. 298).

Noch zählt Claudia Pflug zu einer Minderheit in der Nürnberger Statistik. Akademiker werden nicht so oft arbeitslos wie Angestellte ohne Hochschulabschluss. Im Schnitt lag die Arbeitslosenquote im vergangenen Jahr bei zehn Prozent – gegenüber knapp vier Prozent bei den Akademikern. Aber die Zahl der Hochschulabgänger ohne Job steigt schneller als die der anderen Arbeitslosen.

Jede Wirtschaftskrise kostet Arbeitsplätze in Deutschland, und nach jeder überstandenen Krise werden weniger Arbeitslose eingestellt – wie eine auslaufende Welle im Meer, die am Strand kaum noch spürbar ist. Seit gut zwanzig Jahren ist das so, seit der ersten heftigen Arbeitskrise in der Bundesrepublik. Damals schuf der Staat Arbeitsbeschaffungsmaßnahmen, ABM, die heute als sinnlos gelten, weil der Staat gemerkt hat, dass man Arbeit zwar teuer beschaffen, aber nicht teuer verkaufen kann. Damals jedoch glaubte man noch, Arbeitslosigkeit sei eine leicht heilbare Krankheit, ein Infekt der sozialen Marktwirtschaft. Damals ahnte man nicht, dass Arbeitslosigkeit eine Seuche des deutschen Kapitalismus würde.

Früh steht sie auf und bewirbt sich

Als Claudia Pflug im Arbeitsamt eine Wartenummer zieht, klingelt ihr Handy. Monteure auf Baustellen, die Claudia Pflug bislang geleitet hat, erkundigen sich nach Material. Claudia Pflug beantwortet die Fragen und sagt dann, dass sie eigentlich nicht mehr zuständig sei. Sie muss jetzt lernen, sich um sich selbst zu kümmern. Es geht ihr nicht schlecht, zumindest klagt sie nicht. Rund 1100 Euro Arbeitslosengeld, ein finanzieller Ruin sähe anders aus.

Um halb acht steht sie morgens auf, weil sie den Rhythmus nicht verlieren will, den sie hatte, als sie noch Arbeit hatte. Sie bewirbt sich bei der Fachhochschule Nürnberg, einer TÜV-Akademie, bei Audi, Strabag, Hochtief, Bilfinger & Berger, Ruhrgas, Ikea. Sie schreibt und schreibt. Vergeblich. «Wir hoffen, dass Sie unsere Entscheidung bei Ihrer Suche nach einem Arbeitsplatz nicht entmutigt», antwortet Audi. «Bei der Wahl Ihres nächsten beruflichen Schrittes wünschen wir Ihnen viel Erfolg», antwortet Ruhrgas. «Werfen Sie einfach einen Blick in den Ikea-Katalog. Da vergeht die Zeit wie im Flug», antwortet Ikea.

Claudia Pflug beschließt umzusatteln, als Pharmareferentin will sie künftig arbeiten. Sie kauft sich Bücher über Toxikologie, legt Karteikarten an und notiert darauf Worte wie «endoplasmatisches Retikulum». Aber die Pharmafirmen wollen sie nicht. In der Industrie- und Handelskammer erfährt Claudia Pflug von einem Weiterbildungskurs zur Pharmareferentin, aber das Arbeitsamt, das früher massenhaft Umschulungen zahlte, will für die Fortbildung nicht aufkommen. Nur noch selten finanziert die Behörde heute solche Maßnahmen.

Claudia Pflug versucht, die vielen freien Tage zu genießen. Oft steht sie vor dem Regal ihres Freundes Thomas und nimmt ein Buch heraus, das sie noch nicht kennt. Ein Tag reicht jetzt für einen dicken Roman. Sollte sie das Lachen verlernen, würde die Wartezeit unerträglich, und deswegen sucht sie nach einem Sinn, der von den Absagen ablenkt, die morgens der Briefträger bringt. Claudia Pflug fährt oft zum Brombachsee in Mittelfranken, setzt sich auf den auf-

Je älter, desto länger arbeitslos

Langzeitarbeitslose im Bundesgebiet nach Altersgruppen, Jahresdurchschnitt 2003

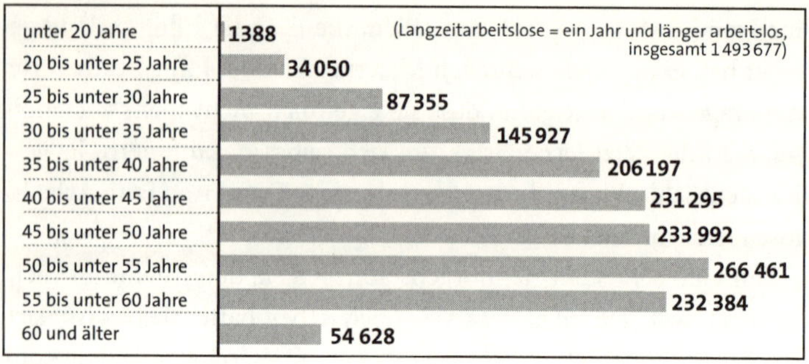

Zeit-Grafik/Quelle: IAB Nürnberg, Stand: Januar 2004

Verzichten für den Job

Zu welchen Konzessionen Arbeitslose bereit sind

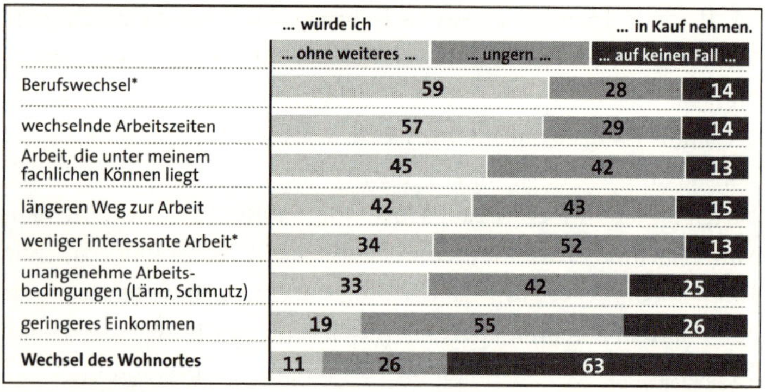

ZEIT-Grafik/Quelle: IAB Nürnberg, Befragung zur Struktur der Arbeitslosigkeit 2000, Stichprobengröße jeweils > 5400

* Abweichungen von 100 sind rundungsbedingt

geschütteten Damm, hört die Schwäne schreien, betrachtet den Himmel und sieht sich satt an ausfransenden Wolken. «Wie könnte ich auffallen?», fragt sie sich auf dem Heimweg.

An einem Nachmittag im Dezember ruft Thomas an und macht nicht viele Worte. «Bitte hol mich ab, Claudia. Ich muss meinen

Wagen hier stehen lassen.» Es liegt in der Logik der vergangenen Monate, dass am Ende auch Thomas entlassen wird, nachdem er all seine Leute entlassen hat. Es gibt nichts mehr für ihn zu tun. Das Angebot, sich vom Chef nach Hause bringen zu lassen, schlägt er aus, weil er weiß, dass der Chef während der Autofahrt nach sanften Worten tasten würde, aber keine finden könnte, die in dieser Lage sanft klängen. Thomas kennt die miserablen Geschäftszahlen und sagt: «Ich kann ökonomisch verstehen, warum man mich nicht mehr will. Ich hätte mich auch entlassen.»

Manager, einfache Angestellte, Arbeiter – jeden kann es treffen, jederzeit. Kaum jemand kann sich sicher fühlen, egal, wie gut er ist, egal, wie viel er leistet. Das ist das neue Merkmal des bekannten Unglücks Arbeitslosigkeit. Unternehmerisches Denken lernen viele Mitarbeiter in Firmen inzwischen, und deswegen macht ihnen eine Kündigung besonders zu schaffen. «Sie denken in den Bahnen eines Arbeitgebers und schreiben sich selbst eine Mitschuld an ihrem Schicksal zu», sagt der Berliner Soziologe Martin Kronauer, der seit langem über Arbeitslosigkeit forscht. «Früher, bei Massenentlassungen in der Industrie, konnten sich die Betroffenen solidarisieren und gemeinsam auf die Konzernspitze schimpfen. Das hat den Arbeitslosen geholfen. Sie konnten die Schuldfrage von sich wegschieben.»

Auch Arbeitgeber wissen, dass ein Mitarbeiter schuldlos geht, wenn die Zahlen der Firma nicht stimmen. Trotzdem – je länger die Phase ohne Job dauert, desto mehr erhärtet sich in den Köpfen der Personalchefs die Unterstellung, dass ein Bewerber nichts tauge, und nur, weil ihn noch niemand eingestellt hat. Der Soziologe Kronauer sagt: «Arbeitslosigkeit wird zu einem persönlichen Makel, für den man persönlich gar nichts kann.»

Für die Älteren kann es sehr schnell aus sein. Stärker als in anderen westeuropäischen Ländern neigen Unternehmen in Deutschland dazu, sich mit jungen Leuten zu verstärken, statt auf die Erfahrung der Älteren zu setzen. Langzeitarbeitslosigkeit in Deutschland ist vor allem die Arbeitslosigkeit der Älteren. Aber wann ist man alt? Personalchefs glauben: von Mitte vierzig an.

Claudia Pflugs Freund Thomas ist 46 Jahre alt, als er seinen Job verliert. Der Vordruck, den er im Arbeitsamt ausfüllen soll, gibt ihm sieben Zeilen Platz für seinen beruflichen Werdegang. Sieben Zeilen für zwanzig Jahre. Thomas ist außer sich vor Wut. Allein in den vergangenen fünf Jahren hat er immer wieder wechseln müssen. Verwaltungsdirektor war er, selbständiger Berater, pädagogischer Leiter, Vertriebschef Probezeit, freie Mitarbeit, Kündigung, befristete Verträge – an das Auf und Ab der neuen deutschen Arbeitswelt hat er sich gewöhnen müssen. Jetzt aber gerät er in Panik.

«Claudia, die Kosten müssen runter»

«Wer weiß, ob ich wieder was finde», sagt er, «Claudia, wir müssen handeln. Die Kosten müssen runter.» Die beiden verabschieden sich von ihren Nachbarn in der Nürnberger Reihenhaussiedlung und ziehen nach Wassermungenau, in ein abgeschiedenes fränkisches Dorf, wo die neue Wohnung im Dachgeschoss nur 500 Euro Miete kostet, halb so viel wie im Reihenhaus. Dem Vermieter erzählt Claudia Pflug: «Ich sehe mich gerade nach einer neuen Stelle um, und mein Freund ist selbständig.» Die beiden geben kein Geld mehr für Bücher oder Wein aus, Lebensmittel kaufen sie nur noch in Discountmärkten, und sie kündigen Versicherungen.

Gemeinsam schreiben sie Bewerbungen. Gemeinsam schauen sie sich die Absagen an. Zehn, zwanzig, fünfzig Absagen. Sie hören auf zu zählen. Es gibt Tage, an denen Thomas zu verzweifeln droht. «Werfen Sie einfach einen Blick in den Ikea-Katalog. Da vergeht die Zeit wie im Flug», schreibt Ikea diesmal an ihn. «Sicher werden Sie eine Ihren Vorstellungen entsprechende Stelle finden, dafür viel Erfolg», schreibt die Stadt Offenburg. «Aufgrund des Auswahlverfahrens ist die Entscheidung bei der Besetzung der o.g. Stelle auf einen anderen Bewerber gefallen», schreibt die Stadt Oberhausen. «Ich hasse diesen Filz in der öffentlichen Verwaltung», sagt Thomas, «die schreiben Jobs aus, für die sie intern längst jemanden ausgeguckt haben.»

Gemeinsam joggen Claudia und Thomas, fast jeden Morgen. Oft laufen sie an einem Kanal entlang, eine halbe Stunde, manchmal eine ganze. Sie sprechen nicht miteinander und spüren nur ihren Herzschlag. «Wir laufen vor etwas weg», denkt Thomas. «Keine schlechte Zeit für unsere Beziehung», denkt seine Freundin. «Claudia kriegt bestimmt eine Stelle. Aber ich?», denkt Thomas. «Ich will Claudia auch nicht ständig mit meiner Angst belasten.» Zu Hause zieht Thomas sich immer öfter zurück und starrt schweigend an die Decke. Manchmal weint er, selten. «Hoffentlich kriegt Thomas eher einen Job als ich», denkt Claudia Pflug, «er bricht sonst zusammen.» Nie spricht sie diesen Gedanken aus.

Abends reden die beiden, kochen, essen, trinken, lesen, schreiben, bis um zwei in der Nacht. Der Abend ist eine Entschädigung für den Tag, und deswegen dehnen sie diese wertvollen Stunden. Der Abend darf kein Ende nehmen, denn am nächsten Morgen schiebt der Postbote wieder Absagen in den Briefschlitz. Claudia und Thomas gelingt es nicht mehr, früh aufzustehen. Sie beginnen zu begreifen, dass der Lebensrhythmus eines Arbeitslosen nicht aus Verwahrlosung entsteht, sondern aus Angst vor der Zukunft.

«Warum fahrt ihr nicht jetzt nach Namibia?», fragen Freunde. «Ihr habt doch Zeit.» Seit Jahren schon wollen Thomas und Claudia auf einer Farm in Namibia Urlaub machen, Antilopen schießen oder Warzenschweine. Die Jagd ist ihre gemeinsame Leidenschaft. Immer haben sie die Reise verschoben, weil Thomas wieder einmal in der Probezeit war oder wieder einmal einer seiner befristeten Arbeitsverträge auslief. Die beiden besitzen Ersparnisse, aber auch diesmal sagen sie die geplante Reise ab. Nicht einmal zum nahe gelegenen Schießstand gehen sie mehr. Sie wollen sich nicht das Gefühl vorgaukeln, dass alles in Ordnung sei. Hobbys begeistern Menschen, deren Freizeit kostbar ist. Die Freizeit von Claudia und Thomas jedoch ist nichts als eine bedrohliche Lücke in ihrem Leben.

Mit Freunden und Verwandten treffen sich die beiden nur noch selten. «Gibt's was Neues?», wollen die Eltern wissen, und plötzlich ist diese Frage sehr speziell gemeint. «Bewerbt ihr euch denn auch regelmäßig?», erkundigen sich Freunde. Claudia und Thomas können diese Fragen nicht mehr hören. Thomas meint: «Die anderen, die Arbeit haben, glauben insgeheim, dass mit uns etwas nicht stimmen kann. Die ängstigen sich vor den dunklen Seiten des Lebens und machen an einem bestimmten Punkt zu.» Nur eine Freundin, die schon sehr lange arbeitslos ist, besuchen Thomas und Claudia ziemlich oft. Die Freundin langweilt sich nicht, wenn die Gespräche unentwegt um Bewerbungen kreisen.

«Exklusion» nennen Forscher diese Erfahrungen. Ausschluss aus der sozialen Gemeinschaft. «Arbeit ist mehr als nur Arbeit», urteilt der französische Soziologe Robert Castel, «und damit ist Nichtarbeit auch mehr als nur Arbeitslosigkeit.» Nichtarbeit heißt Statusverlust und Vereinzelung, weil man in Deutschland nur «drin» ist, wenn man Arbeit hat, und ohne die ist man «draußen». Dass sich das Ideal von der Arbeitsgesellschaft in den Köpfen der Bürger einmal auflösen würde, wie Sozialwissenschaftler vor zwanzig Jahren vorhersagten, war ein großer Irrtum. Wer arbeitslos ist, fühlt sich von Menschen umzingelt, die eine Stelle haben.

Arbeitslosigkeit ist unsichtbar geworden, weil sie «in die eigenen vier Wände kriecht», wie der Soziologe Heinz Bude von der Universität Kassel sagt. Das Kollektiv einer Firma, in der sich ein Angestellter aufgehoben fühlt, wird für einen entlassenen Angestellten durch nichts gleichwertig ersetzt. Das einzige übrig gebliebene Kollektiv, das noch ein wenig trösten kann, ist «die Generation», sagt Bude. Die Generation der 30-Jährigen, 40-Jährigen und 50-Jährigen – die Kinder der deutschen Vollbeschäftigung, erwachsen gewordene Kinder, die heute um ihre Arbeitsplätze fürchten.

Thomas und Claudia liegen gemeinsam am Ufer des Brombachsees, als sich im Frühling die Tage erwärmen. Phantomjäger der Bundeswehr malen weiße Striche in den blauen Himmel. «Die wollten mich auch nicht», denkt Claudia. In einer Kaserne hat sie sich beworben, nachdem die Bundeswehr in einer Zeitungsanzeige gelockt hatte: «Du willst Zukunft?» Ein kurzes Praktikum absolvierte sie in der Kaserne der Kleinstadt Roth, im ABC-Schutzanzug lief sie herum, und die Offiziere waren von ihrem Engagement begeistert. In dem Absagebrief des Personalamtes steht: «Besondere Verwendungen im Truppendienst, denen ein Studium der Heilpädagogik als Vorbildung entsprechen würde, sind nicht definiert.» Claudia Pflug ruft dort an und beteuert, sie habe schon sehr unterschiedliche Aufgaben gemeistert, aber sie hört erneut: «Heilpädagogikstudium. Damit können wir Sie hier nicht einordnen.» – «Ich dachte, ich sei flexibel», antwortet Claudia Pflug verärgert.

Bald gilt sie als schwer vermittelbar

In einer Jagdzeitschrift geben Claudia und Thomas eine Anzeige auf «Wir, Jäger, sportlich, Akademiker, mit Management- und Auslandserfahrung, suchen vielseitige Herausforderung im In- und Ausland.» Im afrikanischen Malawi kümmerte sich Claudia Pflug während des Studiums ein halbes Jahr lang um Aids-Waisen. Sie spricht Englisch, ein Auslandsjob schreckt sie nicht. Auf die Annonce meldet sich niemand.

Nur noch selten wird Claudia Pflug zu einem Vorstellungsgespräch eingeladen. Das Theaterspielen hängt ihr ohnehin zum Hals raus. «Warum bewerben Sie sich bei uns?», fragen die Personalchefs. «Weil ich ein modernes Unternehmen suche», antwortet Claudia Pflug pflichtschuldig und sagt still zu sich selbst: «Weil ich arbeitslos bin, verdammt.» Nach jeder neuen Bewerbung schauen Claudia und Thomas in den Atlas, suchen den Ort der Firma und malen sich aus, wie herrlich man dort leben könne – vielleicht sogar gemeinsam. Das wäre großes Glück.

Bevor die SPD im Juni vergangenen Jahres der Agenda 2010 zustimmt, die eine Beschneidung des Sozialstaats und einen härteren Umgang mit Langzeitarbeitslosen vorsieht, gibt Thomas sein SPD-Parteibuch zurück. Seit sechs Monaten ist er ohne Job, Claudia seit acht Monaten. Werden daraus zwölf Monate, gelten sie als langzeitarbeitslos, ihre Chancen sinken dann dramatisch, und sie würden –

wenn für sie schon die neuen Hartz-Gesetze gälten – das so genannte Arbeitslosengeld II erhalten, das nicht höher ist als der Sozialhilfesatz. Wütend schreibt Thomas an die SPD-Bundestagsfraktion: «Ich empfehle Herrn Schröder und Herrn Clement einen Besuch der öffentlichen Sauna, damit sie aus dem Elfenbeinturm der Politik hautnah die Situation auf dem Arbeitsmarkt erfahren.»

Wochen später bekommt Thomas einen Job als Vertriebsleiter im Rheinland. «Ein Feuerwerk» wollte er vor Freude entzünden, wenn er jemals eine Stelle kriegen sollte, aber er ist schweigsam und nachdenklich. Seinen neuen Chef kennt er schon lange, oft hat Thomas mit ihm telefoniert und sich bei ihm angeboten. «Entwürdigend» fand er das. «Ich bin traurig», sagt er, «dass am Ende nicht meine Qualifikationen zählen, sondern meine Kontakte.» Thomas zieht in ein Hotel am Rhein, weit weg von Wassermungenau, wo Claudia Pflug ihre freundlichen Briefe jetzt alleine formuliert. Zehn Monate ist sie bald arbeitslos. Zwei Monate mehr, und sie würde, im Alter von 28 Jahren, zu einem ernsthaften «Vermittlungsproblem».

Aber dazu kommt es nicht, weil das Arbeitsamt im fränkischen Weißenburg ihr Ende Juli schreibt: «Ich freue mich, Ihnen folgende Arbeitsstelle vorschlagen zu können: Tätigkeit Arbeitsvermittler/-in, Betriebsart Arbeitsamt.» Langzeitarbeitslosen soll Claudia Pflug künftig Jobs vermitteln, den schwierigsten «Kunden», die – gemäß den Hartz-Gesetzen – von Januar 2005 an mit deutlich weniger Geld auskommen und schon heute jede Stelle annehmen müssen. Claudia Pflug freut sich riesig über das Angebot und greift sofort zu, öffnet bei ihrer Vermittlerin im Arbeitsamt ausgelassen eine Flasche Sekt und sagt: «Jetzt bin ich bei Ihnen.» Zwar verdient die neue Kollegin Pflug im Amt netto etwa so viel Geld, wie dieses Amt vorher der Arbeitslosen Pflug zahlte, gut 1100 Euro. Aber sie kann etwas bewirken, für sich und für die «Kunden».

Sie verdankt ihre neue Stelle dem Umstand, dass mehr und mehr Menschen dauerhaft ohne Job sind. Jeder dritte Arbeitslose bleibt inzwischen länger als ein Jahr in der Nürnberger Statistik. Aber der Staat denkt um und will Langzeitarbeitslose nicht mehr nur verwalten. Der Staat will ihnen Mut machen und sie zugleich antreiben. Der Staat ist jetzt auch Claudia Pflug.

Sie hat es von nun an mit Menschen zu tun, die längst sind, was sie selbst zu werden drohte. Es ist, als könne sie in einer Glaskugel Bilder einer Zukunft sehen, der sie nur knapp entkommen ist. Claudia Pflug zieht in ein graues Büro am Ende eines hellen Korridors, bekommt nach und nach 60 Aktenmappen hereingereicht, 60 Fälle, 21 Erwachsene, 39 Jugendliche, schlecht ausgebildet, reich an persönlichen Problemen. Für den richtigen Arbeitsmarkt eignen sich die wenigsten, die meisten sollen notgedrungen «gemeinnützig arbeiten», als Gärtner oder Hilfsarbeiter.

«Ich wäre fast auf derselben Stufe angekommen wie ihr», denkt Claudia Pflug über manche Arbeitslose, aber da ist ein gewaltiger Unterschied. Etliche wollen nicht für wenig Lohn arbeiten und haben sich aufgegeben. Zu unmotivierten «Kunden» sagt sie: «Viele Menschen müssen unter ihrem Niveau arbeiten.» Die Arbeitslosen ahnen nicht, dass die Vermittlerin mit diesem Satz auch sich selbst beschreibt. «Überleg doch mal», sagt sie den Jungen, «wenn du diesen Job nicht machst, hast du bald gar nichts mehr.» – «Beweg deinen Arsch», würde sie einigen am liebsten sagen, aber sie schweigt und denkt: «Ich bin nicht die Missionarin, die denen eine andere Einstellung beibringen will.» Auch um sich selbst muss sich Claudia Pflug kümmern. Ihr Arbeitsvertrag ist befristet und endet im November, und sie schaut sich wieder nach neuen Stellen um. Vorsorglich hat ihr das Amt schon jetzt einen Brief geschickt. «Damit Ihnen Ihr Arbeitslosengeld nicht gekürzt wird, müssen Sie sich 3 Monate vor Ablauf des Arbeitsverhältnisses persönlich beim Arbeitsamt arbeitsuchend melden.» Es hört nicht auf, die Lücken im Leben rücken in Sichtweite, die wunden Punkte bleiben wund.

Auch der neue Job ihres Freundes Thomas ist befristet, bis Juli. Und wieder muss er Angestellte entlassen. Das gehört zu seinen neuen Aufgaben. 15 Verkäufer hat er schon rausgeworfen. «Hart im Nehmen sind diese Leute», sagt Thomas. Das macht ihm die Arbeit leichter. Niemanden hat er weinen sehen, noch nicht.

Wie man in Deutschland …

20

Wie man in Deutschland als Paar lebt

Ein Leben zu zweit, mit oder ohne Kinder, ist noch immer die große Glückshoffnung. Doch auf Dauer zusammenzubleiben gelingt immer seltener.

von Peter Kümmel

«Ich sah aus dem Auto in einer Passantenschar,
die die Kreuzung überquerte, die geliebte N.,
mit der ich – einst! seinerzeit! damals! – gut drei
Jahre lang die gemeinsamen Wege ging, sah sie über
die Fahrbahn schreiten und auf irgendeine Kneipe
zuhalten. Ihr Kopf, ihr braun gescheiteltes Kraushaar.
Und das ist dieselbe, die ich im Tal von Pefkos
auf Rhodos, als wir von verschiedenen Enden des
Wegs über die Felshügel einander entgegengingen, so
bang erwartet habe, in Sorge, es könne sie jemand
vom Wegrand her angefallen und belästigt haben,
da sie nicht und nicht erschien am Horizont. Das
ist dieselbe Geliebte. Im halben Profil flüchtig erblickt,
indem sie dahinging und ich vorbeifuhr. Mir
ein unfassliches Gesetz, das so Vertraute wieder in
Fremde verwandelt. Verfluchte Passanten-Welt!»

Das Lamento stammt von Botho Strauß, es erschien in einem Band namens *Paare, Passanten.* Der kleine Text fiel dem Reporter ein, als er den Auftrag bekam, über Paare in Deutschland zu berichten. Steht bei Strauß nicht alles drin? Deutschland eine Wildnis von Fremden, die einander für eine gewisse Zeit paarweise zähmen, um sich dann wieder zu verlieren, zu verdrängen, zu vergessen.

Anthropologen untermauern Strauß' Text. Es sei nämlich so, behaupten sie, dass die Menschen noch immer funktionierten wie Nomaden in der urweltlichen Steppe. Die seien in überschaubaren Horden unterwegs gewesen, Beute jagend, Früchte sammelnd, Nachkommen aufziehend. Die Paare damals seien nur etwa vier Jahre zusammengeblieben, eben so lange, wie ihr Nachwuchs sich an den Eltern festklammerte. Sobald die Jungen mit der Horde Schritt halten konnten, hätten sich die Paare umstandslos getrennt.

Der Blick in die Vergangenheit der Gattung hat etwas von einer Absolution. Wie soll es denn dauerhaft klappen mit dem Paarsein, wenn wir nicht dafür vorgesehen sind? So stilisieren sich viele als Jäger und Sammler der Liebe, führen Listen über vergangene Verhältnisse, und auf Kinder verzichten sie lieber.

Jeder zweite deutsche Haushalt ist ein Ein-Personen-Haushalt. In 65 Prozent aller Haushalte gibt es keine Kinder. Zwar ist das Paar, die Liebe, noch immer *die* Glückserwartung der Deutschen: Rund 90 Prozent der befragten jungen Erwachsenen streben eine feste Partnerschaft und Nachwuchs an. Aber die Paartherapeuten und Scheidungsanwälte lauern schon. Fast jeder zweite Deutsche in einer Paarbeziehung geht fremd. Und knapp 400 000 Ehen, die jährlich in Deutschland geschlossen werden, stehen rund 200 000 Scheidungen gegenüber. So zog der Reporter los, um zu den Umfragen die Gesichter, zu den Zahlen die Wunden zu finden. Er suchte die Lahmen, Versehrten und Verbitterten der verfluchten Passanten-Welt. Aber der Zufall (oder vielleicht die Sehnsucht nach *good news*) führte ihn in eine andere Richtung.

Er fand Paare, die zusammenhalten. Verschworene im Strom der Passanten. So fragte er nach deren Strategien für die größte Herausforderung, mit der die meisten, die zusammenbleiben wollen, täglich ringen: Wie schafft man das?

Er fand zwei, die im Namen Gottes zusammen sind. Zwei, die ihr Paarsein als Forschung und hohe Kunst verstehen. Zwei, die sich verschwistern. Zwei, die sich als Paar von Geschlechterrollen befreit haben. Und zwei, die in einer großen Familie aufgegangen sind.

Liebe im Gottvertrauen

Als Harald Geyer 16 Jahre alt war, ließ er seine Freunde wissen, er werde die Suche nach der Frau seines Lebens jetzt einstellen, er habe sie nämlich schon gefunden. Sabine. Ihre Bewegungen, ihre Vitalität, das schwarze lange Haar, ihr unverklemmtes Wesen – es hatte beim ersten Blick gefunkt. Auch Sabine, damals ebenfalls 16, war sich sofort sicher: «Ich sah ihn und war weg.»

Um ihre Liebe zu prüfen, trennten sie sich für ein Jahr. Er ging zum Studium nach Frankfurt, sie absolvierte ein soziales Jahr im Kloster. Sie telefonierten nicht miteinander, sie schrieben sich nicht. «Wir waren wie versiegelt», sagt Harald Geyer. «Zwei Wochen vor Ablauf der Frist hielt ich es nicht mehr aus: Ich fuhr zu ihr. Da war es klar.»

30 Jahre später sitzen die beiden in einem Pfarrhaus am Rande der Schwäbischen Alb. Kohlberg liegt im Schatten eines schroff aufragenden Vulkanberges namens Jusi; unten im Tal sieht man Metzingen, die Stadt von Hugo Boss und seiner Kleiderfabrik. Hier ist es ruhig, aber nicht ganz ungefährlich: Seit elf Jahren sind die Geyers nun hier, in dieser Zeit ist die örtliche Bankfiliale zweimal ausgeraubt worden. Kohlberg hat 2500 Einwohner, und wenn etwas zu feiern ist, sitzt das Ehepaar Geyer neben dem Bürgermeister und seiner Frau. «Wir sind», sagt Harald, «ein öffentliches Paar.»

Im Wohnzimmer bullert der offene Ofen. Darunter, im Erdgeschoss, ist das Pfarramt, das als Herz des Ortes gelten darf. Geburt, Taufe, Konfirmation, Heirat, Scheidung, Krankheit, Sterben und Beisetzung, Krisen und Konflikte in den Familien, das wird hier alles besprochen.

Wie schafft man es da, im ersten Stock ein Paarleben, ein Intimleben aufrechtzuerhalten? «Wenn ich rausgehe auf die Straße, bin ich schon der Herr Pfarrer», sagt Harald Geyer. «Im öffentlichen Dorfleben steht man zuweilen wie ein Schauspieler auf einer Bühne.» Sabine sagt: «Wenn er in Stresssituationen die Pfarrerrolle mit heimbringt, dann protestiere ich. Daheim will ich den Harald und nicht den Pfarrer. Da bitt ich ihn zur Kasse.» Wenn Ehepaare sich heutzutage trennen, hat das nicht mehr die soziale Ächtung zur Folge, sondern den ökonomischen Abstieg. Bei den Geyers hingegen ist der soziale Druck enorm. «Aber wenn wir schon so eine hohe Schwelle haben, uns zu trennen», sagt Sabine, «dann muss das Leben diesseits der Schwelle auch richtig gut sein.»

Wieso ist es richtig gut? Weil, so erzählen sie, keine Langeweile aufkommt; weil sie lebenslang im Gespräch miteinander sind; weil sie drei tolle Kinder haben (Johanna, 17; Jonathan, 16; Joschka, 13); weil sie noch immer ein glückliches Sexualleben miteinander haben; weil sie Glauben und Werte miteinander teilen.

Dennoch hat Sabine ein Burn-out erlebt; auch bei der Pfarrersfrau verschwimmen die Grenzen zwischen öffentlich und privat. Seitdem machen beide regelmäßig Supervision, sie beim Psychologen, er beim Seelsorger.

Die Geyers haben nie einen anderen Liebespartner gehabt. Ihre Beziehung sei eine sehr empfindliche Sache. Das sagt er, der Herr Pfarrer. Sie hätten keine Häutungen hinter sich und keine Hornhäute ausgebildet, beide hätten nie die Erfahrung der Zurückweisung und der Kränkung gemacht; sie hätten ja den Menschen bekommen, den sie gewollt hätten. «Die Tiefe dieser Symbiose», sagt Harald, «ängstigt uns manchmal.»

Harald Geyer hat in Kohlberg etwa 250 Menschen beerdigt. Er ist ein weicher, zuhörender, großer Mann, man kann sich vorstellen, dass viele im Ort seine Nähe suchen. Aber wenn der Tod in sein eigenes Leben einbräche, sagt er, dann könnte er für nichts garantieren: «Es kann sein, dass mich das in tiefste Depressionen stürzen würde.» Wird das lebenslange Paar nach dem Tod weiterhin Paar sein? «Nein», sagt Harald, «im Himmel ist das nicht mehr vorrangig. Es ist nicht nötig, dass wir uns dann erkennen.»

Sabine protestiert: Sie hoffe, den Harald dann doch noch zu spüren. Seine Anwesenheit. Für einen Moment hatte der Reporter den Eindruck, bei ihr scheine etwas auf vom Passanten-Horror des Botho Strauß. Man war so sehr zusammen – und verliert sich zuletzt doch?

Dann sind sie sich wieder einig. Das Beste, was es gebe, sei die Liebe zu Gott. Die Liebe unter Menschen sei das Zweitbeste. Das Beste auf Erden.

Partnerschaft als Projekt

Das von Gott bestimmte Zusammensein und alles Tun ein gemeinsames – dieses Modell ist selten geworden. Die autonome Entscheidung füreinander zählt. Das Individuum. Das manchmal sogar für jede Entfaltungsmöglichkeit einen eigenen Ort braucht. Zum Beispiel Wien plus Marktheidenfeld am Main. Dort lebt ein Paar, das, wäre es nach seiner Umgebung gegangen, immer alles falsch gemacht hat. Sie arbeitete an ihrer Karriere, er wusch ihre Unterhosen und schrieb Bücher. Sie zog nach Bochum, Berkeley, Siegen, Wien, er zog immer mit. Sie habilitierte sich, er las Korrektur. Friederike Hassauer, geboren 1951, und Peter Roos, Jahrgang 1950, sind seit über 30 Jahren zusammen. Roos sagt: «Androgynität ist unser Lebensprinzip. Wir sind durch unsere Lebensweise rund um die Uhr Geschlechterforscher am eigenen Fall. An uns bricht sich der Paar-Schlamassel außen rum.»

Friederike Hassauer ist heute Ordentliche Romanistikprofessorin an der Universität Wien, Peter Roos ist freier Schriftsteller. Sie hat wissenschaftliche Bücher geschrieben, er belletristische, und zusätzlich haben die beiden Gemeinschaftsarbeiten verfasst, die sich hauptsächlich mit Mann und Frau beschäftigen. Über 30 Bücher und Filme in über 30 Jahren Zusammenlebens.

Roos hat im Rückblick die Aufstiegsphase seiner Partnerin beschrieben als ein «Stillstellen von Weiblichkeit» und als «eine Vermännlichung». Er hat, so sagen beide, ihre Karriere erst ermöglicht. Er nennt sich «Mutter Roos». Sie beschrieb sich so: gepeinigt von

Partnerschaft in Zahlen

Die Zahl der **Eheschließungen** in Deutschland sinkt: von 418000 im Jahr 2000 auf 392000 im Jahr 2002. Dafür nahmen die Scheidungen zu – von 194400 (2000) auf 197000 (2001).

19,3 Millionen **Ehepaare** gab es in Deutschland 2002, als der letzte Mikrozensus erhoben wurde. Davon blieben 9,7 Millionen Paare kinderlos. 17,2 Millionen Ehen sind Verbindungen zwischen deutschen Partnern, davon ohne Kinder: 9 Millionen.

Bei 1,2 Millionen Ehen waren beide Partner Nichtdeutsche; darunter kinderlos: 360000 Ehen. 864000 Ehen wurden zwischen einem deutschen und einem ausländischen Partner geschlossen; 344000 dieser Paare blieben ohne Kinder. Die Zahl solcher **binationalen Verbindungen** nimmt seit Jahren kontinuierlich zu; 2001 machte sie 6 Prozent der neuen Eheschließungen aus.

Unter den binationalen Ehepaaren kam ein Drittel der ausländischen Ehegatten aus einem EU-Staat. Die fünf häufigsten **Herkunftsregionen** der ausländischen Ehefrauen sind Asien (63000), Polen (48000), Türkei (39000), GUS (37000) und die USA (34000). Die fünf häufigsten Herkunftsregionen der ausländischen Ehemänner: Türkei (62000), Italien (53000), Österreich (29000), USA (28000) und Asien (25000).

2,2 Millionen Paare lebten 2002 zusammen, ohne verheiratet zu sein. Davon waren 92 Prozent deutsche Lebensgemeinschaften. Der Anteil rein ausländischer Lebensgemeinschaften lag bei 2 Prozent (135000); jener der deutsch-ausländischen Gemeinschaften machte 6 Prozent aus. **Nichteheliche Lebensgemeinschaften** führen sowohl deutsche Frauen als auch Männer am häufigsten mit Italienern.

148 000 gleichgeschlechtliche Lebensgemeinschaften gab es 2002 in Deutschland; die Zahl beruht auf Schätzungen. In 58 Prozent dieser Haushalte, deren Zahl kontinuierlich steigt, lebten Männer zusammen. Bei 13 Prozent aller homosexuellen Paare wuchsen Kinder auf. Insgesamt lebten 10 600 Kinder mit schwulen oder lesbischen Paaren zusammen.

Versagensängsten, orientierungslos «in einer Institution mit frauenundurchlässiger Hierarchie», verbittert, weil sie Jugend und Schönheit dieser Institution geopfert habe. Die Jahre ihres Karriereaufstiegs, schrieb Roos, seien für beide «Scheißjahre» gewesen.

Und jetzt? Besuch bei Roos/Hassauer im Wiener IV. Bezirk, Diplomatenviertel, IV. Stock. Die beiden, die dort oben wohnen, in Blau, seiner Lieblingsfarbe, gekleidet, können auf das Gros ihrer Altersgenossen hinabblicken wie Schildkröten auf Eintagsfliegen: Sie sind noch immer da, gemeinsam. Seit drei Jahrzehnten bringt der Frühaufsteher der Langschläferin den Tee ans Bett.

Mit einem hohen Aufwand an Fürsorge und Höflichkeit, «Klarheit und Zivilisation», sagt Friederike Hassauer, werde die Liebe gehegt. Wenn sie gemeinsame Schreibprojekte vorantreiben, machen sie aus der Wohnung eine Festung. Telefon abstellen, Rollos runter, Zugbrücke hoch. Dann ereigne sich, so schrieben sie, das kreative Mirakel Hassauer/Roos: «Es ist ein diskursiver Beischlaf.»

Jedoch, Fruchtbarkeit im Hause Hassauer/Roos ist eine rein geistige Kategorie. Das Paar hat sich früh gegen Kinder entschieden. Er: «Der hohe Maßstab, den ich an eine Kindheit anlege – das traute ich mir nicht zu, und das war auch mit dieser Frau und ihrem Berufsziel nicht zu machen. Kinder würden total an mir hängen bleiben.» Sie: «Ich wusste, dass all das zusammen mir nie gelingen würde – Karriere machen, Kinder haben und meine Beziehung auf ihrem Niveau zu halten.» Sie hat auch gelitten unter dem «kruden Verzicht».

Keine Kinder?! Die Verwandtschaft stutzte und musterte Frau

Hassauers Bauch. «Sie wollten wissen», sagt Roos grimmig, «ob das Rind nicht doch endlich trächtig ist.» Und die weitere Umwelt hatte brennendes Interesse an der Frage, ob er, Roos, denn sexuell überhaupt noch funktioniere: der arme Kerl! Opfert seiner Frau und deren Karriere die eigene Männlichkeit, hat keine feste Anstellung, sie ist finanziell gesichert und *er* noch dazu drei Zentimeter kleiner als sie. Die «Gender-Forscher» Hassauer und Roos haben zu spüren bekommen, welch vermintes Gelände zwischen den Welten «Mann» und «Frau» liegt. Wer dort allein unterwegs ist, kommt nicht heil davon.

So sind sie zugleich eine Koalition der Selbstkritik wie eine Schutzgemeinschaft und Bestärkungsallianz. Jeder sagt dem anderen: Es ist richtig, was du tust. Sie betreiben gemeinsam Kunst und Wissenschaft, und ihr aufwändigstes Forschungsprojekt und größtes Kunstwerk ist die eigene Partnerschaft.

«Unser Lebensmotto ist: Unbedingt leben», sagt sie. «Dazu gehört: sich verlieben und mit der Eifersucht umgehen zu können.» Gegen die Reize anderer sieht sich keiner der beiden gefeit. Der Schriftsteller verliebt sich täglich in irgendein vorbeigehendes Menschenkind. «Aber Verlieben ist nicht Liebe! Man muss den anderen informieren, wenn es prekär würde. Und da», sagt er lächelnd, «sind uns Lösungen gelungen, die ich toll und ziemlich einmalig finde.» Der Reporter fragt nicht nach. Hassauer ergänzt: «Das setzt voraus, dass das Paar die Priorität der Primärbeziehung respektiert, mit Loyalität und Diskretion.»

Verschwisterung statt Leidenschaft

Doch dass ein Dritter auftaucht, ist bei anderen der häufigste Scheidungsanlass. So wird serielle Monogamie zum Schlüsselwort für das aktuelle Paarverhalten. Solange man zusammen ist, ist man auch (relativ) treu; aber man bleibt nicht unbedingt lange zusammen.

Gerhard Amendt, Direktor des Instituts für Geschlechter- und Generationenforschung an der Universität Bremen, sagt: «Liebe und Sex sind heute wie zwei Vehikel. Geht es mit dem einen zu Ende, nimmt man das andere zum Trost. Man kämpft nicht mehr so sehr um Beziehungen, man tröstet sich mit jemand anderem.» Unter jungen Leuten aber beobachtet Amendt Ernüchterung: «Die machen früh ihre ersten sexuellen Erfahrungen. Und dann war es oft doch nicht so toll.»

1968 sei es vor allem um die Quantität der sexuellen Kontakte gegangen, nicht um Qualität. Sexualität sei mit Befreiung gleichgesetzt worden. Heute seien etliche 25- bis 28-Jährige auf der Suche nach der großen Liebe. Die Ehe solle auf Dauer stellen, was man an Liebeserfahrungen als Kind hatte. Man liebe, wenn man heirate, oft eher das Idealbild einer Person als die Person selbst. Der produktive Teil der Ehe bestehe dann darin, im gemeinsamen Kampf Abstriche vom gegenseitigen Idealbild zu machen – das könne Paare zusammenschweißen.

«Was in der Generation meiner Eltern erprobt wurde», sagt Marlene, «kann ich bei mir nicht wiederfinden. Dass es zum Beispiel okay war, wenn ein Paar, das für eine gewisse Zeit an getrennten Orten lebte, in dieser Zeit auch andere sexuelle Kontakte hatte …»

Im Restaurant Serengeti in Frankfurt sitzt Marlene König mit ihrem Freund Eric Mohn. Beide sind 22 Jahre alt; er studiert Sonderschulpädagogik in Frankfurt, sie Angewandte Kulturwissenschaften in Lüneburg. Ihre Liebe ist ein Sonderfall von serieller Monogamie. Die beiden kennen sich seit sieben Jahren, und in diesen sieben Jahren haben sie sich dreimal getrennt. Sie hatte zu viel Angst vor der Nähe. Derzeit sind sie zum vierten Mal zusammen.

Muss man heute wissen, zu wem man gehört? «Ich glaube schon», sagt Marlene. «Vielleicht liegt das daran, dass es so wenig Halt in verlässlichen Werten gibt. Ich bin oft sehr orientierungslos. Da ist Eric einer der wenigen festen Punkte in meinem Leben.» Sie bekräftigt, dass es auch in der Liebe Retro-Tendenzen gebe: «Es wird alles immer öffentlicher, vielleicht wird darum Treue immer wichtiger.»

Marlene, eine auffällig zierliche, hübsche Frau, war in der Schule immer die Beste. Ihre von Antiautorität geprägte Erziehung und ihr grenzenloser Ehrgeiz machten ihr zu schaffen, sagt sie. Sie wurde magersüchtig und verbrachte Monate in der Klinik. «Eric», sagt sie, «ist der Einzige, der mich in dieser Zeit erlebt hat. Er kennt mich in Lebensphasen, die nie ein anderer von mir kennen wird.» Zum ersten Mal haben Marlene und Eric jetzt das Gefühl, dass sie in einem Jahr noch zusammen sein werden. Was zwischen beiden nun laufe, sagt Eric, sei ein ganz neues Ding.

Serielle Monogamie bedeutet bei diesen beiden also: sich neu zu verlieben in denselben gewandelten Menschen. Über die Jahre hin sind sie sich dabei immer ähnlicher geworden. Es herrscht zwischen ihnen eine liebevolle Schicksalsergebenheit, und wenn sie voneinander erzählen, ist es eine gemeinsame Erzählung. Einer ergänzt den anderen, sie wählen ähnliche Formulierungen und Gesten, haben einen ähnlichen Tonfall. Sie kleiden sich ähnlich und haben nahezu identische Frisuren.

Von dem Philosophen und Religionswissenschaftler Friedrich Daniel Ernst Schleiermacher (1768 bis 1834) stammt der Satz: «Ich glaube an die unendliche Menschheit, die da war, ehe sie die Hülle der Männlichkeit und der Weiblichkeit annahm.» Gibt es heute etwa einen Wandel in Schleiermachers Sinn? Eine Lust am Abwerfen der Hüllen? Der Schweizer Paarforscher Jürg Willi behauptet, Männer und Frauen hätten sich in den letzten Jahrzehnten von Antipoden im Geschlechterkonflikt zu «Kollegen» entwickelt: Man hat gekämpft, man kennt die Finten der anderen; nun müht man sich um Verständigung.

«Verschwisterung?» Marlene denkt nach. «Bei uns geht das schon in die Richtung.» – «Das heißt aber nicht», sagt Eric, «dass wir asexuell leben würden.»

Befreiung von Geschlechterrollen

Am Abend, bevor der Reporter bei Bettina und Ruth zu Gast ist, haben die beiden in ihrer Dachwohnung hoch über Stuttgart Ruths 40. Geburtstag gefeiert. Es waren 32 Frauen da, davon drei Heterofrauen und drei Mädchen. «Alle anderen», sagt Ruth, «waren lesbisch. Für die Heteras war dieses Fest befremdlich. Für uns gar nicht. In der Mehrheit ist man immer normal.»

Bettina, 41, und Ruth sind seit neun Jahren ein Paar. Ein kluges, witziges, harmonisches Paar. Ruth war Ende 20, Bettina 31, als sie ihr «inneres Coming-out» hatten. Bis dahin versuchten sie mehr oder weniger unfroh, ein heterosexuelles Leben zu führen. «Ich habe mir immer vorgestellt, es würden mal viele Kinderchen um mich rumspringen», sagt Ruth, «ich wusste aber nie, ob das mein Wunsch war oder ob der in mich reingepflanzt wurde.»

Bettina sagt, ihr Vater wisse bis heute nicht, dass sie mit einer Frau lebe; wüsste er es, es würde eine Welt für ihn zusammenbrechen. Im Betrieb – Bettina ist Führungskraft bei einer großen Versicherung – wissen es die meisten, mit denen sie zusammenarbeitet. Bei den anderen spricht es sich rum. «Ich werde respektiert. Aber wir reden nicht darüber, es würde die Kollegen irritieren.» Bei Ruth, der Sport- und Englischlehrerin an einem Gymnasium, liegt der Fall anders. Sie hat ein ständiges Coming-out zu bewältigen: «Es kommen ja immer neue Klassen.»

Die beiden sind, in gewisser Weise, ein sehr unerfahrenes Paar. Als Lesben. Sie deuten an, dass es eine Lebensbeziehung werden könnte. Sie streiten sich nie, sagen sie, dabei sind sie höchst unterschiedlich. Ruth ist impulsiv, schnell, nachfragend, übersprudelnd. Bettina ist auf trockene schwäbische Art viel sagend: Von zehn Gedanken, die ihr durch den Kopf gehen, meldet sie gerade mal ein «Hm» nach draußen – dem dann Sätze von bestechender Genauigkeit folgen.

Seit neun Jahren erleben sie die stellenweise tönerne Toleranz der deutschen Gesellschaft. Wenn sie Hand in Hand gehen, starren die Leute sie an. Würde eine von ihnen krank werden, hätte die andere kein Recht, sie im Krankenhaus zu besuchen oder zu pflegen. Die Situation der Schwulen und Lesben werde sich langfristig verbessern, glauben beide – trotz aller Diskriminierung vonseiten konservativer Kirchenleute und Politiker. Und doch: Es bleibt die Scheu vor dem Wort «lesbisch». «Es ist eine wahnsinnige Barriere, auch wenn wir mit Kindern reden. Mein kleiner Neffe fragt mich immer: Bist du ein

Mann? Er will uns einordnen. Und er weiß nicht, wo. Damit werden wir wohl leben müssen.»

Aber sie führen ein gutes Leben. Ruth und Bettina haben ein gemischtes Basketballteam aufgebaut – Lesben und Heteras –, mit dem sie montags trainieren und das im Sommer zu den Eurogames, den europäischen Gay Games, nach München fahren wird. Sie haben einen großen Kreis von Freundinnen.

Vor allem sind sie, sagen sie, frei von den Konflikten, die Rollenzuweisungen auslösen. Eine lesbische Polarisierung wie in der Weimarer Republik – hier kesser Vater, da die «Femme» – erscheint beiden absurd. Das, sagt Ruth, seien Kostümierungen gewesen. «Es gibt bei uns nur Bettina und Ruth.»

Aufgehen im Kindersegen

In der Geschichte der Ehe und des eheähnlichen Zusammenlebens hat es vier Hauptmodelle gegeben. Erstens das ökonomisch-rechtliche Ehemodell: Die Verbindung zweier Menschen diente der juristischen Absicherung und der Weitergabe von Besitz. Kein Wunder, dass sich Paare heute noch gegenseitig «Schatz» nennen.

Zweitens das institutionell-rechtliche Ehemodell: Das Paar (die Familie) wurde als Keimzelle der Gesellschaft gehegt. Drittens das kindzentrierte Modell: das Paar (die Familie) als Reproduktionsgemeinschaft. Viertens das aktuelle Modell: das Paarsein (die Familie) zur Maximierung des persönlichen Glücks.

Die ersten drei Modelle gehen mit großer sozialer Kontrolle einher, das vierte, jüngste Modell entzieht sich ihr. Allerdings mit der Folge, dass viele Anhänger von Modell vier auch der Wärme verlustig gehen. Die Deutschen, die noch heiraten, tun es immer später, die Männer im Schnitt mit 31,6 Jahren, die Frauen mit 28,8 Jahren. Je später sie aber heiraten, desto größer ist die Chance einer Scheidung. Und wer sich einmal scheiden ließ, hat relativ hohe Chancen, eine zweite Scheidung zu erleben.

Ist das Paarsein wirklich so verdammt schwer? Vermutlich ja. Es sei denn, es treffen sich die Richtigen. Dann kann es passieren, dass sich die oben beschriebenen Ehemodelle ergänzen. Wie bei den Neuburgs in ihrem Zehn-Zimmer-Endreihenhaus im Hamburger Stadtteil Volksdorf

Heike Neuburg ist 39, Hermann Neuburg ist 41. Die beiden haben sich im Juli 1984 kennen gelernt. Er war Zivi im Krankenhaus, sie ließ sich zur Krankenpflegerin ausbilden. Nebenher wollten beide Musik machen. Sie trafen sich zum ersten Mal, um etwas von Telemann einzustudieren, *Erquicktes Herz, sei voller Freuden*. Er sang, sie begleitete ihn auf der Violine. Am selben Abend war ihnen alles klar. Und bald auch der Zuwachs beschlossen: «Vier Kinder planen wir, dann kommen die ungeplanten.»

Der Pastor gab ihnen zwei Jahre. Sie sind heute noch zusammen. Sie haben sechs Kinder: Raphael, 18; Dominik, 17; Elena, 12; Marlene, 11; Leonard, 7; Constanze, 3.

Hermann, ein Einzelkind, war zuvor mit einer Frau zusammen gewesen, die auch Einzelkind war. «Das geht eigentlich nicht. Zwei Einzelkinder können nicht zusammenleben. Die rufen ineinander den Geiz hervor. Und Geiz ist nicht geil. Er hat meine erste Beziehung zerfressen.»

Von Heike hat er das Teilen gelernt, die Großzügigkeit. «Man wählt den aus, der aus einem macht, was man gerne wäre», sagt er. Heike stand vor der Wahl, Karriere zu machen oder Kinder zu haben. Sie entschied sich für die Familie. Als Kind hatte sie sich ein glückliches Familienleben gewünscht und unter dem ständigen Streit ihrer Eltern gelitten. Sie sagt einen Satz, der alles Weitere erklärt: «Wenn du das Schöne nicht erlebt hast, musst du es selber schön machen.»

Heute ist Hermann, der Sänger werden wollte, SAP-Berater, und Heike, die Sprachen studieren wollte, führt den Haushalt. Ihr Beruf ist «Familienmanagerin», sie macht ihn perfekt. «Meine Frau», sagt Hermann, «ist im engen Wortsinn nicht emanzipiert. Äußerlich hält man sie für das Heimchen am Herd – was sie nicht ist.» Sie ist es nicht, und sie wirkt nicht so, sondern so phänomenal unverschlissen wie ihr Mann. Auch dass sie sechs Kinder geboren hat, ist dieser hübschen, zierlichen, lebhaften Frau nicht anzusehen.

Leidet sie, wenn man sie für ein Heimchen hält? «Anfangs schon. Als Mutter zweier Kinder war ich unter Studenten nicht anerkannt. Aber mit jedem Kind stiegen die Achtung und die Anerkennung. Heute fühle ich mich sehr stark. Ich habe Erfahrungen gemacht, die die wenigsten haben.»

Und wie steht's mit der berüchtigten deutschen Kinderfeindlichkeit? Im Gegenteil: Sie spüren bei vielen so etwas wie heimlichen Respekt vor der Lebensleistung. Acht Menschen, die zusammenhalten, haben Aura. «In gewisser Weise stehen wir im Rampenlicht», sagt sie, «ich spüre auch, dass wir Neid hervorrufen. Wir haben ausgelebt, was andere nicht gewagt haben.» Und er sagt: «Man wird als eine Art gesellschaftlicher Lichtblick gesehen.»

Im Haus durchweben sich Hip-Hop, Techno und klassische Musik. Ihre Gene, sagen die Neuburgs, hätten sich auf sehr interessante Weise gemischt: jedes Kind ein völlig eigener Charakter. Es wird auch viel gezankt, aber keiner hält es lange aus, allein zu sein. Wenn eins der Kinder den Raum betritt, lächelt Vater Neuburg versonnen zum Reporter hinüber. Er ist auf eine sehr sympathische Weise stolz.

Gewiss gab es auch Zeiten, da hatte sie schon den Termin beim Scheidungsanwalt fixiert, und Zeiten, da er sich gefragt hatte, ob es nicht auch ein Leben jenseits der Familie geben könnte. Aber die Liebe habe sich als «positive Kette» herausgestellt, sagt sie. Die Ökonomie allerdings auch: «Eine Scheidung», sagt er, «wäre ruinös gewesen.»

«Wir haben uns dann wieder klar gemacht», sagt sie, «dass es keinen anderen gibt, der so für mich da ist, wie er es ist, und keine andere, die so für ihn da ist, wie ich es bin. Was wir voneinander wollen, ist identisch. Es kann nur *dieser* Mensch sein.»

Günter Amendt, der Zwillingsbruder des oben zitierten Gerhard Amendt, ist Sexualforscher und Autor berühmter Aufklärungsbücher *(Sexfront)*. In seinem Aufsatz *Aufklärungsliteratur im Wandel* heißt es: «Die Deregulierung der ökonomischen und sozialen Verhältnisse wird auch die sozialen Beziehungen und ihre Moral deregulieren. Alle

Regeln und Gebote, die den Warenfluss behindern könnten, werden im Verlaufe dieses Prozesses aufgehoben werden. Am Ende werden dann alle Beziehungen nur noch Tauschbeziehungen sein.»

Die Stadt als Basar, die Erotik als Währung, der Mensch als Handelsware – das klingt fürchterlich einleuchtend. Und es mag, wie Botho Strauß meint, eine verfluchte Passanten-Welt sein, in der wir nach Liebe suchen.

Aber es gibt Passanten, die dauerhaft Liebe finden. Offenbar gelingt dieses Kunststück am ehesten jenen, die anfällig sind für den schönen Irrsinn des Augenblicks, für das Unerklärliche. Heike Neuburg sagt heute, sie habe damals, als 20-Jährige, blitzartig geahnt, was noch kommen würde, als sie Hermann zum ersten Mal sah: «Er lächelte, und mein Leben blätterte sich vor mir auf.»

21

Wie man in Deutschland sich im Verein gesellt

Das Land steht still, nur bei den Vereinen gibt es noch Wachstum: Jedes Jahr werden mindestens 15000 neue e.V. gegründet. Was treibt ihre Mitglieder? Zu Besuch bei vier Vereinen rund ums Auto.

von Urs Willmann

Früh am Morgen hat es auf dem Possen geschneit. Der Hügel, 440 Meter hoch, liegt südlich von Sondershausen im Thüringer Harz. Wildschweine grunzen im Gehege, Hirsche fressen von Spaziergängern hingeworfene Kastanien, die Bären schlafen – der richtige Ort für ein Vereinstreffen. Fünfzig Menschen aus der Republik haben sich zum sportlich-festlichen Wettstreit eingefunden. Das 3. Wintertreffen des Trabantclubs Sondershausen hat Trabi-Freunde aus Sachsen, Thüringen und Franken angelockt. Im weiteren Tagesverlauf wird es darum gehen, Zylinderköpfe zu stapeln, Bälle durch rostige Metallfassungen von Scheinwerferlampen zu schießen und aus einem Kanister exakt zwei Liter Ersatzflüssigkeit in einen Blechtank zu schütten. Auch der diesjährige Meister im Anlasserstemmen will ermittelt sein. Die Königsdisziplin aber ist im himmelblauen Vereinsvehikel zu bewältigen. Am Heck des Wettkampftrabis – 600 Kubikzentimeter, Baujahr 1962 – klebt das internationale Landeskennzeichen der DDR. Im Zweitakter mit Handschaltung gilt es, vier Schwierigkeiten zu meistern: die Strecke von 50 Metern in exakt 15 Sekunden zurücklegen; der Länge nach über ein schmales, langes Holzbrettchen rollen; zentimetergenau vorwärts einparken; zentimetergenau rückwärts einparken. Jetzt gurgelt der Anlasser. Ein Röcheln, dann ein Röhren. Eine ölig blaue Wolke steigt in die morgendliche Luft. Los geht's!

Trifft der Deutsche einen Deutschen, ist fast mit Sicherheit ein Verein dabei. Bereits wenn der Deutsche in den Spiegel schaut, beträgt die Wahrscheinlichkeit 60 Prozent, dass das Gegenüber Mitglied eines Vereins ist. 574359 eingetragene Vereine (e.V.) zählte 2003 das Register, 29658 mehr als 2001 – ein jährliches Wachstum von 2,8 Prozent. Wäre unsere Wirtschaft nur auch so produktiv! Es gibt für alles Vereine und Vereine für alles, den sprichwörtlichen Kaninchenzüchter-Verein ebenso wie den Bundesverband für die Rehabilitation der Aphasiker e.V., den Eine Welt e.V., den Dritte Welt e.V., den Phantastische Welten e.V. Zum Gründen reichen drei Personen. Sinkt die Zahl unter drei, wird einem e.V. «die Rechtsfähigkeit entzogen», sagt das Recht. Auf über 14 Millionen Kraftfahrer hat es seit 1903 der ADAC gebracht. Der Allgemeine Deutsche Automobilclub e.V. ist der größte Verein im Land. Was nicht verwundert. Denn macht ein Interesse das Wesen einer Nation aus (Kleingärtnern, Kegeln, Karneval), gründen sich dazu bevorzugt Vereine. Und das typischste Artefakt Deutschlands ist zweifellos das Auto.

So lässt sich das Verbindende und Unterschiedliche am deutschen Vereinsleben am allerbesten am Objekt Auto studieren. Nirgendwo bricht sich deutsche Wirklichkeit vielfältiger als in den Vereinen rund ums Auto. Neben dem Marktführer ADAC gibt es markenfixierte Vereinigungen wie den OPEL-Gäng Pirmasens e.V., typenorientierte Grüppchen wie den Corvette-Club-NRW, aggregatsbezogene (Adler-Motor-Veteranen-Club e.V.) und funktionsspezialisierte Autovereine (Taxiverband Deutschland e.V.). Natürlich gibt es neben den Männer- die reinen Frauenvereine wie den Deutschen Damen Automobilclub (DDAC). Die Gegenbewegung formiert sich in Vereinen wie autofrei leben! e.V. und Autofreies Wohnen e.V. Und wer unter die Räder geraten ist, organisiert sich im Unfallopfer-Netz e.V.

Normalerweise findet Vereinsleben vorwiegend abends statt – außer es stehen besondere Anlässe an. Der jährliche Wettkampftag des Trabantclubs Sondershausen ist ein solcher. Doch warum muss man sich dazu im Winter treffen, im Schnee? «Im Sommer sind schon an jedem Wochenende überall Trabi-Treffen. Da kommst du als

Veranstalter in den Markt nicht rein», sagt Sven, Vorstandsmitglied des Trabantclubs. Er zwängt sich auf den Beifahrersitz des Wettkampftrabis. Dort erklärt er dem unsicheren Neuling das verehrte Vereinsobjekt. Da ist die Handschaltung. Hier der Rückwärtsgang. Kupplung ist wie überall. Vorsicht: keine Bremsverstärkung! «Fahr mal zum Üben rückwärts bis zum Start!» Denn auch der Reporter darf am Wettkampf teilnehmen. Dem Sieger winkt ein 15 Zentimeter hoher lächelnder Kunststoffschneemann mit Weihnachtsbaum, roter Mütze und Glocke.

Während auf dem Possen die Trabi-Freunde um Punkte kämpfen, sammelt sich am Nachmittag der Landesclub Berlin des Deutschen Damen Automobilclubs e.V. im Grunewald. Einmal im Monat treffen sich die DDAC-Damen im Wintergarten eines Tennisclubs zur Trockenrallye am grünen Tisch. Die vor dem Clubheim geparkten Limousinen sind zwar stattliche Vehikel. Aber im Winter macht es keinen Spaß, damit über kalte und dunkle Landstraßen zu rollen. Zur großen Frühjahrsrallye im Mai und zu den kleinen Rennen an Sommerabenden treten die Damen natürlich im Automobil an. Jetzt aber liegen Straßenkarte, Buntstifte und die Lupe mit Licht auf dem Tisch bereit.

Vereinsmeierei als Akt der Freiheit

«Die Vereinsmeierei ist nicht so typisch deutsch, wie Deutsche gern behaupten», sagt Hermann Bausinger, Autor des Buchs *Typisch deutsch*. Der emeritierte Tübinger Volkskundeprofessor verweist auf Wales. Dort heißt es: Wo drei Waliser zusammenkommen, gründen sie ein Komitee. Auch der Durchschnittsamerikaner pflegt sich in mehreren vereinsähnlichen Gesellschaften zu organisieren. Eine globale Erscheinung sind Vereine aber keineswegs. «In Indien und Afghanistan ist die Möglichkeit den meisten nicht gegeben. Dort haben Sie Kasten und Stämme», sagt der Soziologe Dieter H. Jütting, Direktor des Instituts für Sportkultur und Weiterbildung der

Universität Münster. Er versucht das Phänomen wissenschaftlich anzugehen. Es lasse sich nicht auf Grüppchen mit dem Kürzel e.V. reduzieren. Jütting verwendet Bezeichnungen wie *freiwillige Vereinigung* oder *soziale Formation.* «Sich im Verein zu organisieren ist ein Akt der Freiheit», sagt er. Diese Freiheit gebe es nicht überall. Vereine seien neben Stiftungen und anderen Non-Profit-Organisationen elementarer Bestandteil des «Dritten Sektors», der Staat und Markt ergänzt. «In vormodernen, tribalen, sozialistischen oder religiösen Gesellschaften», sagt Jütting, «ist ein Dritter Sektor nicht oder nur rudimentär vorhanden. Er ist ein Phänomen des Westens.»

Im Damen-Automobilclub gibt es erst einmal Kaffee und Kuchen. Der Betulichkeit gilt die maximale Konzentration, denn bevor die Rallye startet, sind die 70- und 80-jährigen Mitglieder noch mit dabei. Allerdings fehlt die Älteste, die 95-Jährige. Wie geht es ihr? Man redet. Anekdoten, Familiäres, Gebrechen. Eine Neue feiert ihren Einstand mit Sekt: Regina Caspers, 43-jährig. Über Monate hinweg war die Kunsthändlerin als Gast an Vereinsabenden der Automobildamen geladen, quasi als Mitglied auf Probe. Offensichtlich ist sie dabei couragiert «nach außen getreten». Dass eine an den Gesprächen aktiv teilnimmt, wird erwartet von Damen, die in einen Verein aufgenommen werden möchten, der, 1926 von Lucy Elisabeth Freifrau von Linsingen gegründet, auf seiner Ehrenmitgliederliste Margarete von Hindenburg und Berta Benz aufführen kann.

Das langjährige Mitglied Claudia Kraußer arbeitete noch bei DaimlerChrysler, als ihre Vorgesetzten, natürlich mit Hintergedanken, sprachen: «Toller Verein, dieser Damen-Autoclub, Sie treten doch bei?» Schließlich entsprechen die Damen exakt der kaufkräftigen Zielgruppe des Autoherstellers. Kraußer schaffte die Aufnahme. «Ich hätte austreten können, als ich selbständig geworden bin», sagt sie. Da gefiel es ihr aber schon zu gut. So wichtig ist der Unternehmensberaterin der Verein, dass sie nach ihrer Hochzeitsnacht in der Frühe aufgestanden ist, um eine Rallye nicht zu verpassen.

Im Verein, sagt Vereinsforscher Jütting, gesellen sich soziale Aktivisten zum «geldlosen Austausch von Leistung und Kommunikation». Das führe zu sozialem Reichtum. Er hat dies am Beispiel zweier Städte, Gronau und Borken, untersucht und ist dabei auf ein Netzwerk von 800 Organisationen gestoßen, in das 63 000 Personen eingebunden sind und das sich ständig wandelt. Auf keinen Fall können seine Ergebnisse «das gerne in der Öffentlichkeit gezeichnete Bild eines rückwärts gewandten, in Ritualen erstarrten Vereinslebens bestätigen». Diese Gewissheit führt er auf Wirkungen zurück, die von Vereinen ausgehen. Er bündelt sie in drei Theoreme: Vereine erzeugen kostengünstig Güter und Leistungen, sie leisten einen Beitrag zur sozialen Integration der Mitglieder, und sie sind institutioneller Ausdruck einer aktiven demokratischen Gesellschaft.

«Bei uns wird niemand fallen gelassen», sagt Claudia Kraußer vom Damen-Automobilclub. «Zum Vereinsleben gehört, dass wir uns um die Alten kümmern.» Die Seniorinnen sind bei der großen Rallye stets als Zaungäste dabei. Im Vereinsjargon heißen sie dann «Schlachtenbummler». Das neue Mitglied Regina Caspers ist hingerissen: «Wenn die alten Damen von früher erzählen, kann ich stundenlang zuhören.» Kraußer erklärt, was es für die Aufnahme in die ehrenwerte Runde braucht: «Die Dame braucht Sinn für Gemeinschaft, muss an Kunst interessiert sein, dem gesellschaftlichen Umgang entsprechen und einen gewissen Bildungsstand besitzen.» Letztes Jahr, erzählt die Vorsitzende der Berliner Autodamen, Gesina Müller-Steineck, hätten sie zwei abgelehnt. «Die eine schrieb schon im ersten Brief ‹Hallöchen›. Da wusste ich gleich: Die passt nicht. Niveau muss man schon haben.»

Das Vereinsobjekt hat ein Imageproblem

Im Corvette-Club-NRW sind andere Dinge wichtig. Wer gerne in einem Chevrolet Corvette sitzt, ist dabei. «Im Verein kriege ich Techniktipps und Hilfe bei der Ersatzteilbesorgung», sagt Ulrich. Heribert freut sich, via Verein «tief ins Thema reinzukommen». Das Thema trägt er auf einem Foto im Geldbeutel mit sich herum: «Meine Corvette.» Es ist fünf nach acht. Vereinstreffen im Hopfenstübchen des Restaurants Kockshusen in Essen. Man sitzt auf Barhockern und erzählt. Ulrich sagt, er habe «eine C1 für Rallyes und eine C5 für den Alltag». Natürlich weiß jedes Vereinsmitglied, was die Abkürzungen bedeuten. Der Reporter muss aufgeklärt werden: Es gibt fünf Corvetten, alle aus Kunststoff gefertigt. C1 ist das älteste, C5 das neueste Modell. Das Auto, das gemeinhin als «Zuhälterschlitten» bekannt geworden ist, sei die C3. Präsident Norbert, im beigen Hemd mit aufgenähter Corvette-Fahne, spricht in diesem Zusammenhang von einem «Imageproblem» der Corvette.

Auch hier stellt sich ein neues Mitglied vor: «Ich bin Hubraumfanatiker, habe eine eigene Werkstatt. Ich fahre auch Motorrad. Und meine Frau auch.» Dann informiert Präsident Norbert über die Planung der Jahreshauptversammlung. Datum und alles Weitere stünden bald im Internet: «Es wird keine Post verschickt.» Einer am Tisch fragt, ob das rechtens sei. Ein Zweiter sagt: «Nur, wenn alle einverstanden sind.» Ein Dritter: «Wenn Norbert einverstanden ist, sind alle einverstanden.»

Vereinsmeierei ist Geben und Nehmen und daher nicht zu verwechseln mit Altruismus. Letztlich gewinne, wer sich engagiert, «soziales Prestige», sagt Vereinsforscher Jütting. Er kann nicht verhehlen, ein Fan seiner Forschungsobjekte zu sein: «Eine tolle Erfindung!» Und was für eine tolle Demokratieschule: «Ich muss keinen ermorden, ich kann ihn einfach abwählen. Ich verleihe Macht auf Zeit.» Seine Studien haben zwar gezeigt, dass die meisten Vereine stark hierarchisch strukturiert sind – mit exponierten Ersten Vorsitzenden –, aber 85 Prozent der Vereine gaben an, die Ämterbesetzung erfolge demokratisch. Nur 15 Prozent besetzen ihre Ämter «durch informelle Absprachen».

Jochen Böhme zählt seinen Verein zu den 15 Prozent. «Was da läuft, hat mit Demokratie nichts zu tun.» Er ist sich nämlich nicht sicher, ob er überhaupt noch Mitglied des Vereins Unfallopfer-Netz ist. Juristisch betrachtet, vermutlich schon. Doch die Vorsitzende hat ihn vor zwei Tagen gefeuert. Kann sie das? Böhme ist durcheinander. «Die Stimmung im Verein ist sehr schlecht», sagt er, während er seinen Wagen durch den Kreis Ravensburg in Schwaben steuert. Dennoch wolle er seiner Vereinsarbeit weiter nachgehen. Sinn und Zweck des Vereins sei schließlich, Opfer von Unfällen zu beraten, wenn Haftpflichtversicherer nicht für Schäden am Lebendigen aufkommen wollen.

Böhme hält in seinem Referat inne, als er sein Auto auf den Besucherparkplatz eines Wohnquartiers in Baienfurt steuert. Vorsichtig steigt er aus, eine Cervicalstütze hält seinen Kopf gerade. Ein Schleudertrauma. Dann späht er im Schein der Straßenlampe nach der Hausnummer von Frau L. Seit einem Jahr berät Böhme, als Leiter der Selbsthilfegruppe Bad Saulgau, Frau L. Sie hatte, genauso wie er, Schwierigkeiten mit ihrem Anwalt. Mittlerweile haben beide einen anderen, denselben.

Psychoterror auf der Vereins-Homepage

Der Unfallopfer-Netz e. V. steht beispielhaft für einen weiteren Aspekt der Vereinsarbeit, jenseits von Folklore, Geselligkeit oder Sozialprestige: In vielen Vereinen geht es um Selbsthilfe. Das hat tiefe historische Wurzeln. Das Mittelalter war noch nicht um, da entstanden Schützengesellschaften, zum Schutz der Städte. «Und mit ihren Schützenfesten erfanden sie ein bürgerliches Gegenstück zu den Turnieren der Adligen», sagt Bausinger. Doch die Armee machte zivile Waffenträger praktisch überflüssig. Als Traditionsvereine aber haben sich viele Schützengesellschaften am Leben gehalten. Das Muster, analog den strammen Stadtschützern Defizite mit organisierter Selbsthilfe zu beseitigen, hat sich bewährt. Wo Politik, Gesetzgeber und Wirtschaft beim Organisieren des Zusammenlebens nicht hinkommen, springen Vereine oder vereinsähnliche Organisationen in die Bresche. Der Weiße Ring e. V. hilft Opfern der Kriminalität. 2002 wurde der Verein zur Unterstützung der Überschwemmungsopfer der Hochwasserkatastrophe 2002 ins Vereinsregister eingetragen.

Der Helfer Jochen Böhme war vor drei Jahren frühmorgens von einem Betrunkenen gerammt worden. Um zu seinem Recht zu kommen, schloss sich Böhme dem Opferhilfe-Verein an und gründete 2003 die Selbsthilfegruppe Bad Saulgau. Diese findet man auf der offiziellen Vereinsseite im Internet nicht mehr (die zornige 1. Vorsitzende hat Böhme und Bad Saulgau gelöscht). Schaut man dort ins öffentliche Forum, wird man Zeuge eines unschönen vereinsinternen Hickhacks. Von schlimmen Vorwürfen ist da zu lesen. Hat sich die 1. Vorsitzende privat aus der Vereinskasse bedient? Sind 500 Euro für den Transport eines Computers ein angemessener Spesenbetrag? Ist die Vorsitzende psychisch in der Lage, den Verein zu führen? Von Krieg, Schmutz, Psychoterror, Hetzkampagne, Diktatur ist die Rede. Wer den hässlichen Streit verfolgen will, muss sich beeilen. Alle paar Stunden löscht die Vorsitzende missliebige Wortmeldungen. Böhme sinnt darüber nach, einen neuen Verein zu gründen: Adrasteia e.V., benannt nach der griechischen Göttin der Gerechtigkeit. Aber da steht er schon vor der Tür von Frau L. Die braucht jetzt seinen Rat. Die Hilfe geht vor. Er klingelt. Frau L. hat ihn erwartet. Sie kämpft seit zehneinhalb Jahren gegen die Allianz-Versicherung.

Zeiten, Krisen, Moden und Politik bringen stets neue Vereinstypen hervor. Die ersten entstanden im 18. Jahrhundert. «Das revolutionär Neuartige an den Vereinsgründungen war, dass diese über alle gesellschaftlichen Schranken, sei es des Standes oder der beruflichen sowie auch konfessionellen Bindungen, hinweg erfolgten und insofern gesellschaftlichen Wandel erst ermöglichten», schreibt die Politikwissenschaftlerin Annette Zimmer von der Universität Münster in ihrem Buch *Vereine – Basiselemente der Demokratie.*

Würstchen gegen Riesen

In der Frühgeschichte des Vereinswesens ist das 19. Jahrhundert von entscheidender Bedeutung. Da setzte die bis heute «maßgebliche Welle der Vereinsgründungen» ein, sagt der Volkskundler Bausinger.

Gesangsvereine machten vielerorts den Anfang, dann folgten Turnvereine, und beide waren «wichtige Träger der liberalen Bewegung». In ihnen formierte sich «Widerstand gegen die undemokratische Herrscherwillkür». Die karitativen Vereine kamen mit der Industrialisierung. Die Arbeiterbewegung gründete Konsum- und Bildungsvereine, Kunstinteressierte etablierten Kulturvereine, und Verschönerungsvereine kämpften für den Bau von Parkanlagen und Aussichtstürmen. Gemeinsam mit anderen erreichte der Einzelne mehr.

Das Unfallopfer-Netz ist ein Kind des Internets. In den Foren tauschte man Erfahrungen aus, dann gründete man den Verein. Noch immer ist das Internet die Basis. Dort sind, mit Hilfe eines Passworts, 15 000 Seiten Informationen einsehbar. Wer sich durchloggt bis zu den schwarzen Listen, erfährt, welcher Arzt gepfuscht, welcher Gutachter versagt und welcher Anwalt Opfer im Stich gelassen hat. «Diese Aufzeichnungen helfen, dass andere schneller ans Ziel kommen», sagt Böhme. Die Gegner seien fast immer die Haftpflichtversicherer des Unfallverursachers. «Da kämpft stets ein kleines Würstchen gegen einen Riesen.»

Währenddessen erhitzen sich im Hopfenstübchen die Köpfe. Der Kellner schleppt Essen heran. Corvetten-Präsident Norbert sieht's und wettert: «Wir hatten letztes Mal besprochen, dass während des offiziellen Teils nichts gegessen wird. Sonst kriegt wieder einer das Entscheidende nicht mit.» Er erkennt, dass es zu spät ist. Die Teller dampfen auf den Tischen. Norbert ist ohnehin unzufrieden mit seinem Volk. Seit Oktober letzten Jahres bitte er im Internet (www.corvette-club-nrw.de) um Vorschläge zur Saisoneröffnungsfahrt. «Seit Oktober habe ich nichts gehört!» Besser sieht es im Hinblick auf eine zweite Ausfahrt aus. Die anvisierte Kneipe, verkündet Norbert, «hat Parkplätze ohne Ende». Im Sommer, sagt Kai, würden sie mit ihren Corvetten nur in Kneipen Halt machen, auf deren Parkplätzen die Autos auch gesehen werden. Jeder will auffallen, weiß Kai: «Sonst können wir ja gleich wie die Chinesen rumlaufen, im blauen Anzug.»

Auf dem Thüringer Possen ist es nach Abschluss der Wettfahrt höchste Zeit, die Wintertauglichkeit der anwesenden Fahrzeuge zu prüfen. Welcher Trabi ist am besten gerüstet für Schnee und Eis? Auch in dieser Disziplin vergibt der Verein jährlich einen lächelnden Schneemann. Schließlich heißt Trabant «treuer Wegbegleiter, Gefährte», erklärt Daniel, der Vorsitzende des Trabantclubs Sondershausen. Das soll der Trabi auch im Winter sein. Und werde er ewig bleiben. Daniel ist 30 Jahre alt und «im Trabi groß geworden». Genau wie die anderen im Club. Da «alles aus dem Osten nach der Wende kaputtgeredet worden ist», sind die 87500 auf Deutschlands Straßen verbliebenen Trabis zu Symbolträgern geworden. In den Fanclubs gedeiht der Stolz. «Wir zeigen: Was aus dem Osten kommt, hat Bestand. Warum soll man wegwerfen, was einen so lange begleitet hat und läuft und läuft und läuft?», sagt Daniel. Oliver aus Oelsnitz ergänzt: «Mit Politik hat das nichts zu tun.» Genauso wenig macht Mike für seine Leidenschaft ideologische Gründe geltend. Er fährt Trabi «aus Spaß an der Freude».

Nun zündet Daniel die Taschenlampe an und stapft dem Lichtkegel hinterher durch den Schnee, von Karre zu Karre. «Winterreifen?» Winterreifen sind dran. «Türschlossenteiser?» Auch da. Dann will er von Yvonne aus Mühlhausen wissen: «Wo ist der Eiskratzer?» – «Da nehme ich die Musikkassette.» Der Juror notiert. Sand und Schneeketten fehlen. Mehr Wintertauglichkeitspunkte scheint Jana aus Delitzsch zu holen: Gulaschsuppe und Kocher im Kofferraum. Autokarte der DDR. Allerdings fehlen Besen und Schaufel. Pluspunkte gibt es für den Wodka. «Sonderzubehör», sagt Daniel und macht weiter Notizen. Oliver aus Oelsnitz winkt mit Handschuhen («Ohne geht's nicht!»), langen Unterhosen und Freifahrriemchen (eine evolutionäre Vorstufe der Schneeketten). Leider findet die Lampe mit Wackelkontakt gerade in diesem wichtigen Moment gar keinen Kontakt. Wird also Gerry das Rennen machen? Gerne erklärt der Delitzscher dem Laien das Wirkungsprinzip seines geheimnisvollen Salzsäckleins: «Einfach über die Scheiben reiben, dann beschlägt's nicht!»

Im Grunewald haben sich die Damen vom DDAC in ihre Tisch-Rallye vertieft. Start in Güterfelde. Gudrun Sikatzis, im Vereinsamt Sportwartin, berechnet einen 34-Grad-Winkel, zieht eine Gerade. «Gemeint ist wohl die Kreuzung hier oben», murmelt sie und kontrolliert mit der Lupe. Dann zeichnet sie eine Straßenstruktur von der Vorlage auf eine Klarsichtfolie und sucht die entsprechende Straße mit Abzweigung auf der Landkarte. «Da landen wir ja in der Walachei!», sagt sie.

In Baienfurt redet sich Frau L. in Rage: «Kriminell!» Sie meint damit abwechslungsweise Anwälte, Gutachter, Ärzte. Das Unfallopfer weiß zu kämpfen. 20 000 Euro hat sie für einen Anwalt aus dem Fenster geschmissen. Der hat, außer teure Stunden aufzuschreiben, nichts unternommen. «Du wirst beschissen von hinten bis vorn.» Bei ihrem Unfall gingen kaputt: Fersenbein, Nasenbein, Brustkorb. Beim Aufzählen der beschädigten Lendenwirbel beschleunigt sie mit Abkürzungen: L3, L4, L5. Der Bruch von S1 (erster Steißbeinwirbel) bewirkte eine halbseitige Lähmung. Schließlich kommt die Rede auf Lumbalischialgie und eine Kausalität im Zusammenhang mit Delta-V. In der Not wird der organisierte Laie zum Experten. «Wir sind Fortgeschrittene», sagt Frau L. In zehneinhalb Jahren hat sie einen 50-prozentigen Behinderungsgrad erstritten, genießt Steuervorteile, profitiert von vergünstigten Eintrittskarten. Trotzdem rät ihr Böhme, weiter «voll durchzuziehen». Er selbst ist mit seiner traumatischen Schädigung eines Auges und einer Instabilität der Halswirbelsäule noch «in der vorgerichtlichen Phase» und «noch immer bei 20 Prozent». Da liegt noch was drin. Er beugt sich mit Frau L. über bunte Bilder, die er hat anfertigen lassen: sechs Scanneraufnahmen von einem gesunden Hirn. Dann legt er Aufnahmen hin, auf denen schwarze Flecken zu sehen sind: «Meins.» Schließlich zieht er einen Bogen mit Hirnbildern hervor, auf denen noch mehr Störzonen sind: «Alzheimer.» Das Denkorgan des 46-jährigen Böhme, so ist aus der Bilderreihe zu schließen, liegt in der Mitte zwischen gesund und Alzheimer. «So was versteht sogar ein Richter», sagt er voller Zuversicht.

Training wider das Männerklischee

Um halb neun schaut Sportwartin Gudrun Sikatzis von ihrer orangen Zickzacklinie auf, die sie in den vergangenen Stunden auf die kopierte Karte gemalt hat. «Ist es das Schloss in Stern?» Stimmt, dort ist das Ziel. Die Trockenrallye ist zu Ende. Die Frauen haben, wie sie ihr Vereinswirken stets zu nennen pflegen, «gearbeitet». Damit sind sie bestens trainiert, wenn im Frühling die Saison im Freien beginnt. Claudia Kraußer schildert die harten Bedingungen bei den verschiedenen Outdoor-Wettkämpfen: «Die Parkelektronik wird abgeschaltet. Handybenutzung ist verboten. Beim Navigationssystem wird die CD rausgenommen.»

Aber die Wildnis hat ihre Tücken. Auf einer Rallye, die durch ein neues Bundesland führte, blieb Gesina Müller-Steineck, die Berliner Vorsitzende, mit ihrem Mercedes im Morast stecken. «Ein Bauer zog mich mit dem Wartburg raus. Seither trage ich weder Lackschuhe noch Röcklein.» Müller-Steineck schwört auf gutes Schuhwerk.

Im Corvette-Club überlassen die Frauen den Männern das schwere Gerät. Isabelle, die Freundin von Kai, sagt: «Ich hab nicht mal die Kupplung drücken können.» Und: «Ich habe Angst, das Auto gegen die Wand zu setzen. Dann hätte Kai keine Freundin und kein Auto mehr.» Und doch ist sie ihm eine Hilfe. Jedes Jahr führt der Urlaub das Paar dorthin, wo es Ersatzteile gibt: in die USA. Das letzte Mal schleppten sie eine 80 Pfund schwere Hinterachse mit nach Hause. «Teilen Frauen das Hobby, gibt's weniger Reibereien», sagt Präsident Norbert, der froh ist, dass in seinem Club ein Drittel Frauen sind (auch wenn keine von ihnen Corvetten lenkt). Über Frauen freut sich stets auch das Vereinsmitglied Ulrich: «Ich fahre meine Rallyes immer mit Beifahrerinnen. Frauen sind geduldig, wollen nicht selber fahren und können gut Karten lesen.»

«Wir beherrschen auch das Einparken und sind schnell unterwegs», sagt Claudia Kraußer. Ihr Blick lässt keinen Zweifel zu, dass die motorisierten Frauen vom DDAC dem Männerklischee von der unbe-

Den **Inhalt** ihres Vereinslebens suchen sich die 574359 eingetragenen Vereine (e.V.) in Deutschland in den Bereichen: Sport (39 Prozent), Freizeit (18), Wohlfahrt (13), Kultur (11), Beruf/Wirtschaft/Politik (10), spezielle Interessen (8) oder Umwelt- und Tierschutz (1).

12 Millionen **Ehrenamtliche** leisten monatlich 230 Millionen Stunden Arbeit – eine «Wertschöpfung» von 16,4 Milliarden Euro im Jahr.

Frauen sind dabei gerne gesehen, aber an der Spitze unterrepräsentiert: Weniger als ein Viertel aller Vereine hat eine 1. Vorsitzende. In das ungeliebte Amt des Schriftführers dagegen wird in jedem zweiten Verein eine Frau gedrängt.

Quellen: V & M Service GmbH, Aktive Bürgerschaft e.V., Universität Münster

darften Lenkerin in keiner Weise entsprechen. Dafür wird trainiert. Auf dem Programm der Deutschen-Damen-Rallye im Mai steht immer das Gymkhana. Im anspruchsvollen Parcours werden nicht nur Millimeterarbeit beim Parken und Kurvenbeherrschung im Hütchenslalom verlangt, sondern es wird auch ermittelt, wer seine Räder fehlerfrei durch eine schmale Spurengasse lenken kann.

Unter den Trabi-Fans herrscht mittlerweile Hochstimmung. «Eine starke Truppe seid ihr!», ruft Daniel in den Saal und schreitet zur Preisverleihung. Den Pokal in der Kategorie «Weiteste Anreise im Trabi» holt sich Oliver. 212 Kilometer hat er von Oelsnitz in Sachsen nach Sondershausen pannenfrei zurückgelegt. In der Kategorie «Bestes Winterfahrzeug» hat der Wodka im Kofferraum nicht ausgereicht. Jana wird Zweite. Ihr Vater Gerry (mit dem Salzsäcklein zur Scheibenpflege) war nicht zu schlagen. Um 21.50 Uhr verkündet Daniel den Sieger in der Königsdisziplin Geschicklichkeitsfahren. Eine Sensation habe sich ereignet: «Gewonnen hat jemand, der nie zuvor in einem Trabi gesessen hat!» Alle schauen her: der Journalist?

Kann gar nicht sein. Daniel brüllt: «Gewonnen hat – ein Schweizer!» Gejohle. Der Große Preis für Zweitakt-Ostkultur geht an ein Bergvolk. Ich schließe den Schneemann in meine Arme, mein Herz. Dann stellen sich alle Sieger zum Foto auf. Blitzlicht, fast ein Gewitter. Und aus den Boxen röhrt es: *We are the Champions.*

In Baienfurt erzählt Unfallopfer Böhme: «Ich war früher Turniertänzer. Aber Tango mit Schleudertrauma? Tango, wo du den Kopf hin- und herschleuderst?» Nach seinem Unfall habe er manchmal vergessen, die Kinder von der Schule abzuholen. «Zwiebeln sind mir in der Pfanne verkohlt. Ich bin vergesslicher als meine 83-jährige Mutter.» Bei Treffen im Verein, sagt er, «hilft manchmal auch nur das Reden». Frau L. erzählt, dass sie, seit sie im Verein sei, spüre: «Ich bin nicht allein.» Dann sagt sie zum Schluss noch einen Satz, über den Böhme lachen muss: «Wer sich nicht wehrt, wird überfahren, und wir sind schon überfahren worden.»

Nadelbäume sind Vereinsfeinde

«Die Corvette ist einfach brutaler, maskuliner. Da musst du arbeiten beim Fahren», sagt Norbert. Ulrich teilt die Begeisterung: «Eine Fahrmaschine, brachiale Gewalt!» Später wird erneut das Parkplatzproblem debattiert. Was gibt es da bei Vereinsausflügen nicht alles zu berücksichtigen! «Asphalt, nicht Asche, Dreck oder Rasen», sagt Präsident Norbert. Und: «Keine Bäume.» Blühende Linden, harzende Nadelbäume gehören zu den schlimmsten Feinden des Kunststoffauto-Fahrers. «Mit Wasser geht das nicht ab. Musst du polieren.» Die brutalen Corvetten sind empfindliche Geschöpfe. Fallen Regentropfen, fährt Kai seine Corvette sofort an den Straßenrand und ruft den Abschleppdienst an. Die Unterseite seines Fahrzeugs könnte nass und schmutzig werden. «Der fährt nicht mehr ruhig, der fährt mit Wolkensuchgerät», sagt Norbert über seinen Kameraden.

Dann ist der Vereinsabend im Hopfenstübchen zu Ende. Draußen auf der Straße verschwindet eine C5 krachend in der Nacht. Präsident Norbert hat ihr ein wenig nachgelauscht: «Schöner Ton.» Dann schließt er die Türen seines eigenen Autos auf. Er fährt im Winter ein praktisches Fahrzeug, mit einem robusten Stahlrohrkäfig hinter den Sitzen. «Für meinen Rottweiler», sagt er beim Einsteigen. Dann drückt er einen Knopf, «klack». Die Türen sind zentralverriegelt. Norbert fährt nach Bochum.

Auch bei den Damen ist Feierabend. Die 39-jährige Claudia Kraußer äußert zum Abschied einen kräftigen Satz: «Seit ich in diesem Verein bin, habe ich keine Angst mehr vor dem Altwerden.»

Mitternacht auf dem Possen. Neuschnee hat die Winterfahrzeuge wie in Watte gepackt. Drinnen aber wird noch der Sieg gefeiert. Mit Kräuterschnaps. Mit Bier. Mit Nord-Gold-Eierlikör. Von den Klopfer-Schnäpsen gibt es ein ganzes Sortiment, zum Beispiel «Sahnelikör mit Whisky». Dann wird Rockmusik aufgelegt. Zu Status Quo kommen Luftgitarren zum Einsatz. Polonaise muss sein. Die Uhr geht gegen vier, als der DJ zu *Dschingis Khan* greift. Ein wild gewordener Haufen stürmt in die Mitte des Saals. Arme legen sich um Schultern, im Kreis wirft jeder die Beine hoch, links, rechts, und alle singen: «Moskau, Moskau! Wirf die Gläser an die Wand, Russland ist ein schönes Land, Ho ho ho ho ho, hey Moskau, Moskau!»

Um fünf machen sich die Letzten auf. Sie stapfen durch den Neuschnee zu den Baracken und kämpfen sich in die Schlafsäcke. Im Lauf der verbliebenen Nacht wird der Vereinsabend zu Erinnerung. Morgen ist bald. Dann wird im ganzen Körper der Kater die Krallen ausfahren und der Schneemann noch immer lachen.

Wie man in Deutschland …

22

Wie man in Deutschland befreundet ist

Nach der Liebe gilt die Freundschaft als ewige Zweite. Doch je öfter Ehen und Familien auseinander brechen, desto wichtiger werden die Wahlverwandten.

von Christiane Grefe

Bei der Trauerfeier war es Theo, der die Ansprache hielt. Im Friedhofscafé, wo Verwandte, Nachbarn und Freunde noch beisammensaßen, erhob sich der 84-Jährige und erinnerte mit seiner vertraut knarzigen Stimme an biographische Wendungen eines zu Ende gegangenen Lebens. Eher lakonisch als tieftraurig, wie manche ältere Menschen dem Tod gegenübertreten (aber der vitale Theo blickte auch sonst so auf die Dinge), sprach er über gemeinsame Erlebnisse und jene Eigenschaften, die alle an Herbert respektiert und geliebt hatten. Seine Güte, seine vom Krieg geprägte melancholische Skepsis, seine Neugierde, die Großzügigkeit, den Humor.

So treffend waren Theos Sätze. Es kannte ja auch niemand, nicht mal die Ehefrau, den Verstorbenen so lange wie er. Der beste Freund. 74 Jahre lang hatten sich die Männer begleitet. Fast das ganze Leben. Eine Verbindung, die dem deutschen Ideal von der «wahren» Freundschaft sehr nahe kam – und zugleich ganz ungewöhnlich war.

Denn von Anfang an sprach wenig dafür, dass sich ausgerechnet diese beiden gut verstehen sollten: Während Theo, ein unlustiger Schüler, schon als Kind eher auf Opposition geschaltet hatte, fiel ihm Herbert in der Schule zunächst als Braver auf. Einer, dem alles zuflog. Dessen Eltern, Besitzer eines «Fabrikskens», galten in der sauerländischen Kleinstadt zudem als «was Besseres» – Theo wuchs in einer zu äußerster Sparsamkeit gezwungenen Postbeamtenfamilie auf.

Doch weil beide besonders intelligent waren, dafür beim Turnen umso mehr versagten, fingen sie an, sich zu mögen. Immer öfter zog Theo nachmittags die steile Straße hinauf in das bürgerliche Gründerzeithaus. Eine gemeinsame Radfahrt an die Mosel schweißte sie endgültig zusammen. «Das war kein Entschluss, Freunde zu werden. Das wuchs einfach», sagt Theo.

Nach dem Krieg, der sie ein ganzes Jahrzehnt lang auseinander gerissen hatte, sollten sie nie wieder in der gleichen Stadt leben. Und auch sonst schien ihre Entwicklung sie zu trennen: Herbert übernahm traditionsverpflichtet Vaters Firma und wurde Funktionär im Verband der Maschinenbauer – Theo, der soziale Richter, stritt in Bonn gegen die Benachteiligung der Arbeiterklasse. Herbert war Familien- und Gemeinschaftsmensch – Theo blieb trotz Frau und Kindern ein intellektueller Einzelgänger, dessen Passion seinen kritischen Aufsätzen und Büchern galt. Herbert wählte FDP, Theo die Sozialdemokraten. «Zum Glück», lacht er, «hat Herberts Frau wenigstens dafür gesorgt, dass er nicht auch noch Schützenkönig wurde.» Verschiedener konnte man kaum sein. Trotzdem blieb ihre Freundschaft von allen die engste. Alle vier Wochen gingen sie gemeinsam wandern und fuhren jeden Winter ein paar Tage in den Schnee. Manchmal mit Skatbrüdern, immer ohne Frauen. Beim Laufen war endlos Zeit für Gespräche. Über die Irrtümer der Nazizeit, die Ostpolitik, die jeweilige Wirtschaftslage.

Wie gelingt solche Nähe auf Distanz? Bei Männern zunächst über die Gegenstände. «Ich wollte wissen, wie ein Unternehmer über alles denkt», sagt Theo. Und Herbert genoss eine geistige Auseinandersetzung, die ihm unter Technikern fehlte. Immer schwang ein leiser Stolz mit, wenn er von «meinem roten Freund» sprach. Denn sie diskutierten viel, aber stritten nie. «Er war gefühlsmäßig tolerant», sagt Theo, «ich war es rational.»

Männer zeigen keine Gefühle, das war auch zwischen diesen Vertretern ihrer Generation unumstritten. Das dennoch warmherzige Interesse füreinander, auf dem ihre Freundschaft gründete, habe, so Theo, keiner so treffend wie einst Michel de Montaigne erklärt:

«… weil er er war, weil ich ich war.» Als Herbert in den letzten Jahren immer schwächer wurde, war Theos Telefonnummer die letzte, die er noch wählte.

«Ein Freund, ein guter Freund, das ist das Schönste, was es gibt auf der Welt»

Schon immer hatte Freundschaft in Deutschland einen hohen Stellenwert. Was macht glücklich? Mit wem teilt man Interessen? Auf wen kann man bauen? In solchen Umfragen schneiden die Freunde gut ab. Wenn auch nicht als «Schönstes» auf der Welt wie im Gassenhauer, erobern sie doch den zweiten Platz, gleich nach dem Ehepartner.

Wie die Partnerschaft ist auch die Freundschaft elementar, identitätsprägend, eine Beziehung auf Dauer, zumindest mit Perspektive. Mit einem besonderen Freund kann es viele Gemeinsamkeiten geben, doch ohne Absolutheitsanspruch lebt oder probiert man zugleich mit weiteren Gefährten andere Seiten aus: Mit Elisabeth gilt es die Klimakatastrophe zu bekämpfen, mit Inge die sportliche Trägheit, mit Jürgen den tierischen Ernst. Freundschaft gibt Halt und die Gewissheit, dass man liebenswert ist.

Doch das alles leistete sie lange, ohne groß Thema zu sein. «Nachträglich war das mit Herbert ein großes Glück», sagt der zurückgebliebene Theo, «damals hat man es als völlig selbstverständlich gesehen.» Während Medien jeden Höhenflug, Leid und Verrat im dramenträchtigen Liebesverhältnis zwischen Männern und Frauen, Eltern und Kindern bis zum Voyeurismus inszenieren, als Klatsch, Ratgeber, Psychodrama, blieb die Freundschaft die unhinterfragte, aber irgendwie unspektakuläre und für das Gelingen des großen Ganzen scheinbar nebensächliche ewige Zweite. «Es ist wohl typisch», stellt Theo fest, «dass sie, obwohl genauso wichtig, im großen emotionalen Klumpatsch von Liebe und Familie untergeht.»

Erst seit Anfang der neunziger Jahre, als Ulrich Beck und seine

Lebensgefährtin Elisabeth Beck-Gernsheim in der «vollmobilen Single-Gesellschaft» den «zur Wahlfreiheit verdammten Inszenator des eigenen Lebenslaufs» entdeckten und auch andere Soziologen vor der drohenden Einsamkeit aus stabilen Beziehungen gesprengter Nomaden warnten, haben Freunde Konjunktur auch in einer breiten Öffentlichkeit.

So wird jetzt mit Internet-Tipps den Bindungshungrigen die «Freundschaftspflege leicht gemacht». Vorbildfreundinnen legen ihre «schönsten Geschichten» auf. Und ein Philosoph namens Harald Lemke wünscht sich eine radikaldemokratische neue «Kultur der Freundschaft», quasi als Ersatz für «unverbindliche Zweckbeziehungen» und zerbröselnde Ehen.

Doch können Wahlverwandtschaften tatsächlich an die Stelle sich auflösender «Blutsverwandtschaften» und vielleicht auch Bindungen an Betriebe, Vereine, Kirchen treten, weil man Freundschaften flexibler auf die Bedürfnisse der Selbstverwirklicher zuschneiden kann? Ist also, trotz emsiger Bemühungen um eine Renaissance der Kleinfamilie, deren kurze historische Hoch-Zeit in den Sechzigern endgültig vorbei? Damals wurde der Luxus engster privater Bezogenheit durch strenge Besuchsregeln und Kaffee-Kuchen-Rituale abgeschottet. Und bricht nun das seit den Siebzigern dämmernde Zeitalter der Freundschaft an? Oder ist im Gegenteil das Wachsen und Bestehen verlässlicher Freundschaften von den gleichen Veränderungen wie Liebe und Familie bedroht?

Indizien immerhin gibt es dafür, dass das freundschaftliche Beziehungsband sich festigt: Als Freizeitgenossen haben Freunde die Verwandten schon überholt. Aufschlussreich ist die Entwicklung im Osten, wo die Familie zu DDR-Zeiten einen höheren Stellenwert besaß: Dort ist das Bekenntnis zu engen Freunden nach der Wende von 75 Prozent auf 85 Prozent gestiegen. Neben einer Vielzahl von anderen Ursachen wird der fortschreitende Drang zur Selbstentfaltung genannt.

Weitere Eindrücke: Bei Hochzeits- oder Geburtstagsfesten werden die Freundschaften üppiger als früher mit Selbstgereimtem und

Einstudiertem zelebriert. Wie Dorfbewohner sprechen Freundeskreise statt der irgendwo verstreuten Familie Betreuung und Pflege ab, wenn es jemandem von ihnen schlecht geht. Es gibt immer mehr Gefährten, die ein gemeinsames Altwerden planen.

Doch wie Erwachsene Freundschaften tatsächlich leben und was sie daraus beziehen, das ist empirisch nur in einzelnen, meist nicht sehr umfassenden Studien untersucht; Freundschaft sei, sagt die Familiensoziologin Ursula Nötzoldt-Linden, wissenschaftlich eine «vernachlässigte Kategorie».

Ein Grund ist der schillernde Charakter der Freundschaft, deren Hauptmerkmal es ist, dass sie so wenige eindeutige Merkmale besitzt. Die Psychologin Ann Elisabeth Auhagen nennt dies das «Freundschaftsparadox». Die Regeln der Kunst – wie verantwortlich, wie intim oder wie ehrlich – werden zwischen Freundespaaren gleichberechtigt ausgehandelt –, möglichst einfühlsam im Laufe der Zeit neu justiert, sind sie nur für diese eine Beziehung gültig. Und paradox geht es weiter: Die Freundschaft soll Freiheit und Sicherheit bieten, jederzeit mögliche Kündbarkeit und Beständigkeit – also eigentlich Unvereinbares.

Rund 15 Prozent der Bundesbürger sagen bei Befragungen, sie hätten keinen Freund; die übrigen 85 Prozent nennen drei bis sechs Gefährten. Doch wen meinen sie: den Kollegen, mit dem sie auch mal Squash spielen? Den Kontakt im Chatroom? Die Kindheitsgefährtin, die noch immer vertraut ist, auch wenn man sie nur noch alle fünf Jahre sieht? Oder allein die haut- und seelennahe «Busenfreundin»? Und würden diese Personen umgekehrt womöglich sagen: Wie kommt der oder die überhaupt dazu, mich Freund zu nennen? Vor allem Arbeiter, so eine Studie, nennen zudem als Freunde oft den Ehepartner oder Verwandte. Und es gibt weitere soziale Unterschiede.

So steigt mit dem Bildungsniveau die Wahrscheinlichkeit, einen engen Freund zu finden, und der Freundeskreis wird vielfältiger. Wer hat, dem wird gegeben, Freunde sollten, so hart das klingt, etwas zu bieten haben: Einfühlungsvermögen, Ideen, Geschichten. Ganz unromantisch gehört in der Konsumgesellschaft auch das Geld für Restaurant- oder Kinobesuche dazu und in der mobilen Gesellschaft jenes für Reisen und endlose Telefonate. Aber wohl nicht nur deshalb schließen zwei Drittel der Höhergebildeten und sogar über 70 Prozent der Hauptschulabgänger Freundschaften unter ihresgleichen.

In den Bildungsschichten wird zudem die geistige Bereicherung in der Freundschaft stärker hervorgehoben. Theo und Herbert etwa zogen sich zwar auch in persönlichen Fragen ins Vertrauen: Als der eine vor der tief greifenden Entscheidung stand, das Familienunternehmen zu verkaufen, gab der andere ihm Rückhalt; als Theos Frau viel zu früh starb, setzte Herbert sogleich eine Wanderung an. Aber entscheidend, sagten beide, sei immer die «Wissensbereicherung» gewesen, die «Erweiterung des Blickfelds» – und damit der Persönlichkeit.

«Sonnige Welt, wonnige Welt, hast uns für immer zusammengesellt»

Die Kegeltruppe auf Bahn 24 hingegen verbindet vorrangig gegenseitige Bekräftigung. «Wir denken alle in eine ähnliche Richtung», sagt die mütterliche Erika, zum Ausgehen trägt sie Schlangenmuster, «wir haben auch alle einen ähnlichen Lebensstil.» Und vor allem zähle «das Lustige, das Gesellige»!

Uwe, ein arbeitsloser Mechaniker, ist Maître de Plaisir, er schreibt die Punkte auf. Wolfgang, den Uwe seit 40 Jahren kennt – mit ihren roten T-Shirts und grauen Rockerfrisuren sehen die beiden schon wie Geschwister aus –, hat Eisbein bestellt, mit «Gedöns», Erbspüree und Sauerkraut. Noch säbelnd und kauend, ruft der schlaksige Installateur Erika zu: «Jetzt wollen wir mal wieder 'n bisschen kullern gehen!»

Verraucht ist es im matt beleuchteten Sportkeller eines dieser trostlosen Westberliner Hochhausblocks, aber preiswert und gemütlich zwischen Hunderten von Pokalen, und die Bedienung gehört fast mit zur Runde. Die trifft sich hier jeden vierten Samstag im Monat, ins-

Freundschaft in Zahlen

Haben Sie enge Freunde?

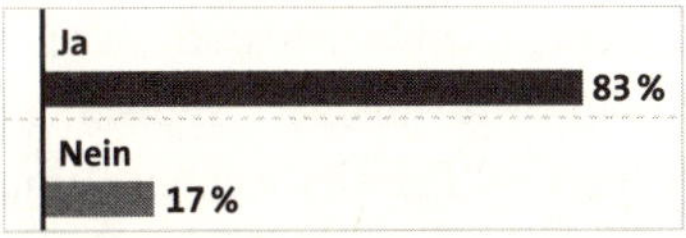

Wie viele Freunde haben Sie?

Durchschnitt: 3,3

Wie oft haben Sie Kontakt zu Ihren Freunden?

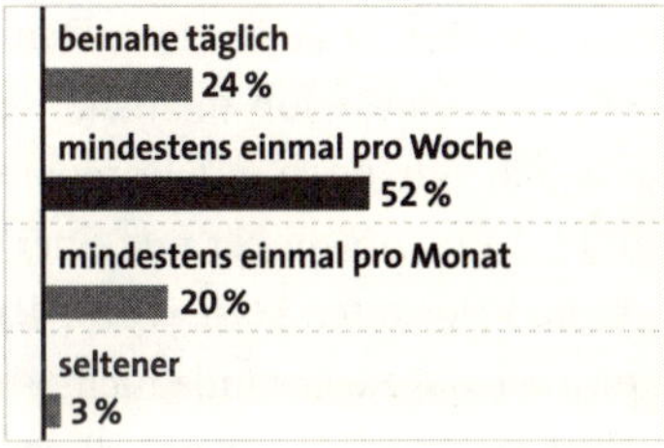

ZEIT-Grafik/Quelle: Wohlfahrtssurvey Trend 2001, WZB

gesamt sind es 14 Freunde, alle zwischen 50 und 60 Jahre alt. Und beim Kegeln bleibt es nicht: Die «Herrlichkeit», wie Erika die Männer nennt, spielt außerdem noch mehrmals die Woche Fußball, die «Dämlichkeit» trifft sich zum «Kaffeeklatsch». Ab und zu kommt, in wechselnder Besetzung, ein Kinoabend dazu, plus Wochenendausflüge für alle, gern an die Ostsee. «Weißt du noch, die Nacht im Strandkorb mit Sekt?», lacht Erika. Vor allem ist jeden Morgen um halb elf fixer Termin in der Stammkneipe in Moabit, da kommen die Rentner und Arbeitslosen aus dem Freundeskreis. «Sonst wäre das Leben doch ziemlich eintönig», sagt Uwe, «man hat ja jetzt viel Zeit.»

Wie er wurde Erika vor sechs Jahren aus dem Büro allzu früh in den Ruhestand geschickt. Damals ist sie «in ein wirklich tiefes Loch gefallen». Hilft es dann, wenn man Freunde hat? Erika zögert: «Erst mal hab ich mich zurückgezogen.» Was hätten die anderen auch machen sollen. «Von uns ist ja keiner in der Situation», meint Uwe, «dass er jemandem Arbeit verschaffen könnte.»

Aber ausheulen, sagt Wolfgang, gehe doch auf jeden Fall! Denn so groß ist das Vertrauen – mit dem einen mehr, mit dem anderen weniger –, dass sie einander, so Wolfgang weiter, «jederzeit zum Beispiel vom Ärger mit dem Partner erzählen können, ohne dass das bei passender Gelegenheit als Bumerang wieder zurückkommt»; so kann die Freundschaft als Ventil für die Ehe dienen.

Auch wenn einer ins Krankenhaus muss, «dann ist das ganz normal, dass wir den besuchen. Dann heißt es nicht ob, sondern wann.» Seit Uwe keinen Job mehr hat und sein Bedürfnis nach sinnvollem Tun sich nur noch auf Ehrenamtliches und Privates richten kann, sind für ihn, obwohl er mit einer jüngeren Frau glücklich verheiratet ist, die Prioritäten klar: «Ohne Partnerschaft kann man notfalls auskommen. Ohne Freunde nicht.»

Das sieht Erika anders. «Freunde akzeptieren einen so, wie man ist», sagt sie; «Freunde lässt man. Aber täglich verbunden ist man nicht. Letztlich ist bei Problemen der Partner dran.» Auch Wolfgang meint, «dass die Ehe viel intensiver ist».

Mit der Abgrenzung dieser beiden Varianten der Liebe versuchen auch Wissenschaftler, die Vielfalt des Phänomens Freundschaft auf einen Nenner zu bringen. Während Eheleute und Familienmitglieder, so betonen sie, zur gegenseitigen Hilfe verpflichtet seien – staatlich geregelt, kontrolliert und sanktioniert, denn Verlass ist auch bei der Verwandtschaft keineswegs immer –, bleibe die Loyalität in der Freundschaft stets freiwillig. Vielleicht liegt es auch daran, dass Verwandte eher zur praktischen, die Freunde zur seelischen Unterstützung herangezogen werden.

Der Unterschied, der also nicht nur hormonell, sondern auch kulturell ist, prägt jedenfalls die Gefühle, und damit haben Magda und Christian, sie 28, er 30, heftig gerungen. Viele Jahre lang waren sie beste Kumpels, die temperamentvolle Modedesignerin und der sportliche Fotograf und Jurastudent. Sie haben sogar mit Magdas Freund zusammengelebt, in einer scheinbar nur aus Licht erbauten, wunderbar kurmeligen Wohnung im grünen Münchener Süden. Dann hat sich Magda von ihrem Liebsten getrennt, und eines Tages: «Tausendmal berührt …»

«Du schläfst mit ihm, und alles ist anders!» Magda lacht und macht, was sie neben dem schöpferischen Umgang mit Stoff besonders gut und gern macht, sie nimmt die Geschehnisse haarklein auseinander.

«In der Liebe ist man viel verletzlicher», sagt sie. «Der Freund kann ruhig sagen: Du siehst aber heute komisch aus! Beim Mann ist man sofort zickig.» Seit sie und Christian ein Paar sind, habe sich auch eine andere Erwartungshaltung eingestellt, ja, überhaupt Erwartung: «Früher hat er sich halt mal zwei Wochen lang nicht gemeldet. Heute würde ich ihm wahrscheinlich sofort Vorwürfe machen: Hey, wieso meldest du dich nicht?» Besonders dumm fand Magda, «dass ich über diese Veränderungen mit meinem besten Freund nicht reden konnte – mit Christian». Auch der war irritiert, die beiden haben sich «sogar schon gefragt: War's nicht vorher besser?» Wohl um ihre Gefühle auf die Probe zu stellen, haben sie sich sogar gegenseitig betrogen. Zufällig am selben Tag, nichts ahnend.

Aber daraufhin schrieb Christian ihr einen so kritischen und gleichzeitig einfühlsamen Brief – «da war der Freund auch in der Liebe wieder da», sagt Magda. Sie ist jetzt versöhnt mit der neuen Konstellation: «Man wächst doch noch viel intensiver zusammen.» Magda kann sich sogar vorstellen, «dass wir Freunde bleiben, wenn er sich mal neu verliebt». Dass sie sich nach einer Trennung weiter verbunden fühlen, sagt allerdings nur ein Fünftel der früheren Ehepaare.

Magda und Christian scheinen auch die *Harry und Sally*-These zu bestätigen, dass Frauen und Männer gar nicht befreundet sein können, weil ihnen immer der Sex dazwischenkomme. Doch dieser Kinogag sei widerlegt, sagt Ann Elisabeth Auhagen. Bei ihrer Studie, gemeinsam mit Dorothee Friedrich, stritt die Hälfte der gemischten Freundespaare jede noch so unterschwellige erotische Schwingung ab und wollte auch gar nichts anderes. Die andere Hälfte genoss es, sich ihre sexuelle Attraktivität gegenseitig zu bestätigen, ohne sie auszuleben. Nur wenn die Anziehungskräfte einseitig wirkten, wurde die Spannung zwischen Mann und Frau zum Problem.

Differenziert ist bei genauem Hinsehen auch das Klischee von der Männerfreundschaft, die sich weniger in persönlichen Gesprächen als in der Ausrichtung auf ein gemeinsames Hobby oder Engagement ausdrücke. Denn mit den Jahren werden auch diese kühleren – oder nur kühler erscheinenden? – Beziehungen oft wärmer, in den jüngeren Generationen ohnehin, und dass Männer auch heute noch seltener Gesten der Zärtlichkeit zeigen, bleibt der einzige einschneidende Unterschied.

Den Frauen hatten Philosophen über Jahrhunderte die Fähigkeit zur Freundschaft schlichtweg abgesprochen. Tatsächlich sind ihre Verbindungen von Anfang an mehrheitlich inniger, auch stärker vereinnahmend und umfassen mehr Dimensionen als jene der meisten Männer, fand unter anderen Elisabeth Auhagen in einer Studie mit Hilfe von «Freundschaftstagebüchern» heraus. Neidvoll singt der Liedermacher Funny von Dannen: «Freundinnen müsste man sein …»

«Liebe vergeht, Liebe verweht, Freundschaft alleine besteht»

Freundschaft auf den ersten Blick gebe es nicht, heißt es. Aber manchmal gibt es doch einen «Moment der Offenbarung». Martina jedenfalls, 28, eigenwillig und lebenshungrig, erinnert sich an ihr Glücksgefühl, als während ihrer Schneiderlehre die Kollegin mit den «unmöglichen Buffalo-Stiefeln» – Christians Magda – eines Morgens mit genau dem gleichen schrägen Humor wie ihrem eigenen diese surreale Bemerkung machte, irgendetwas über den Widerspruch zwischen ihrer durchfeierten Nacht und den muffigen Ritualen der Innung. «Das war ein Erkennen», sagt sie, «wie ich es vorher nur in Liebesbeziehungen erlebt hatte.»

Danach wurden die gemeinsamen Rauchpausen immer häufiger. Dann die Nachmittage, an denen die Freundinnen ohne Plan herumzogen oder einfach miteinander sprachen. Immer offener. Magda war in dieser Zeit gerade halb entschlossen, halb noch unfähig, sich von ihrem Liebsten zu trennen; Martina, die es zu Hause nicht mehr ausgehalten hatte, rang mit ihrem drogensüchtigen Freund, dem sie nicht helfen und der sie nicht lassen konnte. «Es ist ja typisch für Frauen», sagt Magda ironisch, «dass sie sich im Austausch über ihre Männerbeziehungen näher kommen.» Außerdem hatten beide, sagt Martina, «einen schmerzhaften Weg aus der Kindheit» hinter sich, den arbeiteten sie «selbstbewusst und stolz» in «beinahe schon Therapiesitzungen» auf. Sie seien sehr analytisch, «so sehr, dass man uns manchmal bremsen muss».

Magda ist die Spritzige, Einnehmende, immer für alle da, hartnäckig, aber fast quälerisch abwägend, wenn es um sie selbst geht. Martina ist die verletzbare, lebenskluge Kämpferin. Ihrem spontanen Entschluss, für zwei Jahre an die Modeschule nach Stuttgart zu gehen, ist Magda gefolgt.

Gemeinsam unter höchstem Druck zu arbeiten war für die Beziehung der Frauen zugleich eine harte Probe – was haben sie sich angeblafft in ihrem Stress! – wie ein großes Glück. «Das Symbol unserer Freundschaft?», fragt Martina. «Da sehe ich uns in Magdas Zimmerchen nebeneinander zusammengerollt, sie auf der ‹Briefmarke›, ihrer winzigen Matratze, mich auf dem Teppich. Nachdem wir bis tief in die Nacht hinein an unseren Mustern gearbeitet hatten, konnte ich doch nicht nach Hause gehen. Das war typisch für uns: jetzt keinen Schnitt machen.»

Bei allem Ernst bleibt das Verbindende das Lachen. Miteinander und mit anderen Freunden. Magda verschickt gern Postkarten, auf denen steht: «Einem Kollegen misstraut man, einem Kameraden hilft man, mit Freunden ist man albern.» Albern sein zu können ist für sie die höchste Stufe der Vertrautheit. «Ein Zeichen, dass man sich total gehen lassen und wirklich geliebt fühlen kann.» Ein anderes Zeichen ist für beide Frauen Ehrlichkeit. Ihre Freundschaft ist nicht nur Kür. Immer wieder haben sie sich, wenn sie über ihr Leben sprachen, den Satz zugemutet: Denk doch mal an deine eigenen Fehler!

Auch bei den gegenseitigen Verletzungen. Zum Beispiel, als Martina es ablehnte, mit Magda in Stuttgart zusammenzuziehen. «Ich wollte uns nicht mit Krächen belasten», sagt Martina, «die nur aus dem Stress entstanden wären. Dass das eine Zusage war, hat sie dann

Kinder lernen Freundschaft

Gut, wenn man einen Freund hat, der Fische fangen kann, sagt der kleine Tiger zum Bären, «dann braucht man sich vor nichts zu fürchten». Janoschs Kinderbuch zeigt: Freundschaften sind für die kindliche Entwicklung von hoher Bedeutung. Jungen und Mädchen mit engen Freunden haben mehr Selbstvertrauen und sind weniger ängstlich. Wenn sie auf gleicher Ebene verhandeln, statt wie bei den Eltern zu gehorchen, lernen Spielgefährten es, andere zu respektieren und sich zu behaupten. Skeptisch sehen manche Forscher, dass oft schon der Kinderalltag in Termine zerstückelt wird. Womöglich werde die größere Vielfalt der Begegnungen mit einer geringeren Intensität der Bindungen erkauft. Die etwas Älteren träumen sich dann als Helden in die Abenteuer der Fünf Freunde hinein. Ab 12, 13 wird die *peer group* herausragend wichtig. In dieser verwirrendsten aller Lebensphasen muss es jedem Jugendlichen gelingen, aus dem Bild von sich selbst und dem seiner Umwelt eine eigene Identität und ein Leben unabhängig von der Familie aufzubauen. Gute Freunde helfen ihm dabei, als Spiegel und Verstärker. Eigenständig Freunde zu gewinnen, schreibt der Pädagoge Lothar Krappmann, sei «die erste soziale Lebensleistung des Kindes».

aber verstanden.» Oder Christian: Als seine alte Freundin und frische Liebe Magda nach Stuttgart zog, hat er Martina die Nähe auch ein wenig geneidet; frotzelnd nannte er sie eine Zeit lang «Martin».

Jetzt ist es oft für die beste Freundin nicht leicht, weil Magda wieder in München wohnt. Doch weder Magda noch Martina haben richtig Angst, dass sie sich entgleiten könnten. «Ich würde so gerne erleben», sagt Magda, «wie sie mit 80 mit ganz vielen Falten aussieht!» Sie telefonieren viel; Zeit miteinander zu verbringen, darauf bestehen sie. Einen Urlaub vielleicht: «Reden ist wichtig, aber auch, dass man zusammen etwas erlebt.» Sie können sogar auf Untersuchungen bauen, denen zufolge gerade die intimsten und dauerhaftesten Freunde oft irgendwo entfernt wohnen. Mit dem Alltag muss man die Nähe nicht verlieren.

Aber bei anderen Frauen ist es der klassische Konflikt, dass ein Mann dazwischenkommt. Dann verdämmert ihre Geschichte. Zumindest ruht sie. Denn umgekehrt werden Frauenfreundschaften nach einer Trennung oft reaktiviert. In einer Werbung für die Rahmsauce zum Schnitzel inszenieren sich zwei WG-Freundinnen offensiv als Platzhalter: «Wo gibt es schon das ideale Paar?»

Martina, die jetzt in Stuttgart allein lebt, kommentiert das spöttisch: «Man möchte einen Partner und überbrückt das.» Sie hat ja selbst gerade «brutale Sehnsucht» nach einer neuen Liebesgeschichte. Wenn ein Versuch des Kennenlernens schief geht, ruft sie sofort Magda an. Zumindest für ihr schwäbisches Leben ist Martina jetzt eine dieser Nomadinnen, die ein neues Netz knüpfen müssen. Zwei nette Frauen und ein Café als Heimat sind ihr so wichtig geworden, dass sie, um in deren Nähe wohnen bleiben zu können, jeden Tag mehr als eine Stunde lang zu ihrem Job in einer Sportbekleidungsfirma fährt.

«Ein Freund bleibt immer Freund, und wenn die ganze Welt zusammenfällt»

Alleinsein kann auch ein Zeichen der Autonomie sein. Doch laut Befragungen fühlen sich 6 Prozent der Bevölkerung häufig und 24 Prozent manchmal richtig einsam. Widersprüchlich sind die modernen Zeiten: Manche versuchen dann, ihren Einsamkeitsschmerz mit dem Gegenteil zu betäuben, dem Freundschafts-Overkill. Eine Mobilitätskultur bekräftigt sie darin, in der Freunde schon ein Attribut der Selbstvermarktung geworden sind und keine zu haben vielleicht das letzte Tabu.

Auch Martina sagt: «Viele Singles betreiben das sportiv. Die rufen jeden Abend zehn Nummern an, nur weil sie nicht alleine sein wollen.» Notgedrungen bleiben solche Begegnungen oberflächlich. Es braucht Zeit, einen Freund nicht nur zu treffen, sondern auch, an ihn zu denken, sich in ihn hineinzuversetzen. So verweist die Freundschaftsforscherin Ursula Nötzoldt-Linden angesichts schneller Beziehungsentwürfe schon auf den «Kontakt-Infarkt»: «Die ständige reale und fiktive Teilhabe am Leben zu vieler anderer kann nur suggerieren, nicht einsam zu sein.» Ebenso kritisch sieht sie jedoch eine unrealistische «Glorifizierung» der einzigen «echten» Freundschaft, die dazu tendiere, die Vielfalt der Freundschaftsformen abzuwerten, und die auch in der Geistesgeschichte gründe.

Während der Begriff *friends* in den USA eher Sympathie ausdrückt und für eine soziologische «Restkategorie» neben Familie, Nachbarn oder Kollegen stehe, pflege Alteuropa – und Deutschland noch einmal romantisch überhöht – eine latente Missachtung flüchtiger oder nützlicher Freundschaften und lasse eigentlich allein die unerschütterliche Seelengemeinschaft gelten, in der es nichts Trennendes mehr gibt. Das Kontinuum der philosophischen Betrachtung ist vor dieser kaum überwindbaren Hürde die Vergeblichkeit: «O meine Freunde, es gibt keine Freunde!», der Ausruf wird Aristoteles zugeschrieben. Michel de Montaigne sah seine Freundschaft zu Étienne de La Boétie als Ausnahme, die das Schicksal «einmal in drei Jahrhunderten zustande bringt». Oder der Philosoph Karl Löwith nannte die Freundschaft einen «schwarzen Schwan».

Ursula Nötzoldt-Linden setzt diesem Überbau ein neues Freundschaftsparadox entgegen: eine Utopie des Pragmatischen, die jeder Form der Nähe ihren eigenen Wert beimisst. Dann müsste nicht mehr eine leichte, aber distanzierte Sympathie, die gute Laune macht, als minderwertig betrachtet werden, eine leidenschaftliche Arbeitsbeziehung ohne private Treffen als unzulänglich oder eine Freundschaft, die eine Zeit lang sehr wichtig war und dann doch abbrach, nicht als gescheitert.

Die Forscherin selbst hat in einer Reha-Klinik erlebt, wie mehrere Frauen sich so nahe kamen, dass sie für eine unter ihnen ohne

Familie, die nicht mehr genesen konnte, sogar eine Trauerfeier organisierten. Danach haben sie sich nie wieder gesehen. In der Offenheit der Freundschaftsbeziehung liege «das Potenzial zum sozialen Experimentieren und einer neuen, freieren Art und Weise des Zusammenlebens», meint Nötzoldt-Linden. Ann Elisabeth Auhagen sieht darüber hinaus «ein gutes Miteinander – nicht mehr und nicht weniger». Und die Sicherheit?

Wenn er an die Zukunft denke, sagt Wolfgang, der Installateur, sehe er nur schwarz: «Nehmen Sie mal Ihren Kugelschreiber und malen Sie in Ihren Block ein riesiges schwarzes Loch.» Oft frage er sich schon, «ob man überhaupt noch in der Lage sein wird, zu existieren und für sein täglich Brot zu sorgen». Aber auf die Freunde können Sie doch bauen? «Jetzt würde ich's sagen. Unbedingt. Aber wenn es so weit ist?»

Auch bei den Freundinnen bleibt ein winziger Vorbehalt. Wenn Martina anrufen würde und sagen, mir geht's schlecht, kannst du bitte für ein paar Wochen nach Stuttgart kommen? «Dann könnte sie das nicht bedingungslos fordern», sagt Magda. «Aber sie könnte es vorschlagen. Und ich würde auf jeden Fall kommen. Nicht, weil ich muss, sondern weil ich möchte.» Pause. «Aber wenn ich nicht käme, wäre sie nicht sauer.» Pause. «Oder doch?» Auch Martina überlegt lange. Dann sagt sie unerschütterlich: «Sie kommt.» Noch eine Pause. Und ein liebevoll wissendes Lächeln: «Und sie wird bleiben, so lange, wie sie es schafft.»

Wie man in Deutschland …

23

Wie man in Deutschland schläft und träumt

Die Mehrheit liegt sieben Stunden auf mittelweichen Federkernen unter Decken aus Federn oder Polyester. Die meisten schlafen besser, als sie glauben – typisch deutsch. Ihre Träume sind es nicht.

von Dieter E. Zimmer

Wie man in Deutschland schläft und träumt? Wenn man den Leuten die Frage stellt, bekommt man Antworten, die kaum mehr als ein Achselzucken sind: Wer kann das schon wissen! – Im Bett natürlich. – Wie überall, denke ich. – Deutschland schaltet jede Nacht ab. – So weit: ganz gut.

Im Großen und Ganzen sind die Antworten nicht einmal falsch.

Wer kann das schon wissen!

Eine mögliche Definition des Schlafes lautet: der regelmäßig wiederkehrende Zustand einer jederzeit reversiblen Bewusstlosigkeit (aus dem Schlaf kann man geweckt werden, aus dem Koma nicht). Was während einer Bewusstlosigkeit in uns geschieht, wissen wir natürlich nicht, und auch Erinnerungen daran sind nicht vorhanden, mit Ausnahme weniger Traumerinnerungen. Insofern entzieht sich das nächtliche Drittel unseres Lebens tatsächlich unserer Kenntnis. Wir erinnern uns nicht einmal an das Einschlafen; die letzten Minuten davor sind am nächsten Morgen aus dem Gedächtnis getilgt. Aber wenn man die Frage wörtlich nimmt und sich mit ihr an die medizinische und psychologische Schlafforschung wendet, bekommt man durchaus Antworten. Es geht schließlich um einen radikal anderen

Zustand des Gehirns, mehrere Zustände sogar, die nicht weniger interessant sind als der wache, aber noch schwerer auszukundschaften.

«Schlafforschung» – allein das Wort scheint bei manchen ein Gähnen auszulösen. Es sind die guten Schläfer, zumal solche, die für nichts Neugier aufbringen, was für sie kein dringendes persönliches Problem bedeutet. Interessant, brennend interessant wird der Schlaf aber, wenn er sich nicht mehr wie gewohnt einstellen will. Von den schlechten Schläfern bekäme man eine ganz andere Antwort: Ich weiß nicht, wie die anderen schlafen – ich selber jedenfalls wünschte nichts im Leben so sehr wie eine wieder einmal richtig durchschlafene Nacht.

Im Bett

Wie man sich bettet, so schläft man. Wer sich an weniger verwöhnte Zeiten erinnert, wird nichts gegen eine Umkehrung des Spruches haben: Wie man sich auch bettet, man schläft. Dass man im Bett schläft und dass das Bett möglichst in einem dunklen, ruhigen, gut belüfteten und nicht zu warmen Raum stehen sollte, büßt seine Selbstverständlichkeit ein, sobald man sich vergegenwärtigt, wie in anderen Kulturen und zu anderen Zeiten geschlafen wurde und wird. Die Höhlenmenschen des Paläolithikums haben vermutlich auf und unter Fellen geschlafen. In Mittelamerika wird, auch en famille, in teils kunstvoll geknüpften Hängematten geschlafen. Die Bewohner Tibets sollen über die Fähigkeit verfügt haben, in ihren Pelzen auch bei großer Kälte im Freien zu schlafen, und zwar in der Hocke. Auf dem Tokyoter Bahnhof Shinjuko schlafen Männer in Pappkartons. In China schlief man, zu vielen, auf dem Kang, einem Ofen, der, wenn er mit Mist beheizt wurde und keinen Abzug nach außen hatte, den Schlafraum in eine Räucherkammer verwandelte.

Das Bett gibt es in Europa seit der Antike. Es hat seine Form kaum verändert. Man sieht ihm noch heute an, dass es einmal ein mit Stroh oder Heu voll gestopfter, zum Schutz vor Bodenfeuchte und Kriechgetier erhöht stehender Holzkasten war. Aber bis ins 20. Jahrhundert hinein war im ländlichen Norddeutschland das vornehm Alkoven genannte, mit einem Vorhang verkleidete wandfeste Schrankbett gang und gäbe, in das sich Bauer und Bäuerin, Knechte und Mägde abends zurückzogen. So beengt und unbelüftet wird in Deutschland heute nur noch in den Kojen von Lkw-Fahrerhäusern, Schiffen und Campingmobilen geschlafen.

Die berüchtigte deutsche «Ritze» – die fühlbaren Seitenbretter zwischen den Matratzen der ehelichen Doppelbettstatt – ist so gut wie ausgestorben, auch wenn schmale Hotelbetten, aus denen die Arme nachts über harte Kanten hängen, die Erinnerung an sie lebendig halten. Die schwere deutsche Ballondecke der Großelterngeneration, eigentlich ein mit verrutschenden und verklumpenden Federn gefüllter Sack, ist gleichfalls verschwunden, und es wird ihr keine nostalgische Träne nachgeweint.

90 mal 190 Zentimeter: Das waren die Abmessungen von Goethes bescheidenem Bett am Weimarer Frauenplan, 1783 aus Tannenholz gefertigt. Auf den ergriffenen Betrachter wirkt es heute ziemlich kurz, vor allem wenn er weiß, dass Goethe groß von Statur gewesen sein soll. Das war er mit seinen 174 Zentimetern zu seiner Zeit tatsächlich, als das Mittel bei 164 lag. Heute, da es bei 178 liegt, wirkte er nicht mehr so groß, aber dennoch möchte man ihm die jetzige deutsche Standardmatratze gönnen. Sie misst 90 mal 200 Zentimeter. Selbst manches bessere Hotel hat seinen Gästen nichts Geräumigeres zu bieten; trotz aller Amerikanisierung sind die üppigen amerikanischen Formate (das Kingsize-Bett ist bei einer Länge von 205 Zentimetern 195 breit) noch nicht durchgedrungen, wohl aus Platzmangel in den engeren deutschen Hotelzimmern.

Jedenfalls scheinen die Deutschen Wert auf ihr Lager zu legen. In einigen Gegenden Berlins gewinnt man den Eindruck, an jeder dritten Straßenecke befinde sich ein Matratzenmarkt, und tatsächlich stehen auf den dortigen Gelben Seiten doppelt so viele Matratzengeschäfte wie Wäschereien. Was für Matratzen? Den Löwenanteil halten die althergebrachten Federkernmatratzen (teurere Variante: Taschenfederkern) – etwa 66 Prozent. Sie seien preisgünstig und ließen sich auf jeden Unterbau legen, behauptet im Internet www.schlafkampagne.de, aber «Fachkreise bemängeln die mangelnde Punktelastizität» – und hellhörige Nachbarn das Quietschen der älteren Exemplare. Auf Schaumstoffmatratzen (bevorzugte Variante: Kaltschaum) entfallen 20 Prozent, auf Latex 12. Alles andere (Baumwolle, Rosshaar, Wasser) fristet ein Nischendasein. Leichte, abgesteppte Oberdecken haben Onkel Fritzens Ballondecke völlig verdrängt. Aber Füllungen aus Federn-Daunen-Mischungen sind noch ebenso häufig wie aus Chemie- und Naturfasern; Letztere jedoch befinden sich auf dem Rückzug. Die für die Wirbelsäule günstigste Matratze und die «ökologisch» harmloseste Deckenfüllung sind Gegenstand glühender Debatten.

Da also liegen die Deutschen mehrheitlich auf mittelweichen Federkernen unter ihren Zudecken aus Federn oder Polyester – aber liegen sie allein? Es ist eine Frage, die manche Ehe zerrüttet hat. Laut einer Umfrage der Zeitschrift *Haus* meinen 53 Prozent von ihnen am besten zu schlafen, wenn ihr Partner beziehungsweise ihre Partnerin neben ihnen liegt; 46 Prozent glauben sogar, etwas stimme mit der Beziehung nicht, wenn ein Paar getrennt schläft. Und wie die Gesellschaft für Erfahrungswissenschaftliche Sozialforschung ermittelte, optieren nur 6 Prozent der zusammen wohnenden Paare für getrennte Schlafzimmer. Warum manche dem allgemeinen Usus entgegen auf getrennten Schlafzimmern bestehen, ist kein Geheimnis. Bereitwillig verrät es einem das Internet: «Gesunder Schlaf ist ein Menschenrecht, und es ist nicht einzusehen, wieso einer verzweifelt sich die Kissen über die Ohren zieht und um seinen lebenswichtigen Schlaf kämpft, während der andere ganze Urwälder absägt!» – «Viele meinen ja, es müsste alleine wegen Sex und Zärtlichkeit die Nähe unbedingt sein, aber ich bin viel zu egomanisch und brauche meinen Freiraum, meine Luft zum Atmen und möchte mich immer wieder auf den anderen freuen können.»

Wie überall

Der Schlaf ist ein neurophysiologischer Prozess, der bei allen Menschen gleich ist. Einen speziell deutschen Schlaf gibt es so wenig wie eine deutsche Verdauung.

Gleich ist überall die Schlafdauer. Fünf bis zehn Stunden braucht der erwachsene Mensch; das Mittel, so fand der Regensburger Schlafforscher Jürgen Zulley, liegt bei sieben. Dass sich bei anderen Erhebungen ein etwas höheres Mittel fand, knapp acht, erklärt er damit, dass meist nach der «Zeit im Bett» gefragt wird und nicht nach der Schlafdauer. Zulley zufolge geht der Durchschnittsdeutsche um 23.04 Uhr ins Bett, liegt noch eine Viertelstunde wach, wacht um 6.18 Uhr auf, hat dann genau sieben Stunden geschlafen – und verbringt somit 30 Prozent seines Lebens im Schlaf.

Dieser Durchschnittsdeutsche ist eine imaginäre Person, der Durchschnittswert kein Normal- oder gar Sollwert. Jeder hat seine eigene optimale Schlafdauer, die er nicht ungestraft unter- oder überschreitet. Napoleon, Edison und Churchill kamen angeblich mit nur fünf Stunden aus, Goethe und Einstein brauchten zehn. Frauen brauchen in der Regel etwas mehr als Männer. Mit zunehmendem Alter, scheint es, wird das Schlafbedürfnis nicht geringer, sondern eher wieder größer, aber in der dem Schlaf reservierten Zeit wird weniger wirklich geschlafen – man schläft nicht schwerer ein, aber der Schlaf wird weniger tief, man wacht öfter auf und liegt dann eine Weile wach, und früher ist er ganz zu Ende. Darum fühlen sich ältere Menschen eher unausgeschlafen.

Aufsehen erregte 2002 eine große (auf Langzeitbeobachtungen an 1,1 Millionen Probanden beruhende) amerikanische Studie von Daniel F. Kripke an der Universität Kalifornien in San Diego, die einen Zusammenhang zwischen Schlafdauer und Lebenserwartung postulierte. Wer regelmäßig sieben Stunden schlafe, lebe am längsten, verkündete sie, ein Weniger wie ein Mehr verkürze die Lebenszeit. Eine neue, ebenfalls sehr umfangreiche japanische Langzeiterhebung kam zu einem ähnlichen Schluss: Am längsten lebe in Japan, wer sechseinhalb bis siebeneinhalb Stunden schlafe. Kripkes Studie wurde wegen zahlreicher methodischer Mängel von Kollegen heftig kritisiert; sogar die Amerikanische Schlafvereinigung warnte vor dem voreiligen Schluss, Langschläfer könnten durch Verzicht auf Schlaf ihr Leben verlängern. Es ist nämlich ungewiss, was hier was verursacht. Kranke schlafen normalerweise länger – und haben gleichzeitig eine höhere Mortalität. An ihrem längeren Schlafen sterben sie nicht.

Das Gefühl einer gewissen Unausgeschlafenheit ist in Deutschland weit verbreitet, aber im Abnehmen begriffen. Die Unausgeschlafenen stellen nicht mehr die Mehrheit. Auf eine entsprechende Frage des Instituts für Demoskopie Allensbach im vergangenen Jahr antworteten 42 Prozent der Erwachsenen, sie wünschten sich mehr Schlaf; drei Jahre vorher waren es noch 52 Prozent.

In einem unterscheiden sich die Schlafgewohnheiten einzelner Länder allerdings. Deutschland galt immer als eine der Weltgegenden, in denen der Mittagsschlaf, als ein Zeichen von Faulheit, die Ausnahme und geradezu verrufen ist. Die Siesta sei vielleicht etwas für die heißen Länder im Süden, wo das öffentliche Leben in der Mittagszeit zum Erliegen kommt, auch für China und Südostasien, wo sie gang und gäbe ist, aber in Deutschland lege man sich doch mitten am Tag nicht auf die faule Haut! Diese Einschätzung scheint falsch zu sein. Als sich zwei Schlafforscher (Ohayon und Zulley) Ende der neunziger Jahre in einer groß angelegten Telefonumfrage bei fast neunzehntausend Briten, Deutschen, Italienern, Portugiesen und Spaniern nach ihren Schlafgewohnheiten erkundigten, stellte sich überraschenderweise heraus: Die Deutschen sind geradezu die Champions des Mittagsschlafs. Fast 22 Prozent von ihnen halten mindestens dreimal die Woche ein «Schläfchen», Ältere häufiger, Jüngere seltener. In Italien sind es dagegen nur 16 Prozent, im vermeintlichen Mutterland der Siesta, in Spanien, gar nur 8; der Durchschnitt in den fünf Ländern lag bei knapp 15 Prozent.

Physiologisch jedenfalls sind nicht nur Südländer für das «Schläfchen» programmiert. Der zunächst über den ganzen Tag verteilte Kinderschlaf zieht sich bis zum vierten Lebensjahr auf zwei Perioden zusammen, eine lange Nacht- und eine kürzere Mittagsperiode, und das zweite, mittägliche Einfallstor für den Schlaf bleibt weiter bestehen, wenn die Kinder, meist zwischen fünf und sechs Jahren, ihren Mittagsschlaf eingestellt haben. Die «Schlaffenster» während des Tages, in denen das Schlafen am leichtesten fällt, sind die Zeiten um 9, 13 und 17 Uhr, die am schwersten zu knackende Wachzone am Abend, in der das Schlafen am schwersten ist, liegt am frühen Abend, kurz vor der danach rasch einsetzenden großen Nachtmüdigkeit. Bei denen, die ihn sich leisten können und wollen, könnte ein kurzer Mittagsschlaf wahrscheinlich ein nächtliches Schlafdefizit kompensieren.

Ein Buch (von Stanley Coren) führt Klage über die «unausgeschlafene Gesellschaft», und der Stanforder Schlafforscher William C. Dement, einer der Begründer der Schlafmedizin, glaubt, die städtische Zivilisation habe dem Menschen etwa 20 Prozent seines Schlafes geraubt: durch elektrisches Licht, verschobene Arbeitszeiten und die vielfältigen Zerstreuungen der Nacht. «Die Nacht wurde zum Tage» – Schlafstörungen als Zivilisationskrankheit im Gefolge. Kurt Stephan, der ein Buch über ebendieses Thema verfasst hat, widerspricht. Zwar strapaziere die Zivilisation bei vielen Menschen die körpereigenen Rhythmen und führe damit auch zu Beeinträchtigungen des Schlafs, aber zur epidemischen Ausbreitung von Schlafstörungen habe sie nicht geführt, und durchweg zu wenig Schlaf finde die moderne Gesellschaft auch nicht. Schon im Griechenland des Hippokrates und im 16. und 17. Jahrhundert galten sieben Stunden Schlaf als das Normale. Wohl aber habe uns die Zivilisation ein Dauerdilemma aufgebürdet: höhere Anforderungen an unsere Wachheit während des Tages, die von keinem erholsameren Nachtschlaf aufgewogen werden.

Im Schlaf schaltet man ab

Lange wurde der Schlaf als eine Phase eintöniger Ereignislosigkeit missachtet. Seit in den dreißiger Jahren Mediziner erstmals die elektrische Tätigkeit des Gehirns im Wachen und Schlafen maßen, weiß man, dass das Gehirn im Schlaf nicht abgeschaltet ist. Es geschieht dort etwas. Schlaf ist ein aktiver Zustand, und ausgeschaltet ist nur die Kontrollinstanz des Wachbewusstseins. 1952 stellte sich heraus, dass diese Aktivität eine Ordnung hat, als in einem Schlaflabor in Chicago sozusagen ein zweiter Schlaf entdeckt wurde. Nach den rollenden Augenbewegungen, die in ihm auftreten, heißt er REM-Schlaf (Rapid Eye Movement). REM und NonREM wechseln einander in regelmäßigem Turnus ab. Pro Nacht gibt es fünf bis sechs solcher Zyklen. Normalerweise beginnt jeder Zyklus mit NonREM: Die elektrischen Wellen, die das EEG außen am Schädel abgreift, werden langsamer und höher, das Gehirn schwingt also zunehmend im Gleichtakt, der Schlaf wird tiefer. («Tief» bedeutet: Der Schläfer ist schwerer zu wecken.) Plötzlich hören die langsamen hohen Wellen auf, das Gehirn wird so unruhig wie im Wachen, gleichzeitig tritt eine völlige Muskelerschlaffung ein. Dies ist der Moment, da Schläfern in der Eisenbahn plötzlich der Kopf auf die Brust kippt: REM, die REM-Lähmung. Das Rollen der Augen bedeutet nur, dass allein die Augenmuskeln von dieser ausgenommen sind und der Schläfer in seinen Träumen um sich blickt wie im Wachen. Im Laufe der Nacht werden die NonREM-Phasen immer weniger tief und die REM-Phasen immer länger. Tiefschlaf und REM – die beiden entscheidenden Komponenten des Schlafs – machen je etwa 20 Prozent der ganzen Schlafzeit aus. Der Schlaf hat also eine Struktur, eine Architektur, und bei Schlafstörungen (über 80 verschiedene wurden gezählt) stellt man unweigerlich fest, dass nicht einfach ein Zuwenig oder Zuviel an Schlaf stattfindet, sondern dass seine Architektur auf eine bestimmte Weise beschädigt ist. Bei Insomnikern fehlt es oft an den tieferen NonREM-Stadien, Depressionskranke beginnen ihren Schlaf mit einer irregulären REM-Phase.

Welchem Zweck dient die ganze Veranstaltung, die sich das Gehirn Nacht für Nacht arrangiert und offenbar arrangieren muss? Lange Zeit glaubten manche Schlafforscher aus ihren Messdaten schließen zu können, Schlafentzug habe überhaupt keine wirklich abträglichen Folgen; das Einzige, was er bewirke, wäre ein immer unwiderstehlicher werdender Schlafdrang. Also diene der Schlaf gar keinem erkennbaren Zweck – und ließe sich möglicherweise einsparen. Heute weiß man es anders. Ein anhaltender Schlafmangel senkt die Aufmerksamkeit, die Wachsamkeit, das Reaktionsvermögen, die Motivation, die Spannkraft, das logische Denkvermögen, die Wortfindung und allgemein das Befinden – kurz, er macht dumm, wie es William C. Dement ausdrückte. Laborratten, die am Schlafen gehindert wurden, starben nach 16 Tagen, schneller als am Hunger – ob am Schlafmangel selbst oder am Stress des Schlafentzugs, weiß man nicht. Wie lange der Mensch durchhielte, weiß man ebenfalls nicht. Einschlägige Experimente verbieten sich, denn Schlafentzug ist eine körperliche Folter. Mit fortdauerndem Schlafentzug wird es aber auch immer schwerer, den Menschen am Schlafen zu hindern. In jedem unbewachten Augenblick verfällt er in einen «Mikroschlaf» – den bei Autofahrern zu Recht gefürchteten Sekundenschlaf. Mit ihm erklärt sich wohl, warum frühere Schlafentzugsexperimente so geringfügige Folgen zu zeitigen schienen: Sie fanden nicht unter kontrollierten Laborbedingungen statt, sodass die Experimentatoren den Mikroschlaf ihrer Versuchspersonen übersahen.

Im Wachen baut sich auf, was Dement eine «Schlafschuld» nennt. Sie ist nur auf eine Weise abzutragen: nicht durch Kaffee, nicht durch Amphetamine, nicht durch ein aufregendes Leben, sondern nur durch Schlafen. Dabei muss nicht jede versäumte Stunde in Echtzeit nachgeholt werden: In den tiefen Schlafstadien wird die aufgelaufene Schuld schneller abgetragen. Sie wohl sind jenes «Bad der wunden Müh, der Balsam kranker Seelen, das nährendste Gericht beim Fest des Lebens», als die Shakespeare, selbst ein großer Insomniker, der Bescheid wusste, seinen Insomniker Macbeth den Schlaf preisen ließ.

Surreal Alltag

Im Schlaf sehen wir Zerrbilder unserer Tagwirklichkeit

Wie man in Deutschland träumt, lässt sich aus einem simplen Grund nicht sagen: weil Menschen von ihren eigenen Träumen sehr wenig wissen. Alle zwar träumen, und das während des ganzen Schlafs, die «szenischsten» Träume aber in den REM-Phasen. Wenn jeder Fünfte meint, er träume nie, so hat er nur alle seine Träume vergessen.

Die meisten Träume vergisst man auf der Stelle. Es ist wohl eine Sicherheitsvorkehrung unserer Natur, die verhindern soll, dass die Schäume der Träume in unsere Tagwirklichkeit hinüberschwappen. Die Träume, an die man sich erinnert, sind die, die dieser Auslöschung entgangen sind, zumeist die gefühlsstarken und lebhaften der letzten REM-Phase gegen Morgen, aus der man nicht zu langsam und nicht zu schnell aufgewacht ist, nämlich so, dass man Gelegenheit hatte, den letzten Traum mit dem Wachbewusstsein zu rekapitulieren. Diese Rekapitulation ist natürlich eine Rekonstruktion. Was man in Erinnerung behält, um davon berichten zu können, sind nicht die Träume selbst, sondern ihre nachträglichen Rekonstruktionen. Traumberichte sind darum grundsätzlich unzuverlässig.

Unter diesen Umständen kann man nicht wissen, was die Menschen träumen. Es ist erstaunlich, dass man dennoch wenigstens in Umrissen weiß, wovon in Deutschland geträumt wird. Das Allensbacher Institut hat seit 1956 mehrmals danach gefragt. Am häufigsten: von der Arbeit, vom Beruf (34 Prozent). Dann von Reisen (27), von Verstorbenen (22), vom Laufenwollen und Nichtkönnen (22), von viel Geld (19), vom Fallen (15), von der Aufhebung der Schwerkraft (10), vom eigenen Tod (9). Träume von der Arbeit und vom Reisen sind seit den fünfziger Jahren deutlich häufiger geworden, am häufigsten in den neuen Bundesländern (36 und 22),

Träume vom Krieg seltener (6 Prozent - 1954 waren es noch 15). Mit zunehmendem Alter verschieben sich die Themen: Träume von der Arbeit, vom Reisen, vom Geld, von der Schwerelosigkeit werden seltener, die vom Tod und vom Hinfallen häufiger.

Die Umfragen bestätigen, was auch die wenigen wissenschaftlichen Traumuntersuchungen ergeben haben: Träume sind normalerweise eine surreale Fortsetzung des ordinären wachen Erlebens und viel weniger sensationell und visionär, als manche meinen. Im Großen und Ganzen handeln sie von dem, was einen auch im Alltag beschäftigt oder einen einmal emotional sehr stark beschäftigt hat. Sie stoßen nicht das Tor zu ganz anderen Welten auf.

Ist das neu? Ist das in anderen Ländern anders? Die erste und immer noch größte wissenschaftliche Untersuchung von Traumberichten ist eine amerikanische aus den Jahren 1948 bis 1952, von C.S. Hall und R.L. Van de Castle, die 1000 Träume auswertete. Über 40 Jahre später haben europäische Traumforscher sie systematisch mit den Sammlungen aus ihren Schlaflabors verglichen, zuletzt Michael Schredl in Mannheim. Das Ergebnis: Träume scheinen sich über die Zeiten und über Grenzen hinweg verblüffend ähnlich zu bleiben. Die einzigen nennenswerten Abweichungen waren, dass in den von Schredl gesammelten Studententräumen bei Männern Gewalt etwas häufiger vorkam als in den amerikanischen der Jahrhundertmitte, wesentlich häufiger als in neueren niederländischen und Schweizer Träumen - und dass zwar beide Geschlechter in Amerika wie in Deutschland damals wie heute mehr von Männern als von Frauen träumten, heutige deutsche Männer jedoch weniger und deutsche Frauen häufiger von Männern träumen als die Amerikaner damals. Auch das ist wahrscheinlich nur ein Reflex der Alltagswirklichkeit: Im Beruf finden heute mehr Kontakte mit dem anderen Geschlecht statt als um die Jahrhundertmitte, das spiegelt sich in den Träumen. Entgegen einem allgemeinen Verdacht fanden Hall und Van de Castle übrigens nicht einmal in jedem zehnten Traum sexuelle Inhalte.

In Deutschland, so scheint es, wird also nicht viel anders geträumt als anderswo, und was sich in den Träumen der Deutschen findet, ist nur ein Zerrbild ihrer Lebenswirklichkeit.

Aber warum hat die Natur über alle höheren Tiere regelmäßige Phasen der Bewusstlosigkeit verhängt, denen sie sich nicht entziehen können? Welche Funktion also erfüllt der Schlaf? Die Frage wird nicht einfacher dadurch, dass zwei grundverschiedene «Schläfe» zu erklären sind, REM und NonREM. So viele physiologische und psychologische und pharmakologische Einzelheiten die Schlafforschung im letzten halben Jahrhundert zutage gefördert hat: Sie weiß es immer noch nicht, ahnt aber, dass sie des Rätsels Lösung nahe ist. Immerhin wurden einige der früheren Theorien widerlegt: etwa dass der Schlaf der Muskelentmüdung, der Energieeinsparung oder schlicht der Ruhigstellung diene. (Das vermutete Hypnotoxin, das Schlafgift, das die Muskeln müde mache, gibt es nicht, Herz- und Atmungsmuskeln arbeiten Tag wie Nacht. Das Gehirn ist das Organ mit dem höchsten Energieverbrauch. Auch schlafende Tiere sind in Gefahr.) Nichts davon ist mit der Tatsache vereinbar, dass der Schlaf eine genau strukturierte Folge aktiver Zustände des Gehirns ist. Des Rätsels Lösung muss im Gehirn selbst gesucht werden.

Eine aussichtsreichere psychophysiologische Theorie ist die, dass während des Schlafs Langzeiterinnerungen «konsolidiert» (also befestigt) und in das Netzwerk der mentalen Repräsentationen eingebaut werden. Dass man im Schlaf lernen kann, hat sich dagegen als Märchen erwiesen. Experimentell belegt wurde aber unlängst, und zwar von einer Arbeitsgruppe um den Lübecker Neuroendokrinologen Ullrich Wagner, dass im Schlaf tatsächlich Einsichten gewonnen werden können. Die Berichte jener Genies, die behaupteten, auf die zündende Idee buchstäblich im Schlaf gestoßen zu sein – dem Chemiker August Kekulé etwa gab 1865 ein Traum von zwei ineinander verbissenen Schlangen die Struktur des Benzolrings ein –, könnten somit durchaus wahr sein.

Gerade unterbreitete der amerikanische Psychiater Jerome Siegel eine Theorie, die den Vorteil hat, im Labor überprüfbar und widerlegbar zu sein: Der NonREM-Schlaf diene der Zellreparatur (bei Schlafentzug treten bei Ratten Schäden an der Außenmembrane von Hirnzellen auf), REM (bei dem die Produktion einer Gruppe von Neurotransmittern, der Monoamine, eingestellt wird) verschaffe den Rezeptoren der Hirnzellen eine Erholungspause. Meine persönliche Lieblingstheorie ist die, dass der Schlaf der Kalibration des Gehirns dient: Die Tagesaktivität beansprucht einzelne Funktionen des Gehirns verschieden stark, und damit sich diese verschiedenen Aktivationen einzelner Funktionsbereiche nicht kumulieren, wird in den Tiefschlafphasen, da es im Gleichtakt schwingt, das Gehirn sozusagen auf null heruntergefahren und abgestimmt – um dann im Scheinleben der REM-Phasen ausprobiert zu werden, sicherheitshalber im Zustand der Handlungsunfähigkeit. Wie auch immer: Reparatur und Erholung des Gehirns, das dürfte die lebensnotwendige Funktion des nächtlichen Blackout sein.

So weit: ganz gut

Gelegentlich schlafen die meisten nicht ganz so, wie sie möchten. Viele meinen darum, sie wüssten, was Schlaflosigkeit ist, und wer Aufhebens von der seinen mache, übertreibe wohl. Diese vermeintlichen Hypochonder liefen dann mit ihren Klagen scharenweise zu den Ärzten, und die verschrieben ihnen bereitwillig jede Menge Schlaftabletten. Alles dies: ein großes Missverständnis. «Schlaflosigkeit» – schon das ist ein ärgerliches, weil grob irreführendes Wort, denn völlige Schlaflosigkeit gibt es nicht. Wer manchmal nicht genug

Schlaf bekommt, weiß so wenig, welche Einbuße an Lebensqualität ein wirkliches, anhaltendes Schlafdefizit oder ein ständiges übergroßes Schlafbedürfnis bedeutet, wie ein zuweilen Bedrückter weiß, was die Depressionskrankheit ist.

Es ist überaus schwierig, sich ein genaues Bild davon zu machen, wie verbreitet wirkliche Schlafstörungen sind, auch nicht die mit Abstand häufigste, die Insomnie (ein chronisches Schlafdefizit). Verwunderlich ist das nicht, denn welche Antworten die Menschen den Epidemiologen geben, hängt ganz davon ab, wie und wonach gefragt wird. So schwanken die Schätzungen zwischen ein paar und 65 Prozent. Eine Erhebung (von Zulley und Ohayon) aus dem Jahr 2000, welche die internationalen Kriterien des amerikanischen Diagnosehandbuchs DSM-IV zugrunde legte (unter anderem ein mindestens einen Monat anhaltendes Schlafdefizit, das als schwere Beeinträchtigung empfunden wird), ergab: Bei etwa 42 Prozent der Deutschen tritt mindestens ein Insomniesymptom auf, und 6 Prozent leiden an voll ausgeprägter Insommie. (Leichte Insomniker schlafen über einen längeren Zeitraum etwa eine Stunde weniger als der Durchschnitt, schwere Insomniker drei.) Nur 12 Prozent der Insomniker konsultieren ihrer Schlafstörung wegen je einen Arzt.

In eine internationale Perspektive rückt diese Zahlen eine Erhebung des Regensburger Schlafforschers Göran Hajak aus dem Jahre 2001, der nur nach dem Ernstfall fragte, der schweren Insomnie. Danach leiden in Deutschland 4 Prozent der erwachsenen Bevölkerung unter einer schweren Insomnie, die allermeisten chronisch, ein ganzes Jahr oder länger. Überdurchschnittlich viele schwere Insomniker finden sich unter Frauen, getrennt Lebenden, Großstädtern und Arbeitslosen, aber einer verbreiteten Ansicht entgegen nicht bei den über 65-Jährigen. Am höchsten ist der Anteil in Berlin (13 Prozent) und in Sachsen (8), am geringsten in Baden-Württemberg und Thüringen (1 Prozent). Nur gut die Hälfte von ihnen hat ihrer Schlafstörung wegen je einen Arzt konsultiert, und nur 19 Prozent verschreibt dieser ein Schlafmittel.

Vier Prozent – das sind mehrere Millionen, aber die Zahl ist niedriger als die nach den gleichen Kriterien ermittelte in Schweden, Irland und Belgien, und sie ist sehr viel niedriger als in Großbritannien, das mit 22 Prozent völlig aus dem Rahmen fällt. Warum bloß? Was hindert die Engländer am Schlafen? Interessant, welchen Grund für die Diskrepanz Hajak vermutet: dass infolge heftiger Medienkampagnen gegen den Gebrauch von Schlafmitteln Insomnie dort seltener wirksam behandelt wird als anderswo. (Auch Dement ist der Meinung, dass in den Vereinigten Staaten Schlafmittel eher zu selten als zu oft verschrieben werden.) Insofern scheinen die schweren Insomniker in Deutschland besser dran zu sein; sie finden offenbar wirksame Hilfe.

Tatsächlich haben sich in Deutschland die Chancen, bei Schlafstörungen professionelle Hilfe zu bekommen, in den letzten fünfzehn Jahren gewaltig erhöht. Es gibt eine deutsche Schlafforschung, es gibt eine deutsche Schlafmedizin, es gibt eine Gesellschaft für beides, es gibt 270 von ihr approbierte Schlaflabors, in denen der Schlaf nach internationalen Standards untersucht werden kann, es gibt die von Jürgen Zulley erfundenen «Schlafschulen» (und neuerdings auch ein Buch mit dem Titel *Die kleine Schlafschule*); auch Allgemeinärzte sind über den Schlaf heute besser informiert und zucken nicht mehr nur hilflos die Achseln.

Das gilt besonders für eine Schlafstörung, auf die man überhaupt erst in den letzten zwanzig Jahren aufmerksam geworden ist: die «Apnoen» genannten kurzen Atemstillstände während des Schlafs, zehn bis fünfzehn pro Stunde, die den Schlaf auf eine lebensbedrohliche Weise zerrütten können. Betroffen sind über dreimal so viele Männer wie Frauen, etwa vier Prozent, auffällig viele Schnarcher und Übergewichtige darunter. Ihr Fall ist heute längst nicht mehr so hoffnungslos wie in der vorigen Generation.

Dennoch, auch in Deutschland werden Schlafstörungen noch zu oft verkannt und unzureichend behandelt, und manchem nützt auch die professionellste Hilfe nicht. Aber die wenigen Zahlen, die einen internationalen Vergleich erlauben, lassen den vorsichtigen Schluss zu: In Deutschland wird heute relativ gern und gut geschlafen und geträumt. So sieht es auch die Mehrheit der Landsleute. Von Allensbach im Jahr 2003 befragt, was ihnen Schlaf bedeute, gaben zwar 15 Prozent «Schlafstörungen» an, 13 «Albträume», 10 «verlorene Zeit», 4 «Langeweile» – 89 Prozent aber «Erholung», 78 «Gesundheit», 62 «Abschalten vom Stress», 56 «Vitalität», 37 «Frieden», 35 «angenehme Träume» und 32 Prozent geradezu «Genuss». Deutschland, Schlaf, Genuss – eine unverhoffte Trias.

Literaturhinweise

Coren, Stanley: *Sleep Thieves.* New York. Free Press, 1996. Deutsch: *Die unausgeschlafene Gesellschaft.* Reinbek: Rowohlt, 1999

Dement, William C.: *The Promise of Sleep.* New York. Delacorte, 1999. **Deutsch:** *Der Schlaf und unsere Gesundheit.* München: Limes, 2000

Deutsche Gesellschaft für Schlafforschung und Schlafmedizin (DGSM): Liste der akkreditierten Schlaflabore www.dgsm.de. Leitlinie «Nicht erholsamer Schlaf». http://www.uni-duesseldorf.de/WWW/AWMF/II/schlm-01.htm

Hajak, Göran: «Epidemiology of severe insomnia and its consequences in Germany». Berlin: *European Archives of Psychiatry and Clinical Neuroscience,* 251, 2001, S. 49–56

Institut für Demoskopie Allensbach: «Erholung, Gesundheit, Vitalität – Was bedeutet Schlaf?». Allensbach: Allensbacher Berichte, 6, 2003

Kripke, Daniel F./Lawrence Garfinkel/Deborah L. Wingard/Melville R. Klauber/Matthew R. Marler: «Mortality Associated With Sleep Duration and Insomnia». Chicago, IL: *Archives of General Psychiatry,* 59, 2002, S. 131–136

Ohayon, Maurice M./Jürgen Zulley: «Schlafgewohnheiten und Schlafstörungen in Deutschland». Stuttgart: *Psychiatrische Praxis,* 27, 2000, S. 24–25

Ohayon, Maurice M./Jürgen Zulley/S. Smirne/T. Paiva: «Prevalence of narcolepsy symptomatology and diagnosis in the European general population». Hagerstown, MD: *Neurology*, 58, 2002, S. 1826–1833

Schredl, Michael/Petra Ciric/Angelika Bishop/Eva Gölitz/Daniele Buschtöns: «Content Analysis of German Students' Dreams: Comparison to American Findings». New York. *Dreaming*, 13 (4), December 2003, S. 235–241

Siegel, Jerome M.: «Warum schlafen wir?» Heidelberg: *Spektrum der Wissenschaft*, Jan. 2004, S. 30–35

Stephan, Kurt: *Schlaf und Zivilisation – Epidemiologie der Schlafstörungen.* Berlin: de Gruyter, 1992

Strauch, Inge/Barbara Meier: *Den Träumen auf der Spur – Ergebnisse der experimentellen Traumforschung.* Bern: Huber, 1992

Tamakoshi, A./Y. Ohno: «Self-reported sleep duration as a predictor of all-cause mortality: results from the JACC study, Japan». Rochester, NY: *Sleep*, 27 (1), 2004, S. 51–54

Wagner, Ulrich/Steffen Gais/Hilde Haider/Rolf Verleger/Jan Born: «Sleep inspires insight». London: *Nature*, 427, 22. Jan. 2004, S. 352–355

Zulley, Jürgen/Barbara Knab: *Unsere Innere Uhr*. Freiburg: Herder, 2000

Zulley, Jürgen/Barbara Knab: *Die kleine Schlafschule – Wege zum guten Schlaf.* Freiburg: Herder, 2003

Wie man in Deutschland …

24

Wie man in Deutschland spielt

Brett- und Ratespiele, Glücks- und Computerspiele – beschäftigt die Deutschen eigentlich auch mal was anderes? Im Land der Regeln ist der Spieltrieb auffällig stark.

von Gero von Randow

Spielbeginn

Deutschland spielt. Pferdewetten und Lotteriesparen, Skatturniere und Online-Games, Brettspiele, Kartenspiele, Rollenspiele, und in jeder Saison kommt neues Spielzeug für alle Altersgruppen auf den Markt. Der Formenreichtum ist voll entwickelt. Die Hälfte aller jungen Leute unter 24 Jahren knibbelt Spiele auf dem Handy, man sieht's in der U-Bahn. Woche für Woche kaufen 13 Millionen Glückssucher Lose und Lottoscheine und zittern vor dem Bildschirm, wenn die Glückskugel gezogen wird.

Die Zahl der regelmäßigen Einwerfer am Geldspielautomaten soll gut 4,6 Millionen betragen. Die Deutschen geben für Computerspiele mehr Geld aus als fürs Kino, sie raten millionenfach beim Fernsehquiz mit oder zappen durch die Programme, bis sie auf dem Spielkanal landen. Man fragt sich, wann sie arbeiten und essen, miteinander schlafen oder etwas lesen.

Und weil der notorische Freizeitdeutsche spielt und spielt und spielt, darf das während der Lektüre dieses Textes natürlich nicht aufhören. Es folgen daher sechs fortlaufend nummerierte Teile. Bitte holen Sie sich einen Würfel.

Danke, dass Sie mitmachen. Und nun würfeln Sie bitte und lesen Sie dort weiter, wo die erzielte Zahl vermerkt ist. Anschließend weiterwürfeln. Landen Sie bei einem schon gelesenen Text, dann werfen Sie eben noch einmal. Sind Sie auf allen Spielfeldern gewesen, dann ist es Zeit für die Schlussrunde. In ihr wird ein einfaches Rätsel gelöst: Wie groß ist die Wahrscheinlichkeit, dass Sie die Zahlen eins bis sechs in aufsteigender Reihenfolge werfen?

Bevor es losgeht, sei Ihnen noch ein Zitat mitgegeben. Es sind die denkwürdigen ersten Sätze aus dem *Homo Ludens*, dem Klassiker des holländischen Soziologen Johan Huizinga aus dem Jahr 1938: «Als es klar wurde, dass der Name Homo sapiens für unsere Art doch nicht so gut passte, wie man einst gemeint hatte, weil wir am Ende doch gar nicht so vernünftig sind, wie das achtzehnte Jahrhundert in seinem naiven Optimismus zu glauben geneigt war, stellte man neben diese Bezeichnung für unsere Spezies den Namen Homo faber, der schaffende Mensch. Dieser Name aber ist weniger zutreffend als der frühere, denn faber ist auch manches Tier. Was vom Schaffen gilt, gilt auch vom Spielen: Recht viele Tiere spielen. Dennoch scheint mir Homo ludens, der spielende Mensch, eine ebenso wesentliche Funktion wie das Schaffen anzugeben und neben Homo faber einen Platz zu verdienen.»

Was nicht zuletzt für die angeblich so fleißigen Deutschen gilt. Würfeln wir!

⚀

«Mama, noch einen Schuss aus der Piratenpistole!» Aber Mama will weiter und zieht den widerstrebenden Sohn hinter sich her, vorbei an den Klassikern (Steckenpferd und Kreisel, Ball und Springseil, Puppe und Teddybär, Kasperletheater und Kaufmannsladen), und dann vorbei an der Mädchen-Abteilung. In diesem Mainzer Spielwarenladen gibt's nämlich alles für die kleine Hausfrau: Herd, Mixer, Fritteuse, Geschirrspüler, Kühlschrank. Spielzeuge sind Medien.

Viele überbringen eine Botschaft aus der Vergangenheit. Die hölzernen Dampfbähnchen und Doppeldeckerflugzeuge oder die aus

Plastik gefertigten Eisenbahnsachen namens Geo-Trax (von Fisher Price) beispielsweise künden von einer untergegangenen Technikwelt. Der kleine Schaffner, der mit Mütze und Kelle und Pfeife darauf achtet, dass die Passagiere ordentlich einsteigen, knipst Löcher in Fahrkarten aus Pappe – seltsam, Kinder sind doch nicht nostalgisch? Wessen Regression drückt sich hier aus?

Überhaupt wunderlich, was so angeboten wird. «Bastis intelligente Werkstatt» für 69,99 Euro zum Beispiel. Basti ist ein Roboter im Blaumann, reduziert auf Rumpf, Industriegreifer und Kopf, karlmarxmäßig an eine Werkbank festmontiert, mit Schutzbrille und Helm und einer Seele aus Software.

Der proletarische Schrumpfgermane herrscht seinen Untergebenen («ab drei Jahren», sagt der Karton) in schwer verständlicher Maschinsprak an: Sie sollen an Schrauben und Muttern drehen, auf Plastikpömpeln herumhämmern und dergleichen mehr, alles mächtig interaktiv. Wenn Homo ludens auf «Aus» drückt, weil er keine Lust mehr verspürt, sich von dem hektisch mit Kopf und Augenbrauen wackelnden Plastikheini herumkommandieren zu lassen, dann hebt das Industriewesen zu einem martialischen Sprechgesang an. «Rrrräum alllles auff, pack alles wekkk – und unssrre Orrrrrtnunnck issst perrfeckt!»

Eine irregeleitete Pädagogin hat diesem Klapparat ein positives Zeugnis gegeben. Aufräumen ist indes notwendig, das weiß jedes Kind, und Aufräumen ist auch sehr deutsch. Alles gehört auf seinen Platz, und «der Platz ist das je bestimmte ‹Dort› und ‹Da› des Hingehörens eines Zeugs», wie der tiefste deutsche Philosoph schrieb (Martin Heidegger in *Sein und Zeit*).

Zum Problem ist das Da und Dort allerdings erst geworden, seit die Kinder des Wirtschaftswunders über raue Mengen «Zeugs» verfügten. Vergeblich wäre die Hoffnung, der Computer spare Platz im Kinderzimmer, weil er doch so vielseitig ist. Ein Computerspiel kommt nicht allein, sondern im Konvoi mit neuem Zeug. Zum Beispiel mit Beyblades, den Rennern der Saison 2003/2004, einem multimedialen Kombinationsprodukt aus Plastiksachen, Zeichentrickfiguren und

Spielsoftware. Die Figuren sind japanisch und kämpfen auf RTL II miteinander; ihre Waffen sind Kreisel, die sie aufeinander losjagen.

Kampfkreisel gibt es und Abwehrkreisel, alles auch zum Anfassen im Regal, zum Stückpreis von 9,99 Euro. Sie blinken und surren, und wer als erster umfällt, hat verloren. Vertrieben werden sie von Hasbro Deutschland. Hasbro ist der zweitgrößte Spielzeughersteller der Welt, ein wahrer Multi, und Beyblades sind so global wie Pokémon. Mit derartigen Saisonprodukten erzielt die Branche 40 Prozent ihres Umsatzes.

Weniger schick, dafür aber urkomisch ist «S.O.S-Affenalarm». Löcher in einer hohlen Plastikpalme werden kreuz und quer mit Stöcken durchstoßen, oben wirft man Äffchen hinein. Die meisten bleiben mit ihren Schwänzen im Gewirr der Stäbe hängen. Nun muss reihum jeder Spieler einen Stab herausziehen und alle Plastikaffen einsammeln, die dabei auf den Boden der Palme purzeln; sie bringen Strafpunkte. Als Spieler hat man das gleiche Interesse wie die Tierchen, nämlich dass sie nicht herabfallen. Tun sie aber. Der Dschungelspaß wird in Rumänien hergestellt. Ein Eltern-Kind-Spiel, denn das Gesamtgebilde ist nicht so leicht aufzubauen.

Spielen Eltern überhaupt noch mit ihren Kindern? Eine Umfrage unter Kindern ergab, dass nur zehn Prozent von ihnen der Meinung waren, Eltern spielten «oft» mit ihnen. Die meisten anderen litten explizit darunter, dass die Eltern zu wenig Zeit für sie haben.

Kinder haben heutzutage aber auch wenig Zeit, jedenfalls wenn sie in der großen Mittelschicht Deutschlands aufwachsen. Sport, Ballett, Klavier, Schularbeitenhilfe, an verschiedenen Orten natürlich, dazwischen Transport, alles durch die Sendezeiten getaktet.

Und wenn sie spielen – wo spielen sie? Die These von der «Verhäuslichung» des Kinderspiels ist empirisch nicht belegt, passt aber zur Alltagsbeobachtung, etwa dem Siegeszug der «Indoor-Spielplätze»: Schaukeln, Rutschen und Sandkastenspiele in der Halle. Unter Höllenlärm.

Wer offenen Auges durch die Stadt geht, sieht auch die andere Wirklichkeit, zumindest dort, wo nicht allzu viele Autos Raum und

Blick versperren: Kreidezeichnungen auf dem Bürgersteig, Fang- und Versteckspiele auf dem Schulhof, Gummitwist und Seilspringen auf dem Parkplatz. Im Herbst sieht man die Drachen steigen.

Viel geredet wird nicht im Casino des Wiesbadener Kurhauses. Dies ist die fünftgrößte unter den 58 Spielbanken Deutschlands. Der Saal halbdunkel, Grundfarbe Braun, immer wieder «Nichts geht mehr», und zwar stets in der gleichen, unbeteiligten Tonlage: aus dem Lautsprecher, getriggert von der Roulettemechanik.

Das muss so sein, denn die Croupiers, deren Anzugtaschen zugenäht sind, gehören letztlich zur Partei der Spieler. Ihr Einkommen besteht ausschließlich aus dem, was die Zocker aus dem Gewinn in den «Tronc» abzweigen. Der Croupier leiert dann sein «Vielen Dank für die Angestellten», was sich mit der Lautsprecherstimme zu emotionslosem Wechselgesang fügt.

Es ist Montagnachmittag, weshalb nicht Ausflügler, sondern Stammgäste die Szene beherrschen, zumeist ältere Herren (die interne Statistik weist ein Drittel Frauen aus). Neben ihnen fällt ein Dutzend ausgesprochen stummer Asiaten auf. Eigens für sie muss die Europäische Zentralbank den 500-Euro-Schein erfunden haben. Zumeist aber werden kleine Chips gesetzt. Und vorgedruckte Formulare ausgefüllt. Statistiken, Berechnungen, wie auf der Trabrennbahn, nur ohne Gebrüll und mit dem weiteren Unterschied, dass es Idiotie ist, den Spielverlauf vorausschauen zu wollen. Da noch niemand in der Schicksalskugel den Sitz eines Gedächtnisses ausmachen konnte, gilt: neues Spiel, neues Glück. Selbst wenn tausendmal Schwarz herauskam, steigt die Wahrscheinlichkeit für Rot nicht. Wer anderes glaubt, unterliegt dem Irrtum, die Einzelsequenz eines Zufallsprozesses müsse dessen Gesamtverteilung widerspiegeln. Im Casino, eh kein Ort des Gesprächs, kommen solche Feststellungen indes schlecht an. «Wie lange spielen Sie denn schon, junger Mann?»

Man raucht Brasil. «Zu uns kommen viele aus dem Altersheim nebenan», sagt Klaus Gülker, der Geschäftsführer. «Wenn Essenszeit ist, wird es im Saal etwas leerer.» Er will, dass das Casino «Kulturfaktor» wird, mit Vorträgen der Dostojewski-Gesellschaft, «auch Drewermann war schon da». Etwa 320 000 Besucher verzeichnet die Spielbank jährlich, davon 180 000 im «Großen Spiel», also im Festsaal. Die anderen suchen die Automatenhalle des Kurhauses auf, das Unterhaus sozusagen; aus ihren Verlusten entstehen zwei Drittel des Gesamtgewinns. Der beträgt vor Steuern mehr als 30 Millionen Euro im Jahr. Was übrig bleibt, ist Steuergeheimnis.

Die Bank gewinnt immer, der Staat immer viel. Paragraph 284 des Strafgesetzbuchs kriminalisiert jeden, der «ohne behördliche Erlaubnis öffentlich ein Glücksspiel veranstaltet». Der offizielle Normzweck, den Spieltrieb zu steuern, ist edel. Das Hilfsargument, Casinos könnten illegales Geld abschöpfen: pragmatisch. Aber die Ökonomie des staatlichen Zockermonopols, das als Lehen vergeben wird, die ist wahrlich beeindruckend. Jahr für Jahr kassiert der Fiskus rund 4,5 Milliarden Euro aus Glücksspielen aller Art, etwa aus den gut 152 000 Geldspielgeräten im Lande, von denen etwa 70 000 in Kneipen und anderen Gaststätten klackern.

Deutschlands Geldspielgeräte behalten einen Kasseninhalt, also Spielerverlust, von rund 1,85 Milliarden Euro im Jahr ein. Zu dieser Umverteilung von unten nach oben trägt die Merkur-Spielothek in der Stuttgarter Marienstraße 12 bei, eine von 32 Spielhallen der Stadt. Eine Großspielhalle, und weil so etwas nicht sein soll, hat die Betreibergesellschaft die Fläche aufgeteilt und an einzelne Firmen vermietet. Wer wohl hinter diesen Firmen steht? Die weltweit agierende Gauselmann Group aus dem nordrhein-westfälischen Espelkamp, der auch die Merkur-Spielothek GmbH & Co. KG gehört.

Wer das in Bahnhofsnähe gelegene Etablissement betritt, kommt sich vor wie ein Freier im Kontakthof. Halbdunkler Eingang, hoffentlich guckt keiner, und dann glitzert und blinkt es von allen Seiten. Komm her! Spiel mich! Du bist der Sieger! Düstere Popmusik, fettige Snacks an der Bar, an den Geräten stehen ein paar Männer.

Dieser ist Serbe, jener Türke, schwäbeln tun sie beide. «Was nehmen Sie an guten Tagen ein?» – «Des werd i dir grad verzähle.» Über zehntausend Spielhallenkonzessionen gibt es in Deutschland, vor 20 Jahren waren es noch 2500. Die Bauarten der Automaten mit Auszahlfunktion werden im «Fachlaboratorium Spielgeräte» der Physikalisch-Technischen Bundesanstalt mathematisch geprüft, alles hat seine Ordnung.

Von den schätzungsweise 100 000 pathologischen, das heißt hilfebedürftigen Geldspielern ist etwa ein Drittel den Automaten verfallen. Dass es eine Spielsucht gibt, die auch hirnphysiologisch den stoffbezogenen Süchten gleichkommt, ist wissenschaftlicher Konsens (Dissidenten gibt es immer). Zehntausende, die auf den schwarzen Listen der Spielbanken stehen, suchen sich ihren Stoff im illegalen Spiel. Weit über tausend Fälle werden Jahr für Jahr aktenkundig.

Die ganze Welt kennt «German Games». Das ist eine Gattungsbezeichnung, wie Tempo-Taschentücher. Sie müssen nicht notwendigerweise aus Deutschland stammen, und hierzulande erscheinen auch Spiele, die keineswegs German sind. German Games kommen als Brettspiele aus Holz, stabiler Pappe oder schwerem, haptisch ansprechendem Plastik daher; sie kombinieren Zufallselemente, strategische Entscheidungen und Interaktion zwischen den Spielern. «Mensch ärgere dich nicht, «Malefiz», «Monopoly»: Familiensonntage, an denen schwelende Aggressionen auf kleine blaue oder rote Holzmännchen übertragen werden, gehören zum Inventar deutscher Biographien. Herrlich, wenn Papa die Karte zieht: «Gehe nicht über Los … Ziehe nicht 200 Euro ein …»

Kein anderes Land, in dem so viele Gesellschaftsspiele ersonnen, verkauft und gespielt werden. Warum? Weil wir so viel Freizeit haben? Jedenfalls hat bei uns das Brettspiel Tradition. Als der in Ravensburg geborene Otto Maier 1884 sein erstes auf den Markt brachte («Reise um die Erde», nach Jules Verne), war das Cocooning der biedermeiernden Mittelschicht mithilfe des Familien- und Gesellschaftsspiels bereits voll im Gange. Auch heute werden Freundeskreise durch jahrzehntelang stabile Halma-, Mühle-, Skat- und Doppelkopfrunden zusammengehalten.

Tim Hermann (Name geändert), Werbezeichner im Badischen, ist so ein Familien- und Gesellschaftsspieler. Im Wohnzimmerregal stehen rund 300 Spiele. «Ich bin kein Sammler und besitze nur, was ich spiele», sagt er. «Echte Sammler haben Tausende Spiele, meist noch eingeschweißt in Folie.» Alle zwei Wochen ist Spieleabend. «Dann bin ich in einer anderen Welt, kann Verhaltensweisen ausprobieren, auch mal die Sau ‹rauslassen›» – schwer vorstellbar bei diesem verbindlichen Mittvierziger. Zum Ausgleich stehen Entspannungs- und Geschicklichkeitsspiele auf dem Programm, das klassische Mikado, oder auch «Schloss Schlotterstein», durch das der Spieler ein Gespenst namens Knautschi mittels eines Magneten manövriert. Reine Strategiespiele ohne Zufallselement mag Hermann nicht: «Wenn ich die verliere, nehm ich's persönlich. Mich erinnern sie auch zu sehr an den Alltag in der Firma.»

In jeder größeren Stadt gibt es öffentliche Spielkreise und finden Spielveranstaltungen statt. Auf der letztjährigen «Münchner Spielwies'n» trafen sich 25 000 Erwachsene, probierten Neues aus (der Renner war «Der Palast von Alhambra») oder nahmen an Familienturnieren teil. Zu den Essener Spieltagen pilgern alljährlich 150 000 Besucher. Unvermeidlicherweise gibt es eine Deutsche Meisterschaft im Brettspiel; das Finalturnier wird am 15. Mai in Herne ausgetragen, wo 32 Mannschaften aus 14 regionalen Vorentscheidungen gegeneinander antreten werden.

Computerspiele kamen vor gut 20 Jahren über Deutschland, nachdem Vorboten wie das Fernsehtennis «Pong» in den Siebzigern das

Umsätze auf dem Glücksspielmarkt

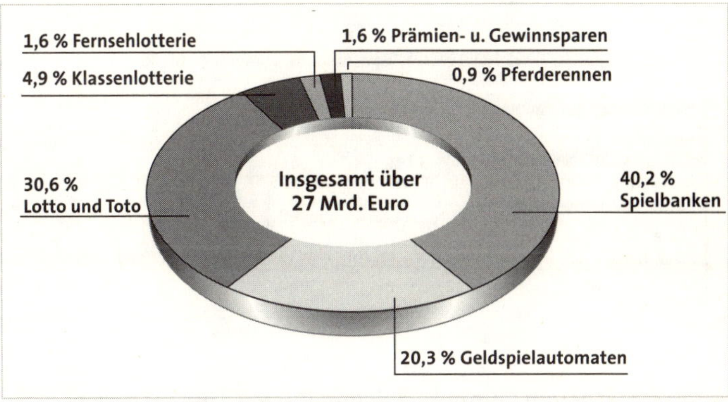

Spielzeug

6- bis 9-Jährige besitzen:

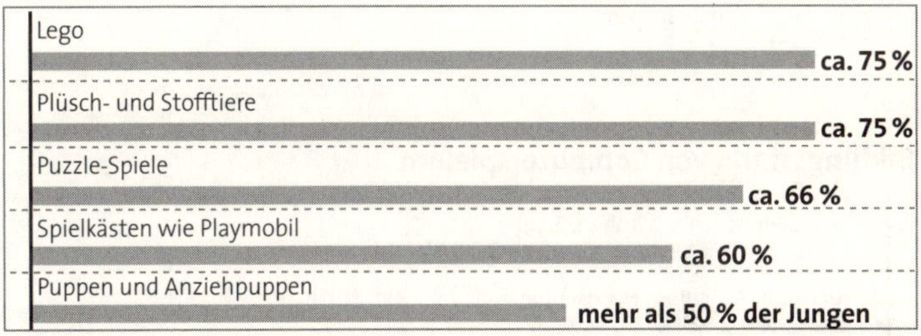

Kommende angekündigt hatten. Jetzt aber rückte der C-64 an. Ein erschwinglicher Computer. Sah aus wie eine Brotkiste. Er sandte bewegte Bilder und Musik auf den Bildschirm. Die Musik ging nicht mehr aus dem Kopf. Zack-zack, pling-poing. Später entstand Techno-Musik daraus. Man spielte zum Beispiel «Pogo Joe». Das war ein Affe. Er grinste. Und hüpfte auf Tönnchen herum. Pling. Man musste sich konzentrieren. Poing. Äußerte nur kurze Sätze. Ganz kurze. Zack.

Seither hat sich viel verändert. Im Jahr 2003 wurden 35 bis 40 Millionen Spiele verkauft. Deutschland ist mit rund 1,4 Milliarden Euro

Hardware für Computerspiele

13- bis 19-jährige Jungen besitzen:

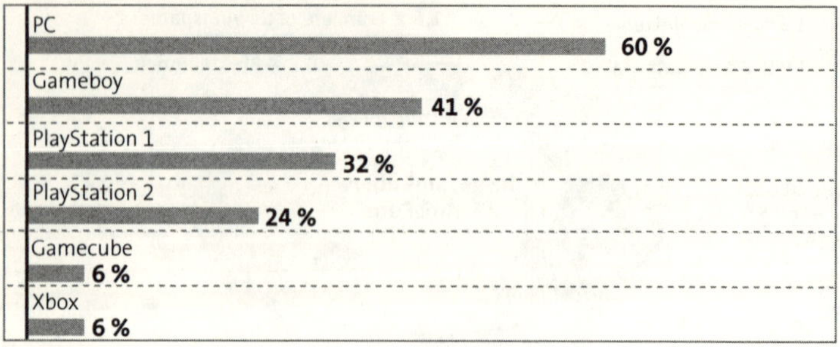

Altersstruktur von Computerspielern (96,8 % sind männlich)

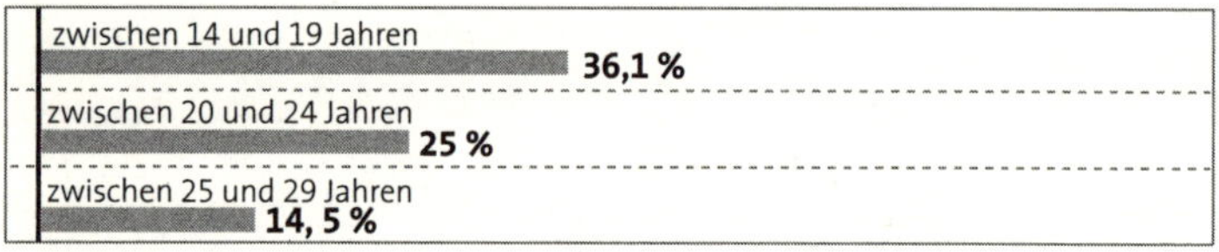

Bildungsstand von Computerspielern

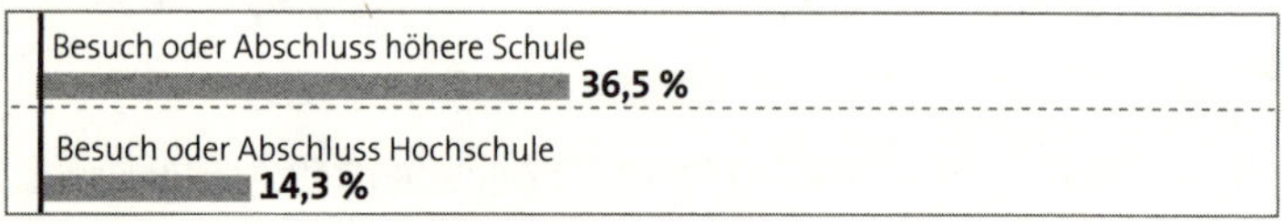

ZEIT-Grafik/Quelle: deutsche Hauptstelle für Suchtfragen/Bauermedia/Kick 4.0

Jahresumsatz der zweitgrößte Markt für Computerspiele in Europa (nach Großbritannien). Mehr als jedes vierte Kind im Alter bis zu 12 Jahren besitzt mindestens ein Softwarespiel. Der Verband der Unterhaltungssoftware Deutschland (VUD) schätzt, dass jedes Spiel im Durchschnitt zweimal illegal kopiert wird. Das passt zwar den Herstellern nicht, wohl aber der Werbewirtschaft. Die nämlich platziert virtuelle Plakate und andere Werbemittel in den Spielen, etwa als Bandenwerbung in Fußballsimulationen. Den Spielern ist das recht, denn dadurch gewinnen die Szenen Realitätsnähe. Mit der Zahl der

Raubkopien multiplizieren sich die Werbe-Impulse, der Fachbegriff heißt «virales Marketing».

Neu sind LAN-Partys, LAN für Local Area Network. Hunderte finden sich in Turnhallen oder Gemeindesälen ein, um dort gegeneinander an vernetzten Rechnern anzutreten, meist in Gruppen. Das beliebteste und verschrienste Spiel ist die Kampfsimulation «Counterstrike», regelmäßig von ungefähr einer halben Million Deutschen gespielt. LAN-Partys finden im ganzen Land statt, mehrere pro Monat. Die Höhepunkte sind Vorführungen, die den Wettkampf auf Kinoleinwände übertragen, kommentiert von einem Sportreporter. Gelegentlich brandet Beifall auf. Ein Zuschauerereignis, vorwiegend für Jungs und Männer bis 35, mit Regionalligen und Bundesliga. Die Industrie spendet Turniersiegern Preisgelder von mehreren zehntausend Euro. Einige schicken sich derzeit an, berufsmäßige E-Sportler zu werden.

Gladiatoren. Nur dass kein Blut fließt. Oder doch? Fördern gewaltsame Spiele, besonders die expliziten und realitätsnahen unter ihnen, die Gewalt im nichtelektronischen Leben? Nachgewiesen ist es nicht, jedenfalls nicht hieb- und stichfest, um im Bild zu bleiben. Plausibel klingt die Theorie, dass solche Spiele vielleicht nicht das Gewaltpotenzial erhöhen, wohl aber die Empathie mit Gewaltopfern abstumpfen lassen.

Unter den Spielen, die offline oder online gespielt werden, machen die expliziten Gewaltspiele etwa ein Viertel aus. Es kommen Ballerspiele hinzu, die keine leidenden Lebewesen zeigen; sie sind die beliebtesten in Deutschland (die Industrie nennt keine Zahlen; sie strebt einen ähnlichen Status wie die Filmindustrie an und hofft auf Subventionen). Auch Brettspiele finden sich im Netz, Nachkommen des Fernschachs. Die Website «Brettspielwelt.de», eine von vielen, zählt 6700 Kunden, an manchen Tagen spielen Hunderte Spieler gleichzeitig.

Eine andere Szene trifft sich in virtuellen Wohngegenden zu Rollenspielen, davon fast die Hälfte Frauen. Und weil das im Internet für alles eine Marktnische eröffnet, gibt es Mogelpower.de, wo Cheats angeboten werden: Tricks, Schwächen der Software auszunutzen und damit Mitspieler auszustechen.

⁙

Die Welt eine Bühne, das Leben ein Spiel: Shakespeares Gedanke trifft noch immer zu. Märkte zum Beispiel sind spekulativ, mal mehr, mal minder, und deshalb spielerisch. Für die Suchtpsychologen der Berliner Charité sind zwanghafte Teilnehmer an elektronischen Auktionen oder Internetbörsen bereits Forschungsgegenstand. Nach Angaben des Deutschen Sparkassen- und Giroverbands wurden im vergangenen Jahr mehr als 326 Millionen Auslosungsscheine für das Prämien- und Gewinnsparen verkauft – davon über 90 Prozent Nieten. Die Hamburger Sparkasse bietet ein Lotteriesparmodell an, bei dem der Kunde sich für fünf Euro ein Monatslos kauft: Vier Euro werden gespart, einer wird aufs Spiel gesetzt und kann bis zu 50 000 Euro bringen.

Fast eine Viertelmillion Bankkunden kombinieren auf diese Weise Monat für Monat Vernunft mit einem kleinen bisschen Leichtsinn. Sie verhalten sich so rational wie die Lottospieler. Die Chance, beim Zahlenlotto einen großen Gewinn einzustreichen, ist zwar lachhaft gering. Es gibt 13 983 816 verschiedene Möglichkeiten, 6 Zahlen aus einer Menge von 49 Zahlen auszuwählen; die Wahrscheinlichkeit einer Ziehung von sechs bestimmten Zahlen beträgt also 1/13 983 816. Doch den kleinen Einsatz kann jedermann verschmerzen und vergessen. Es ist, als setzte man fast gar nichts – und gemessen daran geht die kleine Chance in Ordnung. Komplett irrational oder von hoher krimineller Energie indes muss jemand sein, der an den im Untergrund kursierenden Schneeballspielen teilnimmt. Sie heißen Itan oder Megastarbusiness, Logik, Logo oder Life. Der Teilnehmer zahlt ein paar Tausender in einen Topf, gewinnt neue Teilnehmer und hält sich an ihnen schadlos. Ähnlichkeiten mit Auswüchsen der wilden Dotcomjahre sind kein Zufall.

Die Wirtschaft als Spiel: Die ersten Beiträge zur mathematischen Spieltheorie gründeten auf wirtschaftstheoretischen Überlegungen. Darin waren vor allem die Ungarn groß, aber es hat auch schon ein Deutscher den Nobelpreis für Wirtschaftswissenschaften wegen seiner Leistungen in dieser hochgradig formalen Disziplin erhalten, Reinhard Selten. Wenn der zurückhaltende Mann mit leiser Stimme seine Forschung erklärt, dann hat dies nichts Verspieltes, Luftiges oder Lustiges. Doch ausgerechnet dieser durch und durch rational argumentierende Deutsche geht der Frage nach, welchen Verlauf der Markt und andere Spiele nehmen, wenn die Teilnehmer eben nicht erzvernünftig sind, sondern sich ihr menschliches Quantum Irrationalität bewahrt haben; wenn sie also näher an der Realität bleiben. Es hat ja auch seine Gründe, dass selbst so ein oberseriöser Konzern wie Siemens als «Global Player» auftritt.

Das Innenleben der Ökonomie ist gleichfalls spielerisch, ist Machtspiel, Powerplay. Weshalb sich Unternehmensberater darauf verlegt haben, dem Management Rollenspiele zu verkaufen. Spiel ist oft Arbeit, Arbeit Spiel, und den Unternehmen gehen Milliarden verloren, heißt es, weil ihre Mitarbeiter am Rechner «Die Siedler von Catan» spielen, anstatt Mehrwert zu schöpfen.

«Der Mensch spielt nur, wo er in voller Bedeutung des Worts Mensch ist, und er ist nur da ganz Mensch, wo er spielt»: Friedrich Schiller war der Auffassung, neben Naturtrieb und Moral wirke ein «ästhetischer Bildungstrieb», der an einem «fröhlichen Reiche des Spiels und des Scheins» baut, «worin er dem Menschen die Fesseln aller Verhältnisse abnimmt und ihn von allem, was Zwang heißt, sowohl im Physischen als im Moralischen entbindet». Spielen macht locker, das ist der Kern aller Sozialtheorien des Spiels; schon Aristoteles empfahl daher, es «wie eine Medizin» zu dosieren. Ein Sozialphänomen, dessen Ursprünge freilich weiter in der Gattungsgeschichte zurückliegen als alle Gesellschaft. Säugetiere spielen, aber auch Reptilien, Vögel und sogar Fische. Was immer man da unter Spiel verstehen will. Biologen streiten darüber und auch darum, ob Spielverhalten auf einen Evolutionsvorteil zurückgeführt werden kann – oder ob es zufällig vorhanden ist und nur hin und wieder zu Überlebenszwecken umfunktioniert wird, etwa als Lernverhalten.

Für Johan Huizinga war das Spiel, mag es auch im Tierreich vorfindlich sein, eine unableitbare, primäre Kategorie menschlicher Kultur, und ihr Inhalt die Freiheit. Weshalb der deutsch-amerikanische Philosoph Herbert Marcuse das Spiel nicht bloß als Erholung von der Arbeit werten wollte, sondern als das wahre Utopieversprechen: An einem einzigen Ballwurf des Spielenden liegt ein unendlich größerer Triumph der Freiheit des Menschenwesens über die Gegenständlichkeit als in der gewaltigsten Leistung technischer Arbeit.» Ein berühmter Satz aus dem Jahre 1965, den der Autor angesichts der realen Physik des Ballspiels kaum wörtlich gemeint haben kann. Wahr bleibt, dass das Spiel im Gegensatz zur Arbeit existiert. Spielen ist Widerspruch, heiter und ernst, lösend und bindend, privat und öffentlich, frei und geregelt. Gerade das Regelland Deutschland muss Spielland sein.

Spielende

«Betrachte einmal die Vorgänge, die wir ‹Spiele› nennen. Ich meine Brettspiele, Kartenspiele, Ballspiele, Kampfspiele usw. Was ist ihnen allen gemeinsam? – Sag nicht: ‹es muss ihnen etwas gemeinsam sein, sonst hießen sie nicht Spiele› – sondern schau, ob ihnen allen etwas gemeinsam ist.» So schrieb der Logiker und Philosoph Ludwig Wittgenstein. Er zeigte: Es gibt Begriffe, die bezeichnen nicht eine Substanz, die den Phänomenen zugrunde liegt, sondern sie beschreiben die Zusammengehörigkeit der Phänomene. «Das Ergebnis dieser Betrachtungen lautet nun: Wir sehen ein kompliziertes Netz von Ähnlichkeiten, die einander übergreifen und kreuzen.» Jedes Spiel ist mit mindestens einem anderen Spiel verwandt. «Spiel» ist ein Netzbegriff.

Und die Deutschen? «Das Würfelspiel betreiben sie ... ohne Rücksicht auf Gewinn und Verlust. Dabei gehen sie so weit, dass sie, wenn sie ihr ganzes Hab und Gut verloren haben, mit dem allerletzten und allerhöchsten Wurf um ihre Freiheit und ihren Körper kämpfen»: Tacitus (55–116 n.Chr.). So war das also damals in Germanien. Erfreulicherweise geht es den heutigen Deutschen nicht mehr ums Ganze. Nein, mag der Deutsche auch viel spielen, er zeigt sich darin eher harmlos. Er ist auch kein Spieler, nur ein Freund des Spiels – durchaus risikofreudig, aber nicht im Ernst. Er wagt nur, wenn er wertet. Und würfelt ...

Und wissen Sie, wie wahrscheinlich es war, die Zahlen von eins bis sechs in aufsteigender Reihenfolge zu erwürfeln? Eins zu 46 656. Immerhin!

Wie man in Deutschland …

25

Wie man in Deutschland alt wird

Vorurteilen zum Trotz sind die meisten Alten weder unglücklich noch verarmt. Viele genießen nach langen Arbeitsjahren ihr Dasein. Erst jenseits der 80 Jahre wird das Leben oft zur Last.

von Haug von Kuenheim

«Ich will lange leben – ich will nicht alt werden», es hört sich an wie ein Verzweiflungsschrei, was da Monika Maron zu Papier gebracht hatte. Doch auch sie wird den Zug nicht aufhalten. Im Juni des Jahres 2004 wurde die Berliner Schriftstellerin 63 Jahre alt. An ihrem Geburtstag rollten die Komplimente wie am Fließband: «Oh, Sie haben sich aber gar nicht verändert.»

Es sind ja stets die anderen, die neugierig bis gierig verfolgen, was das Alter an einem anrichtet. «Hast dich wacker gehalten, alter Junge!», hörte der Schöpfer von Ekel Alfred, als die Medienwelt den 80. Geburtstag von Wolfgang Menge feierte. Und Marlies, seine Frau, fast auf den Tag zehn Jahre jünger als er, viele Jahre Redakteurin der ZEIT in Ostberlin, wird ständig genervt mit Fragen: «Schreiben Sie noch? Was machst du den ganzen lieben langen Tag?» Da die Antwort: «Ich gehe mit den Hunden spazieren, lese viel und sehe meinen Enkel» die Fragenden offenbar nicht befriedigt, ackert sie nun das Alte Testament durch. «Donnerwetter! Alle Achtung», raunt es ihr jetzt zu.

Die Umwelt beäugt die Älteren nicht nur genau, sie hat auch präzise Vorstellungen, wie diese sich zu verhalten haben, nämlich altersgemäß. Marion Dönhoff fand bei der Feier ihres 90. Geburtstages den rappelscharfen kurzen Rock von Gesine Schwan, der nicht mehr so jungen Präsidentin der Frankfurter Viadrina, schlicht unschicklich. Dass der alte Menge sich immer noch so schrill bunt kleidet, halten seine Berliner Nachbarn für verfehlten Jugendwahn.

So banal wie wahr: Das Alter und das Altern hat viele Gesichter. Wir alle wollen alt werden, und doch wollen wir nicht alt sein. «Ich bin ein älterer Herr und fühle mich wie alle älteren Herren jünger, als ich wirklich bin», sagte Paul Flora, der große Zeichner aus Österreich, 80 Jahre alt, worauf eine Journalistin ihn als Greis charakterisierte. «Alter ist Scheiße», stellte der von Altersbeschwerden geplagte Henri Nannen, ehemals Herr über den «Stern», lakonisch fest, und die alte Dame, weit über 90, abhängig von Pflegerinnen, müde des Lebens, murmelte: «Das Alter ist eine Zumutung.»

Alter ist nicht gleich Alter. Da sind die jungen Alten, und es gibt die alten Alten, ab 80, die Hochbetagten. Jene Jungen, zwischen 60 Jahren bis in die 70, umtriebig, aktiv, sofern nicht noch in Lohn und Brot, auf Reisen und in Hörsälen, in Vereinen und Museen, im Garten oder auf Campingplätzen, diese, von Beschwerden des Alters heimgesucht und Einbußen der Lebensqualität hinnehmend. Doch auch hier: Gene und Lebensumstände prägen den Alterungsprozess, er verläuft unterschiedlich schnell, unterschiedlich stark.

Die Zahlen, keine Frage, machen nachdenklich. Bei der letzten Bürgerschaftswahl in Hamburg Ende Februar 2004 war fast jeder dritte Wahlberechtigte über 60 Jahre alt. Eine Journalistin beobachtete sichtlich indigniert, wie eine Gesellschaft mit Seniorendominanz aussieht, «der besuche Geschichtsvorlesungen an einer beliebigen Universität, kehre an einem Sonntagnachmittag in einem Landgasthof ein oder bereise weite Landstriche in Mecklenburg-Vorpommern». Nun, die Alten werden ihr den Gefallen nicht tun und sich freiwillig von der Hamburger Köhlbrandbrücke stürzen oder eine Überdosis Schlaftabletten in sich hineinstopfen. Sie können nichts dafür, dass sie, die Alten, immer älter werden.

Lag die Lebenserwartung eines Menschen bei seiner Geburt vor 150 Jahren noch bei 40 Jahren, werden Frauen heute durchschnittlich 80 Jahre alt, Männer knapp 75. Nicht nur bei den Jungen ist die

Lebenserwartung gestiegen, sondern auch bei sehr alten Menschen. Ein 80-Jähriger hat heute noch acht Jahre vor sich, doppelt so viel wie vor drei Jahrzehnten. Gestiegen ist auch die Lebensqualität der Älteren. Die 70-Jährigen von heute sind körperlich und geistig so fit, wie 65-Jährige es vor 30 Jahren waren, außerdem sind sie gesünder als ihre Altersgenossen von damals.

Natürlich spüren auch sie die Jahre. Öfters gehen sie zu Beerdigungen als zu Hochzeiten. Ihr Leibesumfang nimmt zu, eine durchzechte Nacht bleibt länger in den Knochen. Beim Treppensteigen geraten sie ins Schnaufen. Und ihr Gedächtnis! «Wo habe ich es nur hingelegt?» Sie müssen gar nicht so alt sein wie der Philosoph Hans-Georg Gadamer, der, als er 95 wurde, erzählte: «Die Hälfte meines Lebens suche ich etwas. Das ist meine Hauptbeschäftigung heute.»

Trotz Schnaufen und Tüdeligkeit, die Lebensalter haben nicht nur Schwächen, sondern auch Stärken. Doch diese scheinen von der Gesellschaft nicht genutzt zu werden. Der angesehene Psychologe und Altersforscher Paul B. Baltes stellte vor zwei Jahren in einem Aufsatz in der ZEIT (14/2002) überrascht fest, wie horrend unterrepräsentiert die ältere Bevölkerung beispielsweise im Bundestag vertreten ist. In der letzten Legislaturperiode waren nur 1,6 Prozent der Abgeordneten älter als 65. Älter als 70 war nur ein Abgeordneter. Der gegenwärtige Bundestag zeigt die gleichen Schwächen. Zwei Abgeordnete repräsentieren die Jahrgänge 1932 bis 1935, 0,3 Prozent. Ihr Anteil an der wahlberechtigten Bevölkerung beträgt dagegen fünf Prozent. Baltes fragt angesichts dieser dramatischen Unterrepräsentanz polemisch: «Könnte es sein, dass unsere Politiker zu jung sind, dass sie deshalb die mit dem Älterwerden der Bevölkerung zusammenhängenden Probleme der Zukunft nicht begreifen können?»

Der Bundestag muss ja nicht wie das britische House of Lords bestückt sein, wo fast die Hälfte der ehrenwerten Lords die 70 überschritten hat. Im Unterhaus sind immerhin von über 600 Abgeordneten rund 100 älter als 60 Jahre. Deutschland dagegen hisst auf der politischen Bühne die Fahne der Jugend. «Gerade in einer Zeit, da immer mehr Leute immer älter werden, in der vor allem die 60- bis

70-Jährigen immer gesünder werden, ist es notwendig, die besonderen Fähigkeiten aller Lebensalter und Generationen in das Kalkül effektiver Politberatungen und Politikentscheidungen einzubringen», meint Paul Baltes.

Es scheint, dass nicht nur die Politik, sondern auch die Gesellschaft Kompetenzen und Fähigkeiten ihrer Alten allenfalls in Grenzen herausfordert. Ab in den Ruhestand, möglichst früh, um Platz zu schaffen für die drängelnde Jugend. Die Stellenanzeigen suggerieren es: Gesucht wird der vielsprachige, mobile, weltenkundige, mit einem Sack voller Erfahrungen bepackte 30-Jährige. Allenfalls auf dem Heiratsmarkt hat der Ältere, zu Wohlstand Gekommene Chancen, zumal wenn er noch Golf spielt und auf Kreuzfahrten nicht seekrank wird.

Ein Gesetz gegen Diskriminierungen im Alter gibt es in anderen Ländern, nicht in Deutschland. Ein entsprechender Entwurf des Justizministeriums verschwand in der Schublade, als die Arbeitgeberverbände lauthals protestierten. Älteren sind im Erwerbsleben die Türen verschlossen.

Was bleibt da den Seniorinnen und Senioren anderes übrig, als sich in ihrem Ruhestand gemütlich einzurichten. Wobei die Gemütlichkeit zu einem vollen Terminkalender führt. Denn die Vergnügungen und die Erfüllung hinausgeschobener Träume müssen geplant sein: Besuch von Vorträgen, Konzerten, Vorlesungen (rechtzeitig bei «Kant für Anfänger» im Hörsaal sein, um vor den Studenten einen Platz zu ergattern), kurze Trips, lange Reisen, mit den Enkeln nach Usedom und ins Weihnachtsmärchen, Kunstmessen, Flohmärkte, Theater – was wären die Kulturveranstaltungen ohne die Alten – («wir wollen unsere Klassiker nicht nackt auf der Bühne sehen!»), Museen, Arztbesuche, Golfspielen («Haben Sie noch Geschlechtsverkehr oder spielen Sie Golf?»).

Hannelore Schlaffer, 65 Jahre alt, Professorin für Neue Deutsche Literatur, hat in ihrem Büchlein «Das Alter» klug beobachtet, wie der aus dem Berufsleben ausgeschiedene Mann seiner Gattin nicht mehr entkommt: Keine unbeobachteten Geschäftsreisen mehr, die Arbeit kann nicht mehr als Ausrede für Affären mit der Sekretärin herhalten. Also muss er im Schlepptau seiner Frau sie in die Geschäfte begleiten, darf nicken zu dem, was sie aussucht, und dies nach Hause tragen. «Vom Kaufhaus sieht man die Gattin unbeschwert», schreibt sie, «den Gatten mit Plastiktüten bepackt zum Parkhaus schreiten. Der erfolgreiche Geschäftsmann ist zum Ladendiener seiner Frau geworden.»

Deutschlands Alten – es geht ihnen gut, und sie fühlen sich wohl, ob sie nun gerade in den Ruhestand getreten sind, den 80. Geburtstag hinter sich und den 100. vor sich haben. Allen Unkenrufen zum Trotz – «die Renten sind nicht sicher» – und allen boulevardesk übertriebenen und verallgemeinernden Einzelfällen von Armut im Alter, Deutschlands ältere Generation hat sich häuslich eingerichtet, ob in den eigenen vier Wänden, wo die weitaus ganz große Mehrzahl der Alten und sehr Alten lebt, oder in Heimen, wo nur ein geringer Teil untergebracht ist. Von den über 95-Jährigen sind es lediglich neun Prozent. (Allerdings sind 37 Prozent der Bewohner eines Heimes über 95 Jahre alt.)

In einer sehr gründlichen interdisziplinären Studie des Berliner Max-Planck-Instituts für Bildungsforschung über die Situation alter Menschen in Berlin (zwischen 70 und 103 Jahren) wurde mit vielen in der Öffentlichkeit grassierenden Klischees über die Vorstellungen vom Alter aufgeräumt. Nach dieser Studie sind die meisten alten Menschen mit ihrem Leben zufrieden. Zwei Drittel fühlen sich gesund, fast zwei Drittel fühlen sich gesünder als ihre Altersgenossen. Über zwei Drittel meinen, dass sie ihr Leben selbst bestimmen können, und fühlen sich selbständig und unabhängig. Mehr als neun von zehn alten Menschen haben noch ausgeprägte Lebensziele. Nur ein Drittel ist vorwiegend vergangenheitsorientiert.

Zum Wohlbefinden älterer Menschen gehört das Gefühl, materiell so versorgt zu sein, dass man bis an das Ende seiner Tage klarkommt. Günter K. hatte großes Muffensausen, als er mit 65 in den Ruhestand geschickt wurde und mit seiner Frau über Rentenbescheid und Erspartem brütete. Wird es langen? Er sah das Hungertuch zwar nicht vor sich, fürchtete aber, auf den Bordeaux verzichten zu müssen. Ein paar Monate später sah die Welt schon viel rosiger aus. Er schwang den Tennisschläger und meinte: «Mir geht es blendend.»

Die anfängliche Sorge war verschwunden, der Kopf war frei, die neue Lebensrolle hatte ihn gefangen. Er hörte auf, seine noch tätigen Kollegen zu beneiden, die im Büro hinterm Schreibtisch hockten, sondern blickte auf seine eigene Vergangenheit zurück und stellte dabei überrascht fest, dass sein Leben mit 65 doch eine angenehme Wendung genommen hat – zum Besseren sogar. «Die armen Schweine, die noch arbeiten müssen und von denen immer mehr verlangt wird.»

Die so fervent geführte Diskussion über die Renten lässt unseren Rentner relativ cool. Sie mag wohl auch eher Jüngere beschäftigen unter dem Aspekt «Wie sieht später mein Alter aus?». Seine Rente bleibt mehr oder weniger stabil – jedenfalls ist das seine Überzeugung. Gewisse Einbußen, keine Erhöhung der Rente, höhere Arztgebühren meint er verschmerzen zu können. Gut betuchte Pensionäre mit Vermögen im Hintergrund, so will es der Chef eines Seniorenwohnheims allerdings bemerkt haben, hätten sich während der *New-Economy*-Blähungen verleiten lassen zu zocken. Die schauen nun etwas belämmert aus ihren luxuriösen Heimstätten ins Grüne und bestellen statt Taittinger ein Pülleken Prosecco.

Immer mal wieder taucht das Gespenst der Altersarmut auf. Sie ist entgegen herrschenden Vorstellung so gut wie nicht vorhanden. Nach jener Berliner Altersstudie verfügen über 70-Jährige sogar über ein leicht höheres Einkommen als das statistisch ermittelte Durchschnittseinkommen eines Haushalts. Doch es herrscht Ungleichheit zwischen den Geschlechtern. Alte Frauen sind deutlich schlechter gestellt. Besonders Geschiedene krebsen an der unteren Grenze, wo Armut beginnt, das heißt Sozialhilfe einsetzt. Zumal, wenn sie in jüngeren Jahren nicht durchgehend erwerbstätig waren. Verwitwete haben es da besser. Oft kumuliert ihre eigene Rente mit der Hinterbliebenenrente.

Fest steht, dass ältere Frauen in höherem Maße als gleichaltrige Männer auf Sozialhilfe angewiesen sind. Aber diese Zahl hält sich in

Last und Lust im Ruhestand

Frauen sind im Alter ärmer

Von je 1000 Rentnern bekommen eine monatliche Rente von

Männer		Frauen
101	1500 Euro und mehr	3
226	1200 bis unter 1500	20
299	900 bis unter 1200	77
113	750 bis unter 900	112
78	600 bis 750	196
52	450 bis unter 600	162
42	300 bis unter 450	131
44	150 bis unter 300	187
45	unter 150	112

Ein Lob des Genießens

Wofür Rentner ihr verfügbares Geld ausgeben

Grundnahrungsmittel	20,5
größere Anschaffungen	12,4
Reisen	9,3
Bekleidung	4,3
Gastwirtsch. u. Restaurants	3,1
Genussmittel	2,6
Kurzreisen	2,6
Zeitungen, Zeitschr., Bücher	2,5
Friseurbesuche	2,2
Artikel der Körperpflege	2,0
Reinigungsmittel	1,1
Spenden	1,1
priv. Computernutzung	1,0
Haltung von Haustieren	0,8
Handy	0,7
Textilreinigung	0,5

ZEIT-Grafik/Quelle: : Repräsentativumfrage 2002 – NRW-Ministerium für Gesundheit, Soziales, Frauen und Familie

Lust auf Bildung

Was Senioren an dt. Hochschulen studieren*

Geschichte	3142
Philosophie	1113
Kath. Theologie	655
Germanistik	562
Kunstwissenschaften	538
Ev. Theologie	472
Sozialwissenschaften	263
Politikwissenschaften	230
Psychologie	221
Romanistik	217
Wirtschaftswissenschaften	196
Jura	168
Musikwissenschaften	146
Informatik	128
Physik	116
Architektur	100
Mathematik	89
Kulturwissenschaften	88
Anglistik	86
Medizin	62

* Basis: 17 464 der insgesamt 40 803 Gasthörer sind älter als 60 Jahre, Quelle: Statistisches Bundesamt, Wintersemester 2002/2003

Grenzen, auch wenn in den Medien oft von traurigen Einzelfällen berichtet wird, die suggerieren, unseren alten Frauen gehe es durchweg schlecht. 0,7 Prozent der Männer über 80 erhalten Sozialhilfe, 1,7 Prozent der Frauen. Man mag sich fragen, ob diese relativ niedrige Quote damit zusammenhängt, dass Ältere sich schämen, diese Hilfe anzunehmen, obwohl sie ihnen zustünde. Verletzt das Gefühl, auf eine solche Hilfe angewiesen zu sein, ihr Selbstwertgefühl?

Das Alter bringt es mit sich, dass Menschen «ihre Ansprüche und Erwartungen entsprechend ihren abnehmenden Handlungsmöglichkeiten reduzieren», heißt es im Vierten Altenbericht der Bundesregierung. Dies hilft «alten Menschen ein hohes Wohlbefinden aufrechtzuerhalten und auch ein Schicksal eines Lebens in Armut zu bewältigen, beziehungsweise als weniger gravierend anzusehen».

Eine Sorge treibt Ältere immer wieder um, besonders sehr alte Menschen, ob sie die Kosten für eine eventuell später notwendig werdende Pflege oder für Krankheiten aufbringen können. Auch ein mögliches Abrutschen in die Sozialhilfe wirkt belastend. Dennoch: Das Wohlbefinden insgesamt hängt mit steigendem Alter immer weniger vom verfügbaren Einkommen ab, stellt der Altenbericht fest. Andere Faktoren, unter anderem Gesundheit, Mobilität, soziales Netzwerk, spielen dann eine größere Rolle.

Die Babuschka ist kein Fabelwesen, es gibt sie nicht nur in Russland, auch bei uns existiert sie in abgemilderter Form. Ohne die Großmutter – und den Großvater – käme manche Familie arg in die Bredouille. Der materielle Transfer von den Älteren zu den Jüngeren ist von immenser Bedeutung. Da langt der Alte in sein Erspartes, um das Reihenhaus seines Sohnes mitzufinanzieren. Da schließen die Großeltern für die Enkel einen Ausbildungsvertrag ab und löhnen für die zu Bruch gegangene Spülmaschine. Die Berliner Altersstudie kommt zu dem Schluss, dass rund 30 Prozent aller über 70-Jährigen im Durchschnitt 2000 Euro pro Jahr (4000 DM 1999) ihren Kindern zukommen lassen. In Zeiten wie diesen, wo die Arbeitslosigkeit hoch ist – auch unter Jüngeren –, kommt dem innerfamiliären Transfer von Alt zu Jung eine noch größere Bedeutung zu.

Alte hinter dem Steuer

Fragen an den Leiter des Deutschen Zentrums für Altersfragen in Berlin, Prof. Dr. Clemens Tesch-Römer

Wo liegen heute die größten Defizite im Verhältnis der Gesellschaft zu den alten Menschen?

Es ist ein gesellschaftlicher Erfolg, dass Menschen so lange leben, wie dies heute in vielen Ländern der Fall ist. Leider wird dies häufig nicht als Erfolg, sondern als Last angesehen. Für wirklich problematisch halte ich zwei Dinge: Erstens wird das Potenzial, das viele Menschen im reifen Erwachsenenalter, also zwischen 55 und 75 Jahren, aufweisen, unterschätzt. Die vorhandene Erfahrung wird zu häufig nicht mehr genutzt, weder in der Arbeitswelt noch im bürgerschaftlichen Engagement. Zweitens wird das hohe Alter, jenseits von 80 oder 85 Jahren, nur noch als Belastungsfaktor für die sozialen Sicherungssysteme gesehen. Wie wir aber mit jenen umgehen, die auf Hilfe anderer und eben auch auf die Hilfe der Gesellschaft angewiesen sind, macht eigentlich erst die Qualität einer Gesellschaft aus. Wollen Sie in einer Gesellschaft leben, die Ihnen oder Ihren Eltern Leistungen verweigert, einfach nur, weil Sie eine bestimmte Altersgrenze überschritten haben? Ich nicht.

Besteht die Notwendigkeit, Vorsorge bei älteren Menschen zu ergreifen, um ihre eventuellen Leistungsdefizite zu erkennen und gegebenenfalls Maßnahmen zu ergreifen – wie Entzug des Führerscheins?

Mit dem Lebensalter lassen die Reaktionsgeschwindigkeit und die Geschwindigkeit, Informationen zu verarbeiten, nach. Die kognitiven Prozesse werden übrigens schon von dem vierten und fünften Lebensjahrzehnt an langsamer. Man braucht also länger, um auf eine rote Ampel oder ein bremsendes Auto zu reagieren. In vielen Situationen können älter werdende Menschen diese kognitiven Veränderungen kompensieren, etwa indem sie langsamer oder vorsichtiger fahren. In der Statistik findet man zwei Befunde: Zum einen sind ältere Autofahrer insgesamt recht wenig an Unfällen beteiligt, betrachtet man dagegen die gefahrenen Kilometer, so gehören Verkehrsteilnehmer über 70 Jahren zu jenen, die das höchste Risiko für Unfälle haben. Solange sich am ersten Befund nichts ändert und ältere Menschen freiwillig auf das Autofahren verzichten, wenn sie es sich selbst nicht mehr zutrauen, muss man aus meiner Sicht keine Maßnahmen ergreifen. Allerdings würde ich auch sagen: Warum eigentlich keine Überprüfung von Seh- und Reaktionsfähigkeit ab einem Alter von 70 oder 75 Jahren? Das liegt ja im Interesse der älteren Verkehrsteilnehmer selbst.

Werden technische Innovationen das Leben älterer Menschen erleichtern, oder hindert fehlendes Verständnis beziehungsweise mangelndes Können ihre Anwendung?

Technische Innovationen werden natürlich auch in Zukunft unser Leben verändern, so wie wir uns das jetzt noch gar nicht vorstellen können. Aber ich glaube nicht, dass dies spezielle Angebote der «Gerontotechnik» sein werden. Mittlerweile gibt es ja schon vieles, was man machen könnte, etwa Bewegungsmelder in der Wohnung, die einen Sturz registrieren und Hilferufe auslösen könnten. Aber diese Technik wird häufig als stigmatisierend empfunden und daher von älter werdenden Menschen nicht angenommen. Ein gutes Beispiel sind Hörgeräte. Hier ist die Technik wirklich viel weiter als vor 10 oder 15 Jahren. Aber noch immer empfinden viele Menschen bei Hörgeräten dieses «Prothesengefühl»: Die Leute fühlen sich alt und behindert, wenn jemand sie mit dieser Technik sieht. Das ist schade, weil gerade Hörgeräte vielen alten, schwerhörigen Menschen helfen würden.

Nur «Technik für alle» wird sich wahrscheinlich am Markt durchsetzen. Dass neue Technik unkompliziert sein sollte, damit sie sich durchsetzen kann, gilt wohl für alle Altersgruppen, nicht nur für die Älteren. Wenn technische Innovationen einen spürbaren Vorteil im Alltag bieten und mit geringem Aufwand angewendet werden können, werden sie auch von Älteren angenommen. Ein gutes Beispiel dafür sind die älteren Handy-Nutzer. Im Übrigen glaube ich, dass auch die Computerkids von heute in 50, 60 oder 70 Jahren mit der dann gängigen Technik Probleme haben werden. Das wird ein wiederkehrendes Generationsthema bleiben.

Führt die jetzt in der Öffentlichkeit geführte Diskussion «Sind die Renten noch sicher?» zu einer neuen Einschätzung des Wohlbefindens älterer und sehr alter Menschen?

Ich bin mir nicht sicher, ob es genau hierzu schon empirische Untersuchungen gibt. Die Ergebnisse des von meinem Institut durchgeführten zweiten Alterssurveys aus dem Jahr 2002 lassen gegenüber dem ersten Alterssurvey von 1996 keinen Rückgang des allgemeinen Wohlbefindens bei älteren Menschen erkennen. Im Gegenteil: Die Lebenszufriedenheit ist leicht gestiegen. Ältere Menschen, mit denen ich mich über das Rententhema unterhalte, sagen mir aber, dass sie häufig diesen aggressiven Unterton wahrnehmen, der Gesellschaft und den Jüngeren zur Last zu fallen. Ein anderes Problem wird aber oft übersehen: Die Alten von morgen sind die Menschen, die heute im mittleren Erwachsenenalter stehen. Für die Jüngeren, die jetzt auch privat vorsorgen müssen, ist es ein Problem, wenn sie die Höhe ihrer gesetzlichen Rente und anderer Alterseinkünfte überhaupt nicht vorhersagen können. Wie soll man damit eine vernünftige private Planung der finanziellen Sicherung im Alter machen?

Gewalt gegenüber Alten. Ist dies ein relevantes Problem in unserer Gesellschaft? Sind Misshandlungen gegenüber Alten im familiären oder pflegerischen Umfeld von Bedeutung?

Das Risiko für ältere Menschen, Opfer von Kriminalität

zu werden, ist recht gering – die Furcht vor Kriminalität viel höher. Über Gewalt im Pflegekontext, sei es in der Familie oder in stationären Pflegeeinrichtungen, wissen wir noch zu wenig. Allerdings halte ich das Problem der Gewalt im Zusammenhang mit Pflegebedürftigkeit für ein so ernst zu nehmendes Problem, dass mein Institut eine Studie zum Thema Gewalt im Alter gemeinsam mit dem Kriminologischen Forschungsinstitut Niedersachsen und der Uni Hildesheim vorbereitet. Presseberichte zeigen, dass Gewalt, also die absichtliche Schädigung oder die Vernachlässigung einer Person, ein Problem in manchen Pflegeeinrichtungen ist. Ich denke, dass wir über die Stärkung der Rechte der betroffenen Menschen und ihrer Angehörigen, über bessere Ausbildung, besseres Management, aber auch über fachlich gute Aufsicht eine Veränderung dieses Zustands bewirken könnten.

Droht bei zunehmender Zahl von Menschen, die immer älter werden, in Zukunft ein Konflikt der Generationen?

Aushandlungen über Beitragshöhe und Leistungsumfang staatlicher Sicherungssysteme wird es auch in Zukunft geben – und wahrscheinlich werden diese Aushandlungen nicht immer freundlich sein. Aber auch jetzt ist der Ton recht schrill, denken Sie nur an die Äußerungen von Phillip Missfelder zu künstlichen Hüftgelenken im letzten Sommer. Warum schweigt Missfelder jetzt dazu? Wahrscheinlich hat er zweierlei gesehen: Alte Menschen gehören auch zu seiner Familie, und das Alter erwartet ihn selbst in Zukunft ebenfalls. Diese Tatsachen, dass wir in engen sozialen Netzwerken Angehörige anderer Generationen haben und dass sich der eigene Altersstatus ganz von allein verändert, werden aus meiner Sicht verhindern, dass wir uns auf einen «Krieg der Generationen» zubewegen. Allerdings müssen wir versuchen, den Bedürfnissen aller Generationen gerecht zu werden. Dass die Armutsquote bei älteren Menschen gering

ist, ist gut; dass sie aber bei Kindern und Jugendlichen viel höher ist, halte ich für sehr problematisch. Hier könnte die Forderung lauten: «Alt für Jung», also zum Beispiel bei der Unterstützung berufstätiger Mütter in der Betreuung von Kindern.

Rechnete man die Stunden (à 10 Euro) ab, in denen Großeltern ihre Enkel betreuen, käme ein schönes Sümmchen zusammen, das das Herz des Finanzministers höher schlagen ließe, könnte er darauf Steuern erheben. Jede sechste Großmutter sieht mindestens eines ihrer Enkel täglich, jede vierte mehrmals in der Woche. Und die Großväter verbringen mehr Zeit mit ihren Enkeln als früher mit ihren eigenen Kindern. Auch Hamburgs ehemaliger Schulsenator will, da seine Liberalen den Sprung in die Bürgerschaft nicht geschafft haben, mit seinem «süßen Enkel» mehr Zeit verbringen …

Auf mit den Enkeln ins Legoland. Natürlich mit dem Auto. Auch wenn die Mehrzahl der über 60-Jährigen nicht aktiv Auto fährt, wie der dritte Altenbericht feststellt, so klemmen sich viele Ältere zu gerne hinters Steuer und zockeln gemächlich über Landstraßen und Autobahnen. Wenn sie dann noch den Campingwagen angekoppelt haben, werden sie nicht selten zu einer Zumutung für jene, die sie überholen wollen. «Mehr Höflichkeit im Straßenverkehr» ist der immer wieder geäußerte Wunsch älterer Autofahrer, und sie verweisen auf die Statistik, die ihnen bescheinigt, dass ihre Altersgruppe viel weniger Verkehrsunfälle verursacht als andere. Sie mögen ungern hören, dass sie dennoch ein Risiko darstellen, weil die Reaktionsfähigkeit im Alter nun einmal nachlässt. (Siehe Interview mit Clemens Tesch-Römer.) Die 83 Jahre alte Marion Dönhoff mochte keinesfalls auf ihren Führerschein verzichten, als sie einen schweren Unfall baute. «Ich fahre genauso gut wie vor 20 Jahren», stellte sie kategorisch fest. Wie für viele andere ihrer Altersgenossen auch, bedeutete selbst Auto zu fahren, die Unabhängigkeit zu bewahren.

«Die Bedienungsknöpfe sind zu klein», empörte sich die noch jugendliche Journalistin Susanne Gaschke, als sie den A3 testete und feststellte: «Es müsste sich doch herumgesprochen haben, dass wir in einer alternden Gesellschaft leben und dass künftig immer mehr Menschen Freude an großen schönen Knöpfen haben werden.» Die alte Dame, die ihr Leben lang so gerne Musik gehört hatte, klagte nicht. Aber man sah ihr die Verzweiflung an. Das neue Radio nebst integriertem CD- und Kassettenabspieler war und blieb für sie ein Buch mit sieben Siegeln. Zu viele Knöpfe, zu viele Schaltungen, eine klein gedruckte, unverständliche, mit englischen Ausdrücken gespickte Bedienungsanleitung. Eine Art simplen Volksempfänger mit zwei Knöpfen, ein und aus, laut und leise, wünschte sie sich. Der Elektrohändler musste passen. «Junge und alte Menschen leben mit Sachen, die jüngere Menschen gestaltet haben. Aber für wen gestalten Jüngere? Für ihresgleichen», schrieb Gero von Randow in einem Artikel über altersgerechtes Design.

Technik, die von Älteren verstanden und bedient werden könnte, wäre ungeheuer hilfreich. Die intelligente Küche mit dem unkomplizierten Herd, der sich abschaltet, wenn das Wasser im Topf verdampft oder die Milch übergelaufen ist. So etwas muss man dann nicht «Gerontotechnik» nennen, wie auch der «Seniorenteller» ja eher etwas Diskriminierendes hat.

Alte ins Internet. Ihre Zahl ist noch verschwindend gering. Doch sie würden zu gerne ihren Brockhaus von 1968 über *ebay* anbieten oder den preiswertesten Flug nach Mauritius herausfinden. Aber wie? Die Hemmschwelle vor dem Computer ist groß und das Können gering. Die Furcht, auf die falsche Taste zu drücken und womöglich alles zum Absturz zu bringen, lässt sie den achtjährigen Enkel anrufen, der sie übers Telefon locker auf die richtige Fährte bringt.

Wenn man den Älteren schon gerne ihr Auto wegnähme und ungeduldig wird, wenn sie vor dem Fahrscheinautomaten kapitulieren, so sollte man ihnen doch wenigstens ihren Kanarienvogel, die Katze oder den alten Dackel gönnen. Die volksnahe *Bild*-Zeitung jaulte mit den Rentnern auf. Wollte doch der Leiter des Berliner Tierheims

Rentnern über 65 keine Hunde mehr an die Hand geben. Begründung: «Der Hund soll sein Herrchen oder Frauchen nicht überleben.» Der Tierheimleiter sollte den Vierten Altenbericht der Bundesregierung lesen: «Ein Haustier gibt allein stehenden alten Menschen das Gefühl, gebraucht zu werden. Es kann über den Verlust einer Person hinwegtrösten, und es kann helfen, neue Kontakte zu knüpfen. Es bewahrt so vor Vereinsamung. Emotionale Bedürfnisse werden befriedigt, und das Selbstwertgefühl wird gestärkt.»

Die Alten wären ja nicht alt, wenn sie so leistungsstark wie Jüngere wären. Ohne Zweifel lässt ihr Gedächtnis nach, dennoch sind sie fähig, Neues zu lernen. Sie wissen zudem, wohl instinktiv, ihre Fähigkeiten und Möglichkeiten richtig einzuschätzen. Ältere Herrschaften, die sich eine Bergtour zutrauen oder auch nur um die Alster schlendern, ins Gespräch vertieft, halten gelegentlich inne. Nicht um zu verschnaufen, sondern weil Gehen und gleichzeitig Denken im Alter nicht mehr so funktioniert wie damals, als sie noch junge Spunde waren. «Wenn ältere Menschen gehen und beim Gehen beispielsweise ihr Gedächtnis einsetzen sollen», erzählte Paul Baltes in einem Vortrag, «geht die Gedächtnisleistung im Vergleich zu Jüngeren deutlich zurück, in unseren Experimenten am Max-Planck-Institut für Bildungsforschung um etwa 30 bis 40 Prozent.» Denn «Gehen an sich verlangt im Alter ein Mehr an Aufmerksamkeit und ein Mehr an geistigen Ressourcen, um die Gehbewegung zu koordinieren».

Je älter der Mensch wird, umso deutlicher zeichnen sich die Altersverluste ab, bis sie nicht mehr zu übersehen sind, geschweige denn zu kompensieren und zu kaschieren. Kein Kraut ist gegen sie gewachsen. Mögen die Apotheken noch so viele Mittelchen für ein besseres Gedächtnis und gegen Inkontinenz feilbieten. Die Zeitspanne der jungen Alten, der 60- bis 70-Jährigen, auch der bis 80-Jährigen, mag sich noch vergnüglich gestalten, mit Spaß am Leben. Nur gilt dies auch für die alten Alten, die über 80-Jährigen, die 90-Jährigen, die Hochaltrigen, Hochbetagten? Für das vierte Lebensalter, wie Gerontologen die letzte Spanne vor dem endgültigen Aus nennen?

Ernst Jünger und Hans-Georg Gadamer konnten schreibend und philosophierend, von Geburtstag zu Geburtstag hangelnd, Nachrufe zu Lebzeiten hörend, den 100. bei klarem Verstand erleben. Auch Johannes Heesters schlurft hundertjährig noch über die Bühne, obwohl ihm zu wünschen wäre, er folgte der Zeile aus einem Gebet von 1692: *Ertrage freundlich gelassen den Ratschluss der Jahre, gib die Dinge der Jugend mit Grazie auf.* Der 85-jährige Helmut Schmidt ist gefragter denn je, Zeitzeugen seines Kalibers und Alters, die noch bei klarem Verstand sind, werden rar. Auch der 90 Jahre alte Bertold Beitz weiß noch mit fester Hand die Krupp-Stiftung zu dirigieren, wie auch der 76-jährige Kurt Masur den Taktstock nicht aus der Hand legen wird – was heißt: Das hohe Alter, Alter und Altern überhaupt lassen sich nicht über einen Leisten schlagen.

Es altert sich individuell und differenziert. Unübersehbar aber ist, dass jenseits der 80, 85 Jahre, im vierten Lebensalter, nicht nur Höchstleistung immer seltener wird. Es ist ein Lebensabschnitt, in dem «in jedem zweiten Greis der Geist erlahmt». Was den Bundespräsidenten nicht hindert, den Jubilaren zum 100. zu gratulieren. Waren es vor 40 Jahren noch übersichtliche 165, so musste 1998 die präsidiale Post schon 2500-mal abgehen, davon allerdings nur 365-mal an Männer. Frauen werden älter. Wer nun glaubt, sie lebten länger, weil sie gesünder sind, irrt. Sie sind kränklicher als Männer.

Ob in Zukunft das maximale Lebensalter weiter ansteigt, ist unter Wissenschaftlern offen. Die Frage also, ob in Deutschland Ende dieses Jahrhunderts die meisten Menschen zwischen 85 und 115 Jahre alt werden. Unbestritten aber ist, dass immer mehr Menschen sehr alt werden. Was nicht heißt, dass sie bis ans Ende ihrer Tage gesund bleiben. Kränklichkeit und Gebrechlichkeit führen in höchstem Alter nicht unbedingt zum Tod. Die medizinische Therapie macht ein längeres Leben möglich. Morbidität und Mortalität sind nicht deckungsgleich, sie können weit auseinander klaffen. Man kann morbide sehr alt werden.

Werden diese im höchsten Alter hinzukommenden Lebensjahre auch gute Jahre sein?, fragt Paul B. Baltes. Er nennt diesen letzten

Lebensabschnitt «Januskopf des Alters» oder «Hoffnung mit Trauerflor». Es dürfe nicht darum gehen, die Altersgrenzen mehr und mehr nach oben zu treiben, etwa durch genetische Manipulationen, sondern es gehe um ein qualitätsvolles Leben im Alter. *Add life to years, not years to life* ist sein Motto wie das der gerontologischen Gesellschaft der USA.

Das hohe und höchste Alter ist gekennzeichnet von Gebrechen, die das Leben erschweren. Der Schwerhörigkeit entgehen nur ganz wenige der Hochbetagten, die Sehkraft lässt nach, der Stock wird zum dritten Bein. Die Vergesslichkeit nimmt zu, Orientierungsstörungen treten auf, die richtigen Worte zu finden fällt schwer, Schmerzen quälen. Alle Formen der Demenz bis hin zur Alzheimer-Krankheit überschatten den letzten Lebensabschnitt. Gelänge es der Forschung, Alzheimer in den Griff zu bekommen, wäre die Altersdemenz eine halb so große Bedrohung. Fast eine Million Menschen über 65 Jahren leidet an einer Demenz. Bei den über 90-Jährigen jeder zweite.

Man kann es drehen und wenden, wie man will, die berühmten grauen Zellen schwinden dahin wie der Schnee in der Sonne. Die Intelligenz nimmt ab bei allen Menschen, beim einfachen Arbeiter am Fließband wie bei einem hochtrainierten Geist. Noberto Bobbio, der italienische Rechtsphilosoph, der 95 Jahre alt wurde, fragt in seinem Büchlein «De senectute», ob das Alter zu kurz sei. «Für viele alte Menschen, die sich nicht mehr selbst helfen können, dauert es zu lange! Wer unter alten Menschen lebt, weiß, für wie viele von ihnen der letzte Lebensabschnitt nicht zuletzt dank der medizinischen Fortschritte, die in vielen Fällen eher am Sterben hindern, statt das Leben angenehm zu machen, zu einem langen, oft sehnlichen Warten auf den Tod geworden ist. Kein Weiterleben, sondern ein Nicht-sterben-Können.»

«Lieber Gott, lass mich sterben», flüsterte ein alter Herr im Sessel, die Zeitung auf dem Schoß. Doch die Natur erfüllte ihm seinen Wunsch nicht so schnell, sie trübte seinen Geist und hielt ihn bei gutem Appetit. Die Jahre gingen ins Land, bis er schließlich, nicht mehr wissend, wer wer war und welche Stunde schlug, über seiner Zeitung für immer einschlief.

Der Sterbenswunsch führt nicht automatisch zum Suizid. Auch wenn unter hochbetagten Männern die Selbstmordrate sehr viel höher ist als in anderen Altersgruppen, besonders in der Altersgruppe der 85- bis 90-Jährigen. Der Arzt und Psychoanalytiker Paul Götze vom UKE in Hamburg initiiert gerade ein Forschungsprojekt über Suizidalität bei älteren Menschen. Es ist ein archaisches Relikt, dass unter Naturvölkern die Alten zum Sterben ins Meer oder in die Wildnis gingen, um das Überleben des Volkes zu sichern. Dennoch, so meint er, ist von diesem «ursprünglichen Gedankengut viel mehr noch lebendig, als wir uns eingestehen möchten. Der alte kranke Mensch wird mehr als eine Last denn als eine Aufgabe empfunden!» Der Arzt ist davon überzeugt, dass selbstmordgefährdeten älteren Menschen geholfen werden kann, wenn man ihr Selbstwertgefühl wieder stärkt.

Alte Menschen, besonders je älter sie werden, brauchen Zuwendung. Viele von ihnen, auch wenn sie nicht laut klagen, fühlen sich allein, einsam gar, isoliert, auch dann, wenn sie in Heimen leben, zumal, wenn sie demenzkrank sind. Sie leben häufig ohne Partner, oft im Witwenstand; von den über 80-Jährigen sind es weit mehr die Hälfte. Das familiäre Netzwerk fängt viele von ihnen auf. Irgendwann, nicht immer, setzt Pflege ein, ob zu Hause oder wenn die Übersiedlung in ein Heim unvermeidlich wird. Die große Aufmerksamkeit, die der Pflege in den Medien – zu Recht – geschenkt wird, verzerrt gelegentlich das Bild. So beschließt der weitaus größte Teil der Alten ihr Leben zu Hause, nur ein kleiner Teil in Heimen. Eineinhalb Millionen der Alten empfangen Leistungen aus der Pflegeversicherung. Die ambulanten Dienste tun ihr Möglichstes, doch ihre Besuche bei ihren Schützlingen werden im genau aufgeschlüsselten Minutentakt erledigt – waschen, anziehen, ab zum nächsten Fall. In Sachen Pflege sind die Defizite nicht zu übersehen.

Es ist nicht leicht, mit dem Alter fertig zu werden, und alt werden kann man nicht lernen. «Es passiert, ob wir es ertragen oder nicht», schreibt Monika Maron. «Rückblickend lernen wir alle das Gleiche: Die Zeit vergeht so schnell. Manchmal, wenn ich diesen herzlosen Hochmut in den Augen eines Fünfunddreißigjährigen finde, denke ich dann an ebendas, was ältere Frauen und Männer dann schon immer gedacht haben: Ach, wenn du wüsstest …»

Wie man in Deutschland …

26

Wie man in Deutschland fremd ist

Ist die Bundesrepublik ein Einwanderungsland? Jahrzehntelang haben Bürger und Politiker diese Frage mit Nein beantwortet. Doch die einstigen Gastarbeiter sind längst Einheimische geworden.

von Theo Sommer

Sie heißen Ali, Ugur und Hasan. Sie sitzen, das Hemd bis obenhin zugeknöpft der eine, im karierten Pulli der andere, die blau-weiße Strickmütze auf dem kahlen Schädel der Dritte, im Café Marmara unweit des Heinrich-Heine-Platzes im Berliner Bezirk Kreuzberg. Hierher kommen sie jeden Morgen, schlürfen aus kleinen Gläsern süßen Tee, lesen ihre türkische Zeitung oder spielen Okey, eine Art von Scrabble mit Zahlensteinen. Ali, Ugur und Hasan sind Rentner, in Deutschland über die Jahrzehnte ergraut. Das Marmara ist für sie geworden, was einst das Café im heimischen Dorf gewesen war: Treffpunkt, Aufenthaltsraum, Lebensmittelpunkt.

Im Sommer 1961 stand Ali im deutschen Anwerbebüro in Istanbul, die beiden anderen ein paar Jahre später. Splitternackt standen sie da, auch noch vor einer blonden deutschen Krankenschwester. Der deutsche Arzt leuchtete ihnen mit der Taschenlampe ins Gebiss und kniff sie ins Gesäß, wie man auf dem Viehmarkt Gäulen ins Maul schaut und auf die Kruppe schlägt. Sie hatten schon einiges überstanden: den endlosen Papierkrieg und die fachliche Prüfung in einem Betrieb. Nun diese tief erniedrigende Gesundheitsuntersuchung, «aus seuchenhygienischen Gründen». Am liebsten hätten sie wieder kehrtgemacht. Indes scheuten sie die Schande, das Gelächter, die Schadenfreude der Nachbarn, dass sie nach all ihrem Hoffen, all ihrem

Prahlen, auch sie würden in Deutschland ihr Glück machen, doch zu Hause blieben – nein, das wollten sie nicht auf sich nehmen.

Also unterschrieben sie den Arbeitsvertrag. Die «Legitimationskarte» mit dem Bundesadler war es ihnen wert. Ein Jahr, zwei Jahre lang würden sie sowieso nur in der Fremde bleiben. Wenn sie hart arbeiteten und genügsam lebten, würden sie mit einem gebrauchten Mercedes zurückkehren können – und mit genug Erspartem, um ein kleines Häuschen zu bauen, einen Taxibetrieb aufzumachen, ein Geschäft zu eröffnen oder ein Stück Land mit Olivenbäumen zu kaufen, vielleicht ein paar Ziegen und Schafe dazu. Sie träumten den Traum vom großen Alemanya, von dem sie so viel erhofften und so wenig wussten.

Seitdem sind Jahrzehnte vergangen. Sie sind nicht heimgekehrt. Und dann kamen die Kinder, später die Enkel. Aus der Einzimmerwohnung ging es in die Dreizimmerwohnung. Die Jobs wurden besser; in der Türkei gab es immer wieder Militärputsche, Wirtschaftskrisen, Inflationsschübe. Manch einer ging trotzdem zurück. Die Mehrzahl schlug Wurzeln in Deutschland, wie die vielen Arbeiter aus den anderen Ländern auch. Im Laufe der Zeit wurden sie immer mehr. Heute ist fast jeder zehnte Einwohner der Bundesrepublik ein Ausländer. Die Hälfte ist schon 20 Jahre hier.

«Heimkehren in die Türkei?» Im Café Marmara macht Ali eine wegwerfende Handbewegung. «Ich habe dort nichts», sagt er. «Meine vier Töchter leben hier, sind Deutsche geworden.» Er hat sein Auskommen: 450 Euro Rente pro Monat plus Wohngeld. Für ihn und seine Frau reicht es.

Zu Hause war er Bauer gewesen. Eine Großstadt hatte er nie gesehen. In Düsseldorf hat er als Bauarbeiter angefangen, dann ging er in eine Neußer Betonfabrik, schließlich kam er als Putzkraft in Aachen unter. Im Jahre 1980 hörte er von der Berlin-Zulage, mit der die geteilte und nach Osten zugemauerte Stadt Arbeitskräfte anzulocken suchte. Einige Arbeitskollegen zogen mit ihm. Seitdem lebt er in Kreuzberg. Über den Kulturschock des Anfangs ist er längst hinweg, genauso wie Hasan und Ugur.

Sie erinnern sich: Die Reise begann im Bahnhof Istanbul-Sirkeci. Die Fahrt nach München dauerte 55, manchmal 70 Stunden. Ein Verpflegungspaket gab es und eine Flasche Wasser. Ausstrecken konnte sich niemand, nicht einmal den Kopf konnte man anlehnen, denn die Bundesbahn setzte jahrelang Nahverkehrswaggons mit niedrigen Rückenlehnen ein. Im Winter fiel oft die Heizung aus.

Auf die Ankömmlinge warteten düstere Ausländerlager, Werksbaracken, in denen zum Teil schon Hitlers Zwangsarbeiter untergebracht waren, Abbruchwohnungen und Wohnheime. Dort fanden sie oft nicht mehr als einen Bettplatz; sechs Quadratmeter pro Person entsprachen der amtlichen Mindestanforderung.

Sie waren Müllmänner (wie die deutschen Gassenkehrer, die hundert Jahre zuvor Paris sauber gehalten hatten). Sie verdingten sich als Bergleute, Schweißer, Löter, Gleisbauarbeiter und nahmen den Deutschen die unfallträchtigen und gesundheitsschädlichen Jobs ab, auch die am schlechtesten bezahlten (wie 70 Jahre früher die halbe Million Polen im Ruhrgebiet). Im Gaststättengewerbe, in der Produktion von Kunststoff, Gummi, Asbest und auf dem Bau stellten sie rund ein Fünftel der Beschäftigten. Und sie bauten die Mercedes, BMW, Opel und Ford (90 Prozent der Arbeiter in den Kölner Ford-Werken waren Ausländer).

Die Kontraktarbeiter aus der Türkei priesen sich glücklich und fanden sich mit allen Widrigkeiten ab. Sie lebten sparsam. Doch sie nahmen es hin, auch die schmerzhafte Trennung von der Familie, denn sie dachten nicht, dass sie lange bleiben würden. Die deutsche Seite teilte diese Illusion. Nichts belegt dies besser als der Ausdruck «Gastarbeiter». Von Anfang an wiesen die Bonner Behörden den Gedanken an eine regelrechte Einwanderung weit von sich. Die Bundesrepublik war für sie höchstens ein «vorübergehendes Aufenthaltsland». Eine Arbeitserlaubnis gab es für maximal zwei Jahre. Es galt das Rotationsprinzip: Nach spätestens 24 Monaten sollten die Arbeitsmigranten ausgetauscht werden.

Noch im Jahre 1960 hielten sich keine 1500 türkischen Staatsangehörigen in der Bundesrepublik auf, meist Studenten und Kaufleute.

Die große Gastarbeiterwanderung aus Anatolien setzte erst nach dem Bau der Berliner Mauer ein. Nicht von ungefähr wurde das deutsch-türkische Anwerbeabkommen am 30. Oktober 1961 unterzeichnet, zehn Wochen nachdem Walter Ulbricht die letzte Lücke im Eisernen Vorhang geschlossen und den Zustrom von Ostdeutschen gestoppt hatte. Jetzt blieb mit einem Mal der Nachschub an Arbeitskräften aus. Die Wirtschaftswunder-Maschine brauchte neues Bedienungspersonal. Die Deutschen fanden es zwischen Edirne und Erzerum.

Die ersten 2500 türkischen Arbeiter kamen im November 1961. Sie waren die Vorhut eines Millionenheeres, das während der nächsten zwei Jahrzehnte nach Deutschland zog. In ihren Wohnbaracken stießen sie auf jene, die schon vor ihnen gekommen waren: Italiener (seit 1955), Spanier und Griechen (seit 1960). Bald kamen auch noch andere, denn in den sechziger Jahren schloss die arbeitskräftehungrige Bundesrepublik Anwerbeverträge auch mit Marokko (1963), Portugal (1964), Tunesien (1965) und Jugoslawien (1968). Mit großem Brimborium wurde am 10. September 1964 der einmillionste Gastarbeiter am Bahnhof Köln-Deutz empfangen, Armando Rodrigues aus Viseo in Portugal. Fünf Jahre später, am 27. November 1969, empfing die Münchner Weiterleitungsstelle den millionsten Türken, einen 24-jährigen ungelernten Arbeiter. Der Präsident der Bundesanstalt für Arbeit stand am Gleis 11 persönlich auf dem Bahnsteig. Er schenkte dem jungen Mann einen Fernseher und schärfte ihm ein: «Die Deutschen sind hilfsbereit und verständnisvoll. Besonders dann, wenn der Ausländer ein fleißiger Mensch ist.»

Sie blieben – trotz Rostock und Solingen

Im Café Marmara wird die rauchgeschwängerte Luft allmählich dick. Ali erzählt. Er hat alles durchgemacht, was die Türken hierzulande in den zurückliegenden Jahrzehnten erfahren haben, alles auch, was ihnen widerfahren ist.

Wie Hasan und Ugur hat er erlebt, dass in der ersten Ölkrise

Ausländer in Deutschland

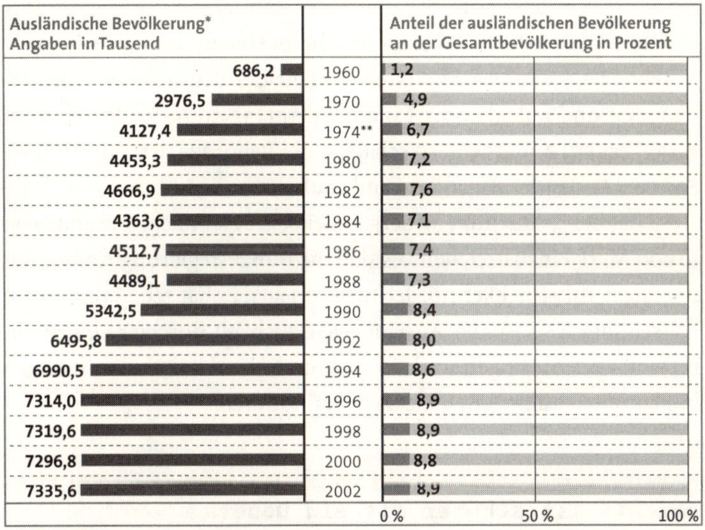

* Bis 1984 Stichtag: 30. 9.; ab 1985 Stichtag 31. 12. eines jeden Jahres, ** Einführung von Familienzuzug Zeit-Grafik/Quelle: Statistisches Bundesamt

1973/74 den Gastarbeitern urplötzlich die Tür vor der Nase zugeschlagen wurde: Anwerbestopp! Zu dieser Zeit lebten 3,96 Millionen Ausländer in Deutschland, 6,4 Prozent der Wohnbevölkerung. Ihr Anteil an der Zahl der sozialversicherungspflichtigen Beschäftigten betrug allerdings 12 Prozent: Sie besetzten 2,6 Millionen Arbeitsplätze. Die nahmen sie niemandem weg, denn bis dahin herrschten Vollbeschäftigung und Arbeitskräftemangel. Dies änderte sich nun. Auf einen Schlag gab es jetzt keinen weiteren Zuzug aus Nicht-EG-Staaten mehr. Tatsächlich sank die Zahl der Beschäftigten mit fremdem Pass bis 1978 auf 1,8 Millionen, bis Mitte der Achtziger sogar auf 1,5 Millionen. Der Höchststand von 1973 wurde nie wieder erreicht. Heute nehmen Ausländer 1,96 Millionen Arbeitsplätze ein.

Ali hat davon profitiert, dass 1974 das Verbot des Familienzuzugs fiel. Da entdeckten die Deutschen plötzlich, dass sie zwar Arbeitskräfte gerufen hatten, aber gekommen waren Menschen, und sie gingen auf das Urbedürfnis aller Menschen ein: mit ihrer Familie zusammen zu sein. So erklärt sich, dass zwar die Zahl ausländischer Arbeiter abnahm, dass jedoch die ausländische Bevölkerung wuchs: von 3,9 Millionen 1973 auf 5,3 Millionen im Jahr der deutschen Wiedervereinigung und auf über 7,3 Millionen Anfang 2003, 8,9 Prozent der Bevölkerung. Außerdem, so schätzen die Behörden, halten sich etwa 800 000 Ausländer illegal im Lande auf.

Ali hat der Versuchung widerstanden, eine Heimkehrerprämie von 10 000 Mark einzustreichen, als sich die Bundesregierung Anfang der Achtziger auf «Rückkehrförderung» verlegte. Er hat zehn Jahre später die schlimme Phase der Ausländerfeindlichkeit durchgestanden, als in Mölln und Solingen und Rostock und Hoyerswerda Wohnungen in Flammen aufgingen, Menschen verbrannten.

«Nichts ist schöner als ein Döner»

Die Türken sind die größte Einwanderergruppe, und daher lässt sich an ihnen gut erzählen, was es bedeutet, fremd zu sein in Deutschland. Da sie in vielen Städten ihre eigenen Quartiere besiedelt haben, vielleicht auch, weil sie als Muslime besonders fremdartig wirken, gelten sie den meisten Deutschen als «die» Ausländer schlechthin. Die Übrigen, die Italiener, Griechen, Exjugoslawen oder Polen, werden im Vergleich zu ihnen kaum wahrgenommen, jedenfalls nicht als einheitliche Gruppen.

Seit den frühen Jahren hat sich in der Zusammensetzung der ausländischen Bevölkerung ein Wandel vollzogen. In den Sechzigern stellten die Italiener mit knapp 30 Prozent den größten Anteil, dicht gefolgt von Griechen und Spaniern. Doch schon 1974 hatten sich die Türken mit 25 Prozent an die Spitze gearbeitet, der Anteil der Jugoslawen war auf 17 Prozent angewachsen, der italienische auf 15 Prozent gesunken. Seitdem liegen die Türken unverändert an erster Stelle. Anfang 2003 machten sie mit 1,91 Millionen 26 Prozent der Ausländer aus. Rechnet man die 600 000 Eingebürgerten hinzu, so leben heute rund 2,5 Millionen Menschen türkischer Herkunft in der Bundesrepublik.

Die Fremden haben Deutschland verändert. Das Land ist bunter geworden. Die Restaurant-Szene blühte auf, die Italiener, Griechen, Spanier, Portugiesen, Afghanen, Inder und Vietnamesen brachten ihre Küche mit. Auch die Türken, die heute mehr Döner verkaufen, als alle Burger-Buden zusammen Fleischklopse unters Volk bringen: «Nichts ist schöner als ein Döner.» Die farbenfrohen Auslagen ihrer Obst- und Gemüseläden beleben das Straßenbild. Pluraler ist Deutschland geworden und – allen ausländerfeindlichen Ausschreitungen zum Trotz – auch duldsamer.

Die kopftuchtragenden Frauen im Kreuzberger Klein-Istanbul, in Hamburg am Steindamm, im Frankfurter Bahnhofsviertel, in Stuttgart zwischen Doggenburg und Rosensteinstraße regen die Leute weniger auf, als konservative Politiker uns weismachen wollen.

Es hat sich herumgesprochen, dass nicht jede, die sich mit einem *Turban* verhüllt, dem islamischen Fundamentalismus verfallen ist. Bei vielen ist das Kopftuch ein Ausdruck schlichter Frömmigkeit, bei anderen ein Stück Tradition (wie sie ja auch in Deutschland auf dem Lande vor hundert Jahren noch lebendig war) und gerade unter den Jungen oft einfach ein schickes modisches Accessoire (wie vor über zwanzig Jahren bei Hamburgs höheren Töchtern).

Längst hat jeder Deutsche gute ausländische Bekannte. Die Polin, die zweimal die Woche zum Putzen kommt; manchmal hat sie ihre beiden Kinder dabei, mit denen sie deutsch spricht. Die afghanische Journalistin, die sich über Russland nach Deutschland durchschlug und, sobald sie genug Deutsch konnte, eine Pizza-Bäckerei eröffnete. Die Halbitalienerin, die mit ihrem deutschen Mann eine Reinigung betreibt. Den Kroaten, der im «Italia» mit scharfem Blick die Kellner aus Sizilien, Saloniki und Santander überwacht. Den griechischen Änderungsschneider neben dem chinesischen Restaurant. Die Schwarzen aus Ghana, die in den Restaurant-Küchen Kartoffeln schälen und Geschirr spülen. Die persische Ärztin Fereshde, die mit einer Rückenschule und Akupunktur-Behandlung in Hamburg ebenso viel Zulauf hat wie der türkische Orthopäde Faruk in Berlin, der auch die Fußballer von Galatasaray Istanbul in Form bringt. Was wären wir ohne sie alle?

Je länger sie hier sind, desto höher steigen sie. Ihr Anteil an qualifizierten Berufen wie Architekt, Anwalt oder Steuerberater wächst. Nach und nach rücken die Neubürger in leitende Positionen. Auf der politischen Bühne sind Cem Özdemir (Grüne), Leyla Onur (SPD) und Mehmet Daimagüler (FDP) ins Rampenlicht getreten. Vural Öger hat sich aus einem Kellerbüro im Hamburger Bezirk St. Georg zum fünftgrößten Reiseunternehmer der Republik hochgearbeitet und zog jetzt für die Sozialdemokraten in den Wahlkampf für das Europaparlament. Aydan Özoguz sitzt seit 2001 als SPD-Abgeordnete in der Hamburger Bürgerschaft, Özcan Mutlu (Grüne) seit 1999 im Berliner Abgeordnetenhaus. Bilkay Öney, die seit 17 Jahren Deutsche ist, wurde von den Grünen als Wahlfrau für die Bundesversammlung nominiert.

Auch in der Wirtschaft haben viele reüssiert. Heute gibt es allein unter den Türken rund 60 000 Selbständige, die 330 000 Mitarbeiter beschäftigen, darunter fast ein Drittel Deutsche. Alles ist dabei, vom Imbiss-Inhaber Erol Güner bis zum Aachener Umsatzmilliardär Kemal Sahin, dem anatolischen Bauernsohn, der mit 18 nach Deutschland kam und inzwischen ein ansehnliches Textil-Imperium aufgebaut hat, 28 Unternehmen in 13 Ländern. Im Einzelhandel und der Gastronomie, auf dem Bausektor, mit Brot- und Fleischfabriken, in der Immobilienbranche haben sie ihr Glück gemacht.

Türkische Autoren schreiben deutsch

Im Jahre 2003 erwirtschafteten türkische Geschäftsleute und Unternehmer hierzulande 1,4 Prozent unseres Bruttoinlandsproduktes, annähernd 30 Milliarden Euro. Mit 5500 Betrieben und 23 000 Beschäftigten steuern sie allein in Berlin 3,5 Milliarden Euro zum Bruttoinlandsprodukt bei. Im Übrigen sind die Zugewanderten keine Sys-

Wo sie herkommen

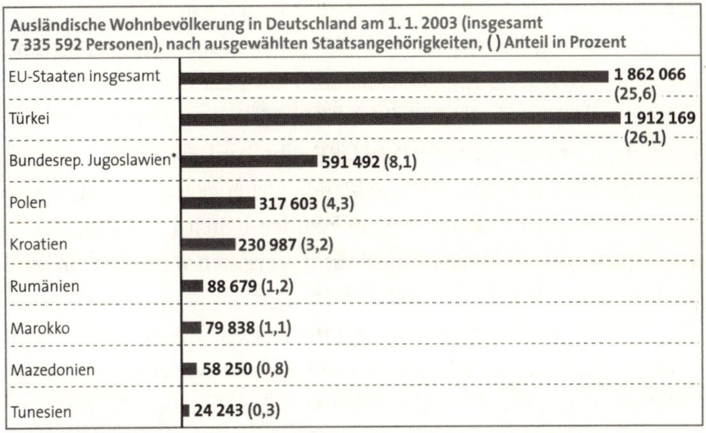

* Serbien/Montenegro, nachgewiesen werden alle Personen, die im Ausländerzentralregister mit jugoslawischer Staatsangehörigkeit geführt wurden; Zeit-Grafik/Quelle: Statistisches Bundesamt, Bundesverwaltungsamt – AZR –

temschmarotzer. Auch die Türken zahlen kräftig in unsere sozialen Sicherungssysteme ein: 1999 rund drei Milliarden Euro; heute wohl einiges mehr, da neuerdings auch für geringfügige Beschäftigungsverhältnisse Sozialabgaben anfallen.

Und nicht bloß die wirtschaftliche Integration schreitet voran. Zwanzigtausend junge Ausländer studieren als «Bildungsinländer» an unseren Hochschulen. Mehr und mehr ausländische Namen tauchen im Vorspann und Abspann von Fernsehfilmen auf. Der griechischen Welle – Vicky Leandros, Costa Cordalis – folgte die türkische. Schauspieler wie Renan Demirkan, Sinan Toprak, Seygi Emine Özdamar, Jale Arikan haben sich in die Herzen der Deutschen gespielt. Aber auch die Deutsch-Vietnamesin Minh-Kai-Phan-Ti hat sich im Fernsehen ein Millionenpublikum erobert.

Der Regisseur Fatih Akin ist eben für seinen Film *Gegen die Wand* mit dem Goldenen Bären ausgezeichnet worden; zum ersten Mal seit 18 Jahren ging der Hauptpreis der Berlinale 2004 wieder nach – Deutschland. Mehr und mehr Schriftsteller türkischer Abstammung schreiben auch auf Deutsch. Manche nur noch auf Deutsch, wie Feridun Zaimoglu *(Kanak Sprak)*, der sich von Kiel aus einen Platz in der deutschen Gegenwartsliteratur erschrieben hat.

Gegen Mittag packen sie im Café Marmara die Okey-Steine und die Spielkarten weg. Einige schlendern ein paar Straßen weiter ins traditionelle «Demirel' in Yeri» der Familie Cekme, wo es für sechs Euro ein köstliches komplettes Menü gibt. Andere gehen auf einen Kaffee in Murats hippes «Morgenland» gleich gegenüber. Mitten in Klein-Istanbul wird deutlich: Die Fremden haben Deutschland verändert, doch hat die Fremde auch die Zugereisten verändert. Sie sind sesshaft geworden: Einwanderer. Deswegen ist auch der Ausdruck «Migranten» meist falsch. Drei Viertel werden weder weiterziehen noch heimkehren. Aus angelernten Arbeitern wurden Vorarbeiter, aus Türken in Deutschland erst Deutschtürken, dann Türkendeutsche. Die Anpassung, die Akkulturation, die Integration sind in vollem Gange.

Nicht dass sie einfach wären. Einwanderungsgesellschaften sind allemal Konfliktgesellschaften. Die Einschmelzung der Zuwanderer ist immer eine Sache von Generationen. Nie geht es ohne Friktionen ab. Und stets verlangt die Einwurzelung der neuen Mitbürger von den Alteingesessenen viel Toleranz und Geduld.

Die Probleme sind nicht zu leugnen. Die Sprache, die Grundvoraussetzung erfolgreicher Integration – damit hapert es bei vielen, vor allem bei den älteren Frauen, deren Leben sich im Wesentlichen im Umkreis der eigenen Sippe abspielt. Die Schule: Ausländische Kinder haben es milieubedingt und aus sprachlichen Gründen schwerer. Rund 15 Prozent erreichen überhaupt keinen Schulabschluss (Deutsche: 5,7 Prozent), 40 Prozent schaffen nur den Hauptschulabschluss (Deutsche: 20,9 Prozent), über die Hälfte hat keinen mittleren oder hohen Abschluss (Deutsche: ein Viertel).

Die Berufsausbildung: 1998 haben 64 Prozent der deutschen Jugendlichen eine Lehre begonnen, doch nur 34 Prozent der gleichaltrigen Ausländer – und seitdem ist deren Beteiligungsquote noch gesunken. Im öffentlichen Dienst ist die Quote besonders niedrig. Die Kriminalität: Der Anteil der Ausländer an der Gesamtzahl der

Tatverdächtigen lag 2001 bei 24,9 Prozent; ihr Anteil an der Wohnbevölkerung jedoch nur bei 9 Prozent.

Dazu kommen die Akzeptanzprobleme, die sich aus dem Unterschied der Lebensstile und der Religionsgewohnheiten der Muslime ergeben. Der ewige Kopftuchstreit oder die Auseinandersetzungen um den Bau von Moscheen und die Lautstärke der Muezzin-Gebetsrufe über Lautsprecher sind nur zwei Beispiele. Das Schächten, die muslimischen Begräbnisvorschriften, die Teilnahme der Mädchen am Sportunterricht und an Schulausflügen – all das macht Ärger.

Immer wieder gibt die patriarchalische Einengung ihres Bewegungsraumes, die sich viele muslimische Frauen gefallen lassen müssen, Anlass zu Besorgnis und Empörung. Auch die Mediengewohnheiten sind nicht unbedingt integrationsfördernd; die Redakteure der türkischen Zeitungen, des Deutschen selten kundig, vermitteln oft ein gehässig-unrealistisches Bild der Bundesrepublik. Doch darf man auch die positiven Seiten der Entwicklung nicht übersehen.

Zur Sprache: Über die Hälfte aller ausländischen Kinder zwischen fünf und elf Jahren sprechen mit ihren Freunden deutsch, 56 Prozent sogar mit ihren Geschwistern; Zweisprachigkeit wird in der zweiten und dritten Generation die Regel. Die Deutschkurse sind überlaufen, vor allem von Frauen. Zur Schule: Es steigen die Zahlen der ausländischen Kinder, die einen Kindergarten besuchen, die einen Realschulabschluss haben (33 Prozent; Deutsche 43 Prozent) oder ihr Abitur machen (12 Prozent; Deutsche 29 Prozent). Die Migrantenkinder hinken noch hinterher, doch sie holen auf. Dies gilt nicht im selben Maße für die Berufsausbildung; daran ist die lähmende Konjunktur der letzten Jahre schuld.

Zur Kriminalität: Abgesehen davon, dass die Polizeistatistik Touristen, alliierte Soldaten und spargelstechende Saisonarbeiter mit den Inlands-Ausländern in einen Topf wirft, kommt eine Bewertung, die auch sozialstrukturelle Faktoren – Wohnumfeld, Arbeitslosigkeit, niedrige Einkommen – einbezieht, zu einem differenzierteren Urteil. Lässt man die Verstöße gegen die Ausländergesetzgebung außer Acht, sind danach «Migranten aus den ehemaligen Anwerbeländern in ihrem strafbaren Verhalten kaum verschieden von Deutschen»; so steht es im letzten Bericht der Ausländerbeauftragten der Bundesregierung.

Bei den jungen Männern der zweiten und dritten Generation zeigt sich allerdings eine erhebliche Tendenz zur Gewaltanwendung, wofür ein deutsch-türkischer Sozialarbeiter in Kreuzberg die Erklärung parat hat: «Sie sehen keine Chancen für sich. Auf den Hinterhöfen praktizieren sie das darwinistische Prinzip *survival of the fittest.* Nur der Stärkste setzt sich durch, und das ist der, der am schnellsten mit dem Messer zusticht.»

Und die religiösen Unterschiede? Neben 900 000 Orthodoxen, 160 000 Buddhisten und 100 000 Hindus leben drei Millionen Muslime bei uns. Ihre Moscheen und Bethäuser sind keineswegs schlankweg ein Ausdruck von gefährlichem islamischem Fundamentalismus.

Wohl gibt es Vereinigungen, die fundamentalistische Ideen vertreten, doch bilden sie nur eine kleine Minderheit. Der Verfassungsschutz behält die 27 000 Mitglieder der islamistischen Vereinigung Milli Görüs scharf im Auge. Höchstens 12 bis 15 Prozent sind überhaupt Mitglied in religiösen Vereinen, und nur 10 Prozent der muslimischen Eltern schicken ihre Kinder in die Koranschule; beides eher aus Frömmigkeit als aus extremistischer Einstellung.

Die Lebensstile schließlich, die Mediengewohnheiten, der Integrationswille, die Bereitschaft zur Einbürgerung? Über die Hälfte der Türkischstämmigen leben nicht mehr in reinen Türkenvierteln. Mehr türkische Jugendliche schließen sich deutschen Vereinen als türkischen an. In Gewerkschaften und Sportvereinen ist das Miteinander zur Regel geworden. Es wird hin und her geheiratet: Rund 60 000 binationale Ehen werden jährlich in Deutschland geschlossen. Von den «Heiratsmigranten» aus der Türkei, 17 000 im Jahre 2000, zogen 4900 zu deutschen Ehepartnern in die Bundesrepublik; auch dies eine Form der Integration. Und gerade die Türken nutzen intensiv die deutschen Medien: 88 Prozent sehen und hören – neben ihrem guten Dutzend Programmen – deutsche Sender; viele lesen auch deutsche Zeitungen.

Für das Schächten, den Schwimmunterricht, die Begräbnisrituale werden – oft auf kommunaler Ebene – pragmatische Lösungen gefunden. Auch die Befürchtung, die «größere Gebärfreude» der Ausländerinnen werde am Ende zu einer Ethnomorphose führen, einer «Umvolkung», wird von der Statistik widerlegt. Das Reproduktionsverhalten der Zuwanderer gleicht sich immer mehr dem der Deutschen an. Lag ihr Anteil der Lebendgeborenen in Deutschland 1974, dem ersten Jahr der Familienzusammenführung, bei 17,3 Prozent und noch Mitte der neunziger Jahre bei 13 Prozent, so ist er mittlerweile auf 6 Prozent gesunken. All dies vollzieht sich, obwohl die Bundesrepublik lange Jahre nur eine höchst unzulängliche Integrationspolitik betrieb. Anwerbung beherrschte die sechziger Jahre, Abwehr und Abkehr die Siebziger, Achtziger und Neunziger. Noch heute, wo das Zuwanderungsgesetz schon zwei Jahre lang auf Eis liegt, geht es mehr um die Gestaltung – im Klartext: Begrenzung – der Immigration als um die Verstärkung der Integration. Und die Gelehrten streiten: Einen «Rückzug in die Ethnie» erkennt der Bielefelder Professor Wilhelm Heitmeyer, wohingegen Professor Hans-Jürgen Weiß von der FU Berlin zu dem Schluss gelangt ist, dass der größte Teil der Zuzügler, auch der Türken, in zwei Kulturen heimisch werde: je jünger, desto deutscher.

Im Café Marmara halten sie alle, die Okey-Spieler und die Zeitungsleser, einen Augenblick inne. Aus dem Lautsprecher ertönt samten die Sopranstimme von Ayten Alpman. Sie singt *Memleketin* – «Meine Heimat». Als das Lied verklungen ist, steigt der Geräuschpegel wieder an.

Die Frage drängt sich auf: Was ist eigentlich die Heimat von Hasan, Ali und Ugur? Das heimische Dorf in den Bergen hinter Trabzon, der Weiler in Kilikien, das verschlafene Städtchen im kurdischen Südosten – sie erinnern sich kaum noch daran. Auf Besuch fahren sie gern in die Türkei, «das Wetter ist dort besser». Aber wo gehören sie wirklich hin? Es gibt darauf keine einhellige Antwort.

«Die bleiben immer Türken», sagt der Sozialarbeiter Erol und blickt dabei auf die Männer an den Nachbartischen. «Die haben 16 türkische Fernsehprogramme. Die leben nur körperlich hier.»

«Ich fühle mich weder als Ausländer noch als Fremder», sagt Hasan. «Und die Jungen bleiben, weil sie mit der Mentalität in der Türkei nicht klarkommen. Die zweite Generation lebt im kulturellen Spagat. Viele sind psychisch krank, oft traumatisiert. Sie fielen in die Leere, weil die Eltern nur arbeiteten. Die dritte Generation jedoch wird über die Leiter der Bildung ihren sozialen Aufstieg schaffen.»

«Ich wette, sie werden alle Deutsche», sagt Bilkay, die türkische Journalistin. «Die Kinder fühlen alle deutsch. Sie bleiben hier.» Nur ein knappes Drittel der Türkischstämmigen will nach neueren Umfragen in Nordrhein-Westfalen zurück, ein Zehntel ist unentschlossen, 61 Prozent wollen auf jeden Fall bleiben. Sie empfinden wie Hadiye Akin, die Mutter des Erfolgsregisseurs, die unlängst in den deutsch-türkischen Lebensgeschichten, die Michael Richter für die Körber-Stiftung gesammelt und unter dem Titel *gekommen und geblieben* veröffentlicht hat, zu Protokoll gab: «Meine Kinder leben hier, die möchte ich jede Woche sehen. Und ich liebe die Freunde und Kollegen. Jetzt in die Türkei zu gehen wäre so wie damals, als ich nach Deutschland kam: Ich wäre ein bisschen fremd.» Versonnen setzte sie hinzu: «Wenn ich sechs Wochen in der Türkei war, bekomme ich Heimweh nach Hamburg. Blankenese hat auch etwas vom Bosporus.»

In der Tat: Sie sind gekommen und geblieben. Sie werden auch weiterhin bleiben. Hohe Zeit, dass die Alteingesessenen, die Deutschen, es begreifen.

27

Wie man in Deutschland verreist

«Urlauben» ist ein sehr deutsches Tätigkeitswort. Wir mühen uns um Horizonterweiterung, ziehen wegen Kakerlaken vor Gericht. Und glauben: Touristen, das sind immer die anderen.

von Tomas Niederberghaus

Hunderttausende deutscher Urlauber setzen sich nach den Ferien an den Computer, um ihrem Herzen Luft zu machen. Die wortreich zu Papier gebrachten Zeilen lesen sich zum Beispiel so: «Aus Altersgründen, ich bin 61, meine Frau 59, hatten wir das ebenerdige Appartement Nr. 234 genommen. Da das Haus nur mit Deutschen belegt war, ließen wir die Balkontür nachts offen. Am Morgen des dritten Tages wurde nicht nur ich, sondern viele Nachbarn durch die grellen Schreie meiner Frau geweckt, weil ein großer Schäferhund über die Brüstung gesprungen war und meiner Frau im Schlaf die Beine geleckt hat. Sie war dadurch nicht nur minutenlang gelähmt, sondern so geschockt, dass der ganze Urlaub buchstäblich vor den Hund ging. Da Sie für die Sicherheit Ihrer Gäste verantwortlich sind, fordere ich für dieses Erlebnis von Ihnen zunächst mindestens den halben Reisepreis für meine Frau zurück.»

Auf keinen anderen Tagen des Jahres lastet ein derartiger Erwartungsdruck wie auf dem Urlaub, sieht man von Weihnachten einmal ab. Es ist gut möglich, in der Ferienzeit in eine Krise zu stürzen oder einer Depression zu verfallen. Was psychologisch schwer zu lösen ist, wird schnell auf die äußeren Umstände projiziert. Krabbelt eine Kakerlake durchs Bad oder hängt ein Gecko kopfüber von der Zimmerdecke im Hotel, folgt Monate später der Gang zum Kadi. Kleinste

Irritationen führen zu großen Beschwerden. Man macht sich keine Vorstellung davon, was in den Rechtsabteilungen deutscher Touristik-Konzerne los ist. Aus Reise-Angestellten sind Beschwerdemanager geworden, denn die Bundesbürger haben sich den Titel «Weltmeister des Klagens» redlich erarbeitet. Deutschland war die erste Nation in Europa, die das Reiserecht im Bürgerlichen Gesetzbuch verankerte. Damit sollten handfeste Kriterien für eine Klage geschaffen werden und einzelne Rechtsstreitigkeiten weniger dem richterlichen Ermessen überlassen bleiben. Der Jurist Otto Tempel erfand dazu die so genannte Frankfurter Tabelle. Akribisch listet sie auf, wie viel Prozent vom Reisepreis angesichts welcher Mängel zurückgefordert werden können. Ungeziefer bringt 10 bis 50 Prozent. Kakerlaken zählen jedoch erst bei mehr als 10 Exemplaren.

Keine andere Nation beharrt auf der perfekten Urlaubswelt so sehr wie die deutsche, und kaum eine andere Nation kennt Urlaub als Tätigkeitswort: urlauben! Wer urlaubt, legt nicht die Hände in den Schoß; die Linguistik zeigt, dass Urlaub mitnichten das Gleiche bedeutet wie Ferien, also Ruhe- oder Feiertage. Der aktive Urlaub beginnt damit, die Frankfurter Tabelle in den Koffer zu packen (manche legen die Kakerlaken gleich dazu) und vor Ort nach Missständen statt nach Schönheiten zu suchen. Angefeuert wird das deutsche Beschwerdetum von der Boulevardpresse. In schöner Regelmäßigkeit veröffentlicht sie kurz vor Beginn der Reisesaison die Frankfurter Tabelle wie ein Grundrecht auf Rabatt. Was sie nicht veröffentlicht, ist die Tatsache, dass nur ein Bruchteil aller Klagen den erhofften Erfolg bringt. Ein Zahnarzt aus Nordfriesland zum Beispiel, der noch die Farbe des frisch renovierten Hotelzimmers roch, beharrte derart vehement auf der Beeinträchtigung seines Urlaubs, dass er letztlich 400 Euro vom Reiseveranstalter erstattet bekam. Andererseits berechneten ihm Gericht und Anwalt 6000 Euro. Rundweg abgewiesen wurde die Klage eines bayerischen Ehepaares. Es fühlte sich gestört, weil der Ferienclub in Gambia nahe einem Dorf lag und Einheimische die Anlage betraten.

Dass Reiseveranstalter dazu nicht gern Auskunft erteilen, liegt auf der Hand; solche Fälle können dunkle Schatten auf die Sonnenseite des Unternehmens werfen. «100 Meter zum Meer», wie es in Katalogen steht, bedeutet nämlich nicht zwingend «100 Meter zum Strand» – das Prekäre am Kauf einer Urlaubsreise liegt im Gegensatz zum Kauf einer Stereoanlage darin, dass das Produkt weder vor noch während des Kaufes, vielleicht nicht einmal danach angemessen beurteilt werden kann. Die Beschwerdemanager sagen nur so viel: Geklagt wird in allen Bevölkerungsschichten. Der Berliner Klempnergeselle macht sein vermeintliches Urlaubsrecht genauso geltend wie die Bielefelder Arztgattin, der Hamburger New-Economy-Manager wie der Geschichtslehrer aus Passau. Diese vier Charaktere sind mit Bedacht gewählt. Verkörpern sie doch in beispielhafter Weise jene vier unterschiedlichen Urlaubertypen, mit denen Reiseveranstalter bei der Erstellung ihrer Angebote rechnen.

Da wäre zunächst der Berliner Klempnergeselle als Pauschalurlauber. Er reist im Sommer nach Mallorca oder im Winter schon mal in den Diani-Beach-Club in Kenia, wobei er auch im Februar auf der Fahrt zum Flughafen Berlin-Schönefeld kurze Hosen und weiße Söckchen trägt. Am Strand erweitert er seinen Horizont, macht Tauchschnupperkurse oder eine Tagessafari in den Tsavo-Nationalpark. Die Massai, die abends beim Büfett einmal trommelnd um die Tische tanzen, sind für ihn noch «echte Neger», und nach Rückkehr aus dem Urlaub begrüßt er die Kollegen mit: «Jambo, jambo!»

Die Bielefelder Arztgattin würde so etwas nicht tun. Sie ist Kreativurlauberin, bucht zwar pauschal, aber eben doch irgendwie besonders. Ist der Nachwuchs aus dem Haus und findet der Mann keine Praxisvertretung, aquarelliert sie naturtrüb in der Provence oder töpfert taoistisch in der Toskana. Mit dem Alter ist sie empfindlicher geworden, was das Essen angeht, und braun zu sein ist für sie nicht mehr ein Zeichen gelungener Erholung. In ihrem Gepäck hat sie im

Zweifelsfall einen John le Carré, und auf dem Rückflug kauft sie im Duty-free-Shop Bodylotion von Biotherm für ihre Söhne ein.

Der Passauer Geschichtslehrer hat im Hartschalenkoffer neben dem Baedeker auch ein Aufzeichnungsgerät für das Gespräch mit dem Reiseleiter sowie Stift, Block und Zollstock. Er ist der klassische Bildungsurlauber. In Ägypten misst er die Grabkammern aus, und vierzig Grad Celsius bringen ihn nicht davon ab, seinen Wollpullunder anzubehalten. Sieht er im Hotel einen Schuhputzer, läuft er schnell weiter und denkt: Ich bin doch kein Neokolonialist!

Von dem dynamischen Hamburger New-Economy-Manager wird er stets etwas belächelt, denn wer wirklich etwas auf sich hält, ist heutzutage Trendurlauber. Dessen Ziele sind Hotels, egal, in welchem Land sie stehen, Hauptsache, sie sind «designt», haben eine Lounge und beschallen ihn 24 Stunden lang mit Chillout-Musik. Men's Health liegt im Samsonite des Trendurlaubers ganz oben – Urlaub heißt für ihn auch, am Waschbrettbauch zu arbeiten. Der Trendurlauber hat sein 3500-Euro-Mountainbike oder sein Surfboard zum Wellenreiten dabei. Er reist schon mal allein, was ihn an Studentenzeiten erinnert, als er noch auf eigene Faust mit Brustbeutel unterwegs war.

Erinnerungsfoto mit Totenverbrennung

Es gehört zum Ritual, dass sich der Individualtourist geradezu zwanghaft vom Pauschaltouristen abgrenzt. Er selbst würde sich nie als Tourist bezeichnen, sondern reklamiert für sich den vornehmer klingenden Begriff Reisender. Bemerkt er in einem türkischen Badeort am Nachbartisch deutsche Pauschaltouristen, spricht er selbst nur noch Englisch. Und hört er von Klagen wie der des bayerischen Ehepaares, das sich von den Einheimischen in Afrika gestört fühlte, sagt er: Igitt, ist das menschenverachtend! Er selbst bringt es mit Leichtigkeit fertig, einer Totenverbrennung auf Bali beizuwohnen und dabei für ein Foto vor dem offenen Sarg mit Priester und Tänzerinnen zu posieren, auf dem die Balinesen keine Miene verziehen.

Am liebsten nach Spanien

Traumziele der Deutschen 2004

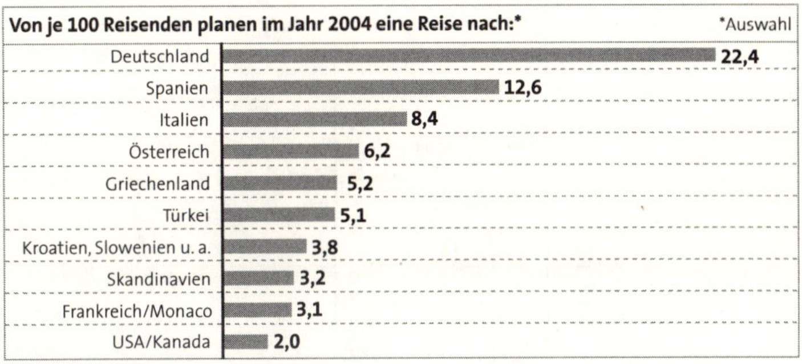

Quelle: BAT Freizeit-Forschungsinstitut, Repräsentativbefragung von 2091 Personen ab 14 Jahren in Deutschland, die 2004 eine Reise planen

Sicherheit geht vor

Einstellung der Deutschen zu zukünftigen Urlaubsreisen

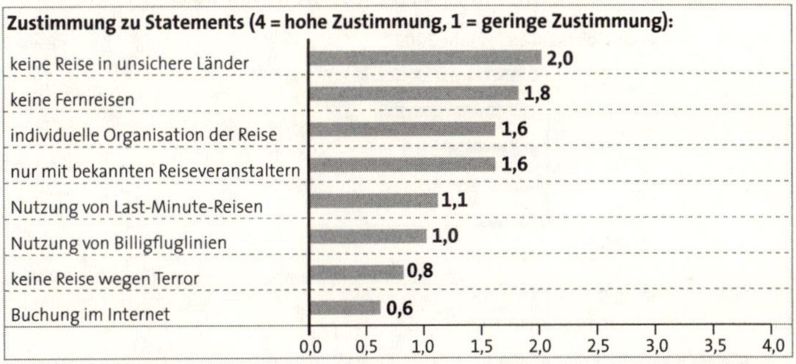

Quelle: Universität Paderborn, Emnid, 2002, Repräsentativbefragung von 1998 Personen ab 14 Jahren ZEIT-Grafiken

Allerdings kann er sich nicht vorstellen, was passieren würde, wenn Rucksacktouristen aus Borneo eine Münsterländer Aussegnungshalle stürmten und die Kamera in Anschlag brächten, während der Pastor noch das «Gegrüßet seist du, Maria» betete. Natürlich beschimpft der deutsche Individualtourist den deutschen Pauschaltouristen, der seine Gewohnheiten um die Welt trägt und sich in Hotelanlagen verbarrikadiert. Umso mehr werden ihn die Ergebnisse einer Studie

Die meisten blieben in Deutschland

Bilanz der Reisesaison 2003

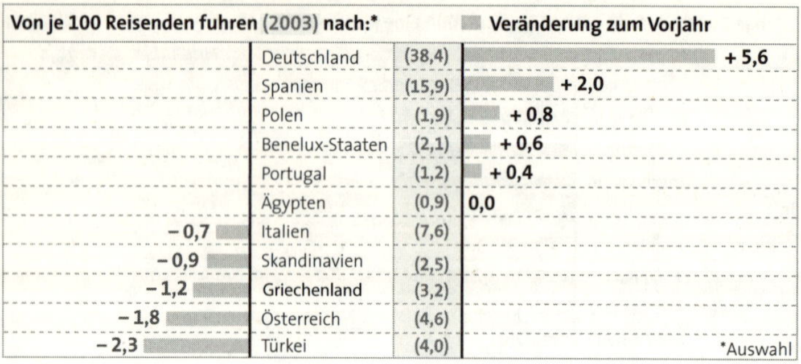

Quelle: BAT Freizeit-Forschungsinstitut, Repräsentativbefragung von 2847 Personen ab 14 Jahren in Deutschland, die 2003 eine Reise unternommen haben

Ostsee bleibt «in»

Ostsee und Bayern bauen ihre Spitzenposition weiter aus

Quelle: BAT Freizeit-Forschungsinstitut, Repräsentativbefragung von 2847 Personen ab 14 Jahren in Deutschland, die 2003 eine Reise unternommen haben

überraschen, die die Forschungsgruppe Tourismus der Universität Paderborn vor wenigen Monaten erstellt hat.

Der zufolge nämlich ist die deutsche Bevölkerung an der Fremde mehr interessiert als gedacht. 71 von 100 Urlaubern möchten ihren Horizont erweitern und Land und Leute kennen lernen. Statt faul am Strand herumzuliegen, machen sie lieber eine Tour durch die Provinz – behaupten die Befragten jedenfalls in der Studie Tourismus im Wandel.

Auch Albrecht Steinecke haben diese Ergebnisse verwundert. Der Mitherausgeber der Studie entspricht selbst so gar nicht dem Bild eines Pauschaltouristen. Eher tritt der 56-jährige Geograph, der einen Lehrstuhl für Wirtschafts- und Fremdenverkehrsgeographie an der Universität Paderborn innehat, wie ein Gentleman auf, trägt eine Anzugweste aus feinem Wildleder, Ton in Ton mit der khakifarbenen Breitcordhose. Und ausgerechnet er singt das Lob des deutschen Pauschalurlaubers? Albrecht Steinecke ist das selbst nicht ganz geheuer. Denn gemeinhin würde man doch annehmen, dass sich der Tourist durch Last-Minute-Reisen und Billigflieger nicht mehr mit dem Ort beschäftigt, den er bereist, sondern mit der Tätigkeit des Reisens selbst. Dass er nicht mehr das Abenteuer, sondern Anschlussflüge sucht.

«Immerhin belegt die Studie auch, dass für ein Drittel der deutschen Urlauber das Reiseziel austauschbar ist», sagt Albrecht Steinecke.

An dieser Austauschbarkeit der Ziele haben Reiseveranstalter in den zurückliegenden zehn bis zwanzig Jahren hart gearbeitet. «Durch Konkurrenzdruck und Preiskämpfe werden touristische Angebote sich immer ähnlicher, auch Ferienorte gleichen sich mehr und mehr», hat Steinecke beobachtet. Zugleich mache es jedoch das große Interesse an «Land und Leuten» erforderlich, das Regionaltypische attraktiver zu gestalten. Der Tourismus, prophezeit der Geograph, habe sich vom Authentischen inzwischen so weit entfernt, dass künftige Urlaubergenerationen Zitate und Versatzstücke regionaler Charakteristika verstärkt in inszenierten Erlebniswelten entdecken werden. «Vor allem die atmosphärische Gestaltung von Hotels wird darauf ausgerichtet sein», sagt Steinecke. An solchen Einschätzungen haben wiederum die Veranstalter ein großes Interesse. Die Paderborner Studie wurde deshalb von dem Reisekonzern TUI gesponsert, der größten Touristenverschickungsmaschinerie der Welt. Wenn sich das Hannoveraner Unternehmen nun auf veränderte Urlaubsgewohnheiten der Deutschen einstellt, müssen sich zwangsläufig auch andere europäische Nationen darauf einstellen. Denn inzwischen buchen Iren, Polen und Finnen, Österreicher, Belgier, Schweizer und Franzosen bei TUI ihre Reisen nach Spanien oder auf die Malediven.

Seit dem Jahr 2000 erwarb der heutige Konzern World of TUI den britischen Touristikmarktführer Thomson Travel Group und Österreichs größten Reiseveranstalter Gulet Touropa Touristik GmbH; die Hannoveraner streben die Mehrheitsbeteiligung beim französischen Marktriesen Nouvelles Frontières an und werden noch in diesem Jahr den russischen Markt in Angriff nehmen. Das Unternehmen verfügt bereits über 3700 Reisebüros in 15 europäischen Ländern sowie 300 Hotels mit über 150 000 Betten. Jetzt muss das Urlaubskartell daran arbeiten, die Standardisierung zu beseitigen, die es selbst geschaffen hat.

Charterflieger mit Dreck beworfen

Man muss an dieser Stelle einen kurzen Blick in die Vergangenheit werfen. In den achtziger Jahren wäre es wahrscheinlich undenkbar gewesen, dass Forscher wie Albrecht Steinecke mit Unternehmen wie der TUI zusammenarbeiteten. Steinecke gehörte damals der Gruppe Reisefieber an, die sich um eine kritische Auseinandersetzung mit der offiziellen Tourismusideologie bemühte. In Berlin zeigte sie, parallel zur Internationalen Tourismus-Börse (ITB), Ausstellungen mit Titeln wie «Achtung, Touristen», und als ihre Bibel galt Hans Magnus Enzensbergers Essay zur Theorie des Tourismus. Die Gruppe thematisierte die Demokratisierung des Reisens und seine Negativwirkungen wie die Akkulturation. Man befürchtete zum Beispiel, dass die «autochthone Bevölkerung», wie sie damals genannt wurde, Verhaltensweisen und Kleidungsstile von Touristen übernimmt und ihre eigenen Traditionen an den Haken hängt. Heute fragt sich niemand mehr, ob Inder oder Äthiopier den deutschen Touristen nacheifern, um dann ebenso schlecht gekleidet herumzulaufen. Umgekehrt hält sich der deutsche Alternativreisende, ähnlich dem Fußballer, an das Prinzip Trikottausch und trägt in der Fremde die Sarongs und Kaftane der Einheimischen.

Enzensberger sah im Tourismus die Flucht vor der Wirklichkeit und verstand diese Flucht als vergebliches Unterfangen. Spätere Kritiker – dazu zählten vor allem Alternativtouristen – nahmen oft nicht minder koloniale Haltungen ein wie englische Plantagenbesitzer. Denn ihr Wunsch, die Einheimischen vor den «Neckermännern» zu schützen, implizierte ja auch, dass die Urlaubsländer nicht selbst über gut oder schlecht entscheiden können. Manchmal aber haben sich die Einheimischen dieses Recht einfach herausgenommen. In Goa zum Beispiel wurden deutsche Charterflieger mit Dreck beworfen, vom «Aufstand der Bereisten» war seinerzeit die Rede. Fundamentalkritiker rieben sich nach solchen Aktionen freudig die Hände.

Zu ihnen gehörte Albrecht Steinecke schon damals nicht. «Die Kritik am touristischen Massenaufkommen empfand ich persönlich immer als eine verlogene Diskussion», sagt er heute. Ihm lagen eher Aspekte wie die Zerstörung der Natur oder die Technisierung der Alpen am Herzen. Wenige Jahre später wurde die Tourismuskritik dann von der normativen Kraft des Faktischen überholt: Die Probleme gingen weitgehend ins Bewusstsein der Bevölkerung über, während die Reiseveranstalter Umweltbeauftragte ernannten und sich damit auf der ITB kräftig feierten.

Mittlerweile hat sich die jährlich stattfindende Tourismus-Börse zu einer Art Oscar-Verleihung für die Reiseindustrie entwickelt. Man überschüttet einander mit Preisen und Auszeichnungen für den besten Manager oder die beste Reise. Am imposantesten zelebrieren die Marktforscher ihre Auftritte. Peinlich still ist es in den Räumen, wenn die Gewinner bekannt gegeben werden. Überraschende Ergebnisse gibt es dabei nur selten, denn der Reisende ist weniger flexibel, als man denkt. Das von der Werbung propagierte «Bacardi-Feeling» zum Beispiel ist eine Chimäre. Nur eine Minderheit (etwa fünf bis sechs Prozent der deutschen Urlauber) macht seit je eine Fernreise ins außereuropäische Ausland. Spanien hingegen ist seit 1986 das begehrteste ausländische Urlaubsziel der Deutschen (s. Graphik S. 427).

Allein nach Mallorca flogen 1975 bereits sieben Millionen Bundesbürger, 1995 waren es dreizehn Millionen. Für den Endverbraucher haben diese Daten vor allem einen Vorteil: Dem Individualreisenden weisen sie den Weg in Länder, in denen er die deutschen Massen meiden kann, den deutschen Massen weisen sie den Weg zu sich selbst.

Aus Angst vor Terror hinters Lenkrad

Die deutlichste Wende im Reiseverhalten der Bundesbürger zeigt sich jedoch in der Wiederentdeckung des Autos. 36 von 100 Urlaubern nutzten im vergangenen Jahr den Pkw, in der kommenden Saison will fast jede zweite Familie mit Kindern im Auto verreisen. Angst vor terroristischen Anschlägen und ökonomische Zwänge werden in der 20. Tourismusanalyse des Hamburger BAT Freizeit-Forschungsinstituts als Gründe angegeben. Und möglicherweise heißt es dann wieder wie in den fünfziger Jahren: «Ohne Autoverkehr kein Fremdenverkehr». Damals fuhren die Westdeutschen vorzugsweise an den Gardasee, aus dem Radio schepperte Lili Marleen. Die Campingplätze waren Massenlager, von Stacheldraht umzäunt. Plakate mit Aufschriften wie «Überall ist Gitter und das ist bitter, überall ist Draht und das ist schad» konnten den Kollektivspaß nicht trüben, möglicherweise erhöhten sie ihn sogar. Man wusch und bügelte und kochte unter den Augen der Mitmenschen. Klassenlos zeigte sich die Gesellschaft in Badehose – von den Campingplätzen in der DDR oder Bulgarien unterschied sich das nicht wesentlich. Kaum waren die Weitgereisten zurück, tropften in Partykellern die Kerzen von den italienischen Korbflaschen. Hausfrauen tauschten Spaghettirezepte aus.

Was in den fünfziger Jahren mit der Fahrt im VW-Käfer über die Alpenpässe begann, ist jetzt vollendet: Der deutsche Bürger ist zu Europas willigstem Konsumenten des Urlaubsglücks geworden. Im Urlaub gönnt er sich so etwas wie Leben, während er im Alltag verbissen sein Geld und seine Emotionen anspart. Deutschland ist das Land, das ihn mit Steuern und Arbeit und Praxisgebühren und Kürzungen quält, und daran möchte er in den schönsten Wochen des Jahres nicht erinnert werden. Deutschland ist nicht das Land des süßen Nichtstuns, der großen Auftritte seiner Kellner, des leichten Flirts. Und in nichts sind sich die Deutschen so einig wie darin, dass der Urlaub im Ausland am schönsten ist. Mit anderen Worten: Sie müssen flüchten, und das tun sie auch.

Früher Castro, heute Westerwelle

Im Schnitt verbringen 70 von 100 Deutschen ihren Haupturlaub im Ausland. Dass es im zurückliegenden Jahr etwas weniger waren (62 Prozent), lag vornehmlich daran, dass vielen das Geld fehlte. Geldnot geben als Grund vor allem die Ostdeutschen dafür an, zu Hause zu bleiben. Deren Reiselust ist etwa so schnell gesunken, wie die Arbeitslosenzahlen gestiegen sind. Dabei waren sie vor 1989 nicht minder mobil als die Westdeutschen, wie Heike Bähre in ihrer wissenschaftlichen Arbeit «Tourismuspolitik in der Systemtransformation» schreibt. Ostdeutsche waren offen für die Welt, nur war die Welt nicht offen für sie. Neben Bulgarien, Rumänien und der damaligen Tschechoslowakei konnten sie sich nur im eigenen Land erholen. Dafür jedoch wurde vom Staat alles getan. Reisen sollte für jeden möglich sein. Dass jeder Betrieb ein eigenes Ferienheim zu unterhalten hatte, war ökonomisch ebenso töricht wie die Tatsache, dass Einheimische in den Kaufhallen «an der Schlange der Urlauber vorbei zur Kasse marschierten und bevorzugt bedient wurden». Die staatlich geförderte Mangelwirtschaft führte zu obskuren Konflikten. Eine Ostberliner Verkäuferin von Unterhosen und Kindersocken beklagte sich zum Beispiel in einem Brief über den «touristischen Abverkauf bestimmter Sortimente durch ausländische, vor allem polnische Bürger».

Klaus Wenzel hat die Wende ebenso gut überstanden wie sein Hotel Neptun in Warnemünde an der Ostsee. Als riesiger Betonklotz ragt es in den Himmel, alle Zimmer haben Meeresblick. «Vor der Wende war es hier international, Ägypter kamen, Amerikaner, Australier und Neuseeländer, unsere Angestellten waren dreisprachig geschult», sagt der Hoteldirektor. In der DDR war das Neptun Vertragshotel der Gewerkschaft, Wenzel empfing Gäste wie Fidel Castro. Heute gehört das Vier-Sterne-Haus Neptun zur Arkona AG und ist das größte Thalassozentrum in Deutschland, Wenzel empfängt Gäste wie Guido Westerwelle. 2003 wurde Klaus Wenzel zum Hotelier des Jahres gekürt. Wer dem 66-Jährigen mit dem weizengelben Hemd und der Blümchenkrawatte zuhört, wie er in geschliffenen Worten neoliberal über Wirtschaft, Tourismus und Service redet, vermag kaum zu glauben, was Wenzel über Wenzel sagt: «Ich war überzeugter Kommunist.» Er sagt auch: «Die Wahrheit ist, dass wir hier schon damals hart gearbeitet und höchste Ansprüche umgesetzt haben.»

Als das Hotel 1971 eröffnet wurde, gab es ein kubanisches und ein ungarisches Restaurant. Abends um 21 Uhr öffnete die Hausdiskothek, schon um 19 Uhr standen die Gäste Schlange vor der Tür. Angestellte wurden zu Mitarbeitern des Monats gekürt, und für das Hotelgeld, das Klaus Wenzel aus Spaß nochmal gern hervorzieht, mussten Westeuropäer harte Devisen hinlegen. Am Tisch und an der Theke sollte sich der Westler nicht vom Ostler unterscheiden. «Das war psychologisch wichtig», sagt Wenzel, und man denkt sich, dass es im Grunde das gleiche Prinzip war, das in den siebziger Jahren von kapitalistischen Ferienanlagen wie dem Club Med eingeführt wurde, auch dort zahlte man mit hauseigenem Geld. 14 Tage Urlaub kosteten im Hotel Neptun zu DDR-Zeiten etwa 310 Mark, heute muss man den gleichen Betrag in Euro für einen Tag hinlegen. Klaus Wenzel sagt: «Finanziell war es für ostdeutsche Familien kein Problem, hier Urlaub zu machen.» Heute sind es vor allem westdeutsche Gäste, die das Haus wegen seines Wellness-Angebots schätzen.

Mit der gleichen Ideologie, mit der die westliche Tourismusindustrie in den sechziger und siebziger Jahren die Entwicklungsländer in Südostasien und Nordafrika zum touristischen Ausverkauf bekehrte («Wir bringen Geld und Arbeit»), zog sie nach dem Fall der Mauer auch in die neuen Bundesländer. Das Hotel Neptun zum Beispiel wechselte als «Steuersparmodell» bis heute fünfmal den Besitzer. Gleichwohl hat sich die Ostsee, vor allem die Küste in Mecklenburg-Vorpommern, zum beliebtesten inländischen Urlaubsziel der Deutschen entwickelt – und damit Bayern auf Platz zwei verdrängt. Nach dem heißen Sommer 2003 mäkelt kaum noch jemand über das schlechte Wetter. Allerdings ist der Deutsche im eigenen Land ein noch schwierigerer Gast als anderswo. Während er unter der Sonne des Südens schon mal eher aus sich herausgeht, ein wenig lockerer und freizügiger wird, bleibt er hierzulande Realist. Er neigt nicht zur Zügellosigkeit und ist, wie es Klaus Wenzel sagt, stets mit der Preis-Leistungs-Schere im Kopf unterwegs. «Da unterscheidet sich der Leipziger nicht vom Hamburger.» An den Osten des Landes habe der deutsche Urlauber den Anspruch, dass alles billiger sein solle, zu seiner Zufriedenheit müssten Angestellte freundlicher und kompetenter sein als im Westen.

Möglicherweise hat der deutsche Urlauber heute einiges mit dem Comic-Kaufmann Dagobert Duck gemein. Der zieht ohne Gnade und Rücksicht auf Verluste durch die Welt und lebt nach dem Motto: Überstehen ist alles. Nur ist der deutsche Urlauber weniger flexibel als Dagobert Duck. Und vor allem ist er weniger flexibel, als es das Marketing von ihm erwartet. Er setzt sich nicht nur wieder ans Lenkrad des eigenen Autos, sondern zeigt sich auch vor dem Urlaub rührend konservativ. Im Zeitalter des Internets, in dem jedes Hotel und jede Ferienanlage und jeder Reiseveranstalter mit eigener Homepage vertreten ist, holt er sich seine Informationen nach wie vor aus dem Reisebüro. Er blättert nach wie vor durch die Kataloge der Veranstalter und verlässt sich nach wie vor auf seine eigene Reiseerfahrung. «Selbst für die Info-Elite mit Abitur oder Hochschulabschluss», schreiben die Hamburger Freizeitforscher, «sind Auskünfte des Reisebüros entscheidungsrelevanter als das Online-Angebot.» Und nach den Ferien werden sich wieder Hunderttausende von Bundesbürgern an den Computer setzen, um ihrem Herzen Luft zu machen. Denn nichts ist schwerer zu ertragen als eine Reihe von schönen Tagen.

Wie man in Deutschland …

28

Wie man in Deutschland stirbt

Wie lange habe ich noch? Die meisten Deutschen erfahren vom Arzt, dass ihr Leben zu Ende geht. Das Sterben geschieht bewusster und schmerzfreier als je zuvor.

von Heike Faller

Solange man jung ist, streift einen das Thema manchmal bei Arztbesuchen, wenn man für Freitagnachmittag noch einen Termin bei einem Dermatologen bekommen hat, damit man sich nicht das ganze Wochenende um den neuen Leberfleck Sorgen machen muss. Oder wenn während der Arbeit überraschend eine Freundin anruft, die gerade von der Hausärztin kommt, weil sie einen Knoten in der Brust gespürt hat, und der die Hausärztin geraten hat, das untersuchen zu lassen. Am besten noch heute. Die Freundin am Telefon klingt tonlos, als sie fragt, ob man mitkommen könne zur Ultraschalluntersuchung. Man sucht noch die Nummer der Krebshilfe aus dem Internet, denn was wäre eigentlich, wenn? Gibt es einen psychologischen Notfalldienst für Leute mit Krebsdiagnose? Würde sie die Wahrheit überhaupt erfahren, selbst bei einer aussichtslosen Diagnose? Und falls es keine Hoffnung mehr gäbe: Würden ihr die Ärzte sagen, wie lange sie noch zu leben hätte? Und wie lebt man mit so einer Diagnose? Würde man alles besonders «intensiv» wahrnehmen, den letzten Sommer, das letzte Eis, oder wäre man nur noch melancholisch oder depressiv? Gibt es Psychopharmaka, die einem die Angst vorm Sterben nehmen?

Man weiß nicht viel übers Sterben, wenn man jung ist, und den Eltern geht es gut. Es kann sein, dass man als erwachsener Mensch noch nie einen Toten gesehen hat oder dabei war, als jemand seinen letzten Atemzug tat – oder ist es der letzte Herzschlag, der das Ende markiert? Man hält sich an seine statistische deutsche Lebenserwartung, rechnet ab und zu aus, wie viel man davon schon aufgebraucht hat. Lebenserwartung ist ein gutes Wort. Als könnte man tatsächlich erwarten, dass man ein bestimmtes Alter erreicht, als sei das Lebensalter in Deutschland per Verfassung garantiert. 74 Jahre für eine Frau, die 1970 geboren wurde, sechs Jahre weniger für einen Mann. Und dann tritt der Tod ins Leben. Zunächst als Möglichkeit. Knoten in der Brust. Er sollte sich wenig später als harmlose Entzündung herausstellen. Aber während der vierzig Minuten im Wartezimmer wussten wir das noch nicht. Die Frau gegenüber hatte keine Haare mehr. Konnte es sein, dass die Arzthelferinnen besonders lange und mitleidig zu uns herübersahen?

Seit Anfang der achtziger Jahre sterben in Deutschland mehr Menschen an Herz-Kreislauf-Krankheiten als an Krebs, aber Krebs ist noch immer die Krankheit, die am meisten Angst macht. Die häufigste Todesursache, wie sie auf Leichenscheinen angegeben wird, ist die chronische Herzischämie, also eine Unterversorgung des Herzens mit Blut. 95 166 Menschen sind im Jahr 2002 in Deutschland daran gestorben, von 841 686 Toten insgesamt. Man kann nur noch sehr langsam laufen, nicht mehr Treppen steigen, nichts mehr tragen, braucht Hilfe, hat vielleicht starke Herzschmerzen, aber nicht unbedingt. Vielleicht der angenehmste aller möglichen Tode? «Wenn ich wählen könnte», sagt Andreas Kruse, der als Direktor des Instituts für Gerontologie an der Uni Heidelberg Hunderte von Todkranken in langen Gesprächen befragt hat, «ich würde weniger sagen, woran. Sterbeort, soziale Integration, das wären für mich so Kategorien. Einigermaßen selbständig, in die Familie gut integriert, schmerzmedizinisch gut versorgt, zu Hause, das ist eine sehr humane Form des Sterbens.»

Wenn man alle Krebsarten zusammenfasst, dann sind diese für ein Viertel aller Tode in Deutschland verantwortlich, etwa 220 000 im Jahr. Die Frauen sterben vor allem an Brustkrebs, die Männer vor allem an Lungenkrebs. Sie alle saßen irgendwann beim Arzt, oder der

Arzt saß bei ihnen, am Krankenbett. Die Wahrheit wird in kleinen Dosen verabreicht. Die Lehrmeinung heute ist, dass Ärzte bei der Erstdiagnose das einfache deutsche Wort Krebs verwenden sollten. Bösartige Zellen oder Geschwulst oder Tumor reicht nicht. Nichts beschönigen. Nichts verschweigen. Es sei denn, der Patient will es gar nicht wissen. «Patientenzentrierte Aufklärung» heißt das. Nicht alles, was wahr ist, muss gesagt werden, aber alles, was gesagt wird, muss wahr sein. Nach diesem Motto richten sich heute die meisten Ärzte in Deutschland. Eine Brustkrebsdiagnose ist für eine Patientin anfangs eine Katastrophe. Für eine Onkologin auf der Krebsstation eines Krankenhauses gehört das zu den leichteren Aufgaben, es gibt gute Therapien, Heilungschancen, Hoffnung. Ein Arzt erzählt die Geschichte eines Kollegen, der freudestrahlend ans Krankenbett trat und die Nachricht mit folgenden Worten überbrachte: «Wenn ich einen Krebs hätte, würde ich mir den Ihren aussuchen.»

Es ist eine déformation professionelle, die verständlich wird vor dem Hintergrund, dass Onkologen viel schrecklichere Nachrichten überbringen müssen als eine Brustkrebsdiagnose. Für Claudia Binder, Oberärztin der Abteilung Onkologie und Hämatologie an der Uniklinik Göttingen, kommt der schwierigste Moment, wenn sie jemandem sagen muss, dass die Chemotherapien nicht angeschlagen haben und deren Fortsetzung nicht sinnvoll ist. Infaust. Das heißt: ohne Aussicht auf Heilung. Das ist tatsächlich ein Todesurteil. So unangenehm ist ihr ein solches Gespräch, sagt Claudia Binder, dass sie diese Aufgabe manchmal um ein paar Stunden aufschiebt. Dem Kranken die Wahrheit zu sagen galt jahrhundertelang als schädlich und unprofessionell. In Osteuropa und in Südeuropa ist das heute noch verbreitet. Bis in die siebziger Jahre hinein war es in der Bundesrepublik üblich, dass man einem Patienten nicht gesagt hat, was los war. Wenn die Angehörigen darum baten, dann war der Sterbende oft der Einzige, der nicht wusste, dass er sterben würde. Jedenfalls sollte er so tun.

Fallbeispiel. Ein metastasierender Pankreaskrebs, der Patient ist 36, gerade Vater geworden, die letzte Chemotherapie hat keine Wirkung gezeigt. Die Tumore sind weitergewachsen. Ihm gegenüber sitzt Claudia Binder, 48, blond, schlank, blass, und versetzt sich in die Situation, die für sie zu den schlimmsten gehört. Eine Videokamera zeichnet das Gespräch auf, das später ausgewertet werden soll.

«Grüß Gott, wie geht es Ihnen denn heute so?»

«Ich bin sehr müde, habe Brechreiz, mir wurde gesagt, das sei das Morphin, das das macht. Was mich allerdings die ganze Zeit beschäftigt», der schlaksige Mann mit der Metallrandbrille macht eine Pause, als sei ihm sein Anliegen peinlich, «ist, wie lange … wie lange kann ich mit der Krankheit noch leben, oder: Wie lange hab ich noch?»

Die Ärztin spricht jetzt leise und eindringlich und lässt den Blick nicht vom Patienten. «Sie wissen wahrscheinlich, dass das eine sehr schwierige Frage ist, die Sie da stellen. Was haben Sie denn für einen Eindruck gehabt von der Entwicklung Ihrer Erkrankung in den letzten Wochen?»

«Also die Schmerzen waren sehr stark, das ist jetzt besser. Eben die Müdigkeit, ich denke, das kommt vom Morphin. Und ich hoffe, dass ich noch leben … also dass ich noch ein paar Jahre leben kann.»

Die Ärztin, das ist später auf einer Videoaufnahme zu sehen, verzieht für einen Moment gequält den Mund. Die mittlere Überlebensdauer bei dieser Art von Krebs beträgt sieben Monate. Sie sagt das nicht, weil auch erfahrene Ärzte die Lebenserwartung eines einzelnen Kranken nicht gut schätzen können. Je besser Ärzte einen Patienten kennen, so ergab eine Studie, desto länger schätzen sie dessen Lebenszeit ein. Die meisten Ärzte geben überhaupt keine Prognose. Wenn der Patient darauf besteht, wird von Jahren oder Monaten oder Wochen gesprochen – genauere Zahlen zu nennen gilt als unprofessionell.

«Zunächst ist es einmal so, dass … eine genaue Zeit, das kann Ihnen keiner beantworten. Ich bin auch nicht der liebe Gott, ich weiß das auch nicht genau. Wir können nur aus der Charakteristik, wie die Krankheit bisher gelaufen ist, rückschließen, und wir haben uns ja unterhalten vor ein paar Wochen, dass wir das nicht mehr heilen können. Und es waren ja keine Monate, in denen sich das entwickelt hat, weshalb das schon sein kann, dass es auch mal schneller geht, als Sie jetzt glauben. Es passieren immer die unglaublichsten Dinge, aber es kann auch schneller gehen.» (Das ist kein billiger Trost: Es passieren tatsächlich die unglaublichsten Dinge. Nicht oft, aber es kommt vor. Dass ein Patient, dem man nur noch ein paar Wochen zutraute, zwei Jahre später immer noch lebt, bei gutem Befinden. Oder die junge Frau mit dem Lymphknotenkrebs, der trotz Chemotherapie weiterwuchs. An ihrem Geburtstag wurden ihr die Stammzellen ihrer Mutter transplantiert, die Überlebenschance stand bei 1:99. Heute hat sie keinen Krebs mehr.)

Der Patient hat sich nicht auf seinem Stuhl bewegt, sein Gesicht zeigt keine Regung. Ihre deutschen Patienten, sagt Claudia Binder, bleiben selbst in solchen Momenten seltsam ruhig, nur selten kommt es vor, dass jemand schreit oder in Ohnmacht fällt. Meistens sind es die Angehörigen, die weinen.

«Mhm», sagt er. «Und was denken Sie?»

«Da muss ich nochmal fragen, gibt's denn einen bestimmten Grund, weshalb Sie das gerade jetzt wissen wollen?» (Später bei der Auswertung wird aber deutlich werden, worum es der Ärztin in dem Moment geht: Sie will die Zeitvorstellungen des Patienten und ihre eigenen schrittweise in Einklang bringen.)

«Also, mir geht's zwar nicht so gut, aber das Leben, das lieb ich, und ich hab Familie, und ich würde gern auch noch mit diesen Menschen leben können.»

«Also, wie gesagt … Ich kann nur aus dem Verlauf schließen, dass es sein kann, dass es nicht mehr so lange geht, dass es sich um Jahre handelt. Aber genau wissen tun wir das eben nicht. Das Einzige, was ich sagen kann, ist, dass Sie die Zeit nutzen sollten, solange es Ihnen so geht wie jetzt, und das tun, was Sie eben tun möchten, auch mit Ihrer Familie. Und wenn es lange geht, dann ist es schön, und wenn es anders ist, dann müssen wir damit auch irgendwie klarkommen. Was ist denn Ihr Eindruck, haben Sie denn eine Zeitspanne?»

«Zwei bis drei Jahre oder mehr, vielleicht auch weniger.»

«Na ja, nachdem wir schon im letzten Gespräch gesagt haben,

dass wir die Therapie so nicht weitermachen können … das liegt ja noch nicht allzu lange zurück. Und daran sehen Sie auch, dass die Krankheit schon ein rasches Ende haben kann, also das, das kann auch deutlich kürzer …»

«Also Monate?» Darauf hat sie gewartet. Der Patient hat signalisiert, dass er bereit ist, die schreckliche Wahrheit aufzunehmen. «Es kann auch sein, dass es nur um Monate geht, ja.»

Dann steht der junge Mann auf, benommen von dem Rollenspiel. Marc Schläppi wird überleben. Im wirklichen Leben ist er nicht Patient, sondern selbst Arzt. Um seinen Facharzt für Onkologie am Kantonsspital in St. Gallen zu machen, muss er noch ein Kommunikationstraining absolvieren, wie es die Schweizer Krebsliga anbietet. In der Schweiz ist das seit Ende der neunziger Jahre Teil der Ausbildung. In Deutschland gibt es an einigen Unis freiwillige Kurse für Studenten, Claudia Binder bietet selbst einen in Göttingen an. Mit einfühlsamen Gesprächen könne man das Leben vielleicht nicht verlängern, so sagt sie, aber es geht den Patienten dann einfach besser. Sie wissen, was ihnen geschieht. Sie können selbst entscheiden, welche Nebenwirkungen sie auf sich nehmen. Das sind vielleicht die größten Veränderungen im Umgang mit unheilbar Kranken in Deutschland. Lebensqualität statt Lebensverlängerung mit allen Mitteln. Das ist auch eine Kapitulationserklärung vor dem Sterben. Denn es hat eine Zeit gegeben, in der es so aussah, als stünde der Tod kurz vor seiner Abschaffung. In den fünfziger Jahren war das, als technische Fortschritte in der Intensivmedizin Anlass zu den wildesten Hoffnungen gaben.

Eine deutsche Autobahn, im Juni 1957. Die A 3 führt von Frankfurt nach Köln, und in der Nähe der Ausfahrt Köln-Deutz saß in einem Feuerwehrhaus ein junger Gehirnchirurg und wartete darauf, dass etwas passierte. Tagelang hatte Reinhold Frowein nichts zu tun, er schrieb in der Zeit wissenschaftliche Aufsätze. Sobald ein Unfall gemeldet wurde, raste er mit den Feuerwehrleuten zur Unfallstelle. Bei Kreislaufversagen und Atemstörungen zählen Minuten, denn je länger ein menschliches Gehirn ohne Sauerstoff bleibt, desto größer die Wahrscheinlichkeit, dass die Schädigung nicht mehr rückgängig zu machen ist. Der Transport von der Peripherie zur neurochirurgischen Intensivstation der Kölner Universitätsklinik dauerte für die meisten Verletzten zu lange, Rettungswagen gab es zu der Zeit noch nicht. Dass der junge Doktor Frowein und etwa zwanzig Kollegen den Sommer 1957 in Feuerwehrhäusern am Rand der Stadt verbrachten, hängt vor allem mit zwei technischen Entwicklungen zusammen. Der Autoverkehr nahm seit Anfang der fünfziger Jahre zu, nie wieder sollte es in Deutschland so viele Verkehrsopfer wie in den sechziger Jahren geben. Gleichzeitig konnten die Patienten mit Atemstörungen jetzt künstlich beatmet werden, durch eine einfache Röhre wurden sie mit Sauerstoff versorgt. Der letzte Atemzug, der letzte Herzschlag bedeutete nicht mehr den Tod eines Menschen. Klinisch Tote, so heißt es im Ärzte-Jargon, konnten nun wiederbelebt werden, und das war in diesem Sommer die Aufgabe von Reinhold Frowein. Er fuhr zur Unfallstelle, intubierte die Verunglückten, spritzte Kreislaufmittel, legte Infusionen an und brachte sie mit der Feuerwehr ins Krankenhaus. Schwerverletzte überlebten dank der Notfallbehandlung, und auf der Intensivstation explodierte die Zahl der Patienten. Anfang der fünfziger Jahre, so erinnert sich Reinhold Frowein, waren es vielleicht 20, Anfang der sechziger Jahre schon 250 Kopfverletzte, die jedes Jahr eingeliefert wurden. Ob sie wieder zurück ins Leben fanden, hing davon ab, wie lange das Gehirn ohne Sauerstoff geblieben war. Nach spätestens zehn Minuten sind die Hirnzellen irreversibel abgestorben. Solche Patienten konnten nicht mehr selbst atmen, und die Augen hatten sich, wie bei einem Toten, bereits getrübt. Dennoch sahen sie nicht aus wie Leichen: An die Beatmungsgeräte angeschlossen, hob und senkte sich der Brustkorb, das Herz schlug. Die Haut war, wegen der Kreislaufmittel, besser durchblutet als bei manchem Gesunden. Manche bewegten sogar ihre Arme, was durch Rückenmarksreflexe ausgelöst wurde. Trotzdem waren sie tot. Auf den Intensivstationen des Landes lagen nun Menschen, von denen zunächst keiner sagen konnte, ob sie eigentlich dem Leben oder dem

Das Herz zuerst

Die 50 häufigsten Todesursachen 2002 in Deutschland

		Zahl der Toten
1	Chronische ischämische Herzkrankheit	94166
2	Akuter Herzinfarkt	64218
3	Herzinsuffizienz	56955
4	Schlaganfall (nicht als Blutung oder Infarkt bezeichnet)	39433
5	Lungenkrebs	39105
6	Darmkrebs	20363
7	Chronische Lungenerkrankungen	19402
8	Lungenentzündung	18693
9	Brustkrebs	18010
10	Diabetes mellitus	16976
11	Folgen von Bluthochdruck	14436
12	Arteriosklerose	13695
13	Bauchspeicheldrüsenkrebs	12819
14	Magenkrebs	12388
15	Sonstige ungenau oder nicht näher bezeichnete Todesursachen	11803
16	Hirninfarkt	11684
17	Prostatakrebs	11422
18	Alkoholische Leberkrankheit	10907
19	Sonstige Erkrankungen der Gehirngefäße	10805
20	Krebs ohne Angabe der Lokalisation	8747
21	Gehirnblutung	8431
22	Rektumkrebs	7856
23	Vorhofflattern und Vorhofflimmern	7281
24	Lungenembolie	7088
25	Bluthochdruck ohne organische Ursache	6754
26	Herzmuskelschwäche	6435
27	Fibrose und Zirrhose der Leber	6351
28	Erstickung	6107

29	Herzrhythmusstörung	6070
30	Eierstockkrebs	5910
31	Blutvergiftung	5873
32	Leber- und Lebergangkrebs	5705
33	Harnblasenkrebs	5451
34	Altersdiabetes	5231
36	Parkinsonkrankheit	5213
37	Wiederholter Herzinfarkt	5056
38	Nierenkrebs, ausgenommen Nierenbecken	5006
39	Alzheimer-Krankheit	4996
40	Psychische und Verhaltensstörungen durch Alkohol	4778
41	Chronische Niereninsuffizienz	4762
42	Herzstillstand	4705
43	Non Hodgkin-Lymphom	4568
44	Speiseröhrenkrebs	4523
45	Schädel-Hirn-Trauma	4489
46	Gefäßkrankheiten des Darmes	4464
47	Senilität	4430
48	Nichtrheumatische Aortenklappenerkrankungen	4329
49	Folgen einer zerebrovaskulären Krankheit	4202
50	Oberschenkelbruch	3980

Tod zuzurechnen waren. Das sichere Wissen, wann jemand tot ist, galt nicht mehr. «Leichen», sagt Reinhold Frowein, «so viel ist klar: Leichen waren das nicht.»

Er ist jetzt 80 Jahre alt, ein schmächtiger Mann, mit Käppi und Gehstock. Wir treffen uns im Domforum, einer katholischen Begegnungsstätte direkt am Kölner Dom. Hier hat er als Direktor der Neurochirurgischen Klinik oft Vorträge gehalten, in denen es um Leben und Tod ging und um all die komplizierten Fragen, die Ärzte im 20. Jahrhundert von den Pfarrern geerbt hatten.

Ist der Tod des Gehirns gleichbedeutend mit dem Tod des Menschen? Darf man die Behandlung abbrechen? Muss man jemanden so lange «weiterlaufen» lassen, bis nach ein paar Tagen oder Wochen das Herz versagt? Darf man diesen Körpern Organe entnehmen? Wem soll die ärztliche Zuwendung gelten: dem Hirntoten, wie man sie jetzt nannte? Oder sollten die Intensivbetten freigemacht werden für aussichtsreichere Patienten?

1968 legte die Deutsche Gesellschaft für Chirurgie zum ersten Mal einen Kriterienkatalog fest, mit dessen Hilfe der Hirntod diagnostiziert werden konnte. Trafen alle Kriterien zu, konnte die Behandlung abgebrochen werden. 1982 wurde die Diagnose von der Bundesärztekammer so vereinfacht, dass auch kleinere Krankenhäuser ohne größeren technischen Aufwand den Hirntod feststellen konnten. Frowein war damals im wissenschaftlichen Beirat und hat an den Kriterien mitgeschrieben. Bewusstlosigkeit. Ausfall der Hirnstammreflexe. Atemstillstand. Zerebraler Zirkulationsstillstand. Null-Linien-EEG. Es ist nicht besonders kompliziert, den Hirntod zu diagnostizieren. Dennoch ist durch die künstliche Beatmung und Einführung des Hirntodes als Todeskriterium etwas Kompliziertes passiert: Die Grenze zwischen Leben und Tod war nicht mehr so eindeutig. Atmung und Herzschlag als Zeichen des Lebens waren nicht mehr untrennbar miteinander verbunden und konnten ersetzt werden. Menschen konnten nach einem Herzstillstand wiederbelebt werden. Tote sahen nicht immer tot aus. Der letzte Atemzug markierte nicht mehr zwangsläufig das Ende. Das Herz konnte nach dem Tod weiterschlagen. Als letzte Instanz galt von nun an das Gehirn. Die Seele – oder was immer es ist, das den Menschen ausmacht – verließ den Körper nicht mehr mit dem letzten Atem. Sie wurde fortan im Gehirn verortet. «Es gab auch Chirurgen, die nicht damit einverstanden waren, dass der Hirntod der Tod des Menschen sein sollte», sagt Frowein. «Der Hirntod ist im Grunde unbegreiflich. Jemand ist warm, hat einen Puls, der Brustkorb bewegt sich, das Rückenmark leitet noch Reflexe, und trotzdem sagen wir: Er ist tot.» Die Behandlung konnte eingestellt werden. Auf den Intensivstationen entstand eine neue Art des Sterbens, vor der sich die Deutschen bald fürchteten.

Im Laufe des 20. Jahrhunderts ist das Sterben immer mehr in die Hospitäler verlegt worden. 1953 starben in Deutschland 37,4 Prozent aller Menschen in Krankenhäusern, 1980 waren es 55,3 Prozent. Damit war der Scheitelpunkt erreicht. Seither ist die Zahl auf etwa 48 Prozent zurückgegangen. Das hat demographische Gründe, aber ist auch das Ergebnis einer Debatte um Apparatemedizin und Lebensverlängerung und Sterbehilfe. Dass der Tod in unserer modernen Gesellschaft verdrängt werde, das ist eine Binsenweisheit, die man auch anders sehen kann. Man saß vielleicht noch nicht an einem Sterbebett. Aber es gibt eine ziemlich genaue Vorstellung davon, wie ein guter Tod aussieht, wenn man ihn schon nicht heilen kann. Aufgeklärt. Ohne Schmerzen. Keine Lebensverlängerung mit allen Mitteln. Bei möglichst klarem Bewusstsein. Die letzte Lebensphase als Chance, das eigene Leben zu reflektieren und im Angesicht seines Endes besser zu verstehen. Beziehungen zu klären, sich auszusprechen. Ganz am Ende, das sagen Sterbebegleiter, ist nicht die Krankheit entscheidend dafür, wann einer stirbt. In den letzten Tagen sind es die psychischen Kräfte, die jemanden am Leben halten. Wenn es noch etwas zu erledigen gibt. Ein Telefongespräch mit dem zerstrittenen Bruder. Zum ersten Mal von den Kriegserlebnissen erzählen. Ein letzter Besuch in der Lieblingseisdiele. Noch einmal die Wohnung verlassen. Das Auto verkaufen. Danach geht es meistens ganz schnell, sagen Palliativärzte, die auf die Betreuung Sterbender spezialisiert sind.

Palliativ ist ein schönes Wort. Hell und klar steht es, wenn einer Glück hat, am Ende einer unheilbaren Krankheit. Und verspricht Linderung, wenn Heilung nicht mehr möglich ist. Wenn Journalisten bei Home Care, einem palliativmedizinischen Dienst in Berlin, anrufen, dann werden sie gern an Achim Rieger verwiesen. Er ist Hausarzt, spezialisiert auf Schmerztherapie und die Betreuung Sterbender zu Hause. Er hat schon oft Reporter bei seiner Tour durch die Stadt mitgenommen, über Home Care sind in den letzten Jahren 13 große Reportagen erschienen. Die häusliche Betreuung schwerstkranker Patienten ist eine Revolution des Sterbens in Deutschland, wie sie zuletzt in den fünfziger Jahren stattfand, als Intensivmediziner das

Leben in vitale Funktionen aufteilten und diese apparativ ersetzten. Auch die Palliativmedizin bricht mit einem Tabu, weil sie dem Tod ins Auge blickt, den Anspruch auf Heilung aufgibt und den Patienten über seinen Zustand aufklärt. Das größte Versprechen, das Achim Rieger seinen Patienten machen kann, ist, dass sie am Ende ihres Lebens möglichst wenig Schmerzen haben werden. Im Kofferraum hat er eine Plastikkiste mit Schmerzmedikamenten. Morphium wird heute schnell verschrieben, der Verbrauch in Deutschland ist mehr als 20-mal so hoch wie 1985.18 Kilo auf eine Million Einwohner. Heute gehört Morphium zu einer ausgefeilten Schmerztherapie, lange Zeit war es das letzte Mittel. Wenn das Fläschchen auf dem Nachtkästchen stand, wussten die Leute, was es geschlagen hatte. Eine Palliativkrankenschwester aus dem Tessin erzählt, dass dort die Morphiumfläschchen mit dem verfänglichen Etikett «Gocce Bianchi» aus der Apotheke kämen, «Weiße Tropfen». Obwohl es die Schmerzen am wirkungsvollsten bekämpft und kaum Nebenwirkungen hat, muss Achim Rieger viele Patienten davon überzeugen, Morphium einzunehmen. Viele denken, dass es dann sofort zu Ende geht. Sogar ein Wort gibt es dafür: Morphinmythos.

Achim Rieger nimmt einen dünnen Manilafolder mit der Patientenakte aus dem Kofferraum und lehnt sich gegen die große Tür eines Charlottenburger Altbaus. Er ist ein großer Mann, 37, Jeans, Windjacke, kraftvoll. Er hechtet die Treppen hoch, als gäbe es oben ein Neugeborenes zu bestaunen.

Er klingelt.

Es dauert ein bisschen.

Die Patientin öffnet die Tür selbst. Sie ist dünn und schmal und hat keine Haare mehr. Er umarmt sie. Sie hat Metastasen im Bauch, und sie erbricht sich, wann immer sie etwas essen möchte. Aber sie strahlt, und ihre Augen sind groß und voller Energie.

Es gibt eine Studie, die behauptet, dass Krebspatienten ihre Lebensqualität etwas höher einschätzen als Gesunde. Das liegt an einem Phänomen, das Psychologen Reframing nennen. Den meisten unheilbar Kranken gelingt es, sich den neuen Bedingungen anzupassen, einen neuen Maßstab für Glück zu finden. Nur wenige der etwa vierhundert Sterbenden, die Achim Rieger in den letzten sieben Jahren betreut hat, bekamen Antidepressiva. Nur das Beruhigungsmittel Tavor verschreibt er fast allen, es hilft gegen die Angstzustände, die meistens nachts kommen.

Im Zimmer der Patientin ist es bunt wie in einem Kinderzimmer. Von ihrem Mann hat sie sich vor Jahren getrennt, nun ist der Sohn wieder in die Altbauwohnung eingezogen, ausgerechnet der Sohn, zu dem sie von allen Kindern das schwierigste Verhältnis hatte. Mit ihrem streng protestantischen Bruder, der ihre spirituellen Anwandlungen immer belächelt hat, hat sie sich ausgesprochen. Von allen Seiten schauen bunte Blumenköpfe auf sie herunter, Freundinnen haben sie gebracht. Sie ist umgeben von Steinen und Aquarellen und Büchern über Spiritualität. Sie hat eine Atemtherapie angefangen, in der Hoffnung, sich in den Tod hineinatmen zu können.

«Ich hab noch nie so intensiv gelebt wie im Moment», sagt sie. «Es passiert so viel, jeden Tag. Ich würde so gern noch einmal in die Mongolei. Mein Sohn war schon dort, er sagt, die Frauen dort sehen aus wie ich.» Fast alle seine Patienten, wird Achim Rieger später im Treppenhaus sagen, schätzen die Zeit, die ihnen bleibt, zu lange ein, ungefähr dreimal länger als die, die ihnen bleibt.

«Vielleicht kann ich das ja nochmal machen? Vielleicht sterb ich ja auch.»

Denke jeden Tag einmal an den Tod, diese Maxime hat Achim Rieger von einem Patienten übernommen, der sich mit Buddhismus beschäftigt hat. Es mache einen achtsamer, sagt er und deutet in den Berliner Himmel, es ist März, nicht kalt, nicht warm. Wie schön so ein Regentag sein könne.

Palliativpfleger vergleichen das Sterben oft mit einer Geburt. Das Ende ist wie der Anfang, bei jedem anders, wie schwer oder leicht ist nicht vorherzusehen. In den letzten Stunden rufen viele wieder nach ihrer Mutter. Nur wenige müssen in Deutschland weinend oder schreiend sterben, weil mit einer guten Schmerztherapie fast alle

Schmerzen zu bekämpfen sind. Manche entschlafen sanft. Viele werden kurz vor ihrem Tod noch ganz unruhig, setzen sich auf, wollen aus dem Bett, um der Situation zu entgehen oder um Boden unter den Füßen zu spüren. Die meisten sind zu kraftlos, um ihre Augen offen zu halten, aber es kommt auch vor, dass einer sehenden Auges stirbt. Dormicum oder Valium sind starke Beruhigungsmittel, die oft bei Angst und Unruhe verabreicht werden. Diese Terminale Sedierung ist umstritten, sie kann das Leben verkürzen oder die letzten bewussten Momente rauben. Ohne begleitende Schmerztherapie könnte es sein, dass ein Kranker nur ruhig gestellt wird, aber dennoch Schmerzen hat. Ein Arzt, der selbst solche Beruhigungsmittel bekam, berichtete von entsetzlichen Albträumen und schwor, sie niemals mehr einem Patienten zu verabreichen. Viele hören in den letzten Tagen auf zu essen und zu trinken. Wenn in den letzten Stunden das Herz sehr schwach wird und der Blutdruck immer weiter sinkt, werden oft die Arme und Beine kalt, und die Haut erscheint blass und marmoriert. Das allerletzte Zeichen ist oft ein lautes, rasselndes Atmen, was wahrscheinlich mit einem Ausfallen des Schluckreflexes zusammenhängt. Todesrasseln: So heißt dieses Geräusch im Branchenjargon, in Krankenhäusern ist es gefürchtet, weil es anderen Patienten Angst macht. Es ist auch ein Grund, weshalb Sterbende in Einzelzimmer gebracht werden und früher auch in Wäschekammern oder Badezimmer. Irgendwann wird meist die Atmung unregelmäßig. Die Pausen werden länger, und dann setzt die Atmung ganz aus. Und dann kommt nach einer Minute vielleicht noch ein letzter Atemzug, und dann ist es vorbei.

Wirklich vorbei?

48,2 Prozent aller erwachsenen Westdeutschen und 19,9 Prozent aller Ostdeutschen glauben an ein Leben nach dem Tod.

29

Wie man in Deutschland begraben wird

Bisher scheiterten Sonderwünsche an der Bürokratie. Jetzt ist das Bestattungswesen im Umbruch. Die letzte Reise führt ins All, in die Natur oder in die gute Stube.

von Urs Willmann

Die Autoren des ersten Buchs Mose betrachteten die Endlichkeit des Lebens sachlich: «Denn Erde bist du, und zur Erde sollst du zurück.» Wie das Geborenwerden, so hatten die biblischen Poeten treffend bemerkt, gehört zum Kreislauf des Lebens der Zerfall. Aus Herbstlaub wird Futter fürs neue Grün. Aus Tier wird Aas; es nährt junges Getier. Auch die Überreste eines Menschen stehen bald wieder zur Verfügung. So ist der irdische Alltag.

Die Leiche

Die Frau in der metallenen Bergungswanne, deren kalten Körper der Bestatter Heiner Dornberger gleich bearbeiten wird und die er zwecks Wahrung ihrer Anonymität Frau Kocher nennt, hat ihren letzten Atemhauch vergangene Nacht um halb zwei getan, in ihrem 87. Lebensjahr. In jenem Moment begann mit dem Abbruch der Sauerstoffzufuhr in ihrem Körper die Zersetzung. Bei diesem Prozess kommt es bald zur Gärung. Enzyme, im Lebenden für den Stoffwechsel zuständig, machen sich daran, die Zellstrukturen des einstigen Arbeitgebers aufzulösen. Über Eingeweide und Blutbahnen verteilen sich im Körper Bakterien, deren Aufgabenbereich sich früher auf das Gedärm beschränkt hat. Nun fangen sie an, die Innereien in Kohlendioxid, Wasser, Methan, Alkohol und organische Säuren umzuwandeln.

Ließe man das Treiben der Keime ungehindert geschehen, blähten bald Gase die Innenräume, träte verflüssigtes Körpergewebe aus. Doch dem mikrobiellen Leben nach dem Tod wird aus Gründen der Kultur vorerst Einhalt geboten. Um also ein wenig Zeit zu schaffen für das, was wir Bestattungskultur nennen. Denn von einem Verstorbenen wünschen Hinterbliebene in Ruhe Abschied zu nehmen. Nun wissen wir, dass biologische Prozesse temperaturabhängig sind; Kälte mäßigt die Gier der Mikroben, die sich an uns gütlich tun. Und so ist Frau Kocher nach ihrem Ableben von der Nachtschwester sofort in den Kühlraum geschoben worden. Drei Grad ist die Luft dort kalt.

Wenn der Tod sich in Deutschland einen Menschen holt – er tut dies seit 1972 häufiger, als ein Kind das Licht der Welt erblickt, 840 000-mal im Jahr –, resultiert daraus ein Auftrag für eine der krisenfestesten Branchen überhaupt. 13 Milliarden Euro Gesamtumsatz werden im Friedhofs- und Bestattungsgewerbe jährlich erwirtschaftet. Das Gros fällt zu fast gleichen Teilen auf Bestatter (18 Prozent), Gärtner (17 Prozent), Steinmetze und Friedhofsverwaltungen (je 16 Prozent). Die Prognosen sind rosig. «Gestorben wird immer, hat meine Oma gesagt, als sie von meiner Berufswahl erfuhr», begründet zum Beispiel Verena Himler ihren Einstieg ins Geschäft. Die junge optimistische Frau ist Azubi der ersten Stunde. Seit dem 1. September 2003 lernt sie Bestatten, was erst seit August 2003 ein offizieller Ausbildungsberuf ist.

Das Geschäft mit dem Tod, eines der ältesten Gewerbe, will damit auf Zukunft pochen und der anstehenden Diversifizierung gewachsen sein. Denn Wandlungen bahnen sich an. Zwar tritt uns die Zunft derer, die uns unter den Boden bringen, noch meist einförmig und grau entgegen. In düsteren Schaufenstern werben staubige Urnen vor blickewehrenden Vorhängen für Qualität bei letzten Dingen. Doch bunte Särge, hell erleuchtet präsentiert, in Magazinen ausgeschriebene Trauerseminare und die öffentlich erklärte Bereitschaft, beim Umschummeln bestehender Bestattungsgesetze behilflich zu sein, sind Zeichen dafür, dass die Totengräberzunft zum Strukturwandel bläst. «Die Dynamik ist so groß wie nie», sagt der an der Universität Hamburg lehrende Sozial- und Kulturhistoriker Norbert Fischer. Der klassische Friedhof werde bald nur noch einer von vielen Orten sein, an denen Menschen bestattet werden.

Es scheint, als habe der Zeitgeist den Tod neu beseelt. Nachdem der reale Tod (im Gegensatz zum medialen) jahrzehntelang aus der Öffentlichkeit verbannt worden ist, sind nun viele Hinterbliebene nicht mehr bereit, das Entsorgen ihrer Liebsten einer anonymen Industrie zu überlassen. Zwar wird bei den Erdbestattungen, die heute noch einen Anteil von 58 Prozent ausmachen, der traditionelle Friedhofsplatz schon aus hygienischen Gründen Pflicht bleiben. Aber auch die strengen Friedhofsbräuche beginnen sich zu lockern. So können Muslime sich auf dem Hamburger Friedhof Öjendorf glaubenskonform ohne Sarg bestatten lassen. Aus kirchlicher und staatlicher Obrigkeit entlassen, arbeiten viele Friedhöfe heute marktkonform und bieten multikulturellen Service an, bis hin zur rituellen Waschung. In den Friedhofskapellen treten vielerorts religionsneutrale, hauptberufliche Abdankungsredner auf, es ertönen Rockmusikklänge, und die Esoterik feiert fröhliche Urständ.

«Man pocht auf Umsetzung individueller Wünsche», sagt Friedhofsforscher Fischer. Mehrere Bundesländer modernisieren derzeit ihre Richtlinien. Nordrhein-Westfalen und das Saarland haben neue Friedhofsordnungen erlassen, Schleswig-Holstein und Thüringen diskutieren Entwürfe, die neue Formen der Beisetzung ermöglichen sollen. Die Bestatter ihrerseits versuchen, innovativer, besser und ehrlicher als ihr Ruf zu sein.

Heute Morgen um zehn nach sechs ist aus Frau Kochers sterblichen Überresten ein Auftrag für Heiner Dornberger geworden. Das Handy weckte den Mitinhaber des Bestattungsunternehmens Weiße Lilie im thüringischen Blankenhain. Am Apparat die Tochter, die den Verlust ihrer Mutter meldete. Nun sorgen Dornberger und seine Geschäftspartnerin Sigrun Heimbürge (die im nahen Apolda die zweite Filiale führt) dafür, dass Frau Kochers letzter Weg würdig ist. Die beiden erledigen an diesen vier Tagen zwischen Tod und Beisetzung alles, was mit der Leiche zu tun hat. Sie informieren Behörden und Rentenversicherung, besorgen Toten- und Erbscheine, schicken die Chipkarte an die Krankenkasse zurück, löschen Konten.

Zu Zeiten der DDR sei das nicht anders gewesen als im Westen, sagt Dornberger. Die Bestatter aus Weimar seien angerückt, hätten den Leichnam mit dem Standardspruch «Behalten Sie den Toten in Erinnerung, wie er war» schnell weggepackt. Und da war er schon zu, der Sarg, für immer. Auch heute noch geht den meisten Bestattern dieser Satz leicht von den Lippen, weil es die Arbeit an der Leiche auf ein Minimum beschränkt: Keiner sieht, ob der Totengräber dem Großvater die Kleider angezogen hat (oder ob sie als Knäuel zwischen den nackten Beinen liegen). Und keiner kriegt mit, ob die Leiche noch immer ins Nichts starrt, weiter den Mund aufgerissen hat oder ungewaschen und blutverschmiert ins Jenseits geht.

Heute machen die beiden Bestatter die Überreste für den Abschied der Angehörigen am offenen Sarg fertig. Denn Psychiater, Geistliche, Trauerspezialisten und Ärzte raten, Angehörigen den Blick auf die sterbliche Hülle zu ermöglichen, weil dies die anschließende Trauerarbeit erleichtere. «Bei einem Verlust durch Tod ist die Aktivierung aller Wahrnehmungssinne erforderlich, um zuallererst die Situation erfassen und begreifen zu können», sagt Hans-Harald Stokkelaar vom Verband Dienstleistender Thanatologen (VDT).

Dank seiner Ausbildung zum Thanatologen kann Dornberger hier einen ausgefeilten Service bieten. Er versteht es, von Krankheiten entstellte Tote oder Unfall- und Verbrechensopfer so herzurichten, dass sie dem letzten Blick von Angehörigen in den Tagen der Trauer standhalten. Diese Arbeit ist nicht für die Ewigkeit gedacht – schon gar nicht bei den 42 Prozent der Verstorbenen, die in Deutschland kremiert und in der Urne beigesetzt werden. Vor wenigen Monaten erst war Dornberger in Weiterbildung, übte im Workshop die Wiederherstellung an einem Gipsmodell mit Einschusskrater an der Schläfe. Beim Überschminken von Obduktionsnähten oder Ersetzen von abgerissenen Augenbrauen und fehlenden Nasen ist Fingerfertigkeit gefragt. Und Improvisationskunst. So hilft der grobe Pinsel aus dem Baumarkt, um auf restaurierte Flächen die Poren zurückzubringen. Auch bei Kosmetika greift Dornberger nicht zu handelsüblichen Hilfsmitteln. Was auf warmer Haut einen frischen Teint beschert, taugt nicht für kalte Oberflächen. Spezialisten für Leichenschminke sind die US-Firma Dodge oder das Berliner Traditionsunternehmen Leichner.

Der Thüringer hat seine Firma Weiße Lilie genannt, weil das alteingesessene Konkurrenzunternehmen Schwarze Rose heißt. Die Unternehmensfarbe ist Blau. Leuchtend blau ist der Hintergrund der Visitenkarte mit der Auflistung, was zum Trauergespräch bereitzuhalten ist. Blau lackiert ist das Himmelstaxi, ein fürs Bestatten produziertes Spezialmodell mit Leichensaft-Auffangbecken von Mercedes. Kurz nach acht ist Dornberger damit am Hinterausgang der Klinik vorgefahren. Er hat die Fracht zur Zwischenlagerung in den Kühlraum des Friedhofs von Rudolstadt transportiert. Dort hat sich seine kleine Firma eingemietet. Der Kühlraum ist ihr Arbeitsplatz. Jetzt liegt die Tote in der Wanne auf einem automatischen Hebewagen, und Dornberger bemängelt die «unsachgemäße Lagerung» in der Klinik. Leichenflecken haben den Kopf auf der linken Seite blauviolett verfärbt. Die Gesichtsgrübchen sind nach Erschlaffen der Muskulatur eingefallen, die Arme leicht angehoben, die Hände greifen ins Leere. Der Mund und die Augen der Leiche sind offen. «Gar nichts haben die gemacht, gar nichts.» Nur ältere Krankenschwestern würden heute noch den Kiefer nach oben binden, die Augen schließen. Bei Frau Kocher jedoch wurde keine Zeit verloren. Das Becken der Toten ist ins Spitallaken eingewickelt, die nackte Brust hat Dornberger mit Haushaltspapier zugedeckt. «Auch nach dem Tod», sagt er, «hat der Mensch ein Anrecht auf die Wahrung seiner Intimsphäre.» Er bindet die Schürze um, er streift die Gummihandschuhe über. Die Leichenwäsche besorgt er mit der Sprühpistole. Der Nebel aus Desinfektionsmittel – eine mit Duftstoffen versetzte Mischung gegen Hepatitis A, Hepatitis B und HIV – legt sich über Frau Kochers sterbliche Überreste. Dann geht's ruck, zuck. Dornberger greift zu einer starken Nadel und fädelt einen Kunststofffaden am Unterkiefer ein, zieht ihn vor den Zähnen hinauf, durchsticht die dünnste Stelle der Nasenscheidewand und verknotet den Faden, als die Zahnreihen aufeinander liegen. Was tun mit dem Frauenbart? Er lässt die Stoppeln im Gesicht. «Du darfst keinen neuen Menschen aus ihr machen.»

Männliche Leichen aber müssen fast immer rasiert werden. Nicht etwa weil die Stoppeln gemäß Legende nach dem Tod weiterwachsen, sondern weil sich die eintrocknende Haut zurückzieht. «Da darfst du nie trocken rasieren», warnt Dornberger. Denn ohne Massagecreme wird die verwesende Haut schon mal richtiggehend «abgeraspelt». Das sehe dann «gar nicht gut aus», sagt Dornberger. Auch beim Schminken ist Vorsicht angebracht. Löst sich bereits die Epidermis ab, greift der Spezialist besser zu Produkten, die sich mit der Sprühdose auftragen lassen.

Nächstes Problem: die Leichenflecken, hervorgerufen durch die im Körper «nach unten gesackten» Blutkörperchen. Sigrun Heimbürge holt eine Dose Kalon, Massagecreme für Leichen, aus dem Schrank und trägt nur eine dünne Schicht auf. «Nicht dass es heißt: Das ist ja nicht die Oma.» Auch gegen eingefallene Augen gibt es einen Kniff. Dornberger kramt in seiner Werkzeugkiste, wühlt zwischen Schraubenziehern, Klebeband, Wimperntusche und Nagelknipser und zieht Augenklappen aus Plastik hervor. Sie sehen aus wie übergroße Kontaktlinsen und werden als Stütze unter die Lider geschoben. Dornberger erklärt das Wirkungsprinzip der Augen-Pushups, indem er mit dem Finger über die winzigen, aus den Linsen abstehenden Häkchen fährt: «Daran können sich die Lider festhaken.»

Schließlich macht er sich daran, die Körperöffnungen zu schließen. Mit einer Pinzette stopft er Watte in den Rachenraum, «bis ich Widerstand spüre». Er greift in die Wattetüte, zieht eine Hand voll raus: «Etwa so viel geht rein.» Die Genitalien deckt er mit einer «Formvorlage» ab. Etwas gründlicher muss er vorgehen, wenn eine Leiche über lange Zeit aufbewahrt werden soll; dann verstopft er auch Scheide und After mit ein paar Hand voll Watte. Einen Penis verschließt er, indem er an der Vorhaut zieht und diese fest verschnürt. Anschließend schickt er solche Fälle zum Modern Embalming, einer Arbeit, die er vom Spezialisten ausführen lässt.

Das Verfahren ist nicht dazu da, Verwesung zu verhindern, sondern sie lediglich aufzuschieben. Die balsamierten Leichen, deren Körperflüssigkeit durch Formalin ersetzt wird, können ohne Kühlung aufgebahrt werden. Der Thanatologenverband empfiehlt die Methode, wenn ein Leichnam ins Ausland überführt werden muss und womöglich unter extremen Bedingungen wochenlang liegen bleibt, bis alle Verwandten angereist sind. «Drei Wochen sind kein Problem, auch sechs Wochen kriegen wir hin», sagt der Hagenower Ausbilder Helmut Kohlmann.

Dornberger und Heimbürge machen sich nun an den Armen und jedem einzelnen Finger zu schaffen, biegen die Gelenke, damit die Leichenstarre sich löst und die Gliedmaßen anliegend am Körper arrangiert werden können. Die Nägel werden geschnitten, die Leichenflecken massiert und mit Creme eingerieben. Tatsächlich ist eine leichte Aufhellung festzustellen. «Ich habe die roten Blutkörperchen weggedrückt», erklärt Dornberger. Dann wird die Tote angezogen. Die Angehörigen haben eine Tüte mit Kleidern mitgebracht, Unterhose, Strümpfe, ein dezentes, blumiges Kleid und das dunkelgrüne Lieblingsstrickjäckchen der Verstorbenen. Schließlich kümmert sich Sigrun Heimbürge noch um die Frisur. «Die vielen Locken, die sie auf dem Foto hat, kriege ich wahrscheinlich nicht mehr hin», sagt sie und greift zum Lockenstab.

Dann verschraubt Dornberger den Sarg aus Kiefernholz, ein Billigmodell aus Tschechien, das im Ankauf weniger als 200 Euro kostet. «Mit dem Sarg machst du die größte Rendite», sagt er so nüchtern, dass man ihm auch den folgenden Satz glaubt: «Ich will auch reich werden, aber nicht um jeden Preis.»

Er weiß natürlich, wie jeder Bestatter, um das schlechte Image seiner Zunft. Das hat ihn vorsichtig gemacht. «Geht eine einzige Geste daneben, ist viel kaputt.» Das Wichtigste sei daher: die Ruhe. Keine Hektik. Denn das Schlimmste sind Pannen. Als GAU gilt in der Szene ein Vorkommnis, das jeder aus Klamaukfilmen kennt: Die Leiche fällt aus dem Sarg. Sogar das ist Dornberger schon einmal passiert – «aber zum Glück erst nach der Abschiedsfeier im Kühlraum».

Jetzt fehlt nur noch etwas Glanz. Sigrun Heimbürge sprüht den Sarg mit Möbelpolitur ein und reibt mit dem Lappen nach. Endlich sind die beiden Bestatter zufrieden. Frau Kocher verschwindet im Kältefach. Der Nächste ist dran.

Die Urne

Der Unruhestifter heißt Bernd Bruns. Er hockt Tag für Tag in seiner Wohnung und dort in einem Raum, dessen finsteres Ambiente nur selten ein Sonnenstrahl stört. Am Bildschirm verrichtet der 58-Jährige einen seiner beiden Jobs: Er schaut sich Aufnahmen der Videokameras aus einer Tiefgarage an, die er im Auftrag des Betreibers rund um die Uhr überwacht – im Schichtwechsel mit seiner Frau. Das wesentliche Arbeitsgerät für seinen zweiten Job ist das Telefon. Bruns betreibt einen Handwerker-Notrufdienst; ebenfalls rund um die Uhr vermittelt er Soforthilfe bei Wasserrohrbruch oder Schlüsselverlust. Auch sein Hobby betreibt er von hier aus: das Internet-Portal postmortal.de. Und im Übrigen weiß Bruns genau, wo es ihn einmal hin verschlägt: «Dort hinein.» Er dirigiert seinen nikotingelben Zeigefinger in Richtung eines mattschimmernden Klotzes im Bücherregal. «7,5 Kilogramm Bronze, meine Urne.»

Noch steht auf dem metallenen, einem mittelalterlichen Handschriftenwälzer nachempfundenen Aschebehälter der Name Dr. Moritz Mustermann. Doch irgendwann wird Bruns in Ascheform seine Ruhe darin finden. Oder seine Frau. «Aber ich werde bestimmt der Erste sein», sagt er und bröselt ein Häufchen Tabak in die Zigarettenmaschine. Seine Tagesration von mindestens sechzig Selbstgedrehten gibt ihm diese Gewissheit. Und Bruns wird dafür sorgen, dass die Urne stehen bleibt, wo sie ist. Auch mit ihm als Inhalt. Schließlich ist er der Deutsche, der am vehementesten für die Abschaffung des Friedhofszwangs für Urnen kämpft. Denn «das hygienische Problem, das ein Tod mit sich bringt», ist spätestens dann gelöst, wenn ein Körper Asche geworden ist. Dann rechtfertige «kein einziger Grund mehr das Regelungsbedürfnis des Staates».

Bruns, der Antifaschist, Pazifist, ehemalige Bundestagskandidat der Grünen, verbiss sich ins Thema, als er herausfand, wer seinerseits das irrige Feuerbestattungsgesetz unterschrieben hatte: «Der Adolf persönlich.» In diesem Moment wusste er: Der Zwang muss weg. 1998 verklagte er das Land NRW und verlangte, dass seine Asche dereinst auch in einem Wohnzimmer zur Ruhe gestellt werden könne. Er berief sich auf den Freizügigkeitsgrundsatz des Grundgesetzes – und scheiterte mit der Klage im Jahr 2000.

Aber in der Zwischenzeit war er nicht untätig geblieben. Als Aschekurier hatte er die Urnen deutscher Verstorbener aus niederländischen Krematorien anonymisiert (die Plakette abmontiert, das nummerierte Keramiktäfelchen herausgeklaubt) oder umgefüllt und nach Deutschland zurückgeschafft. Bruns zeigte sich selber an. Die Staatsanwaltschaft wertete sein Treiben als «verbotswidrig, aber nicht strafbar». Dass im vergangenen Jahr NRW sich Deutschlands liberalstes Friedhofsgesetz gegeben hat – es erlaubt immerhin das Ausbringen der Asche auf friedhofseigenen Streuwiesen, bleibt aber beim Friedhofszwang für Urnen –, ist zu einem großen Teil das Werk von Bruns. Und auch: dass der Umweg über die Niederlande heute ein Standardverfahren geworden ist. Schließlich war es Bruns, der auf postmortal.de den Leitfaden veröffentlicht hat, wie das deutsche Recht umgangen werden kann. Er empfiehlt den Umweg über das niederländische Krematorium Slangenburg oder den Versand der Ascheurne in die helvetische «Oase der Ewigkeit». Gern schicken die Eidgenossen gegen die Gebühr von etwas mehr als 300 Euro die Urne umgehend an die trauernden Verwandten zurück – auf neutralem Postweg.

8000 bis 10 000 Deutsche, so schätzt Bruns, haben ihre Asche nicht mehr auf deutschen Friedhöfen. Darunter sind auch die sechzig ihm bekannten Fälle, in denen in Nacht-und-Nebel-Aktionen «die Söhne der Mutter die Urne des Vaters vom Friedhof geholt haben». Oder jene, die in Frankreich mit dem Ballon aufgestiegen sind und noch vor dem Ascheverstreuen «aus Versehen» vom Wind über die deutsche Grenze getragen worden sind. Bruns ermutigt die Leute gern zum Ungehorsam. Entsprechende Anfragen erhält er in Hülle und Fülle.

Mit seinem Friedhofszwang für Urnen steht Deutschland in Europa nicht ganz allein da. In Griechenland, wo Feuerbestattung nicht zulässig ist, muss die Urne eines im Ausland eingeäscherten Staatsbürgers zwingend auf dem Friedhof beigesetzt werden. In den Niederlanden dagegen darf die Asche überall, in Frankreich und Finnland überall außer auf öffentlichen Wegen und in der Schweiz sinnigerweise überall außer auf Friedhöfen verstreut werden.

Die Regulierungswut in Bestattungsdingen hierzulande überrascht den Kulturhistoriker Fischer nicht. «Die Bürokratisierung hat in Deutschland eine unrühmliche Tradition», sagt er. Hier hat sich der Umgang mit den Toten, stellte er in seiner Dissertation 1996 fest, zu einer Angelegenheit für Mediziner, Techniker und Friedhofsverwalter entwickelt: «Der Tod scheint aller Zeremonien entkleidet worden zu sein. Aus einem einst rätselhaften, viel gedeuteten Mythos ist ein praktisches, delegierbares Problem geworden, zu dessen Bewältigung ein breit gefächertes Dienstleistungsangebot bereitsteht.» Die Vorschriften, die noch heute vielerorts exakte Grabsteingrößen vorschreiben oder polierten Granit verbieten (Trauernde könnte das eigene Spiegelbild auf dem Gedenkstein irritieren), sind das Resultat historischer Entwicklungen. Im 18. Jahrhundert wurde, sagt Fischer, eine «spezifisch bürgerlich-aufgeklärte Form der Rationalität» auch im Umgang mit den Toten durchgesetzt. Als Ausdruck der Effizienzsteigerung wandelten sich die Gottesäcker in geometrische Friedhöfe vor den Stadttoren. Um 1920 begann dann die Zeit des funktionalen Reformfriedhofs. «Und mit der Reformbewegung gingen diktatorische Tendenzen einher, die von den Nazis dankbar aufgenommen wurden», sagt Fischer. 1937 entstand die reichsweite Friedhofsmuster-Ordnung. Es bedurfte der Postmoderne mit ihren Individualisierungstendenzen, glaubt Fischer, damit der Deutsche davon wieder loskommen konnte. Nun sieht er allerorten Bewegung.

Die Branche reagiert auf die Nachfrage. See- und Luftbestattungen (im Ballon über Frankreich) gehören heute zum Angebot vieler Bestatter. Die gut sortierten bieten auch an, sterbliche Überreste zu einem Diamanten pressen und schleifen zu lassen. Wer will, kann einen Krümel seiner Totenasche mit dem Bestattungssatelliten Celestis in der Erdumlaufbahn deponieren (Earthview Service, 13 000 Euro), auf den Mond schießen (Lunar Service, 25 000 Euro, längere Wartezeit) oder auf eine ausgedehnte Tour zu den Sternen (Voyager Service, 25 000 Euro, längere Wartezeit) mitnehmen lassen.

Die deutlicheren Spuren der Veränderungen hinterlassen im Bestattungsalltag allerdings weniger die exotischen, schlagzeilenträchtigen Verfahren als vielmehr die Vielzahl neuer Grabanlagen, auf denen man Grabsteine vergebens sucht. 1999 wurde der erste Friedwald in der Schweiz gegründet; knorrige Hundertjährige statt toter Granit bewachen dort den Schlaf des Verschiedenen, dessen Aschenurne die Angehörigen höchstpersönlich ins Wurzelwerk gebettet haben. Heute betreibt die FriedWald GmbH im südlichen Nachbarland vierzig und in Deutschland immerhin auch schon fünf Betriebe: den Reinhardswald bei Kassel, den Odenwald bei Michelstadt, den Friedwald Hümmel in der Eifel, das Waldstück Bramsche im Teutoburger Wald sowie ein Areal bei Bad Laasphe im rheinhessischen Schiefergebirge.

Bald kommt noch der Urwald Saarbrücken hinzu. Dann können sich auch dort Lebende den Stamm für die Zukunft im Jenseits aussuchen. «Es gefällt mir, auf diese Weise in den Himmel zu wachsen», sagt Barbara M., die sich gemeinsam mit ihrem Mann für eine hoch gewachsene Buche in der Eifel entschieden hat. In Urnen aus schnell verrottbarer Maisstärke werden sie sich in der Erde am Fuße der Buche begraben lassen. Eine Plakette am Stamm wird an sie erinnern, die Grabpflege übernimmt die Natur. Die Betreiber geben 25 Jahre Blitzschlaggarantie. Wird ein Baum vor Ablauf dieser Frist von einem Sturm gefällt oder beschädigt, gibt es gratis einen neuen Schössling.

Bestattungskosten

Die letzten Augenblicke mit einem Verstorbenen sind teuer. 4500 Euro geben deutsche Angehörige im Durchschnitt aus.

Gebühren für Sterbeurkunden

Leichenschau	20–230 Euro
Sterbeurkunde (Erstausführung)	ca. 7 Euro
Leichenschau bei Kremation	20–100 Euro

Friedhofsgebühren

Beisetzungsgebühr	460–1000 Euro
Einäscherung	100–400 Euro
Grabnutzungsgebühr	
Erdreihengrab	180–750 Euro
Erdwahlgrab	700–1750 Euro
Urnenreihengrab	50–420 Euro
Urnenwahlgrab	250–900 Euro
Trauerhallennutzung	100–230 Euro
4 Träger	ab 80 Euro

Preise für Bestatterleistungen

Sarg, Kiefer massiv	300–1500 Euro
Sarg, Edelholz massiv	2000–6000 Euro
Urne, Edelmetall o. Design	100–350 Euro
Urne, einfach	25–85 Euro
Kissen, Decken, Polster	20–250 Euro
Totenbekleidung	30–125 Euro
Ankleiden und Einsargung	20–150 Euro
Überführung, innerörtlich	20–200 Euro
Preis je Kilometerbis	1,25 Euro
Aufbewahrung, Trauerhallengestaltung	40–170 Euro
30 Trauerbriefe ohne Porto	50–150 Euro
allgemeine Verwaltungskosten	30–220 Euro
Grabkreuz	0–100 Euro

Preise für Steinmetzleistung	
Grabstein	300–4000 Euro
Inschrift pro Buchstabe	10–13 Euro
Preise für Gärtnerleistung	
Kranz	50–300 Euro
Blumen-Bouquet Sarg	30–170 Euro
Gärtner, erste Grabanlage	200–600 Euro
Preise für weitere Leistungen Dritter	
Todesanzeige, 2-spaltig	200–300 Euro
Orgelspiel	50–80 Euro
Musikstück vom Band/CD	25–40 Euro
Rede	75–200 Euro
Kaffeetisch für 50 Personen	400–500 Euro

Quelle: Aeternitas, Verbraucherinitiative Bestattungskultur, Königswinter

Das Jenseits ist heute an lauschigster Stätte zu lokalisieren. Oder gab es das etwa schon mal, dass Friedhofsbetreiber (wie heute Reinhardswald) mit Wildschweinen, Hirschen und kreisenden Wespenbussarden werben? Der unverbrauchte Lebensraum ist der Standortvorteil des modernen Totenackers. Und der Abschied vom Grabmal ist bereits eingeläutet, auch auf bestehenden Friedhöfen. In Karlsruhe ist eine idyllische Aschelandschaft entstanden, mit Flüsschen und japanischem Garten. Doch der Antifriedhofsaktivist Bruns wird erst glücklich sein, wenn im Sinne Friedrichs II. «jeder nach seiner Façon selig» werden kann. Und er glaubt an die normative Kraft des Faktischen: «Mit jeder Oma im Garten oder im Wohnzimmer kommen wir dem Ziel einen Schritt näher.» Darauf will Bernd Bruns nun noch eine Zigarette rauchen und bröckelt Tabak in seine viel beschäftigte Maschine.

Der Abschied

Zwei grelle Lampen leuchten zur Bühne, eine herzerweichende, sanft-schöne Stimme wirft Verse zurück. Sie handeln von Krieg, Geburt und Tod, von Trümmern, Eifersucht und Emigration. Die Zuschauerränge sind dicht gefüllt, Mittwochabend in Hamburg. Die Schauspielerin Dorit L. Meyer liest und singt sich durch das lyrische Werk der jüdischen Dichterin Mascha Kaléko. Von Hoffnungssplittern und seelischen Katastrophen im Auf und Ab des Lebens handeln die Verse – und sind doch voller Spott und bissiger Ironie. Dann die Trauer um Ehemann und Sohn: «… den eigenen Tod, den stirbt man nur, doch mit dem Tod der anderen muss man leben.» Das Stück ist zu Ende. Gerührt klatscht das Publikum viermal die Schauspielerin zurück auf die Bühne. Schließlich ergreift Christian Hillermann das Wort. Der Bestatter bittet zu Kaltgetränken in die hinteren Räumlichkeiten seines Unternehmens.

Auch an Tagen, an denen nicht – wie einmal im Monat – Bühne und Stuhlreihen im Trostwerk aufgebaut sind, haben die Räume an der Weidenallee im Hamburger Schanzenviertel etwas Theatralisches. Im Alltag steht ein rotgelber Sarg wie die Kulisse einer lustigen Inszenierung mitten im Raum. Kinderbücher, Trauerprosa, Ratgeber füllen nebst frechen Urnen ein Regal. An den Wänden hängen bunt bemalte sargförmige Brettchen. Aber weil in diesen Räumen mit den großen Schaufenstern zum Gehsteig hin normalerweise tatsächlich Trauernde zu Beratung und Geschäftsabschluss sich einfinden, hat der Laden im Quartier – obwohl erst im Oktober des vergangenen Jahres eröffnet – schon weit herum für Aufsehen gesorgt. Vorbeilümmelnde Kinder drückten sich an den Scheiben die Nasen platt und wurden von den 34-jährigen Bestattern Christian Hillermann und Claus Sasse umgehend zur Besichtigung hereingewinkt. Auch das Fernsehen war schon hier und filmte eine Kindergartengruppe beim Bemalen eines Sargs.

Das Trostwerk will wieder möglich machen, was viele sich zu verlangen gar nicht mehr getraut haben: dass Angehörige mehrmals

Abschied nehmen können, dass sie Sarg, Begräbnisfeier, Grab und Rede selbst gestalten können. Zwar besteht auch in Hamburg die Vorschrift, dass ein Toter höchstens 36 Stunden in privaten Räumlichkeiten liegen darf und nach 14 Tagen begraben sein muss. «Aber Fakt ist, dass es eine weitere gesetzliche Reglementierung gar nicht gibt», sagt Hillermann. Der sture Ablauf, der fast immer eingehalten wird, sei vielmehr das Ergebnis ökonomischer und effektiver Arbeitsteilung von Spitälern, Bestattern und den Friedhofsbetreibern. Fast alle größeren Bestattungsunternehmen pflegen in Deutschland eine effiziente Arbeitsteilung. Erst kommt der Vertreter mit dem Sargkatalog, dann holt der Fuhrunternehmer die Fuhre ab, der Leichenwäscher besorgt das Einsargen. Zur Trauerfeier kommt der Chef im schwarzen Anzug.

Hillermann und Sasse garantieren, dass «ein Toter nicht durch sieben Hände geht». Stets betreut ein Zweierteam einen Todesfall, vom Beratungsgespräch bis zur Beisetzung – oder auch darüber hinaus. Außerdem werden auf Wunsch Frauen nur von Frauen bestattet. Das mediokre Image ihrer Branche kontern die Trostwerker mit größtmöglicher Transparenz. Angehörige dürfen auf Wunsch bei jedem Arbeitsschritt dabei sein.

Das bietet Hinterbliebenen die Möglichkeit, den Abschied so intensiv wie möglich zu gestalten. «Man soll sich die Erfahrung nicht nehmen lassen, körperlich zu spüren und auch zu riechen, dass jemand tot ist», sagt Hillermann. Die Trennung des Toten von seinem Körper ist so eher nachzuvollziehen. Damit meint er die Separierung, die jedem Hinterbliebenen im Kopf gelingen sollte: Der Körper zerfällt, aber losgelöst davon leben Erinnerung, Liebe und Seele (was immer der Einzelne darunter versteht) weiter. Erst dann, nach Vollzug dieser Trennung, sagt Hillermann, «kann man sich im Guten auf die Erinnerung einlassen».

Am wichtigsten ist ihm das Wohl der Kunden – also der Lebenden. Mit der Belegung von Doppel- und Dreifachzeiten in den Abfertigungshallen der Großfriedhöfe verhindern die Trostwerker, dass nach dem letzten Orgeltakt die Trauergemeinde umgehend vertrieben wird. Dann setzt Hillermann zu einer Bemerkung an, die fast klingt wie ein Vers von Mascha Kaléko: «Es sind die Trauernden, die mit ihren Gefühlen klarkommen müssen. Dem Toten kann man nicht mehr wirklich Gutes tun.»

«Im Augenblick sind die Deutschen in derselben Stimmung wie ich: leicht angekränkelt und infolgedessen schlecht gelaunt»

Ein Gespräch mit Altbundeskanzler und ZEIT-Herausgeber Helmut Schmidt

Herr Schmidt, was empfinden Sie persönlich als typisch deutsch?
Nichts.
Sie meinen, wir Deutsche unterscheiden uns nicht von anderen Nationen?
Ich glaube nicht, dass man irgendwelche charakterlichen Eigenschaften als typisch für die Deutschen bezeichnen kann. Man kann einige Eigenarten als typisch für die Oberbayern ansehen; andere sind typisch für die Mecklenburger oder die Hamburger. Aber für die Deutschen insgesamt? Das halte ich für eine unzulässige Verallgemeinerung.
Wir Deutschen gelten als laut.
Das stimmt zwar, aber ist nicht exklusiv zutreffend für die Deutschen. Normalerweise sind die Amerikaner noch etwas lauter und auch die Italiener. Das hat aber nichts mit Anmaßung zu tun, sondern mit dem Geräuschpegel, wenn sie sich unterhalten.
Ist es ein übertriebenes oder zu geringes Selbstbewusstsein, was uns Deutsche auszeichnet?
Auch hier scheue ich mich vor Generalisierungen. Zu Zeiten Wilhelms II. waren einige Deutsche, insbesondere die großen Wortführer, nicht nur laut, sondern sie strotzten auch vor einem aufgeblähten Selbstbewusstsein. Nach 1919 hat sich dies zum Teil ins Gegenteil verwandelt, nach 1935, im Zuge der nationalsozialistischen Erfolge, hat sich das Selbstbewusstsein wieder zu erheblicher Lautstärke gesteigert; aber das galt – in beiden Fällen – wiederum nicht für das gesamte Volk

Und heute?

Im Augenblick sind die Deutschen in derselben Stimmung wie ich: leicht angekränkelt und infolgedessen schlecht gelaunt.

Schlechte Laune ist oft nah beim Jammern.

Ich kritisiere die unzureichenden Aktivitäten der politischen Klasse in Deutschland, aber Jammern liegt mir nicht.

Hat sich über die Jahre der Trennung etwas typisch Westdeutsches oder typisch Ostdeutsches herausgebildet?

Vielleicht. Allerdings halte ich das in beiden Fällen – Ost wie West – für vorübergehende Erscheinungen. Sie werden in 30 oder 40 Jahren verschwunden sein.

Welche Unterschiede stellen Sie fest?

Die erwähnte Tendenz zum Jammern ist gegenwärtig im Osten noch stärker als im Westen ausgeprägt.

Kann man mehr tun, um die mentale und sentimentale Vereinigung schneller zu fördern?

Ja, natürlich. Die ökonomische Lage Ostdeutschlands ist nun einmal tief enttäuschend. Für mich ist sie bedrückend. Aber sie ist von Menschen gemacht; sie könnte von Menschen geändert werden. Doch die Menschen haben offensichtlich im Kopf weder ausreichende Klarheit darüber, was geschehen müsste, noch haben sie ausreichende Willenskraft. Und wenn ich «die Menschen» sage, meine ich nicht in erster Linie die 15 Millionen Menschen, die im Osten Deutschlands leben, sondern die politische Klasse.

Könnten Sie sich vorstellen, in einem anderen europäischen Land gelebt zu haben?

Warum soll ich mir so etwas vorstellen? Ich bin hier geboren und aufgewachsen.

Haben Sie darunter gelitten, Deutscher zu sein?

Ja, bisweilen ja. Zum Beispiel in der Nazizeit.

Was hat sich in den Jahrzehnten nach dem Krieg zum Guten gewendet?

(Stille). Sie sehen, ich muss lange nachdenken. Fast sechzig Jahre sind eine kurze Zeit. Unbedingt positiv ist die Anerkennung der Gleich-

wertigkeit unserer Nachbarn. Sie macht heute in den Abendnachrichten keine Schlagzeilen mehr, ist aber eine unglaubliche Veränderung in der Grundhaltung des deutschen Volkes, vollbracht in den letzten zwei, maximal drei Generationen. Wenn ich an meine Schul- und Jugendzeit zurückdenke oder an die Zeit vor dem Ersten Weltkrieg, wie haben wir uns gegenüber den Franzosen, den Engländern, den Russen und den Polen aufgespielt! Auf allen möglichen Feldern bildeten sich viele Deutsche ein, besser zu sein als ihre Nachbarn. Dieses Bewusstsein ist Gott sei Dank verschwunden.

Und das hat die europäische Einigung ermöglicht?

Hinzu kommt, dass die Menschen in den meisten der heutigen europäischen Staaten zumindest mit dem Verstande inzwischen einsehen, dass die Zugehörigkeit zur eigenen Nation allein nicht ausreicht, damit ihr Land sich behaupten kann, sondern dass sie den Zusammenschluss mit den Nachbarn brauchen.

Aber völlig überzeugt sind alle Europäer davon immer noch nicht.

Noch sind wir nicht so weit. Es wird mindestens noch einer Hälfte des 21. Jahrhunderts bedürfen, bis wir Europäer voll und ganz innerlich begreifen, dass die Nationenzugehörigkeit und die europäische Integration sich gegenseitig nicht ausschließen, sondern vielmehr notwendigerweise zusammengehören, wenn wir weiterhin existieren wollen. Es gibt wenige, die glauben, ohne Verankerung in einer Nation leben zu können. Meist sind dies Intellektuelle, aber nicht nur. Die Masse der Menschen braucht die Geborgenheit, ihrer Nation zugehörig zu sein.

Welche Entwicklung würden Sie für die Veränderung der letzten Jahrzehnte für das Leben in Deutschland als die einschneidendste bewerten?

Die hervorstechendste Wandlung beginnt Mitte der sechziger Jahre mit der Pille und mit der Emanzipation der Frauen. Beides zusammen führte zu einem rasanten Abfall der Geburtenhäufigkeit. Dieser wiederum führt gemeinsam mit den Fortschritten der Medizin zu einer sehr schnellen Überalterung der deutschen Gesellschaft mit all ihren Konsequenzen hinsichtlich der Konstruktion des Sozialstaats.

Dennoch ist unsere Gesellschaft heute geprägt von einer Dominanz der Jugend und ihrer Ideale.

Der Jugendkult ist eine vorübergehende Erscheinung, er kommt alle 30 oder alle 50 Jahre wieder. Am Einzelnen geht er sowieso vorbei. Selbst die meisten der so genannten 68er haben mit ihrem 50. Geburtstag schließlich doch die Pubertät hinter sich gelassen.

Als ein Ergebnis dieser Pubertät könnte man auch die «antiautoritäre Erziehung» benennen.

Die so genannte antiautoritäre Erziehung war ein Missverständnis. In Wirklichkeit wollten diejenigen, die für die antiautoritäre Erziehung eintraten, falsche Autoritäten bekämpfen. Nur sind sie dabei viel zu weit gegangen, haben Parolen erfunden und propagiert, die sich gegen jedwede Autorität gewendet haben.

Aber gibt es nicht in der Tat Konventionen und Verhaltensweisen, die wir glücklicherweise abgelegt haben, auch dank der 68er? Zum Beispiel das Verschwinden des Untertanengeistes?

Ich glaube nicht, dass die Deutschen grundsätzlich mehr dazu neigen, als Untertanen im bösen Sinne zu agieren, als manche andere in unserer Nachbarschaft, etwa das russische Volk im Laufe der letzten Jahrhunderte. Wahr ist, dass die Deutschen keine große Revolution zustande gebracht haben wie etwa die Franzosen, die Engländer oder wie die Amerikaner am Ende des 18. Jahrhunderts; die Deutschen in der DDR haben 1989/90 revoltiert, aber das waren keine 68er.

Viele sagen, die Vermittlung von Verhaltensweisen und Konventionen sei in erster Linie Sache der Erziehung, mithin Aufgabe der Eltern.

Die so genannten Kardinaltugenden – Klugheit (heute würde ich stattdessen Vernunft sagen), Tapferkeit, Mäßigung, Gerechtigkeit – stammen von Aristoteles, und der lebte vor 2300 und mehr Jahren. Und in allen großen Religionen finden Sie die genannte goldene Regel, die der deutsche Volksmund wie folgt formuliert hat: «Was du nicht willst, dass man dir tu, das füg auch keinem anderen zu!» Später kamen andere Tugenden wie die Treue hinzu – heutzutage würde man sagen: Loyalität. All dies sind Tugenden, Verhaltensweisen, ohne die Menschen miteinander nicht leben können. Dazu gehört auch die Selbstbeherrschung, die können Sie, wenn Sie wollen, auch Disziplin nennen. Die Vermittlung dieser Tugenden, in der Tat, könnte heute bei allen Erziehenden ausgeprägter sein.

Sie sagten Tapferkeit. Das hört sich auch sehr altmodisch an. Was wäre Tapferkeit heute?

Tapferkeit ist zum Beispiel, wenn Sie todkrank sind, wissen, dass Sie sterben müssen – aber nicht gleich, sondern erst in drei Jahren, ganz langsam –, und das tapfer ertragen. Sie könnten ja auch drei Jahre lang jammern und mit den Zähnen klappern.

Ist es heute schwerer, den Kindern Tugenden zu vermitteln?

Erziehung von Kindern war und ist immer schwierig. Meine eigene Erfahrung ist, dass ich hauptsächlich nicht durch meine Eltern erzogen worden bin, sondern mehr durch die Schule. Ich hatte Glück mit der Schule; sie hat mich zum selbständigen Arbeiten und zum selbständigen Denken erzogen.

Kann die Schule das heute noch leisten?

Das kann ich nicht beurteilen.

Der Einfluss der Medien scheint bisweilen größer als der der Schule.

Das ist eine einschneidende Veränderung. In früheren Zeiten hat es keine Massenmedien gegeben. Da gab es weder die *Bild*-Zeitung noch das Fernsehen mit 30 und mehr Kanälen. Sie haben heutzutage einen Einfluss auf die Stimmung unserer Gesellschaft, den man sich früher nicht vorstellen konnte. Diese Anfälligkeit für Stimmungen, ja für Hysterien, die von den Massenmedien gemacht werden, missfällt mir.

Machen die Medien die Stimmung, manipulieren sie gar? Oder spiegeln sie nur die Wirklichkeit wider?

Nein, sie machen Stimmung. Die *Bild*-Zeitung hält sich vermutlich für objektiv. Aber natürlich macht sie Stimmung, zum Beispiel durch aufregende Bilder und Geschichten. Ich gucke mir jeden Morgen die Überschriften der *Bild*-Zeitung an, um zu wissen, in welcher Richtung das Volk beeinflusst wird.

Kann man gelegentlich von Kampagnen sprechen?
Das kommt vor. Bisweilen greifen Journalisten eine These oder ein Stichwort eines Kollegen auf und breiten dieses in anderen Massenmedien aus. Daraus können Kampagnen entstehen. Ich nenne dergleichen Herdenjournalismus.
Früher war die Kirche ein herausragender Ort zur Vermittlung von Werten. Wie bewerten Sie die Entchristlichung unserer Gesellschaft?
Dass die Kirchen gar keine Rolle mehr spielen und dass konfessionelle Unterschiede völlig unwichtig sind, halte ich für eine falsche Beobachtung. Ich finde auch nicht, dass der Ausdruck Entchristlichung die Gegenwart im Vergleich zu der vorangegangenen Generation oder zu vorangegangenen Generationen wirklich charakterisiert.
Entkirchlichung vielleicht?
Eher. Doch schon meine Eltern, geboren 1888 und 1890, gingen nur einmal im Jahr zur Kirche – zu Weihnachten oder wenn es eine große Kirchenmusik gab, ansonsten kaum. Sie haben sich sicherlich für Christen gehalten, haben uns Kinder konfirmieren und auf diese Weise in die kirchlichen Gewohnheiten des Protestantismus hineinwachsen lassen. Aber sehr tief ging das nicht.
Die Emanzipation der Frau, der enorme Einfluss der Massenmedien – gibt es weitere wichtige Veränderungen für das Leben in Deutschland, etwa die Entstehung einer multikulturellen, auf jeden Fall multiethnischen Gesellschaft?
Die multikulturelle Gesellschaft ist eine Illusion von Intellektuellen.
Können Sie das erklären?
Nur so viel: Wenn ich mich an die Namen großer Fußballer meiner Schulzeit erinnere, die hatten polnische Namen wie Szepan und Kuzorra und waren Söhne oder Enkel von Polen, die sich im Laufe von zwei, drei Generationen eingedeutscht haben. Diese Anpassung ist gegenwärtig offensichtlich schwieriger, als sie damals war. Das hängt aber auch mit der Größenordnung zusammen. Wir haben heute in Deutschland einen so hohen Prozentsatz an zugewanderten Auslän-

dern wie nie zuvor, insgesamt acht Millionen. Wenn es 18 Millionen wären, würde die Anpassung nicht mehr stattfinden.

Es gibt Theorien, wonach kein Volk mehr als zwölf Prozent Fremde integrieren kann. Meinen Sie das?

Einerseits hängt es von der Integrationsfähigkeit des Gastvolkes ab. Andererseits ist der Wille der Zuwandernden entscheidend. Leute, die früher aus Polen, Irland oder Hessen nach Amerika emigriert sind, wollten Amerikaner werden. Manche der heute bei uns lebenden Ausländer wollen jedoch keine Deutschen werden. Ich habe zum Beispiel in Bezug auf manche islamische Gläubige, die nach Deutschland gekommen sind, um hier zu bleiben, meine Zweifel, ob ein Austausch mit der deutschen Kultur im Gange ist. Nein, der Ausdruck «Zweifel» ist eine Untertreibung. Der Austausch findet kaum statt.

Kommt daher die verbreitete Furcht vor einer Überfremdung?

Die gibt es überall. Sie ist kein Spezifikum der deutschen Gesellschaft; nicht einmal eine europäische Eigenart. Schauen Sie auf den Balkan, nach Uganda, Burundi oder nach Nigeria. Wohin auf der Welt Sie gucken: Sie finden dieselbe Eigenart, dass gewachsene Kulturen die Angst vor Überfremdung durch eine andere Kultur entwickeln. Ich wehre mich dagegen, die Deutschen als besonders fremdenfeindlich auf die Anklagebank zu setzen.

Sie wehren sich gegen Verallgemeinerungen über den deutschen Charakter. Gab es denn in Ihrem persönlichen Leben Orte, an denen Sie gespürt haben, dass Sie Deutscher sind?

Nein, außer in Auschwitz keine!

Und an symbolischen Orten in Deutschland wie der Walhalla, dem Hermannsdenkmal oder der Siegessäule in Berlin?

Nein, und auch nicht beim großen Bismarck am Hamburger Stintfang. Es gibt in meinem Leben zwei Orte, die einen sehr starken Einfluss auf meine Erziehung oder Bildung gehabt haben. Der eine ist die Stadt Hamburg mit all ihren Vorzügen und all ihren Beschränktheiten. Der andere ist ein Dorf in der Nähe Bremens, das Fischerhude heißt, wo eine Reihe von Malern und Künstlern tätig war. Fischerhude war während der Nazizeit meine geistige Heimat. Aber ich habe mich dort nicht sonderlich als Deutscher gefühlt, auch nicht besonders in Hamburg.

Eine Frage zum Schluss. Haben Sie ein Lebensmotto, das Sie den Deutschen gerne ins Stammbuch schreiben möchten?

Nein. Stammbuch ist nicht weit weg von Stammtisch.

Die Fragen stellten Moritz Müller-Wirth,
Theo Sommer und Martin Spiewak
Textdokumentation Dieter Gürschner

Nachwort

Zum Schluss des Buches «Leben in Deutschland» soll noch kurz vom Leben der Macher die Rede sein. Ein solches Vorhaben, übergreifend von den Ressorts LEBEN und WISSEN konzipiert und umgesetzt, gab es in der Geschichte der ZEIT noch nie. Die Idee für die Serie verdanken wir dem langjährigen Herausgeber und Chefredakteur Theo Sommer, die Chance ihrer Umsetzung all jenen, die dieses über Jahre immer wieder promovierte Projekt an sich vorbeiziehen ließen und damit uns vor diese einmalige Herausforderung stellten.

Von Anbeginn war «Leben in Deutschland» eine Erkundung in vielerlei Hinsicht. Zum einen beim Eingrenzen und Bearbeiten der Themen, zum anderen bei der intensiven Zusammenarbeit zweier Ressorts, die auch aufgrund ihrer örtlichen Distanz (die Redaktion von LEBEN sitzt in Berlin, die von WISSEN in Hamburg) bisher in liebevoller Zuneigung naturgemäß nebeneinanderher gearbeitet hatten. Zunächst also die Frage, was gehört zum Leben in Deutschland? Warum das Spielen und nicht das Musizieren? Warum Sterben *und* Begrabenwerden? Warum die Paare behandeln und nicht die Singles? Gehört zum Arbeiten in Deutschland nicht auch das Arbeitslossein?

Die Auswahl erfolgte erst nach kontroversen Debatten, nicht zuletzt aufgrund von persönlichen Präferenzen einzelner Autoren, die ein Thema zu ihrer Sache, zu ihrem ganz persönlichen Anliegen machten. Dieses Kriterium war uns wichtig: Nur wer sich wirklich für die Sache interessiert, ist in der Lage, sich manchmal über Wochen hinweg aus dem restlichen Redaktionsgeschehen auszuklinken, um dieses eine Feld zu beackern. Nur wer auch ganz persönliches Interesse am Stoff hat, kann diesen dann über 500 Druckzeilen (eine selbst für ZEIT-Autoren ungewohnte Länge) mit Empathie ausbreiten. Vor diesem Hintergrund war es nicht verblüffend, dass wenige Autoren sich einem zweiten Thema widmeten. Die, die es taten, gingen die zweite Runde dann allerdings sehr viel entspannter an.

Die Aufgabe war groß. Jedes Thema drohte die doch so opulent erscheinende ZEIT-Doppelseite mühelos zu sprengen. Das Leben sollte zwischen und in den Zeilen spürbar werden. Die Schreiber aber sollten zugleich nicht ins anekdotenreihende Erzählen am flackernden Kamin verfallen. Selbst erfahrenen Autoren war die Spannung anzumerken, die sie über die Wochen der Recherchen und die vielen Stunden des Schreibens begleitete. Wo liebt man in Deutschland beispielhaft? Wer wohnt in Deutschland repräsentativ? Wer glaubt überzeugend an wen? Welche Thesen, Daten, Beispiele dürfen auf keinen Fall fehlen?

Die Entscheidung zwischen dem Primat der Reportage, des im Wortsinn Er-Lebten, und der zahlenstarrenden Überzeugungsmacht soziologischer, ökonomischer, politischer und demographischer Daten und Analysen fiel bei jedem Autor anders aus. So ist aus dem Projekt nicht nur die Momentaufnahme einer Gesellschaft, sondern auch ein Musterbuch journalistischer Zugänge und Erzählweisen entstanden.

Vom Ausbreiten bis zur Präsentation der Texte in ihrer endgültigen Form reicht die Geschichte der Zusammenarbeit zwischen den Ressorts. In jeder Mannschaft gab es, neben den hier Unterzeichnenden, für dieses Projekt verantwortliche Redakteure, die dafür sorgten, dass die Ansprüche an die Texte auf gleich bleibendem Niveau blieben, die Kommunikation mit den Autoren eine einheitliche Tonlage erhielt. Ulrich Schnabel und Martin Spiewak im WISSEN sowie Christiane Grefe im LEBEN sei dafür herzlich gedankt.

Moritz Müller-Wirth/Andreas Sentker